COMMENT VIVRE ?

Sarah Bakewell est anglaise. Elle a été conservatrice au département des incunables de la Wellcome Library avant de publier deux biographies remarquées. Elle vit aujourd'hui à Londres où elle anime des ateliers d'écriture à la City University et travaille pour les collections de livres rares du National Trust.

SARAH BAKEWELL

Comment vivre ?

Une vie de Montaigne en une question
et vingt tentatives de réponse

TRADUIT DE L'ANGLAIS PAR PIERRE-EMMANUEL DAUZAT

ALBIN MICHEL

Titre original :
HOW TO LIVE
OR
A LIFE OF MONTAIGNE IN ONE QUESTION
AND TWENTY ATTEMPTS AT AN ANSWER
Paru chez Chatto & Windus, Londres, 2010.

ISBN : 978-2-253-00064-8 – 1re publication LGF

Pour Simo

Q. Comment vivre ?

Michel de Montaigne en une question et vingt tentatives de réponse

Le XXIᵉ siècle est plein de gens imbus d'eux-mêmes. Plongez une demi-heure dans l'océan virtuel des *blogs,* des *tweets,* des (you)tubes, des (my) *spaces*, des *face*(book), des *pages* et des *pods,* et vous verrez surgir des milliers d'individus fascinés par leurs propres personnes et essayant d'attirer l'attention à grands cris. Ils s'épanchent ; ils se « livrent », ils tchattent et mettent en ligne les photos de tout ce qu'ils font. Extrovertis dénués de toute inhibition, ils se regardent le nombril comme jamais ils ne l'ont fait. Lors même qu'ils sondent leur expérience privée, *bloggers* et *networkers* communiquent avec leurs semblables dans un festival communautaire du moi.

Des optimistes ont essayé de faire de cette rencontre mondiale des esprits la base d'une nouvelle approche des relations internationales. L'historien Theodore

Zeldin a lancé un site, « The Oxford Muse[1] », qui invite les gens à concocter de brefs autoportraits en mots, à décrire leur vie quotidienne et ce qu'ils ont appris. Ils les mettent en ligne pour les donner à lire et susciter des réactions. Pour Zeldin, le dévoilement de soi partagé est la meilleure manière de faire naître la confiance et la coopération à travers la planète, en remplaçant les stéréotypes nationaux par de vrais gens. La grande aventure de notre époque, dit-il, est « de découvrir qui habite le monde, un individu à la fois ». L'« Oxford Muse » fourmille donc d'essais personnels ou d'entretiens avec des titres du genre :

> Pourquoi un Russe qui a fait des études fait des ménages à Oxford
> Pourquoi être coiffeur comble le besoin de perfection
> Comment écrire un autoportrait vous montre que vous n'êtes pas celui que vous croyiez
> Ce que vous pouvez découvrir si vous ne buvez ni ne dansez
> Ce qu'une personne ajoute à ce qu'elle dit dans la conversation quand elle parle d'elle par écrit
> Comment réussir quand on est paresseux
> Comment un chef exprime sa bonté.

En décrivant ce qui les rend différents de *tous les autres*, les contributeurs révèlent ce qu'ils partagent avec *tout le monde* : l'expérience de l'humanité.

Cette idée – écrire sur soi pour tendre aux autres un miroir où ils reconnaissent leur propre humanité – n'a pas toujours existé. Il a bien fallu l'inventer. Et, à la

1. http://www.oxfordmuse.com.

différence de maintes inventions culturelles, on peut l'attribuer à une seule personne : Michel Eyquem de Montaigne : noble, magistrat et viticulteur, qui vécut dans le Périgord de 1533 à 1592.

C'est tout simplement en le faisant que Montaigne en conçut l'idée. Contrairement à la plupart des mémorialistes de son temps, il n'écrivit pas pour rapporter ses prouesses et ses réalisations. Pas davantage il ne coucha par écrit la chronique des événements historiques dont il fut le témoin direct, quand bien même il aurait pu le faire : au cours des décennies passées à incuber et écrire son livre, il vécut une guerre de religion qui faillit détruire son pays. Appartenant à une génération flouée de l'idéalisme prometteur dont jouissaient les contemporains de son père, il s'adapta aux misères publiques en concentrant son attention sur la vie privée. Il survécut aux troubles, supervisa son domaine, trancha des affaires en sa qualité de magistrat et fut le maire de Bordeaux le plus accommodant de son histoire. Dans le même temps, il composa des textes exploratoires, sans attaches, auxquels il donna des titres simples :

De l'amitié
Des cannibales
De l'usage de se vêtir
Comme nous pleurons et rions d'une même chose
Des noms
Des senteurs
De la cruauté
Des pouces
Comme notre esprit s'empêche soi-même
De la diversion

Des coches
De l'expérience

Au total, il écrivit cent sept essais de cette nature. D'aucuns couvrent une page ou deux ; d'autres sont beaucoup plus longs, en sorte que les éditions les plus récentes de la série complète couvrent plus d'un millier de pages. Ils proposent rarement d'expliquer ou d'enseigner quoi que ce soit. Montaigne se présente comme quelqu'un qui s'est contenté de coucher par écrit ce qui lui passait par la tête lorsqu'il prenait sa plume, saisissant rencontres et états d'esprit comme ils venaient. Et de ces expériences, il fit une base pour se poser des questions, par-dessus tout la grande question qui le fascina comme elle fascina tant de ses contemporains. Deux mots tout simples suffisent à la formuler : « Comment vivre ? »

À ne pas confondre avec la question éthique : « Comment *doit*-on vivre ? » Les dilemmes moraux intéressaient Montaigne, mais ce que les gens devraient faire l'intéressait moins que ce qu'ils faisaient vraiment. Il voulait savoir comment vivre une vie bonne, par quoi il faut entendre une vie correcte et honorable, mais aussi une vie pleinement humaine, satisfaisante et florissante. Cette question l'amena à la fois à écrire et à lire, car il était curieux de toutes les vies humaines, passées et présentes. Il ne cessait de s'interroger sur les émotions et les mobiles qui poussaient les gens à agir ainsi qu'ils le faisaient. Et comme il était l'exemple le plus proche qu'il eût sous la main d'un être humain vaquant à ses occupations, il s'interrogea tout autant sur lui-même.

Une question prosaïque, « Comment vivre ? », éclatée en une myriade d'autres questions pragmatiques. Comme tout le monde, Montaigne buta sur les grandes perplexités de l'existence : comment affronter la peur de la mort, comment se remettre de la mort d'un enfant ou d'un ami cher, comment se faire à ses échecs, comment tirer le meilleur parti de chaque instant en sorte que la vie ne s'épuise pas sans qu'on l'ait goûtée ? Mais il est aussi de moindres énigmes. Comment éviter de se laisser entraîner dans une dispute absurde avec son épouse, ou un domestique ? Comment rassurer un ami convaincu qu'un sorcier lui a jeté un sort ? Commet ragaillardir un voisin éploré ? Comment garder sa maison ? Quelle est la meilleure stratégie à adopter si vous êtes tenus en respect par des voleurs en armes qui n'ont pas l'air de savoir s'ils vont vous tuer ou vous rançonner ? Si vous surprenez la gouvernante de votre fille qui lui prodigue de mauvais conseils, est-il sage d'intervenir ? Comment faire face à un taureau ? Que dire à votre chien qui a envie de sortir jouer, quand vous souhaitez rester à votre pupitre pour écrire votre livre ?

Au lieu de réponses abstraites, Montaigne nous dit ce qu'*il* fit à chaque fois, et quel était son sentiment quand il le fit. Il nous donne tous les détails dont nous avons besoin pour toucher du doigt la réalité, et parfois plus qu'il ne nous faut. Il nous dit, sans raison particulière, que le melon est le seul fruit qu'il aime[1], qu'il préfère faire l'amour couché que debout[2], qu'il ne

---

1. III, 13, p. 1152.
2. III, 13, p. 1131.

sait pas chanter[1], qu'il aime la compagnie enjouée et se laisse souvent emporter par l'étincelle d'une répartie[2]. Mais il décrit aussi des sensations qu'il est plus difficile de saisir verbalement, si même on en a conscience : ce que ça fait d'être paresseux, ou courageux, ou indécis ; de s'abandonner à un instant de vanité, ou d'essayer de se défaire d'une peur obsédante. Il écrit même sur la sensation pure d'être en vie[3].

Explorant ces phénomènes sur plus de vingt ans, Montaigne se questionna sans relâche et brossa son portrait : un autoportrait en mouvement constant, si vivant qu'il surgit pour ainsi dire de la page, pour venir s'asseoir à côté de vous et lire par-dessus votre épaule. Il lui arrive de tenir des propos surprenants : bien des choses ont changé depuis la naissance de Montaigne, voilà près d'un demi-millénaire, et ni les mœurs ni les croyances ne sont toujours reconnaissables. Lire Montaigne, ce n'en est pas moins éprouver maintes fois le choc de la familiarité, au point que les siècles qui le séparent du nôtre sont réduits à néant. Les lecteurs continuent de se reconnaître en lui, tout comme les visiteurs d'« Oxford Muse » se reconnaissent ou reconnaissent des aspects d'eux-mêmes dans le récit d'un Russe instruit qui fait des ménages ou dans l'expérience de celui qui préfère ne pas danser.

Dans un article à ce sujet paru dans le *Times* en 1991, le journaliste Bernard Levin écrivait : « Je mets tout lecteur de Montaigne au défi de ne pas poser le

1. II, 17, p. 680.
2. II, 17, p. 676 et III, 8, p. 984.
3. III, 13, p. 1157-1158.

livre à un moment ou à un autre pour s'écrier, incrédule : "Comment a-t-il su tout cela de moi[1] ?" » La réponse est, bien entendu, qu'il le sait en se connaissant lui-même. À leur tour, les gens le comprennent parce qu'eux aussi savent « tout cela » sur leur propre expérience. Comme l'écrivit au XVIIe siècle Blaise Pascal, un de ses premiers lecteurs les plus obsessionnels : « Ce n'est pas dans Montaigne mais dans moi que je trouve tout ce que j'y vois[2]. »

La romancière Virginia Woolf imaginait les gens passant devant l'autoportrait de Montaigne tels les visiteurs d'une galerie. Chaque personne qui passe s'arrête devant le tableau et se penche pour scruter les formes du reflet sur le verre. « Depuis des siècles, les gens se sont toujours pressés en foule devant ce tableau, en sondant les profondeurs, y voyant le reflet de leur propre visage, et ils y voient d'autant plus de choses qu'ils le regardent plus longtemps, sans jamais pouvoir dire exactement ce qu'ils y voient[3]. » Le visage du portrait et celui des passants ne font plus qu'un. C'est ainsi, selon V. Woolf, que les gens se répondent en général :

> Les uns en face des autres dans les transports publics, train ou métro, nous sommes devant un miroir [...]. Et à l'avenir, les romanciers reconnaîtront de mieux en mieux l'importance de ces réflexions, car bien sûr il n'y en a

1. *The Times,* 2 décembre 1991, p. 14.
2. Pascal, *Pensées,* n° 689, éd. Lafuma.
3. Virginia Woolf, « Montaigne », *Essays,* vol. 4, p. 71-81, ici p. 71 ; et trad. p. 77-88, ici p. 77.

pas qu'une seule, mais un nombre presque infini ; ce sont là les profondeurs qu'ils exploreront, les fantômes qu'ils traqueront [...][1].

Montaigne fut le premier écrivain à créer une littérature qui opérât délibérément ainsi, et à le faire en utilisant l'abondance de matériaux de sa propre vie plutôt que la philosophie pure ou l'invention pure. Il fut le plus humain des écrivains, et le plus sociable. Eût-il vécu au temps de la communication de masse en réseau, il eût été stupéfait par l'échelle à laquelle cette sociabilité est devenue possible : non pas des douzaines ou des centaines de gens, dans une galerie, mais des millions qui voient leur reflet sous différents angles.

L'effet, au temps de Montaigne comme au nôtre, peut être grisant. Admirateur du XVIe siècle, Tabourot des Accords disait que quiconque lisait les *Essais* avait le sentiment de les avoir écrits[2]. Plus de deux cent cinquante ans après, l'essayiste Ralph Waldo Emerson dit la même chose, presque dans les mêmes mots : « Il me sembla que j'avais moi-même écrit le livre, dans quelque vie antérieure[3]. » « À quel point je le fais mien...,

1. « The Mark on the Wall », in V. Woolf, *A Haunted House : The Complete Shorter Fiction,* Londres, Vintage, 2003, p. 79-80 ; « La Marque sur le mur », trad. M. Rivoire, *in* V. Woolf, *Œuvres romanesques,* Paris, Gallimard, « Bibliothèque de la Pléiade », 2012, vol. I, p. 883.

2. Étienne Tabourot, sieur des Accords, *Quatrième et cinquième livre des touches,* Paris, J. Richer, 1588, vol. V, fol. 65v. Cf. Boase, *Fortunes,* p. 7-8, et Millet, p. 62-63.

3. R. W Emerson, p. 92.

il me semble que c'est moi-même», écrivit André Gide[1]. Et l'écrivain autrichien Stefan Zweig, au seuil du suicide, après avoir été contraint à l'exil au cours de la Seconde Guerre mondiale, trouva en Montaigne son seul ami véritable : «Ici est un Toi, dans lequel mon Moi se reflète, ici est abolie la distance qui sépare une époque de l'autre.» La page imprimée s'estompe ; un être vivant se glisse dans la salle. «Quatre cents années se sont envolées en fumée[2].»

Sur le site d'Amazon.com, les acheteurs enthousiastes réagissent encore de la même façon. L'un dit que les *Essais* «ne sont pas tant un livre qu'un compagnon de vie»; un autre prédit qu'il sera «le meilleur ami que vous ayez jamais eu». Un lecteur qui en a toujours un exemplaire à son chevet déplore qu'il soit trop volumineux (dans sa version intégrale) pour l'emporter avec soi dans la journée. «Il y a ici la lecture d'une vie, ajoute un autre. Pour un classique aussi épais, il se lit comme *s'il* avait été écrit hier, il ferait aujourd'hui la une du magazine *Hello*[3] *!*»

Tout cela alors même que les *Essais* n'ont pas de grande idée à faire valoir, de thèse à formuler. Le livre n'a aucun dessein sur vous : à vous de faire comme il vous plaît. Montaigne déverse son matériau, et ne

---

1. A. Gide, «Suivant Montaigne», *La Nouvelle Revue française,* 189, 1929, p. 752 ; repris in *Essais critiques,* Paris, Gallimard, «Bibliothèque de la Pléiade», 1999, p. 684-703, ici p. 691.

2. S. Zweig, *Montaigne,* p. 27-28.

3. Commentaires de tepi, Grant, Klumz, diastoler et lexo-2x sur le site http://www.amazon.com/Michel-Montaigne-Complete-Penguin-Classics/ dp0140446044.

s'inquiète jamais de dire une chose sur une page et le contraire au verso, voire dans la phrase suivante. Il aurait pu trouver sa devise dans ces vers de Walt Whitman :

> Je me contredis ?
> Et bien soit… je me contredis,
> Je suis vaste… j'ai en moi multitudes[1].

Toutes les deux-trois phrases lui vient une nouvelle façon de regarder les choses, en sorte qu'il change de cap. Lors même que ses pensées sont des plus irrationnelles et oniriques, son écriture les suit : « Je ne puis assurer mon objet : il va trouble et chancelant, d'une ivresse naturelle[2]. » Chacun peut l'accompagner aussi loin qu'il lui paraît souhaitable, et le laisser vagabonder tout seul dans le cas contraire. Tôt ou tard, vos chemins se recroiseront.

Ayant créé un nouveau genre en écrivant de la sorte, Montaigne le désigna d'un mot nouveau : les *essais.* Aujourd'hui, le mot « essai » rend un son mat et terne. Il rappelle à beaucoup les exercices faits pour tester ce que l'écolier ou le collégien a retenu de ses lectures : la reformulation des arguments d'autres auteurs avec une introduction ennuyeuse et une conclusion facile aux deux extrémités, comme deux fourchettes plantées dans un épi de maïs. Les discours de cette

1. W Whitman, « Song of Myself », in *Leafs of Grass,* Brooklyn, 1855, p. 55 ; *Feuilles d'herbe (1855),* Paris, José Corti, 2008, p. 189.

2. III, 2, p. 845.

espèce existaient du temps de Montaigne, mais pas les « essais ». « Essayer » quelque chose, c'est le tester ou le goûter, en faire l'expérience. Suivant la définition d'un montaigniste du XVIIe siècle, c'était tirer un coup de feu pour voir si le pistolet tire droit[1], ou essayer un cheval pour voir s'il répond bien. Dans l'ensemble, Montaigne découvrit que les balles partaient dans tous les sens et que le cheval s'emballait, mais il ne s'en tracassa point. Il était ravi de voir son œuvre prendre un tour imprévisible.

Sans doute n'avait-il jamais eu l'ambition de déclencher à lui seul une révolution littéraire, mais il savait, *a posteriori,* ce qu'il avait fait. « C'est le seul livre au monde de son espèce, écrivit-il, et d'un dessein farouche et extravagant[2]. » Ou, comme ce parut être plus souvent le cas, sans aucun plan. Les *Essais* ne suivent pas un agencement bien ordonné du début jusqu'à la fin. L'ouvrage crût par lente incrustation, tel un récif de corail, de 1572 à 1592. La seule chose qui finit par l'arrêter, ce fut la mort de Montaigne.

Dans une autre optique, jamais il ne s'arrêta. Il continua de croître, du fait non pas d'une écriture, mais d'une lecture sans fin. Du premier ami ou voisin du XVIe siècle qui ait feuilleté un brouillon sur le bureau de Montaigne au tout dernier être humain (ou autre entité consciente) qui l'extraira des banques de

1. J. de Saint-Sernin, *Essais et observations sur les Essais du seigneur de Montaigne,* Londres, E. Allde, 1626, f. A6r.

2. II, 8, p. 404.

mémoire d'une future bibliothèque virtuelle, chaque nouvelle lecture est synonyme de nouveaux *Essais.* Les lecteurs les abordent dans leurs perspectives privées, y apportant leur propre expérience de la vie. En même temps, ces expériences sont façonnées par de grandes tendances, qui vont et viennent lentement. Qui se penche sur plus de quatre cent trente ans de lecture de Montaigne peut les voir se former et se dissoudre tels des nuages dans le ciel, ou les foules qui attendent une correspondance sur les quais de gare. Chaque façon de lire paraît naturelle tant qu'elle est en scène ; puis apparaît un nouveau style, et l'ancien s'efface, devenant parfois tellement suranné qu'il est à peine compréhensible, hormis des historiens.

Les *Essais* sont donc, bien plus qu'un livre, une conversation séculaire entre Montaigne et tous ceux qui ont appris à le connaître : une conversation qui change au fil de l'histoire, tout en repartant de zéro à chaque fois ou presque, avec ce cri de « Comment a-t-il su tout cela de moi ? ». Le plus souvent, ça reste la rencontre de deux personnes, d'un écrivain et d'un lecteur. Mais des bavardages parallèles se poursuivent aussi parmi les lecteurs : consciemment ou non, chaque génération aborde Montaigne avec des attentes qui lui viennent de ses contemporains et de ses devanciers. Au fil de l'histoire, la scène devient plus encombrée. De dîner privé, elle se transforme en grand banquet animé, avec Montaigne en maître de cérémonie malgré lui.

Voici donc un livre sur Montaigne, l'homme et l'écrivain. Il porte aussi sur ce long dîner, cette accumulation de conversations partagées et privées au fil de quatre cent trente ans. La chevauchée sera étrange et cahoteuse, car le livre de Montaigne n'a pas glissé sans heurt au fil du temps, tel un galet dans un cours d'eau, pour devenir toujours plus fin et lisse. Il a culbuté sans direction précise, recueillant des débris, s'accrochant parfois à de fâcheux affleurements. Mon histoire suit le courant, elle aussi. Elle va « trouble et chancelant », avec de fréquents changements de bord. Pour commencer, elle serre de près l'homme lui-même : la vie de Montaigne, sa personnalité et sa carrière littéraire. Puis elle diverge toujours plus en récits de son livre et de ses lecteurs jusqu'aux plus récents. Puisqu'il s'agit d'un livre du XXIe siècle, il est inévitablement marqué par le Montaigne de ce siècle. Pour reprendre un de ses adages favoris, il n'y a pas moyen d'échapper à notre perspective : on ne marche jamais que sur deux jambes, « on n'est jamais assis que sur son cul[1] ».

La plupart de ceux qui abordent les *Essais* en attendent quelque chose. Ils cherchent un divertissement, des lumières, une intelligence historique ou quelque chose de plus personnel. Ainsi que Gustave Flaubert le conseillait à une amie qui se demandait comment aborder Montaigne :

> Mais ne lisez pas, comme les enfants lisent, pour vous amuser, ni comme les ambitieux lisent, pour vous instruire. Non. Lisez *pour vivre*[2].

1. III, 13, p. 1166.

2. Gustave Flaubert à Mlle Leroyer de Chantepie, 6 juin 1857, *in* G. Flaubert, *Correspondance,* Paris, Gallimard, « Bibliothèque de la Pléiade », 1980, vol. 2, p. 731.

Impressionnée par le commandement de Flaubert, je fais de la question de la Renaissance, « Comment vivre ? », mon fil conducteur pour me frayer un chemin dans l'écheveau de la vie et de la postérité de Montaigne. La question demeure la même tout du long, mais les chapitres prennent la forme de vingt réponses différentes : à chaque fois une réponse qu'on pourrait imaginer venir de Montaigne. En réalité, il répondait habituellement aux questions par des rafales de nouvelles questions et une profusion d'anecdotes, allant souvent toutes dans des directions différentes et menant à des conclusions contradictoires. Les questions et histoires *étaient* ses réponses, ou d'autres manières de mettre la question à l'essai.

De même, chacune des vingt réponses possibles de ce livre prendra la forme d'une anecdote : un épisode ou un thème de la vie de Montaigne, ou de la vie de ses lecteurs. Il n'y aura pas de solution tranchée, mais ces vingt « essais » de réponse nous permettront de surprendre des bribes de la longue conversation et de goûter la compagnie de Montaigne lui-même – le plus aimable des interlocuteurs et des hôtes.

1

Q. Comment vivre ?
R. Ne pas s'inquiéter de la mort

« Au bout des lèvres »

Montaigne n'était pas toujours naturel en société. De temps à autre, dans sa jeunesse, quand ses amis dansaient, riaient et buvaient, il s'asseyait à part sous un nuage. Dans ces occasions, c'est à peine si ses compagnons le reconnaissaient : ils étaient plus habitués à le voir conter fleurette à des femmes, ou à débattre avec animation d'une nouvelle idée qui l'avait frappé. Ils se demandaient s'ils ne l'avaient pas froissé par une chose qu'ils auraient dite. En vérité, confia-t-il plus tard dans ses *Essais*, quand il était dans ces dispositions il avait à peine conscience de ce qu'il y avait alentour. Au milieu des festivités, il songeait à quelque histoire vraie effrayante qu'il venait d'entendre – peut-être celle d'un jeune homme qui, ayant quitté un semblable banquet quelques jours plus tôt, se plaignant d'une fièvre légère, était mort de cette même fièvre avant que ces compagnons de fête se fussent remis de leur gueule de bois[1]. Si la mort pouvait jouer pareils tours, c'est qu'à tout moment seule une membrane des plus minces séparait Montaigne lui-même du vide. Il finit par craindre tant de perdre sa vie qu'il n'était plus capable d'y goûter tant qu'il était encore en vie.

À vingt et quelques années, Montaigne souffrait de cette obsession morbide pour avoir passé trop de temps à lire les philosophes antiques. La mort était un sujet dont les anciens ne se lassaient jamais. Cicéron résuma leur principe d'une formule tranchante : « Que philosopher c'est apprendre à mourir. » Montaigne lui-même devait plus tard lui emprunter cette sombre pensée pour en faire le titre d'un chapitre[2].

Mais si tout commença par une indigestion de philosophie à un âge où l'on est impressionnable, les problèmes ne cessèrent pas du simple fait qu'il grandit. Aux abords de la trentaine, alors qu'il aurait pu espérer une perspective plus mesurée, le sentiment qu'avait Montaigne de la proximité oppressante de la mort devint plus fort que jamais, et plus personnel. D'abstraction, la mort devint une réalité et se mit à asséner des coups de faux parmi tous ceux ou presque qui lui étaient chers, se rapprochant de lui. Il avait trente ans, en 1563, quand la peste emporta son meilleur ami, Étienne de La Boétie. En 1568, son

1. I, 19, p. 89.

2. Cicéron, *Tusculanes,* I, xxx, 74 ; Cicéron lui-même avait repris cette idée de Platon, *Phédon,* 67c ; Montaigne en fit le titre de son essai I, 19.

père mourut, probablement de complications des suites d'une crise de calculs rénaux. Au printemps de l'année suivante, Montaigne perdit son frère cadet, Arnaud de Saint-Martin, victime d'un insolite accident de sport. Lui-même venait de se marier : le premier bébé de ce couple ne devait vivre que deux mois, pour mourir en août 1570. Montaigne devait perdre quatre autres enfants : sur six, un seul atteignit l'âge adulte. Cette série de deuils fit de la mort une menace moins nébuleuse, mais elle n'était guère rassurante. Ses peurs étaient plus fortes que jamais.

La perte la plus douloureuse fut visiblement celle de La Boétie : Montaigne l'aimait plus que quiconque. Mais la plus choquante dut être celle de son frère Arnaud. À tout juste vingt-trois ans, au jeu de paume, il reçut une balle en pleine tête. Le coup ne devait pas être très fort, puisqu'il n'eut pas d'effet immédiat ; il mourut pourtant cinq ou six heures plus tard, probablement d'une embolie ou d'une hémorragie. Nul n'aurait imaginé qu'un simple coup à la tête pût coûter la vie à un homme en bonne santé. Ça n'avait pas de sens, et c'était personnellement plus menaçant encore que l'histoire du jeune homme mort de fièvre. « Ces exemples si fréquents et si ordinaires nous passant devant les yeux, comment est-il possible qu'on se puisse défaire du pensement [de la pensée] de la mort, et qu'à chaque instant il ne nous semble qu'elle ne nous tienne au collet[1] ? »

Impossible pour lui de se défaire de cette pensée ; il n'en avait pas même envie. Il était encore sous

1. I, 19, p. 87.

l'empire de ses philosophes. « N'ayons rien si souvent en tête que la mort », écrivit-il dans un des premiers essais sur le sujet :

> À tous instants représentons-la à notre imagination et en tous visages. Au broncher d'un cheval, à la chute d'une tuile, à la moindre piqûre d'épingle, remâchons soudain, Et bien quand ce serait la mort même[1] ?

Si vous passiez fréquemment en revue les images de votre mort, disaient les stoïciens, ses sages favoris, jamais elle ne vous prendrait par surprise. Vous sachant bien préparé, vous seriez libéré pour vivre sans peur. Mais Montaigne observa le contraire. Plus il imaginait intensément les accidents qui pouvaient s'abattre sur lui et ses amis, moins il trouvait le calme. Quand bien même il parvenait, fugitivement, à en accepter l'idée abstraitement, il ne pouvait s'en accommoder dans le détail. Son esprit fourmillait de visions de blessures et de fièvres ; ou de gens éplorés à son chevet, voire « l'attouchement d'une main connue[2] » posée sur son front pour lui dire adieu. Il imaginait le monde se refermant autour du trou où il avait été : ses biens recueillis, ses habits distribués entre amis et serviteurs. Ces pensées ne le libéraient point : elles l'emprisonnaient.

Par bonheur, cet étranglement ne devait pas durer. La quarantaine puis la cinquantaine virent un Montaigne libéré, le cœur léger. Il put écrire ses essais les

1. *Ibid.*, p. 88.
2. III, 4, p. 879.

plus fluides, respirant l'amour de la vie, et ne manifesta quasiment aucun signe de sa morbidité antérieure. Nous savons qu'elle exista toujours, parce que son livre nous en parle. Il refusa désormais de se tracasser de quoi que ce soit. La mort, ce ne sont jamais que des mauvais moments, écrivit-il dans un de ses derniers ajouts[1] ; il ne vaut plus la peine de dilapider son inquiétude. Lui qui avait été le plus sombre, il devint le plus insouciant des hommes d'âge mûr, un maître dans l'art du bien vivre. Le remède se trouvait dans un voyage au cœur du problème : la spectaculaire rencontre de sa propre mort, suivie d'une longue crise du milieu de vie qui le conduisit à écrire ses *Essais*.

La grande rencontre de Montaigne et de la mort survint un jour de 1569 ou du début de 1570 – la période exacte est incertaine – alors qu'il s'adonnait à une activité qui dissipait habituellement ses angoisses et lui procurait un sentiment d'échappatoire : monter à cheval[2].

Il avait alors autour de trente-six ans, et le sentiment d'avoir beaucoup à fuir[3]. À la suite de la mort de son père, il avait hérité de l'entière responsabilité du château et des terres familiales en Dordogne. Un beau pays, dans une région couverte, alors comme

1. III, 12, p. 1098.

2. Nous ne savons pas exactement quand se produisit cet incident, mais Montaigne indique que ce fut au cours de la deuxième ou troisième guerre civile, ce qui le situe entre l'automne 1568 et le début de 1570 : II, 6, p. 391. Sur Montaigne et le cheval, voir J. Balsamo, « Cheval », *in* Desan, *Dictionnaire,* p. 190-191.

3. Sur le sentiment de fuite, voir III, 5, p. 919.

aujourd'hui, de vignes, de collines douces, de villages et de forêts. Pour Montaigne, en revanche, c'était le fardeau du devoir. Sur les terres, il y avait toujours quelqu'un pour le tirer par la manche, réclamer quelque chose ou trouver à redire. Il était le seigneur, tout revenait vers lui.

Par chance, il n'était habituellement pas trop difficile de trouver un prétexte à s'absenter. Depuis l'âge de vingt-quatre ans, Montaigne était magistrat à Bordeaux, la capitale régionale, à quelque quarante kilomètres de son château, et il y avait toujours des raisons de s'y rendre. Puis il y avait les lointaines vignes[1] de sa propriété, dispersées à des kilomètres à la ronde dans les campagnes, et où il pouvait utilement se rendre si le cœur lui en disait. Il lui arrivait aussi de rendre visite aux voisins qui habitaient les autres châteaux de la région : il importait de rester en bons termes. Autant de tâches qui formaient d'excellentes justifications à chevaucher à travers les bois quand il faisait soleil.

Sur les sentiers forestiers, Montaigne pouvait laisser vagabonder ses pensées à sa guise, quand bien même il y était invariablement accompagné de serviteurs et de connaissances. Au XVIe siècle, on circulait rarement seul. Mais, d'un coup d'éperons, il pouvait éloigner son cheval des conversations lassantes, ou détourner son attention pour rêvasser, observer les reflets de lumière dans le dôme de verdure qui ombrageait le chemin. Était-il exact, pouvait-il se demander, que

1. Cf. Marcetteau-Paul, p. 137-141.

l'homme tire sa semence de la moelle épinière, comme le disait Platon[1] ? Un rémora pouvait-il vraiment être robuste au point de retenir un navire entier dans sa bouche et l'aspirer[2] ? Et quid de l'étrange incident dont il avait été le témoin l'autre jour, chez lui ? Un chat regardait fixement un arbre quand un oiseau en était tombé, mort, juste entre ses griffes[3]. Quel pouvoir était le sien ? Ces spéculations étaient si absorbantes que Montaigne en oubliait parfois le chemin et ce que faisaient ses compagnons.

Cette fois, il progressait paisiblement à travers bois avec un groupe d'hommes montés, tous ou la plupart ses employés, à cinq-six kilomètres du château. C'était une chevauchée aisée, sans difficulté, en sorte qu'il avait choisi un cheval placide, pas très fort. Il était vêtu comme à l'ordinaire : culotte, chemise, pourpoint et probablement manteau. Il avait son épée au côté – un gentilhomme ne sortait jamais sans – mais il ne portait ni armure ni protection spéciale. Pourtant, hors de la ville ou des murs des châteaux, il y avait toujours des dangers : les voleurs étaient nombreux, et la France était alors suspendue dans un état d'anarchie entre deux explosions de guerre civile. Des groupes de soldats sans emploi écumaient la campagne, à l'affût d'un butin dont ils pussent s'emparer au lieu des gages perdus dans les interludes de paix. Malgré ses inquiétudes sur la mort en général, les risques spécifiques laissaient habituellement Montaigne de marbre. Il ne

1. II, 12, p. 589.
2. *Ibid.*, p. 492.
3. I, 20, p. 108.

bronchait pas comme d'autres à la vue du moindre inconnu louche ni ne prenait la poudre d'escampette en entendant des bruits non identifiés dans les bois. Reste que la tension régnante avait dû le toucher, car, quand un grand poids s'abattit sur lui par-derrière, sa première pensée fut qu'il avait été délibérément attaqué. Il crut à un tir d'arquebuse.

Il n'eut pas le temps de se demander *pourquoi* on avait ouvert le feu sur lui. La chose l'avait « foudroyé » : son cheval se retrouva à terre, et Montaigne lui-même atterrit à quelques pas de là, heurtant rudement le sol et perdant aussitôt connaissance :

> Voilà le cheval abattu et couché tout étourdi, moi dix ou douze pas au-delà, étendu à la renverse, le visage tout meurtri et tout écorché, mon épée que j'avais à la main, à plus de dix pas au-delà, ma ceinture en pièces, n'ayant ni mouvement, ni sentiment, non plus qu'une souche[1].

L'idée d'arquebusade lui vint plus tard ; en vérité, il n'y avait aucune arme dans cette affaire. En fait, c'était l'un des serviteurs de Montaigne, un homme robuste qui chevauchait derrière lui sur un puissant cheval de labour et avait lancé sa monture au galop « pour faire le hardi et devancer ses compagnons ». Il ne prit garde que Montaigne était sur son chemin, ou peut-être en mesura-t-il mal la largeur, croyant avoir assez de place pour passer. Au lieu de quoi il fondit « comme un colosse sur le petit homme et petit cheval ».

1. II, 6, p. 391 *sq.*, comme toutes les citations des pages suivantes, sauf indication contraire.

Le reste de la troupe s'arrêta, consterné. Les serviteurs de Montaigne mirent pied à terre et essayèrent de le ranimer : il demeura inconscient. Ils le ramassèrent et, non sans mal, entreprirent de rapporter son corps ballant au château. Il revint à la vie en cours de route. Sa première sensation fut d'avoir été frappé à la tête (qu'il eût perdu connaissance laisse penser que c'était le cas), mais il se mit aussi à tousser, comme s'il avait reçu un coup en pleine poitrine. Le voyant se démener pour respirer, ses hommes le redressèrent et firent de leur mieux pour le porter dans cette position malcommode. À plusieurs reprises, il rendit des « bouillons de sang pur ». Le symptôme était alarmant, mais la toux et les vomissements aidèrent à le garder éveillé.

À mesure qu'ils approchaient du château, il retrouva ses esprits, tout en ayant le sentiment de glisser vers la mort, plutôt que de revenir à la vie. Sa vision demeurait brouillée ; à peine distinguait-il la lumière. Il prit conscience de son corps, mais ce qu'il vit n'était guère réconfortant, car son habit était éclaboussé du sang qu'il avait rendu. Il eut juste le temps de s'interroger sur l'arquebuse avant de sombrer dans un demi-oubli.

Par la suite, lui racontèrent plus tard les témoins, Montaigne se débattit. De ses ongles, il déchira son pourpoint, comme pour se débarrasser d'un poids. « J'avais mon estomac pressé de ce sang caillé, mes mains y couraient d'elles-mêmes, comme elles font souvent, où il nous démange, contre l'avis de notre volonté[1]. » Il donnait l'impression de vouloir s'ouvrir

1. II, 6, p. 394.

le corps ou, peut-être, de s'en extraire pour que son esprit pût s'en aller. Pendant tout ce temps, cependant, il fut en paix avec lui-même.

> Il me semblait que ma vie ne me tenait plus qu'au bout des lèvres : je fermais les yeux pour aider (ce me semblait) à la pousser hors, et prenais plaisir à m'alanguir et à me laisser aller. C'était une imagination qui ne faisait que nager superficiellement en mon âme, aussi tendre et aussi faible que tout le reste : mais à la vérité non seulement exempte de déplaisir, ains [mais] mêlée à cette douceur, que sentent ceux qui se laissent glisser au sommeil[1].

Les serviteurs continuèrent de le porter vers la maison, dans cet état de langueur intérieure et d'agitation extérieure. Apercevant l'agitation, sa famille accourut, « avec les cris accoutumés en telles choses ». Ils demandèrent ce qui s'était passé. Montaigne put fournir des réponses, mais pas cohérentes. Il vit sa femme peiner sur le chemin inégal et s'avisa de commander à ses hommes de lui donner un cheval. On pourrait croire que c'était là considération d'une « âme éveillée », écrit-il, sauf qu'il ne l'était « aucunement ». Il était très loin. « C'étaient des pensements vains en nue [de vaines pensées dans les nuages], qui étaient émus par les sens des yeux et des oreilles : ils ne venaient pas de chez moi. » Toutes ses actions et ses mots n'étaient produits, d'une certaine façon, que par son corps. « Ce que l'âme y prêtait, c'était en songe,

1. *Ibid.*, p. 392.

touchée bien légèrement, et comme léchée seulement et arrosée par la molle impression des sens[1]. » Apparemment, Montaigne et la vie étaient sur le point de se fausser compagnie, sans regrets ni adieux en bonne et due forme, tels deux hôtes éméchés quittant un banquet trop hébétés pour un au revoir.

Sa confusion continua après qu'on l'eut porté à l'intérieur. Il se sentait encore comme sur un tapis magique, plutôt que soulevé par les mains de ses serviteurs. Il n'avait pas mal et ne s'inquiétait pas au vu de tous ceux qui se pressaient autour de lui. Il n'éprouvait que langueur et faiblesse. Ses hommes l'alitèrent ; il resta là, parfaitement heureux, le seul plaisir du repos occupant toute sa pensée : « Je sentis une infinie douceur à ce repos : car j'avais été vilainement tirassé par ces pauvres gens, qui avaient pris la peine de me porter sur leurs bras, par un long et très mauvais chemin. » Il refusa tous les remèdes, certain d'être destiné à s'en aller : « C'eût été sans mentir une mort bien heureuse[2]. »

Cette expérience alla bien au-delà du mourir tel que Montaigne l'avait imaginé auparavant. Ce fut un vrai voyage sur le territoire de la mort : il se glissa tout près et l'effleura de ses lèvres. Il *put* y goûter, telle une personne goûtant une saveur peu familière. Ce fut un essai de la mort, un exercice, une « exercitation » pour reprendre le mot qu'il employa quand il décrivit cette expérience. Il devait plus tard consacrer beaucoup de temps à passer les sensations en revue dans sa tête, à les

1. *Ibid.*, p. 395.
2. *Ibid.*

reconstruire aussi précisément que possible pour s'en instruire. La fortune lui avait offert l'occasion parfaite d'éprouver le consensus philosophique au sujet de la mort. Mais il lui était difficile d'être sûr d'avoir trouvé la bonne réponse. Les stoïciens auraient certainement regardé ses résultats d'un air soupçonneux.

La leçon était partiellement juste : par son « exercitation », il avait appris à ne pas craindre son inexistence. La mort pouvait avoir un visage amical, exactement comme le promettaient les philosophes. Montaigne l'avait regardée en face… mais il ne l'avait pas dévisagée lucidement, comme doit le faire un penseur rationnel. Au lieu de marcher en avant les yeux ouverts, avec le port d'un soldat, il s'était laissé flotter dans la mort, avec à peine une pensée consciente, séduit par elle. Quand on meurt, comprit-il alors, ce n'est pas la mort que l'on rencontre, car on est parti avant qu'elle n'arrive. On meurt comme on s'endort : en dérivant. Que d'autres essaient de vous ramener, et vous entendez leurs voix « aux bords de l'âme ». Votre existence ne tient qu'à un fil ; elle est au bout de vos lèvres, comme il dit. Mourir n'est pas une action qu'on puisse préparer. C'est une rêverie sans but.

Désormais, lisant sur la mort, Montaigne devait montrer moins d'intérêt pour les fins exemplaires des grands philosophes, surtout pour ceux dont les morts se déroulaient dans un état « d'affaiblissement et d'appesantissement ». Dans ses essais de la maturité, il évoque avec admiration des hommes comme les Romains Pétrone et Tigillinus, morts au milieu des plaisanteries, de la musique et de la conversation quotidienne, en sorte que la mort leur vint simplement dans l'allégresse générale[1]. Au lieu de transformer une fête en scène de mort, comme l'avait fait Montaigne dans son imagination juvénile, ils firent de la scène de leur mort une fête. Il aimait particulièrement l'histoire de Marcellinus, qui évita une douloureuse mort de maladie par une euthanasie en douceur. Après plusieurs jours de jeûne, Marcellinus s'allongea dans un bain très chaud. Sans doute était-il déjà très affaibli par sa maladie : le bain ne fit que lui enlever ses derniers souffles de vie. Il passa lentement, puis trépassa. Ce faisant, dans un murmure, il vanta langoureusement à ses amis le plaisir dont il faisait l'expérience[2].

On pouvait espérer du plaisir dans une mort comme celle de Marcellinus. Mais Montaigne avait appris quelque chose de plus surprenant : qu'il pouvait jouir des mêmes sensations délicieuses et flottantes lors même que son corps semblait se convulser, s'agiter dans ce que d'autres prenaient pour des tourments.

Cette découverte de Montaigne contredisait ses modèles classiques ; elle défiait aussi l'idéal chrétien qui dominait son époque. Pour les chrétiens, notre dernière pensée doit être une humble recommandation de notre âme à Dieu, pas un « Aaaah… » de félicité. Visiblement, dans l'expérience de Montaigne,

---

1. III, 9, p. 1029-1030. Les épisodes de Pétrone et de Tigillinus sont tous deux rapportés par Tacite : *Annales,* XIV, 19, pour Pétrone ; *Histoires,* I, 72, pour Tigillinus.

2. II, 13, p. 647-648. Sa source est Sénèque, *Lettres à Lucilius,* lettre 77.

la pensée de Dieu n'eut aucune place. Pas plus qu'il ne semble lui être venu à l'idée que mourir en état d'ébriété et entouré de jeunes femmes était de nature à compromettre la vie posthume d'un chrétien. Il était plus intéressé par son constat purement séculier, à savoir que la psychologie humaine et la nature en général étaient les meilleures amies du mourant. Et il lui parut désormais que les seuls qui mourussent régulièrement avec autant de vaillance que le devraient les philosophes étaient ceux qui ne connaissaient aucune philosophie : les paysans incultes de ses terres et des villages à l'entour. « Je ne vis jamais paysan de mes voisins, entrer en cogitation, de quelle contenance, et assurance, il passerait cette heure dernière », écrivit-il[1] – il n'est pas dit qu'il l'aurait su si tel avait été le cas. La nature s'en occupait. Elle leur apprenait à ne pas réfléchir à la mort, sauf quand ils mouraient, et encore fort peu. Les philosophes ont du mal à quitter le monde parce qu'ils prétendent rester maîtres de la situation. Au temps pour « Que philosopher c'est apprendre à mourir ». La philosophie ressemblait davantage à une manière d'enseigner aux gens à *dés*apprendre un talent naturel que chaque paysan avait à la naissance.

À cette occasion, malgré son empressement à divaguer, Montaigne ne mourut point. Il se remit… et, dès lors, vécut, un peu différemment. De son essai de la mort, il tira une leçon de philosophie fort peu philosophique, qu'il résuma à sa manière désinvolte :

---

1. III, 12, p. 1098.

Si vous ne savez pas mourir, ne vous chaille [qu'importe], nature vous en informera sur le champ, pleinement et suffisamment ; elle fera exactement cette besogne pour vous, n'en empêchez votre soin [ne vous en souciez pas][1].

« Ne pas se soucier de la mort » devint sa réponse la plus fondamentale, la plus libératrice à la question du « comment vivre ». Elle permettait de faire simplement cela : *vivre*.

Or, la vie est plus difficile que la mort ; plutôt qu'un abandon passif, elle requiert attention et direction. Elle peut aussi être pénible. La plaisante dérive de Montaigne sur les flots de l'oubli ne dura point. Quand il fut pleinement revenu, après deux-trois heures, il se trouva assailli de maux, ses membres « tous moulus et froissés ». Il souffrit plusieurs nuits par la suite, et il y eut des conséquences à long terme : je « me sens encore de la secousse de cette froissure [de ce choc] », écrivit-il au moins trois ans après[2].

Sa mémoire mit plus de temps à revenir que ses sensations physiques, même s'il passa plusieurs jours à tâcher de reconstituer l'épisode en interrogeant les témoins. Aucune étincelle ne se produisit jusqu'à ce que tout l'incident lui revint d'un coup, dans un choc pareil à celui d'un éclair qui frappe : reprise du « foudroiement » initial. Son retour à la vie fut aussi violent que l'accident : bousculades, impacts, éclairs et coups de tonnerre. La vie reprit possession de lui

1. *Ibid,* p. 1097.
2. II, 6, p. 395-396.

en force, cependant que la mort avait été chose légère et superficielle.

Dorénavant, il essaya d'importer dans la vie un peu de la délicatesse et de l'entrain de la mort. « Il y a tant de mauvais pas, écrivit-il dans un essai tardif, que pour le plus sûr, il faut un peu légèrement et superficiellement couler [s'insinuer en] ce monde[1]. » À travers cette découverte de la glisse et de la dérive, il perdit une bonne part de sa peur et dans le même temps acquit le sentiment nouveau que la vie, alors qu'elle passait par son corps – *sa* vie à lui, Michel de Montaigne –, était un sujet d'enquête fort intéressant. Il allait continuer de prêter attention aux sensations et aux expériences, non pas pour ce qu'elles étaient censées être, ou pour les leçons philosophiques qu'elles pouvaient transmettre, mais pour ce qu'il en éprouvait. Il allait suivre le flot.

Ce fut une discipline nouvelle pour lui : une discipline qui prit le pas sur sa routine quotidienne et – à travers ses écrits – lui donna une forme d'immortalité. Ainsi donc, au mitan de sa vie, Montaigne perdit ses repères et s'en trouva rené.

1. III, 10, p. 1050.

2

Q. Comment vivre ? R. Faire attention

Se mettre à écrire

L'accident de cheval, qui a tant modifié la perspective de Montaigne, ne dura en soi que quelques instants, mais on peut le dérouler en trois parties et l'étaler sur plusieurs années. Il y a d'abord Montaigne, gisant à terre, serrant son ventre tout en connaissant l'euphorie. Puis, dans les semaines et les mois qui suivent, arrive Montaigne, méditant l'expérience et tâchant de la concilier avec ses lectures philosophiques. Pour finir, il y a le Montaigne de quelques années plus tard, s'installant pour écrire à ce propos – et sur une multitude d'autres choses. La première scène aurait pu concerner n'importe qui ; la seconde pouvait être le lot de tout jeune homme sensible et éduqué de la Renaissance. C'est la dernière qui rend Montaigne unique.

Le lien n'est pas simple : il ne se redressa pas dans son lit tout de suite pour se mettre à écrire sur l'accident. Il commença les *Essais* deux ans plus tard, vers 1572, et encore écrivit-il d'autres chapitres avant d'en arriver à celui sur sa perte de connaissance. Quand il l'aborda, cependant, l'expérience l'amena à essayer une nouvelle espèce d'écriture, que les autres écrivains avaient à peine tentée : recréer une séquence de sensations telles qu'éprouvées de l'intérieur, en les suivant d'un instant à l'autre. Et il semble exister un lien chronologique entre l'accident et un autre tournant de sa vie, qui lui ouvrit le chemin de la littérature : la décision de quitter son poste de magistrat à Bordeaux.

Jusque-là, Montaigne avait mené une double vie : l'une urbaine et politique, l'autre rurale et d'exploitant agricole. Bien qu'il eût dirigé le domaine depuis la mort de son père en 1568, il avait continué de travailler à Bordeaux. Au début de 1570, cependant, il décida de vendre sa magistrature[1]. L'accident n'en était pas la seule raison : on venait de lui refuser un poste qu'il avait sollicité à la Chambre haute de la cour, probablement parce que des ennemis politiques s'y étaient opposés. Il eût été plus habituel de faire appel ou de se battre ; au lieu de quoi il préféra tirer sa révérence. Peut-être agit-il ainsi par colère, ou désillusion. À moins que sa rencontre avec la mort, s'ajoutant à la perte de son frère, ne l'ait amené à envisager autrement la manière dont il entendait mener sa vie.

---

1. La retraite de Montaigne fut officielle le 23 juillet 1570, mais le transfert de sa charge à son successeur fut signé en avril 1570 ; sans doute avait-il pris sa décision plus tôt. Voir Frame, *Montaigne,* p. 114-115 et trad. p. 123. Sur le rejet de sa « candidature », *ibid.,* p. 57-58 et trad. p. 68.

Montaigne travaillait depuis treize ans au parlement de Bordeaux quand il prit cette mesure. Il avait trente-sept ans : l'âge mûr, sans doute, suivant les normes de l'époque, mais pas très vieux. Il n'en songea pas moins à se retirer : à quitter la vie active pour entamer une nouvelle existence vouée à la réflexion. Quand vint son trente-huitième anniversaire, il marqua la décision – près d'un an après l'avoir prise – en faisant peindre une inscription latine au mur d'une chambre attenant à sa « librairie » :

> L'an du Christ 1571, âgé de trente-huit ans, la veille des Calendes de mars, au jour anniversaire de sa naissance [dernier jour de février], Michel de Montaigne, saturé depuis longtemps déjà des servitudes de la Cour et des charges publiques, s'est retiré, encore frais et dispos, au giron des doctes vierges [des Muses]. Là, dans le calme et à l'abri des soucis, au terme d'une course déjà bien avancée, il franchira la courte distance qui le sépare de la ligne d'arrivée. Fassent les destins qu'il achève ce séjour qu'ont bâti ses aïeux, ce doux asile consacré à sa liberté, à sa tranquillité et à son loisir[1].

Dès lors, Montaigne allait vivre pour lui-même, plutôt que pour le devoir. Peut-être sous-estima-t-il le travail nécessité par la gestion du domaine, et il ne fait encore aucune allusion à la rédaction d'essais. Il ne parle que de calme et de liberté. Pourtant, il avait déjà mené à bien divers projets littéraires mineurs. Plutôt à contrecœur, il avait traduit à la demande de

---

1. Cité *in* Desan, « Bibliothèque de Montaigne », *Dictionnaire*, p. 127.

son père un ouvrage de théologie, puis avait édité une liasse de manuscrits laissés par son ami Étienne de La Boétie, y ajoutant des dédicaces ainsi qu'une lettre où il décrivait les derniers jours de celui-ci. Au cours de ces quelques années, autour de 1570, ses essais de littérature en amateur coexistèrent avec d'autres expériences : la série de deuils et le jour où il faillit mourir, le désir de se retirer de la vie politique bordelaise et l'aspiration à une vie paisible – et à autre chose, aussi, car son épouse était enceinte de leur premier enfant. L'espérance d'une vie nouvelle rencontra l'ombre de la mort pour l'attirer vers une nouvelle façon d'être.

On a comparé le changement de rythme de Montaigne à l'approche de la quarantaine aux fameuses crises de changement de vie dans la littérature : celles de Don Quichotte, qui abandonna sa routine pour se mettre en quête d'aventures chevaleresques, et de Dante, qui se perdit dans les bois « au mitan du chemin de la vie[1] ». Les pas de Montaigne dans le fourré du mitan de sa vie et sa découverte du sentier pour en sortir laissent une série d'empreintes – les marques d'un homme qui chancelle, trébuche et reprend sa marche :

Juin 1568 : Montaigne achève sa traduction théologique. Son père meurt. Il hérite du domaine

1. La comparaison de la crise du milieu de vie de Montaigne à Don Quichotte et à Dante se trouve sous la plume d'Erich Auerbach, *Mimesis,* trad. W. A. Trask, Princeton, N. J., Princeton University Press, 2003, p. 348-349; en français, *Mimésis. La Représentation de la réalité dans la littérature occidentale,* trad. Cornélius Heim, Paris, Gallimard, 1968, p. 336-337 *sq.*

Printemps 1569 : son frère meurt d'un accident au jeu de paume
1569 : sa carrière se trouve bloquée à Bordeaux
1569 ou début 1570 : il échappe de peu à la mort
Automne 1569 : sa femme tombe enceinte
Début 1570 : il décide de se retirer
Été 1570 : il se retire
Juin 1570 : naissance de son premier enfant
Août 1570 : mort du bébé
1570 : il édite les œuvres de La Boétie
Février 1571 : inscription de son anniversaire au mur de sa librairie
1572 : il entreprend les *Essais*

S'étant engagé dans ce qui, espérait-il, serait une nouvelle vie contemplative, Montaigne eut beaucoup de mal à lui donner le cours qu'il souhaitait. Retiré de la vie active, il choisit l'une des deux tours d'angle de son château et la transforma en retraite et centre d'opérations à tout faire ; l'autre tour était réservée à sa femme[1]. Avec le corps principal du château et les murs latéraux, ces deux pièces d'angle formaient une cour carrée, simple, disposée au milieu des champs et des forêts.

Le bâtiment principal a disparu. Il a brûlé en 1885 pour être remplacé par un nouveau bâtiment construit sur le même plan. Par chance, cependant, l'incendie n'atteignit pas la tour de Montaigne : elle demeure pour l'essentiel inchangée et peut encore se

1. Sur le château et la tour de Montaigne, voir Gardeau et Feytaud ; Willett ; Hoffmann, p. 8-38 ; Legros, p. 103-126 ; et Legros, « Tour de Montaigne », *in* Desan, *Dictionnaire,* p. 1149-1152.

visiter. Il suffit de se promener autour pour voir pourquoi il l'aimait tant. De l'extérieur, elle a un air plaisamment joufflu pour une tour de trois étages, avec ses murs aussi épais que ceux d'un château de sable. Elle fut initialement conçue à des fins défensives ; le père de Montaigne l'adapta à des usages plus pacifiques. Il transforma le rez-de-chaussée en chapelle et y ajouta un escalier intérieur en vis. L'étage au-dessus de la chapelle devint la chambre à coucher de Montaigne. Il y dormait souvent plutôt que de regagner le corps principal du château, avec quelques marches qui permettaient d'accéder à une niche réservée aux latrines. L'étage supérieur – juste sous les combles et le campanile avec sa « fort grosse cloche[1] » qui sonnait les heures dans un tintamarre assourdissant – était le repaire favori de Montaigne : sa « librairie ».

Qui gravit les marches aujourd'hui – avec leur pierre creusée par les nombreux passages – peut entrer dans la bibliothèque et en faire le tour dans un cercle étroit, jeter un œil par les fenêtres sur la cour et le paysage comme Montaigne l'aurait fait. La vue ne devait pas être si différente en son temps, même si la chambre l'était. Aujourd'hui dépouillée et blanche, avec un sol de pierre nue, elle devait être alors recouverte d'un genre de tapis, probablement de joncs, et de peintures murales encore fraîches. L'hiver, il devait y avoir du feu dans la plupart des pièces, mais pas dans la librairie, qui ne possédait pas de cheminée. Les jours froids poussaient Montaigne à rejoindre la petite chambre latérale voisine, plus douillette, puisque celle-ci était chauffée.

1. I, 23, p. 112.

Le trait le plus frappant de la grande librairie, quand Montaigne l'occupait, était sa belle collection de livres logée sur cinq rangées dans un bel ensemble d'étagères incurvées[1]. Nécessaire du fait de la rondeur de la tour, la courbure du mobilier dut être un tour de force pour les menuisiers. De ce fait, Montaigne avait la satisfaction de voir tous ses livres d'un seul coup d'œil. À l'époque où il y emménagea, il possédait une collection imposante – autour d'un millier de volumes beaucoup hérités de son ami La Boétie[2], d'autres qu'il avait lui-même acquis, et qu'il lut. Les livres sont aujourd'hui dispersés ; les étagères ont elles aussi disparu.

Tout autour de la pièce se trouvaient également d'autres collections de Montaigne : *memorabilia* historiques, biens de famille, artefacts d'Amérique du Sud. De ses ancêtres, écrivit-il, je « conserve l'écriture, le seing [sceau] et une épée péculière [particulière] ; et n'ai point chassé de mon cabinet des longues gaules [cannes], que mon père portait ordinairement en la main[3]. » La collection sud-américaine se composait de cadeaux de voyageurs et comprenait des bijoux, des épées de bois et des bâtons de cérémonie dont on se servait dans la danse[4]. La bibliothèque de Montaigne n'était pas simplement un espace de repos ou de travail. C'était une chambre des merveilles, la version XVIe siècle du dernier domicile londonien de

1. III, 3, p. 870.
2. III, 12, p. 1103-1104.
3. II, 18, p. 703.
4. I, 30, p. 214.

Freud, à Hampstead : un trésor plein à craquer de livres, revues, statuettes, tableaux, vases, amulettes et curiosités ethnographiques, destinés à stimuler l'imagination et l'intelligence.

La bibliothèque faisait aussi de Montaigne un homme à la page[1]. Née en Italie au siècle précédent, la vogue des retraites de ce genre s'était propagée lentement en France. Les hommes aisés emplissaient des chambres de livres et de pupitres de lecture pour s'y réfugier en prétextant qu'ils avaient à faire. Montaigne alla encore plus loin dans ce sens en éloignant carrément la bibliothèque de la maison. C'était à la fois un point de vue et une grotte, une « arrière-boutique », pour reprendre une expression qu'il affectionnait. Il pouvait y recevoir des visiteurs à sa guise – ce qu'il fit souvent – sans y être jamais obligé. Il s'y plaisait. « Misérable, à mon gré, qui n'a chez soi, où être à soi : où se faire particulièrement la cour, où se cacher[2]. »

La bibliothèque représentant la liberté elle-même, il n'est pas étonnant que Montaigne ait apporté un soin rituel à la décorer et à la distinguer. Dans la chambre latérale, avec l'inscription célébrant sa retraite, il avait fait peindre des fresques murales du sol au plafond[3]. Celles-ci ont passé mais on devine encore qu'elles représentaient de grandes batailles, Vénus pleurant la mort d'Adonis, un Neptune barbu, des bateaux dans la tempête et des scènes de vie bucolique : autant d'évocations du monde antique. Dans la chambre

1. Hale, p. 397 et trad. p. 409.
2. III, 3, p. 870.
3. Willett, p. 219; Gardeau et Feytaud, p. 47-48.

principale, des citations, pour la plupart d'auteurs antiques, étaient peintes sur les poutres. Là encore, c'était une vogue, bien que le goût demeurât minoritaire. L'humaniste italien Marsile Ficin orna de citations les murs de sa villa toscane ; plus tard, dans la région de Bordeaux, le baron de Montesquieu devait en faire autant dans un hommage délibéré à Montaigne.

Au fil des ans, les poutres de Montaigne se sont estompées, elles aussi, mais elles ont été restaurées et sont désormais bien visibles en sorte que, lorsque vous déambulez autour de la pièce, des voix chuchotent au-dessus de votre tête :

Solum certum nihil esse certi
Et homine nihil miserius aut superbius

Seule certitude : rien n'est certain,
Et rien n'est plus misérable ni plus orgueilleux que l'homme[1]. (Pline l'Ancien)

ΚΡΙΝΕΙ ΤΙΣ ΑΥΤΟΝ ΠΩΠΟΤ' ΑΝΘΡΩΠΟΝ ΜΕΓΑΝ ΟΝ ΕΞΑΛΕΙΦΕΙ ΠΡΟΦΑΣΙΣ Η ΤΥΧΟΥΣ' ΟΛΟΝ

Quel homme peut-il avoir de lui-même grande estime,
Quand le premier incident venu le réduit à néant ?
(Euripide)

ΕΝ ΤΩ ΦΡΟΝΕΙΝ ΓΑΡ ΜΗΔΕΝ ΗΔΙΣΤΟΣ ΒΙΟΣ
ΤΟ ΜΗ ΦΡΟΝΕΙΝ ΓΑΡ ΚΑΡΤ' ΑΝΩΔΥΝΟΝ ΚΑΚΟΝ

1. Pour les « essais sur poutres », voir Legros et Montaigne, les *Essais*, p. 1314-1315 ; Frame, *Montaigne*, trad. p. 129.

Ne penser à rien, c'est la plus belle des vies,
Car l'absence de pensée est un mal tout à fait indolore
(Sophocle)[1].

Les poutres rappellent avec éclat la décision de Montaigne de se retirer de la vie publique au profit d'une vie de méditation : une vie à vivre, littéralement, sous le signe de la philosophie plutôt que celui de la politique. Pareil changement de domaine correspondait également aux conseils des anciens. Sénèque, le grand stoïcien, ne cessa de presser les Romains de se retirer pour « se trouver », comme nous dirions. À la Renaissance, comme dans la Rome antique, cela faisait partie d'une vie bien conduite. On faisait son temps de vie civique, puis on se retirait pour découvrir ce qu'il en était vraiment de la vie et commencer le long processus de la préparation à la mort. Montaigne émit des réserves sur la seconde partie de ce programme, mais son intérêt pour la vie contemplative ne fait aucun doute : « Déprenons-nous de toutes les liaisons [tous les liens] qui nous attachent à autrui : gagnons sur nous de pouvoir à bon escient vivre seuls, et y vivre à notre aise[2]. »

Prônant le retrait, Sénèque avait aussi averti des dangers. Dans un dialogue intitulé *De la tranquillité de l'âme,* il observa que l'oisiveté et l'isolement pouvaient faire ressortir les conséquences d'une vie mal engagée : des conséquences que les gens fuyaient habituellement en s'affairant, c'est-à-dire

1. Montaigne, les *Essais,* p. 1312.
2. I, 38, 244.

en continuant de suivre la mauvaise voie. Les symptômes pouvaient en être l'insatisfaction, la détestation de soi, la peur, l'indécision, la léthargie et la mélancolie. Délaisser le travail ne va pas sans maux spirituels, surtout si l'on prend l'habitude de lire trop de livres ou, pire, si l'on étale ses livres pour jouir du spectacle.

Au début des années 1570, alors qu'il changeait de valeurs, Montaigne semble avoir traversé exactement la crise existentielle dont parlait Sénèque. Il avait du travail à faire, mais moins qu'à son habitude. L'inactivité engendra d'étranges pensées et une « humeur mélancolique[1] » qui n'était pas dans sa nature. À peine s'était-il retiré, confie-t-il, que son esprit se mit à galoper tel un cheval emballé : comparaison judicieuse, vu ce qui venait de lui arriver. Son crâne était farci de sottises, tel un champ en jachère que les herbes envahissent. Dans une autre image parlante – il aimait accumuler les effets de ce genre –, il compara son cerveau désœuvré à la matrice d'une femme non fécondée, qui, assurait-on à l'époque, ne donne naissance qu'à des lambeaux de chair informes, pas à des bébés. Et dans une image analogue empruntée à Virgile, il compare ses pensées aux figures qui dansent au plafond quand la lumière du soleil se reflète sur la surface d'une coupe d'eau[2]. De même que les bandes tigrées de lumière vacillent, un esprit non occupé décrit des girations imprévisibles et engendre des caprices sans rime ni raison : des « fantaisies » ou des

1. II, 8, p. 404.
2. Pour toutes ces images, I, 8, p. 54-55.

« rêveries[1] » – deux mots aux associations alors moins positives que de nos jours, suggérant des délires plutôt que des rêvasseries.

Sa « rêverie » inspira à son tour à Montaigne une autre idée folle. Il parla, là encore, de rêverie, mais celle-ci portait la promesse d'une solution[2]. Trouvant son esprit si plein de « chimères et monstres fantastiques les uns sur les autres, sans ordre, et sans propos[3] », il décida de les coucher par écrit, non pas directement afin de les surmonter, mais pour en examiner à loisir l'étrangeté. Il prit donc la plume ; le premier des *Essais* était né.

Sénèque eût approuvé. Si la dépression ou l'ennui vous guette dans votre retraite, conseillait-il, regardez donc autour de vous, intéressez-vous à la variété et à la sublimité des choses. Le salut réside dans l'attention soutenue à la nature[4]. Montaigne s'y essaya, mais la « nature », dans son idée, désignait avant tout le phénomène naturel à portée de main : lui-même. Il se mit à observer et questionner son expérience, et à coucher par écrit ce qu'il observait.

Au départ, cela signifiait surtout suivre ses enthousiasmes personnels, en particulier les histoires tirées de ses lectures : fables d'Ovide, histoires de César et Tacite, fragments biographiques de Plutarque et conseils de vie glanés chez Sénèque et Socrate. Puis

---

1. Sur la « rêverie », voir R. J. Morrissey, *La Rêverie jusqu'à Rousseau : recherches sur un topos littéraire,* Lexington, Ky., French Forum, 1984, en particulier, p. 37-43.

2. Sur la rêverie d'écrire, II, 8, p. 403-404.

3. I, 8, p. 55.

4. Sénèque, *Lettres à Lucilius*, lettre 78.

il coucha par écrit des histoires qu'il tenait de ses amis, les incidents émaillant la vie au jour le jour de son domaine, des affaires qui s'étaient gravées dans son esprit dans ses années de droit et de politique ou les curiosités qu'il avait vues au cours de ses voyages (jusque-là limités). Tels furent ses modestes débuts : plus tard, son matériau s'accrut jusqu'à inclure quasiment toutes les nuances de l'émotion ou de la pensée qu'il avait jamais connues, à commencer par son étrange voyage dans l'inconscience.

L'idée d'une publication lui traversa peut-être l'esprit de bonne heure, quoi qu'il dît le contraire, assurant qu'il n'écrivait que pour sa famille et ses amis[1]. Peut-être même commença-t-il dans l'intention de composer un recueil de faits notables[2] : une série de citations et d'histoires arrangées par thèmes, suivant un genre prisé des gentilshommes de l'époque. En ce cas, il ne lui fallut pas longtemps pour aller au-delà, peut-être sous l'influence du seul auteur qu'il aima davantage que Sénèque : Plutarque. Plutarque s'était fait un nom au premier siècle de notre ère par ses biographies vivantes et condensées de personnages historiques ; on lui doit aussi de courtes pièces, les *Moralia,* qui furent traduites en français l'année même où Montaigne entreprit les *Essais.* Il s'agissait de pensées et d'anecdotes sur des questions diverses, de « Peut-on

1. « Au lecteur », *ibid.,* p. 27.

2. Sur ces recueils, voir A. Moss, *Printed Commonplace-Books and the Structuring of Renaissance Thought,* Oxford, Clarendon, 1996. Je dois à Peter Mack l'idée que Montaigne se lança dans les *Essais* en partie inspiré par la traduction de Plutarque par Amyot.

qualifier les animaux d'intelligents ?» à «Comment trouver la paix de l'esprit ?». Sur ce dernier point, le conseil de Plutarque était le même que celui de Sénèque : se concentrer sur ce que l'on a devant soi et lui prodiguer toute son attention.

Au fil des années 1570, Montaigne se fit à sa nouvelle vie d'après la crise au point que prêter attention devint un passe-temps favori. Sur le plan de l'écriture, son année la plus chargée fut 1572 : c'est alors qu'il commença la plupart des essais du livre I et certains du livre II. Le reste suivit en 1573 et 1574. Mais il devait encore s'écouler beaucoup de temps avant qu'il ne se sentît prêt à publier ; peut-être seulement parce que cela ne lui vint pas à l'esprit, ou parce qu'il lui fallut de longues années avant d'être satisfait de ce qu'il avait accompli. De sa retraite de 1570 au 1er mars 1580, lendemain de son quarante-septième anniversaire, où il signa et data la préface de la première édition des *Essais* et se rendit célèbre du jour au lendemain, dix années devaient passer[1].

L'écriture avait permis à Montaigne de sortir de la crise de ses folles rêveries ; elle lui apprit alors à observer le monde de plus près, et lui donna de plus en plus l'habitude de décrire avec précision les sensations intérieures et les rencontres. À propos de l'attention portée aux fragments fuyants de cette espèce, il cita Pline : «Chacun est à soi-même une très bonne discipline [sujet d'étude], pourvu qu'il ait la suffisance [capacité]

1. Dates tirées de l'étude Villey, *Les Sources* ; voir Frame, *Montaigne,* p. 156 et trad. p. 166. Cette datation a été depuis contestée.

de s'épier de près[1]. » Alors que l'homme vaquait à ses occupations quotidiennes sur ses terres, l'écrivain marchait sur ses brisées, épiant et prenant des notes.

Quand vint enfin le moment d'écrire sur son accident de cheval, il le fit non seulement pour se débarrasser de ce qu'il lui restait de sa peur de la mort, comme on secoue ses souliers pour en enlever le sable, mais aussi pour porter ses techniques d'espionnage à un niveau sans commune mesure avec ce qu'il avait essayé auparavant. De même que, dans les jours suivant l'accident, il avait prié ses domestiques de lui conter et reconter l'épisode, il dut alors le passer en revue dans sa tête, revivant ces sensations flottantes, l'impression que son souffle ou son esprit s'attardait au seuil de son corps, et la douleur du retour. Il le « traita », comme diraient les psychologues de nos jours, par la littérature. Ce faisant, il reconstitua l'expérience telle qu'elle *était* vraiment, non pas telle qu'elle devrait être aux dires des philosophes.

Ce nouveau hobby n'avait rien d'aisé. Montaigne aimait à feindre qu'il avait assemblé les *Essais* négligemment, mais il lui arrivait d'oublier la pose et de reconnaître que le travail était ardu :

> C'est une épineuse entreprise, et plus qu'il ne semble, de suivre une allure si vagabonde, que celle de notre esprit, de pénétrer les profondeurs opaques de ses replis internes, de choisir et arrêter tant de menus airs de ses agitations[2].

1. II, 6, p. 396. Source : Pline, *Histoire naturelle,* XXII, 24.
2. II, 6, p. 396.

Montaigne a certes célébré la beauté qu'il y a à glisser légèrement à la surface de la vie ; en vérité, il a parfait cet art en vieillissant. Dans le même temps, en tant qu'écrivain, il travailla à sonder les profondeurs. « Je consulte [médite] d'un contentement avec moi, observa-t-il. Je ne l'écume pas, je le sonde[1]. » Il était si déterminé à aller au fond des choses, fût-ce d'un phénomène qui était normalement perdu par définition – le sommeil –, qu'il avait chargé un serviteur d'une patience à toute épreuve de le réveiller régulièrement au milieu de la nuit dans l'espoir d'avoir un aperçu de l'inconscience à l'instant de la quitter.

S'il voulait dériver, Montaigne voulait aussi s'attacher à la réalité et en extraire le moindre grain d'expérience. L'écriture lui permit de faire les deux. Lors même qu'il se perdait dans ses rêveries, il plantait secrètement ses livres dans tout ce qui arrivait, en sorte de pouvoir le ramener à volonté. Apprendre à mourir, c'était apprendre à laisser filer ; apprendre à vivre, c'était apprendre à tenir.

FLUX DE CONSCIENCE

En vérité, on a beau essayer, jamais on ne retrouve une expérience dans sa totalité. Suivant le mot fameux d'Héraclite, on ne se baigne jamais deux fois dans la même eau[2]. Quand bien même vous revenez au même emplacement de la rive, une eau nouvelle s'écoule à chaque instant. De même est-il impossible

1. III, 13, p. 1162.
2. Fragment 50.

de voir le monde exactement tel qu'on l'a vu une demi-heure plus tôt, tout comme il est impossible de le voir du point d'une autre personne qui se tient à côté de soi. L'esprit ne cesse de couler, dans un « flux de conscience » sans fin (l'expression a été forgée en 1890 par le psychologue William James[1], même si ce sont des romanciers qui l'ont rendue plus tard célèbre).

Montaigne, parmi bien d'autres, cite Héraclite[2], et songe comment nous nous laissons emporter par nos pensées « ores [tantôt] doucement, ores avec violence, selon que l'eau est ireuse [agitée] ou bonasse [calme]. [...] Chaque jour nouvelle fantaisie, et se meuvent nos humeurs avec les mouvements du temps[3] ». Il n'y a pas lieu de s'étonner que l'esprit soit ainsi, puisque même le monde apparemment solide est la proie d'un lent tumulte incessant. Observant le paysage autour de sa demeure, Montaigne pouvait l'imaginer se soulevant et bouillant comme du porridge. La Dordogne découpait ses rives, comme les ciseaux du charpentier tracent des rainures dans le bois. Les dunes de sable mouvant de Médoc, non loin de la demeure de l'un de ses frères, l'avaient étonné : elles parcouraient la terre et la dévoraient[4]. Si nous pouvions voir le monde à une vitesse différente, songeait-il, nous verrions tout ainsi, telle une « perpétuelle multiplication et vicissitude

1. W. James, *The Principles of Psychology*, New York, Henry Holt, 1890, vol. I, p. 239.

2. II, 12, p. 640.

3. II, 1, p. 353.

4. I, 30, p. 210.

de formes[1] ». La matière existait sous la forme d'une « branloire[2] » – du mot « branle », qui désignait une danse paysanne du XVIe siècle et était plus ou moins l'équivalent de « secousse ». Le monde était une branloire cosmique : un shimmy.

D'autres auteurs du XVIe siècle partagèrent avec Montaigne cette fascination de l'instable. Ce qui était peu courant, chez lui, c'était son idée instinctive que l'observateur est aussi peu fiable que l'observé. Les deux types de mouvement interagissent comme les variables d'une équation mathématique complexe, avec pour résultat qu'on ne saurait trouver de point sûr d'où tout mesurer. Essayer de comprendre le monde revient à vouloir saisir un nuage de gaz, ou un liquide, en se servant de mains qui sont elles-mêmes de gaz ou d'eau, en sorte qu'elles se dissolvent sitôt qu'on les ferme.

De là vient que le livre de Montaigne s'écoule : il suit le flot de conscience de son auteur sans tenter de l'arrêter ou de l'endiguer. Une page typique des *Essais* est une suite de méandres, de coudes et de divergences. Il faut se laisser emporter, en espérant ne pas culbuter chaque fois qu'un changement de direction vous déséquilibre. Dans son chapitre « Des boiteux », Montaigne commence assez conventionnellement en répétant une rumeur sur les boiteuses, dont on dit qu'elles n'ont pas d'égal dans l'amour. Pourquoi cela ?

---

1. III, 6, p. 952.
2. III, 2, p. 844. Voir Rigolot, p. 203. Sur la fascination générale que le flux et la métamorphose exerçaient au XVIe siècle, cf. Jeanneret, *Perpetuum Mobile*.

demande-t-il. Parce que leurs mouvements manquent de régularité ? Peut-être bien, ajoute-t-il, « mais je viens d'apprendre que même la philosophie ancienne en a décidé ». Selon Aristote, leurs vagins sont plus musclés parce qu'ils reçoivent la nourriture dont les jambes sont privées[1]. Montaigne rapporte cette idée, mais revient aussitôt en arrière et introduit un doute : « De quoi ne pouvons-nous raisonner à ce prix-là[2] ? » Toutes les théories de cette espèce sont peu fiables. En fait, finit-il par révéler, il a lui-même fait l'expérience, et en a tiré une leçon très différente : la question n'a pas grand sens, car c'est votre imagination qui vous fait *croire* avoir reçu davantage de plaisir, que ce soit « vrai » ou non[3]. Finalement, la bizarrerie de l'esprit humain est la seule chose dont on puisse être sûr : extraordinaire conclusion qui paraît sans rapport avec le point de départ.

Un autre essai, « Qu'il ne faut juger de notre heur [bonheur] qu'après la mort[4] », commence par une platitude, une citation de Solon : on ne saurait dire d'un homme qu'il est heureux avant sa mort[5]. Aussitôt, Montaigne passe à une pensée plus intéressante : peut-être notre jugement sur le fait qu'un homme a été heureux tient-il davantage à sa *manière* de mourir. D'un homme qui meurt bien, on a tendance à se

---

1. Aristote, *Problemata,* X, 24, 893b. Voir Screech, p. 156-157 et trad. p. 201.

2. III, 11, p. 1080.

3. *Ibid.,* p. 1181.

4. I, 19, p. 80-82.

5. Cf. Hérodote, *Histoires,* I, 86, et Plutarque, « Vie de Solon », in *Vies,* LVIII.

souvenir comme d'un homme qui a aussi bien vécu. Après en avoir donné des exemples, Montaigne change à nouveau d'angle d'attaque. En vérité, qui a eu une bonne vie pourrait fort bien mal mourir, et inversement. Du temps de Montaigne, trois des personnes les plus « infâmes » qu'il avait connues eurent de belles morts « composées jusques à la perfection ». Le chapitre a pris alors les allures d'un long pain avec trois torsades, et Montaigne paraît décidé à finir en assurant que, en tout cas, il espère que sa mort se passera bien. Mais à l'extrême fin il remarque qu'il entend par là « quiètement et sourdement [tranquillement, en silence] » – ce qui ne correspond guère à l'idée qu'on se fait couramment d'une mort admirable. Sur ce, l'essai s'achève brusquement, au moment même où le lecteur commence à se demander si cela signifie que Montaigne a ou non bien vécu.

Ainsi l'essentiel de la pensée de Montaigne consiste-t-il en une série de constats que la vie n'est pas aussi simple qu'il vient de le dire.

> Si mon âme pouvait prendre pied, je ne m'assiérais pas, je me résoudrais : elle est toujours en apprentissage et en épreuve[1].

Les changements de cap s'expliquent partiellement par cette attitude, ce questionnement, mais en partie aussi parce que l'écriture du livre s'étala sur vingt ans. Les idées varient beaucoup en l'espace de deux décennies, surtout si l'on passe son temps à voyager,

1. III, 2, p. 845.

lire et converser avec des gens intéressants ou à pratiquer la politique et la diplomatie à haut niveau. Révisant sans cesse les moutures antérieures des *Essais,* il y ajoutait des matériaux tels qu'ils lui venaient, sans essayer de leur donner une cohérence artificielle. À quelques lignes de distance, nous trouvons un Montaigne jeune homme, puis un vieillard qui a un pied dans la tombe, puis, de nouveau, un magistrat d'âge mûr qui ploie sous le poids des responsabilités. Nous l'écoutons se plaindre d'impuissance ; un instant plus tard, nous le voyons jeune et concupiscent, « impertinemment génital[1] » dans ses désirs. Il bout et ne mâche pas ses mots ; il est discret ; les autres le fascinent ; la plupart l'insupportent. Ses pensées gisent où elles tombent. Il nous fait sentir le passage du temps dans son monde intérieur : « Je ne peins pas l'être, je peins le passage : non un passage d'âge en autre [...], mais de jour en jour, de minute en minute[2]. »

Parmi les lecteurs fascinés par la façon qu'a Montaigne de dépeindre le flux de l'expérience se trouve l'une des grandes pionnières de la fiction du « flux de conscience » de l'aube du XXᵉ siècle : Virginia Woolf. Son propos, dans son art, était de s'immerger dans le fleuve mental et de le suivre, où qu'il aille. Ses romans plongeaient dans le monde des personnages, « de minute en minute ». Il lui arrivait de changer de « canal », passant d'un point de vue au suivant, tel un micro tendu de l'un à l'autre, mais le flux lui-même ne cessait jamais avant la fin de chaque livre. Pour

1. III, 5, p. 914.
2. III, 2, p. 845.

elle, Montaigne était le premier écrivain à avoir tenté quelque chose de la sorte, quoique seulement avec son « flot » à lui. Elle le tenait aussi pour le premier à avoir prêté autant d'attention à la simple sensation d'être vivant. Sa règle, disait-elle, était de « regarder, observer sans relâche[1] » – et ce qu'il observa, ce fut, surtout, ce fleuve de la vie traversant son existence.

Si Montaigne fut le premier à écrire de cette manière, il ne fut pas le premier à tenter de *vivre* en focalisant son attention sur l'instant présent. C'était là une autre des règles que recommandaient les philosophes antiques. La vie, c'est ce qui arrive quand on fait d'autres plans, disaient-ils ; il appartient donc à la philosophie de ramener sans cesse votre attention à sa place : *ici.* Son rôle est comparable à celui des mainates dans le roman d'Aldous Huxley, *Île* ; habitués à tourner en rond toute la journée, ils ne cessent de crier : « Attention ! Attention ! » et « Ici et maintenant[2] ! ». Suivant le mot de Sénèque, la vie ne prend pas le temps de vous rappeler qu'elle passe. Le seul qui puisse vous le rappeler, c'est vous :

> Elle ne fera pas de bruit, ne t'avertira pas de sa rapidité ; elle coulera silencieuse. [...] Qu'arrivera-t-il ? Tu es occupé, la vie passe ; cependant la mort viendra et il faudra que, bon gré mal gré, tu aies du temps pour elle.

Faute de saisir la vie, elle vous fuira. Saisissez-la, elle vous fuira de toute façon. Aussi vous faut-il la

1. V. Woolf, « Montaigne », p. 78 et trad. p. 87.
2. A. Huxley, *Island,* Londres, Chatto & Windus, 1962, p. 15.

suivre et « y puiser comme dans un torrent rapide et passager[1] ».

Le truc est de garder une sorte d'ébahissement naïf à chaque instant d'expérience – mais, ainsi que l'apprit Montaigne, une des meilleures techniques à cet effet consiste à écrire sur tout. Le simple fait de décrire un objet posé sur votre table, ou la vue depuis votre fenêtre, vous ouvre les yeux sur la merveille des choses ordinaires. Regarder en soi, c'est ouvrir un monde plus fantastique encore. Le philosophe Maurice Merleau-Ponty a pu dire de Montaigne qu'il n'était « jamais sorti d'un certain étonnement devant soi » au cœur de l'existence humaine[2]. Plus près de nous, le critique Colin Burrow a observé que l'étonnement, avec cette autre qualité cruciale de Montaigne qu'est la fluidité, définit ce que la philosophie devrait être, mais a rarement été, dans la tradition occidentale[3].

Montaigne vieillissant, son désir de prêter une attention étonnée à la vie ne devait pas décliner ; il s'intensifia. Au terme de la longue écriture des *Essais,* il avait presque parfait sa technique. Sachant que la vie qu'il lui restait ne pouvait être bien longue, il dit : « Je la veux étendre en poids : je veux arrêter la promptitude de sa fuite par la promptitude de ma saisie. [...]. À mesure que la possession du vivre est plus courte,

1. Sénèque, *La Brièveté de la vie,* VIII, 5 et IX, 2, *in* Sénèque, *Entretiens. Lettres à Lucilius,* p. 273.

2. Merleau-Ponty, p. 266.

3. C. Burrow, « Frisks, skips and jumps », compte rendu d'Ann Hartle, *Michel de Montaigne, London Review of Books,* 6 novembre 2003.

il me faut la rendre plus profonde[1]. » Il découvrit une sorte de technique de méditation ambulante :

> [...] Quand je me promène solitairement en un beau verger, si mes pensées se sont entretenues des occurrences étrangères quelque partie du temps, quelque autre partie, je les ramène à la promenade, au verger, à la douceur de cette solitude, et à moi.

Dans ces moments-là, il paraît avoir acquis une discipline presque zen, une faculté *d'être,* tout simplement :

> Quand je danse, je danse ; quand je dors, je dors[2].

Formulé ainsi, cela paraît simple, mais rien n'est plus dur à faire. C'est pourquoi les maîtres zen passent une vie, voire plusieurs, à l'apprendre. Et encore, si l'on en croit des récits traditionnels, ils n'y parviennent souvent qu'après que leur maître les frappe avec un gros bâton : le *keisaku,* utilisé pour rappeler qui médite à la nécessité d'une attention totale. Montaigne y réussit après une seule vie, relativement brève – et ce, en partie, pour avoir passé une bonne partie de sa vie à griffonner sur le papier avec un tout petit bâton.

Parlant de son existence comme d'un fleuve, il inaugura une tradition littéraire d'observation intérieure soutenue, désormais si familière qu'il est difficile de

1. III, 13, p. 1062.
2. *Ibid.,* p. 1157-1158.

se rappeler qu'il s'agit d'une tradition. La vie paraît exactement telle, et le travail de l'écrivain est d'observer le jeu des états intérieurs. Reste que ce n'était point une notion commune avant Montaigne, et sa façon particulièrement informelle et agitée de procéder était totalement inconnue. En l'inventant, et en essayant ainsi une deuxième réponse à la question du « comment vivre » – « prêter attention » –, Montaigne échappa à cette crise, voire la retourna à son avantage.

« Ne pas s'inquiéter de la mort » et « faire attention » étaient des réponses à une perte de direction survenue au mitan de la vie : elles surgirent de l'expérience d'un homme qui avait vécu assez longtemps pour faire des erreurs et prendre de faux départs. Elles n'en marquèrent pas moins aussi un commencement, suscitant la naissance de son nouveau moi essayiste.

3

Q. Comment vivre ? *R. Être né*

MICHEAU

Le moi originel de Montaigne, celui qui n'écrivait pas d'essais mais se contentait de se mouvoir et de respirer comme tout le monde, eut un début plus simple. Il vint au monde le 28 février 1533, la même année que la future reine Elizabeth Ire d'Angleterre. Sa naissance eut lieu entre onze heures et midi[1], dans le château familial où il devait passer sa vie. Il fut prénommé Michel, mais, pour son père tout au moins, il devait toujours être connu sous le nom de Micheau. Ce sobriquet figure même dans des documents aussi officiels que le testament de son père, après que le garçon eut atteint l'âge d'homme[2].

1. I, 19, p. 86 ; Montaigne, *Le Livre de raison,* entrée du 28 février.
2. Sur ce surnom, voir Frame, *Montaigne,* p. 38 et trad. p. 48-50.

Dans les *Essais,* Montaigne assure que sa mère le porta dans son ventre onze mois[1] : étrange allégation, alors qu'on savait fort bien qu'un tel prodige de la nature n'était guère possible. Les esprits malicieux n'auraient pas manqué d'en tirer des conclusions indélicates. Dans *Gargantua,* le géant éponyme passe également onze mois dans le ventre de sa mère. Cela peut paraître étrange, avoue Rabelais, qui répond aussitôt par une série d'affaires ironiques où des hommes de loi se montrèrent assez habiles pour prouver la légitimité d'un enfant dont le père présumé était *mort* onze mois avant sa naissance. « Moyennant lesquelles lois, les femmes veuves peuvent franchement jouer du serre-croupière à tous envis et toutes restes [en risquant tout, de toutes leurs forces], deux mois après le trépas de leurs maris[2]. » Montaigne avait lu Rabelais, et avait dû songer aux plaisanteries évidentes. Visiblement, il n'en avait cure.

On ne trouve nulle part ailleurs dans les *Essais* de doutes sur sa paternité. Montaigne médite même sur la force de l'hérédité dans sa famille, décrivant des traits qui lui venaient de son arrière-grand-père, de son grand-père et de son père, dont une franchise naturelle[3] et une propension aux calculs[4]. À ses yeux, semble-t-il, il était bien le fils de son père.

Si Montaigne se faisait un plaisir de parler d'honnêteté et de maux héréditaires, il se montra plus discret

1. II, 12, p. 589-590.
2. Rabelais, *Gargantua,* III, 50-53.
3. II, 11, p. 443.
4. II, 37, p. 801.

sur d'autres aspects de son héritage, car il n'était pas issu de la vieille aristocratie mais, de part et d'autre, de plusieurs générations de marchands qui avaient gravi les échelons. Il alla même jusqu'à prétendre, baliverne flagrante, que c'est sur la terre des Montaigne que la « plupart » de ses ancêtres étaient nés[1] : son père fut le premier à y naître.

Certes, la propriété elle-même était de longue date dans la famille. Son arrière grand-père, Ramon Eyquem, l'acquit en 1477, à la fin d'une longue vie vouée au commerce florissant du vin, du poisson et de la guède – la plante dont était extraite la teinture bleue et qui était une production locale importante. Grimon, le fils de Ramon, n'apporta pas grand changement à la propriété, hormis un chemin bordé de chênes et de cèdres menant à l'église voisine. En revanche, il développa encore la fortune des Eyquem et inaugura une autre tradition familiale en s'engageant dans la vie politique bordelaise. Le moment venu, il abandonna le commerce et, étape importante, se mit à vivre « noblement ». Être noble n'était pas un je-ne-sais-quoi de classe et de style, mais une affaire technique, et la règle majeure était que ni vous ni votre descendance ne devaient se livrer au commerce et ne payer aucun impôt pendant au moins trois générations. Pierre, le fils de Grimon, évita, lui aussi, le commerce, si bien que le statut de noble échut, pour la première fois, à la troisième génération : Michel Eyquem de Montaigne

1. III, 9, p. 1015.

lui-même[1]. À cette date, paradoxalement, son père avait transformé le domaine de simple étendue de terre en réussite commerciale. Le château devint le centre d'une assez grande exploitation viticole, produisant plusieurs dizaines de milliers de litres de vin par an[2]. Elle produit encore aujourd'hui : on pouvait gagner autant d'argent qu'on voulait en vendant les produits de sa terre, sans que ce fût considéré comme du commerce.

L'histoire des Eyquem illustre le degré de mobilité alors possible, au moins à l'extrémité supérieure de l'échelle sociale. Les nouveaux nobles avaient parfois du mal à imposer pleinement le respect ; cela valait surtout pour la « noblesse de robe » – les nobles élevés pour leur contributions à la politique et à la vie de la cité –, non pas pour la « noblesse d'épée » – ceux qui devaient leur statut à leurs biens, comme la famille de Montaigne, et tiraient orgueil de porter les armes ainsi qu'on l'attendait d'eux[3]. Les paysans, quant à eux, restaient pour la plupart où ils avaient toujours été : en bas. Leur vie restait dominée par le seigneur local : en l'occurrence, le chef de la famille Eyquem. C'est lui qui possédait leurs maisons, les employait et leur faisait payer le droit d'utiliser son pressoir à vin et son four à pain. Lorsque vint son tour, probablement

1. Sur la famille et la noblesse : Frame, *Montaigne*, p. 7-8 et trad. p. 16-17 ; Lazard, p. 26-29; Supple, p. 28-29. Sur la famille Eyquem, A.-M. Cocula, « Eyquem de Montaigne (famille) », et J. Balsamo, « Eyquem de Montaigne (généalogie ascendante) », *in* Desan, *Dictionnaire,* p. 440-442.

2. Cf. Marcetteau-Paul.

3. Cf. Supple, p. 27-28.

Montaigne resta-t-il un seigneur typique de leur point de vue, quand bien même il ne tarit pas d'éloges sur la sagesse paysanne dans les *Essais* – livre qu'aucun ouvrier agricole de son domaine ne devait probablement jamais lire.

L'entrée du *Livre de raison* sur la naissance de Montaigne indique qu'il est né *in confiniis Burdigalensium et Petragorensium,* aux confins entre Bordeaux et le Périgord[1]. La précision est significative, car Bordeaux était majoritairement catholique, tandis que le Périgord était dominé par les tenants de la nouvelle religion réformée ou protestante. La famille Eyquem devait maintenir la paix avec les deux camps d'un schisme qui allait diviser l'Europe en deux tout au long de la vie de Montaigne, et au-delà.

La Réformation était encore chose toute nouvelle : généralement, on date sa naissance de l'an 1517, lorsque Martin Luther écrivit un traité dénonçant la tradition catholique du commerce des « indulgences » (ou pardons accélérés ici-bas) et, en un geste de défi, l'aurait cloué à la porte de l'église de Wittenberg. Promis à une large diffusion, le traité déclencha une grande rébellion contre l'Église. Le pape commença par traiter Luther d'« ivrogne allemand » avant de l'excommunier. Le pouvoir séculier du Saint Empire romain fit de Luther un paria que l'on pouvait tuer à vue, le transformant ainsi en héros populaire. Finalement, la majeure partie de l'Europe allait se scinder en deux camps : ceux qui restèrent fidèles à l'Église et ceux qui appuyèrent la rébellion de Luther. Pour

1. Montaigne, *Livre de raison,* 28 février.

autant, cette division ne fut jamais bien tranchée d'un point de vue géographique ou idéologique. L'Europe s'émietta comme une miche de pain plutôt qu'elle ne se divisa telle une pomme coupée en deux au couteau. Presque tous les pays en furent affectés, mais peu s'engagèrent de manière décisive dans un sens ou dans un autre. En bien des pays, surtout en France, les lignes de faille passaient à travers les villages, voire les familles, plutôt qu'entre des territoires séparés.

Dans la région de Montaigne – la Guyenne ou l'Aquitaine –, le partage se fit *grosso modo* ainsi : la campagne suivit un chemin, la capitale un autre. Les tensions se trouvèrent amplifiées par le sentiment général, largement répandu dans la région dès avant la Réforme, que l'Aquitaine ne faisait pas partie de la France. Elle avait sa langue propre, et peu de relations historiques avec le nord du pays. Elle avait longtemps été territoire anglais. Les Anglais n'en avaient été chassés qu'en 1451 par des envahisseurs français qui passaient pour des rapaces étrangers, sans foi ni loi. Les gens avaient la nostalgie du bon vieux temps : non que les Anglais leur manquassent réellement, mais parce qu'ils haïssaient les Français du Nord. Les rébellions étaient fréquentes. Les autorités édifièrent trois grosses forteresses pour surveiller la ville : le château Trompette, le Fort du Hâ et Fort Louis. Toutes étaient détestées ; toutes ont disparu aujourd'hui.

Chaque fois que possible, Bordeaux noua des relations diplomatiques, sauf avec ses conquérants[1]. Du

---

1. Sur Bordeaux, voir Lazard, p. 12 ; Frame, *Montaigne,* p. 5-6 et trad. p. 11-13.

temps de Montaigne, la cour protestante de Navarre, sise dans le Béarn, à la frontière espagnole, exerçait une forte influence sur la région. La ville garda aussi des liens avec l'Angleterre, qui prit le goût du vin de Bordeaux. Une flotte anglaise venait régulièrement s'approvisionner[1] : bonne nouvelle pour les fournisseurs du pays, à commencer par la famille Eyquem de Montaigne.

Le domaine prenant de l'importance, « Montaigne » en vint à éclipser le nom plus ancien d'Eyquem, avec ses consonances typiquement régionales. Une branche de la famille reste bien connue pour sa production viticole légendaire : le château d'Yquem. Malgré sa préférence pour ce qui était local et particulier dans la plupart des choses, Montaigne fut le premier à s'en détacher et à se faire connaître sous le nom français plus générique de sa maison. Les biographes ont été sévères avec lui à ce propos, mais il ne fit que prolonger une démarche de son père, qui signait les documents « de Montaigne »[2]. Tandis que son père délaissait cette partie supplémentaire pour faire bref, Montaigne avait tendance à abandonner « Eyquem ».

Si Michel Eyquem de Montaigne, produit d'une ascension sociale météorique, glisse sur les origines mercantiles de son père dans les *Essais,* peut-être était-ce dans le souci que son livre séduise le bon marché, le marché noble, des loisirs ; mais peut-être était-ce aussi simplement qu'il y pensait peu. Probablement

---

1. Knecht, *Rise and Fall,* p. 8.
2. Voir par exemple Montaigne, *Livre de raison,* 28 février ; et Lacouture, p. 32.

son père évita-t-il de le régaler d'histoires sur leurs origines ; Montaigne a fort bien pu grandir sans en savoir grand-chose. Nul doute que la vanité y soit également pour quelque chose. C'était là l'une des nombreuses petites faiblesses que Montaigne se faisait une joie de reconnaître, pour ajouter aussitôt :

> Si les autres se regardaient attentivement, comme je fais, ils se trouveraient comme je fais, pleins d'inanité et de fadaise. De m'en défaire, je ne puis, sans me défaire moi-même. Nous en sommes tous confits, tant les uns que les autres. Mais ceux qui le sentent en ont un peu meilleur compte : encore ne sais-je[1].

Cette coda – « encore ne sais-je » – est du pur Montaigne. Il faut l'imaginer annexée – en esprit – à tout ce qu'il a jamais écrit ou presque. Ce paragraphe résume toute sa philosophie. En effet, dit-il, nous sommes bêtes, mais nous ne saurions être autrement, alors autant se détendre et vivre avec.

Si les origines de son père étaient ténébreuses, un secret plus lourd de sens hanta visiblement la famille de sa mère, Antoinette de Louppes de Villeneuve. Ses ancêtres étaient marchands, mais aussi des immigrés venus d'Espagne, ce qui, dans le contexte de l'époque, suggère fortement qu'ils étaient des réfugiés juifs. Comme beaucoup d'autres, ils se convertirent à la religion chrétienne sous la contrainte et partirent à la suite de la persécution des Juifs de la Péninsule à la fin du XVe siècle.

1. III, 9, p. 1047.

Si tel est le cas, Montaigne ne sut peut-être jamais vraiment qu'il était d'origine juive[1]. Le sujet ne semble guère l'intéresser ; s'il parle des Juifs ici ou là dans les *Essais*[2], c'est habituellement sur un ton neutre, voire avec sympathie, mais jamais pour suggérer quelque implication personnelle. Plus tard, quand il voyagea en Italie, il visita des synagogues et assista à une circoncision, mais il le fit avec cette même curiosité qu'il montra pour tout ce qu'il trouvait sur son chemin : les services dans les églises protestantes, les exécutions, les bordels, les fontaines « surprise », les jardins de pierre et les meubles inhabituels.

Il ne cachait pas non plus son scepticisme à l'égard des « conversions » de certains réfugiés récents : assez raisonnablement, puisque leur acte n'était pas le fruit d'un choix. Si, comme d'aucuns l'ont imaginé, c'était une manière de donner un subtil coup de patte à la famille de sa mère, cela n'aurait rien d'étonnant. Dans sa vie politique, quelques-uns de ses parents de Bordeaux ne cessèrent de lui faire des difficultés. Il paraît même avoir eu du mal à s'entendre avec Antoinette.

La mère de Montaigne était sans conteste une forte personnalité, dont les conventions la maintenaient impuissante et frustrée. Elle se maria jeune, comme le faisaient habituellement les femmes, et probablement n'eut-elle guère le choix. Pierre Eyquem

1. La plupart des biographes ont conjecturé que la famille de sa mère était juive, à l'exception notable de Trinquet, *La Jeunesse de Montaigne*.

2. I, 40, p. 261-262 ; I, 56, p. 339 ; II, 3, p. 374 ; II, 12, p. 610 ; II, 27, p. 737.

était nettement plus âgé qu'elle : daté du 15 janvier 1529, le document de mariage le décrit comme un homme de 33 ans et précise simplement qu'elle est « en âge », c'est-à-dire qu'elle devait avoir entre douze et vingt-cinq ans. Comme elle réussit à avoir un dernier enfant plus de trente ans après les épousailles, sans doute était-elle assez jeune. Elle eut deux bébés avant Michel, mais aucun ne survécut. Très vraisemblablement était-elle encore une adolescente quand il vint au monde, même si elle était alors mariée depuis quatre ans[1].

Si l'épouse gardait un côté enfantin ou réservé, il ne tarda pas à se dissiper. Les documents de loi qui nous sont parvenus de diverses périodes de sa vie donnent l'image d'une femme farouche, opiniâtre et très capable. Dans son premier testament de 1561, son mari lui laissa le soin de gérer la maison, plutôt qu'à son aîné, même s'il se ravisa par la suite. En 1561, Pierre Eyquem n'avait pas assez confiance en Micheau (alors âgé de près de vingt-huit ans) ou avait une opinion exceptionnellement haute de sa femme – ce qui vaudrait d'être souligné à une époque où c'est à peine si l'on croyait les femmes capables de pensée rationnelle.

Le second testament, du 22 septembre 1567, témoigne d'une plus grande confiance en son fils, mais cette fois Pierre éprouve le besoin de profiter du document pour ordonner à sa femme d'aimer ses enfants et pour leur dire de la respecter et de l'honorer. Visiblement, il craignait qu'elle et son fils aîné eussent du

1. Cf. Frame, *Montaigne,* p. 19 et trad. p. 32.

mal à s'entendre, car il commanda à Montaigne de lui trouver un logement ailleurs si la vie sur le domaine de famille se passait mal[1]. Antoinette demeura avec lui et sa famille longtemps encore après la mort de son mari – jusqu'en 1587[2] – mais sans grande convivialité. Une autre « transaction » conclue entre la mère et son fils, le 31 août 1568, affirmait le droit d'Antoinette à jouir de « tout honneur, respect et service filial », ainsi que de deux chambrières et de cent livres tournois par an pour ses menues dépenses. Quant à elle, elle devait reconnaître à son fils « le commandement et maîtrise » du château et du domaine. Le contrat laisse penser qu'Antoinette se sentait négligée, tandis que Montaigne souhaitait qu'elle cessât de se mêler de ses affaires[3].

Les choses allèrent de mal en pis. Dans son testament, rédigé le 19 avril 1597 – cinq ans après la mort de son fils –, elle indiqua ne pas vouloir être inhumée sur la propriété et priva quasiment d'héritage la seule enfant de Montaigne, Léonor. Elle se plaignit que sa dot aurait dû servir à acheter davantage de propriétés, ce qui n'avait pas été le cas, et ajouta : « [...] J'ai travaillé l'espace de quarante ans en la maison de Montaigne avec mon mari en manière que par mon travail, soin et ménagerie la dite maison a été grandement

1. Pour ces testaments, cf. Lazard, p. 45, et Frame, *Montaigne,* p. 24-25 et trad. p. 32-33.

2. Quand elle rédigea son testament, en effet, le 19 avril 1597, cela faisait apparemment un dizaine d'années qu'elle avait quitté le château.

3. Frame, *Montaigne,* p. 24-25 et trad. p. 33-34.

évaluée, bonifiée et augmentée. » Son fils Montaigne en bénéficia sa vie durant, tout comme Léonor qui devint ainsi « très riche et opulente » et n'avait besoin de rien de plus. Pour finir, Antoinette observa qu'elle était « dans un âge aisé à circonvenir » ; probablement avait-elle autour de quatre-vingts ans. Apparemment, elle redoutait que son testament fût contesté pour cause de sénilité[1].

À lire les fréquentes confessions d'indolence et d'ineptie qui emplissent le livre de Montaigne, on comprend sans mal pourquoi Antoinette estimait que le domaine avait été négligé aussi longtemps qu'il en eût la charge. Les affaires pratiques l'ennuyaient, et il faisait son possible pour les éviter. Il est plus surprenant qu'elle ait adressé le même reproche à son mari, car ce n'est pas du tout ainsi qu'il apparaît dans les *Essais*. Montaigne donne de son père l'image d'un homme débordant d'énergie, s'acquittant assidûment de ses obligations, toujours soucieux d'améliorer sa maison : remuant et interventionniste jusqu'à en être fautif[2].

Pierre-Eyquem de Montaigne était – de peu – un homme du XVe siècle : il était né le 29 septembre 1495. Tout en lui proclamait son éloignement du monde de son fils. Suivant une noble tradition, il embrassa le métier des armes et fut le premier de sa famille à le faire[3]. Michel ne marcha pas sur ses

1. *Ibid.,* p. 27 et trad. p. 35-36.
2. III, 9, p. 993-995. Voir également, II, 17, p. 691-692.
3. Cf. J. Balsamo, « Eyquem de Montaigne, Pierre », *in* Desan, *Dictionnaire,* p. 383-386.

brisées : noble, il était tenu de porter l'épée, mais rien n'indique dans ses *Essais* qu'il l'ait dégainée très souvent. Son contemporain Brantôme reprochera à Montaigne de « traîner l'espée » en ville et lui suggéra de se contenter de porter la plume[1]. On n'aurait pu adresser pareilles calomnies à Pierre, qui ne laissa jamais passer une occasion de se joindre aux guerres de la France en Italie.

Les forces françaises avaient régulièrement attaqué et conquis des États de la Péninsule depuis 1494 et elles devaient continuer de le faire jusqu'en 1559, quand la paix du Cateau-Cambrésis mit fin aux invasions de la France et ouvrit ainsi la voie à la vraie catastrophe du XVIe siècle : les guerres civiles. Les aventures italiennes étaient moins dommageables, mais coûteuses et le plus souvent absurdes aussi bien que traumatiques pour toutes les personnes impliquées. Pierre plongea dans la bataille autour de 1518. Hormis un court interlude l'année d'après, il resta absent de son foyer jusqu'au début de 1529, où il revint se marier.

La guerre au XVIe siècle était une affaire sale, où le « glamour » du champ de bataille avait moins de place que l'hypothermie, la fièvre, la faim, la maladie et les entailles d'épée infectées et les blessures par boulet de canon pour lesquelles il n'y avait guère de traitement efficace. Surtout, il y avait les sièges au cours desquels civils et soldats étaient affamés pour les forcer à se

1. P. de Bourdeilles, seigneur de Brantôme, *Œuvres complètes,* éd. L. Lalanne, Paris, 1864-1882, vol. V, p. 92-93. Cité *in* Ph. Desan, « Ordre de Saint-Michel », *Dictionnaire*, p. 842-844 et Supple, p. 39.

rendre. Il est possible que Pierre ait pris part à des sièges à Milan et à Pavie en 1522, et peut-être aussi en 1525 au siège désastreux de Pavie, qui se termina par un grand massacre de soldats français tandis que le roi de France était fait prisonnier. Dans ses vieux jours, Pierre devait régaler sa famille d'horrifiantes histoires de ses expériences de guerre[1], y compris de récits de villages entiers de gens affamés se suicidant en masse, faute de meilleures issues. Si Montaigne, mûrissant, préféra traîner une plume plutôt que l'épée, peut-être est-ce pour cela.

Sans doute les guerres d'Italie furent-elles peu édifiantes mais, sur le plan de l'éducation à proprement parler, elles devaient beaucoup apporter aux Français. Entre les sièges, les Français découvrirent des idées excitantes sur la science, la politique, la philosophie, la pédagogie et des sujets à la mode. L'apogée de la Renaissance italienne appartenait désormais au passé, mais l'Italie était encore de loin la civilisation la plus avancée d'Europe. Les soldats français apprirent de nouvelles façons de penser sur presque tout, et c'est fort de ces découvertes qu'ils rentrèrent au pays[2]. Pierre était certainement de cette race de nobles français italianisés, influencés par leurs voyages et un roi charismatique et modernisateur, François Ier. Plus tard, les rois abandonnèrent l'idéal de la Renaissance de François Ier et, au cours des guerres civiles, presque tout le monde perdit foi dans l'avenir : dans

---

1. Cf. I, 14, p. 71.

2. Pour l'effet de l'Italie sur les soldats français, voir Lazard, p. 32 ; Frame, *Montaigne,* p. 10 et trad. p. 18.

la jeunesse de Pierre, en revanche, cette désillusion était encore loin.

Si ce n'est, peut-être, son port, qui était plus celui d'un soldat, Pierre était physiquement du même moule. Montaigne le décrit comme « un homme de petite taille, plein de vigueur, et d'une stature droite et bien proportionnée, d'un visage agréable, tirant sur le brun ». Il était agile et s'entretenait. Il aimait à exercer ses biceps en utilisant des cannes « farcies de plomb », et portait des souliers avec des semelles de plomb pour être plus agile dans la course et le saut – auquel il était particulièrement doué : « Du primesaut [saut sans élan] il a laissé en mémoire des petits miracles, écrit Montaigne. Je l'ai vu par-delà soixante ans se moquer de nos allégresses : se jeter avec sa robe fourrée sur un cheval, faire le tour de la table sur son pouce, ne monter guère en sa chambre sans s'élancer trois ou quatre degrés [marches] à la fois[1]. »

Cette figure de « Père William[2] » avait d'autres belles qualités, toutes plus caractéristiques de sa génération que de celles de Montaigne. Il était sérieux : il prenait soin de sa mise et de sa tenue ; en toutes choses, il montrait « conscience et religion ». Ses talents sportifs et la galanterie de ses manières lui valaient beaucoup de succès auprès des femmes. Montaigne le dit « très avenant et par art et par nature à l'usage des dames ». Probablement était-ce pour

---

1. II, 2, p. 363.
2. Allusion au personnage du poème du chapitre 5 d'*Alice au pays des merveilles* (*N.d.T.*).

distraire les dames qu'il sautait pardessus les tables. Pour ce qui est des frasques, Pierre donna à son fils des messages incohérents. D'un côté, il « récitait des étranges privautés, nommément siennes, avec des honnêtes femmes, sans soupçon quelconque » ; de l'autre, « il jurait saintement être venu vierge à son mariage ». Montaigne paraît peu convaincu par cette allégation, et se borne à noter qu'il avait pourtant « eu longue part aux guerres delà les monts », en Italie[1].

Après son retour d'Italie et son mariage, Pierre se lança dans une carrière politique à Bordeaux. Il devint jurat et prévôt en 1530, « sous-maire » en 1536, et enfin maire en 1554. Au cours de cette période, la ville traversa des moments difficiles : en 1548, une nouvelle taxe sur le sel provoqua des émeutes, que la « France » châtia en dépouillant Bordeaux de nombre de ses droits. En tant que maire, Pierre fit son possible pour redresser la barre, mais les privilèges tardèrent à revenir. La tension fut préjudiciable à sa santé[2]. Tout comme ses récits des atrocités de la guerre ont pu éloigner Montaigne de la vie des armes, la vue de l'épuisement de Pierre l'encouragea à se tenir davantage à distance du travail quand il devint à son tour maire de Bordeaux, quelque trente ans plus tard.

Pierre eut quelques brillantes idées, dont celle d'une sorte d'eBay du XVIe siècle : il proposa qu'il y eût dans chaque ville un lieu désigné où chacun pourrait

1. II, 2, p. 362-363.
2. III, 10, p. 1050-1051.

annoncer ce qu'il désire : « Je cherche à vendre des perles ; je cherche des perles à vendre ; tel veut compagnie pour aller à Paris ; tel s'enquiert d'un serviteur de telle qualité, tel d'un maître ; tel demande un ouvrier, qui ceci, qui cela, chacun selon son besoin. » La chose paraît raisonnable, mais pour quelque raison ce projet n'eut pas de suite[1].

Une autre bonne idée de Pierre était de tenir un journal, où il consigna tout ce qui arrivait sur ses terres : les allées et venues des serviteurs, ainsi que des données financières et agricoles en tous genres. Il encouragea son fils à faire de même. Montaigne s'y mit sans un accès de bonnes intentions après la mort de Pierre, mais il ne persévéra point : seul un fragment nous est parvenu. Je « me trouve un sot d'y avoir failli », écrit-il dans les *Essais*[2]. En revanche, il poursuivit une autre chronique commencée par son père, usant d'un calendrier imprimé, l'*Ephemeris,* de l'auteur allemand Michel Beuther. Celui-ci, qui a survécu presque intégralement – il n'y manque que quelques feuillets –, est truffé de notations de Montaigne et d'autres membres de sa famille. Chaque date de l'année a sa page, associant un résumé imprimé des événements historiques à un espace blanc où ajouter ses remarques, année après année. Montaigne se servit de son « Beuther » pour noter les naissances, ses voyages et autres visites notables tout au long de sa vie. Il le tint fidèlement, tout en ayant tendance à

1. I, 34, p. 229.
2. *Ibid.,* p. 230.

donner des indications erronées : dates, âges et autres détails[1].

Nonobstant les griefs de son épouse, Pierre adorait visiblement les tâches difficiles en tous genres, et par-dessus tout développer la propriété. Ce qui l'irritait, peut-être, c'était sa préférence pour les dépenses d'amélioration, plutôt que d'acheter de nouvelles propriétés, ainsi que son habitude d'engager plus de choses qu'il n'en achevait. Que Pierre ait laissé tomber son idée de place commerciale était peut-être plus dans son caractère qu'il n'y paraît. À la mort de Pierre, Montaigne hérita de quantité de tâches inachevées sur ses terres[2] : il ne cessa de se dire qu'il devrait y pourvoir, sans jamais s'y atteler[3]. Les travaux demeurés à l'état de chantier sont très exaspérants : peut-être l'inaction était-elle la façon de

---

1. Le carnet négligé et les «Éphémérides» de Beuther se trouvent tous deux à la Bibliothèque municipale de Bordeaux. Une édition en fac-similé du Beuther a été publiée sous le titre *Le Livre de raison de Montaigne sur l'*Ephemeris historica *de Beuther,* préface d'A. Lefranc, Paris, Compagnie Française des Arts Graphiques, 1948. Voir Ph. Desan, «Beuther», *Dictionnaire,* p. 118-123, qui traite aussi du carnet négligé. Parmi les erreurs de date et de chiffres de Montaigne, citons l'âge de son frère Arnaud lorsqu'il mourut d'un accident au jeu de paume (I, 19, p. 87 ; Frame, *Montaigne,* p. 33 et trad. p. 42) ; son âge à lui au moment de son mariage (II, 8, p. 409), la date de son arrestation à Paris en 1588, qu'il corrigea par la suite (Montaigne, *Le Livre de raison,* 10 et 20 juillet), ainsi que l'âge de sa première fille lorsqu'elle mourut (dédicace de Montaigne à la traduction par La Boétie de Plutarque, *Lettre de consolation,* 1570).

2. III, 9, p. 995.

3. III, 10, p. 1050-1051.

Montaigne de faire face, tout comme l'exaspération celle d'Antoinette.

Pour une part, les chantiers abandonnés étaient peut-être le signe que les énergies de Pierre déclinaient car, à partir de soixante-six ans, il souffrit régulièrement de crises de calculs qui l'affaiblissaient[1]. Montaigne vit souvent son père plié en deux de douleur dans les dernières années de sa vie. Jamais il n'oublia le choc reçu lors de la première crise, qui frappa Pierre sans prévenir et dont la douleur lui fit perdre connaissance, tombant alors dans les bras de son fils. Probablement est-ce un épisode semblable ou les complications qui s'ensuivirent qui finirent par le tuer. Il mourut le 18 juin 1568 ; il avait soixante-quatorze ans.

À cette date, Pierre avait remplacé son premier testament, si critique envers les capacités de son fils, par un nouveau qui confiait à Montaigne le soin de veiller sur ses frères et sœurs et de leur servir de père de substitution : il « doit leur servir de père à ma place[2] ». Montaigne prit bel et bien la place de son père, et ne trouva pas toujours la chose très facile.

Dans les *Essais,* il brosse de lui une sorte d'image négative de Pierre. Souvent il loue son père pour ajouter aussitôt qu'il est lui-même totalement différent. Après avoir raconté combien Pierre aimait construire sur ses terres, Montaigne exagère jusqu'au comique son manque de savoir-faire ou d'intérêt pour ces travaux. Ce qu'il fit – « achever quelque vieux pan de

1. II, 36, p. 801 et III, 2, p. 851.
2. Frame, *Montaigne,* p. 14 et trad. p. 22.

mur» et arranger «quelque pièce de bâtiment mal dolé [fini]» –, ce fut pour honorer la mémoire de son père plutôt que pour sa propre satisfaction. Au XIXe siècle, Nietzsche devait y aller de sa mise en garde : «Il ne faut pas vouloir surpasser le zèle de son père – cela rend malade[1]. » Dans l'ensemble, Montaigne n'essaya point, et resta ainsi en bonne santé.

Si insuffisant qu'il s'estima dans les choses pratiques, il comprit son avantage s'agissant de la littérature et du savoir. Si Pierre avait une connaissance limitée des livres, il leur vouait un amour sans bornes. D'une façon typique de sa génération, de l'avis de Montaigne, il en fit un objet de cultes et se donnait beaucoup de peine pour en rechercher les auteurs, «les recevant chez lui, comme personnes saintes» et «recueillant leurs sentences et leurs discours comme des oracles[2]». En revanche, son intelligence critique était limitée. N'empêche qu'il pouvait faire sur son pouce un tour de table ! semble dire Montaigne. Dans les choses de l'intellect, il manquait d'agilité. Il vénérait les livres sans les comprendre. Son fils devait toujours essayer de faire le contraire.

Montaigne avait raison d'y voir une caractéristique des contemporains de Pierre. La noblesse française de l'aube du XVIe siècle aimait tout ce qui était intelligent et italianisant ; elle prit ses distances avec la grossièreté provocante de ses prédécesseurs envers le savoir. Ce que Montaigne néglige d'observer, c'est que lui-même était tout aussi typique de *son* temps avec son rejet du

---

1. Nietzsche, *Le Gai Savoir,* para. 210, p. 174.
2. II, 12, p. 458

fétiche du savoir livresque. Leurs pères gavèrent leurs fils de littérature et d'histoire, les exercèrent à la pensée critique et leur apprirent à jongler avec les philosophies anciennes. En guise de remerciements, les fils rejetèrent tout cela, le jugeant sans valeur, pour adopter une attitude supérieure. D'aucuns essayèrent même de ressusciter la vieille tradition anti-savante, comme pour prendre un départ radical sans précédent.

Il y avait de la lassitude et de l'aigreur dans la génération de Montaigne, ainsi qu'une forme nouvelle et rebelle de créativité. S'ils étaient cyniques, il est aisé de voir pourquoi : ils devaient voir les idéaux qui avaient guidé leur éducation transformés en sinistre plaisanterie. Naguère saluée par certains penseurs comme une bouffée d'air frais bénéfique à l'Église elle-même, la Réforme déboucha sur la guerre et menaça de ruiner la société civilisée. Les principes de beauté, de pondération, de clarté et d'intelligence, chers à la Renaissance, devaient se dissoudre en violence, cruauté et théologie extrémiste. Le demi-siècle de Montaigne fut tellement désastreux pour la France qu'il lui fallut encore un demi-siècle pour s'en remettre – et que, par certains côtés, elle ne s'en remit jamais, car les troubles de la fin des années 1500 empêchèrent la France de se bâtir dans le Nouveau Monde un empire comparable à ceux de l'Angleterre et de l'Espagne. Elle demeura repliée sur elle-même. Au moment de la mort de Montaigne, la France était économiquement faible, mais aussi ravagée par la maladie, la famine et les désordres publics. Il n'y a pas lieu de s'étonner que les jeunes nobles de sa génération soient devenus des misanthropes d'une éducation exquise.

Montaigne ne devait pas échapper à cette propension anti-intellectuelle. Il grandit dans le sentiment que le seul espoir de l'humanité résidait dans la simplicité et l'ignorance de la paysannerie. Les paysans étaient les vrais philosophes du monde moderne, les héritiers des sages classiques comme Sénèque et Socrate. Eux seuls savaient vivre, précisément parce qu'ils ne savaient pas grand-chose de tout le reste. Dans cette mesure, il renoua avec le culte de l'ignorance : un soufflet à la face de Pierre.

Mais, la seconde fois, rien n'est jamais tout à fait pareil. Et nul ne ressemblait moins aux nobles du Moyen Âge que Montaigne, avec son goût des essais et des aventures, et des codas incertaines qu'il ajoutait à tout ce qu'il écrivait. Sa manière d'ajouter « encore ne sais-je », implicitement ou explicitement, à chacune de ses pensées ou presque, l'éloigne beaucoup des mœurs anciennes. Somme toute, les idéaux de son père survécurent en lui, mais sous une forme mutante : adoucie, assombrie et dépouillée de toute espèce de certitude.

L'EXPÉRIENCE

Peut-être cet empressement à remettre en cause les certitudes et les préjugés était-il une affaire de famille. En plein déchirement religieux, les Eyquem étaient connus – « exemplaires », dit Montaigne[1] – pour leur liberté vis-à-vis de toute disharmonie sectaire. La plupart restèrent catholiques, mais plusieurs se convertirent au protestantisme, suscitant

1. I, 27, p. 192.

étonnamment peu de troubles. Quand un jeune protestant Eyquem montra des signes d'extrémisme, l'ami de Montaigne La Boétie lui conseilla de cesser, « ayant respect pour la bonne réputation qu'a acquise la maison de laquelle vous êtes par une continuelle concorde, maison que j'ai autant chère que maison du monde : Mon Dieu, quelle case, de laquelle il n'est jamais sorti acte que d'homme de bien[1] ».

Cet admirable clan était aussi assez nombreux. Montaigne avait sept frères et sœurs, sans compter les deux nés avant lui et morts, faisant de lui l'aîné. L'écart d'âge entre les frères et sœurs restants était considérable ; entre l'aîné et le petit dernier, le sentiment devait s'imposer d'un changement de génération, car Montaigne avait déjà vingt-sept ans quand son plus jeune frère, Bertrand, vint au monde[2].

Pour autant qu'on le sache, aucun des autres enfants ne reçut autant d'attention ni une éducation aussi exceptionnelle que le petit Micheau. Les filles reçurent probablement l'éducation féminine normale, autrement dit presque aucune. Même les autres fils eurent droit, semble-t-il, à un traitement plus conventionnel. Le seul enfant de la famille sur lequel on soit bien renseigné est Michel de Montaigne – et il ne fut pas simplement éduqué. Il fut l'objet d'une expérience pédagogique presque sans précédent.

---

1. Propos rapportés par Montaigne dans la lettre à son père, publiée dans son édition de La Boétie, *La Mesnagerie*. Cf. Montaigne, *Œuvres complètes,* éd. A. Thibaudet et M. Rat, p. 1356.

2. Cf. J. Balsamo, « Les frères et sœurs de Montaigne », *in* Desan, *Dictionnaire,* p. 483-485.

Le traitement inhabituel commença peu après sa naissance, quand Micheau fut envoyé dans une humble famille d'un village voisin. Avoir une paysanne pour nourrice humide était chose assez normale, mais le père de Montaigne voulait que son fils s'imbibât des mœurs des gens ordinaires en même temps que de leur lait, en sorte qu'il grandît à l'aise avec les gens qui avaient le plus besoin de l'aide d'un seigneur. Au lieu d'appeler une nourrice auprès du bébé, il envoya donc le bébé chez la nourrice, et l'y laissa jusqu'au sevrage. Même pour son baptême, Pierre le donna à tenir sur les fonts baptismaux « à des personnes de la plus abjecte fortune[1] [de basse condition] ». D'emblée, Montaigne eut l'impression d'être un paysan parmi les paysans tout en étant très à part et différent. Tout au long de sa vie, il ne devait jamais se défaire de ce mélange de sentiments. Il se trouvait ordinaire, mais savait bien que le sentiment qu'il avait d'être ordinaire le rendait extraordinaire[2].

Ce choix du village avait un inconvénient que Pierre ne prit probablement pas en considération. Vivant avec des étrangers, Micheau ne devait pas « s'attacher », comme nous dirons aujourd'hui, à ses véritables parents. Cela valait, dans une certaine mesure, pour tout enfant confié à une nourrice humide, mais la plupart avaient des contacts avec leurs mères le reste du temps. Il ne semble pas que ce fût le cas de Montaigne. Si les idées du XXe et du XXIe siècles ont la moindre validité (peut-être n'est-ce pas le cas :

1. III, 13, p. 1149.
2. II, 17, p. 672-673.

l'attachement mère-enfant pourrait apparaître comme une marotte aussi transitoire que la nourrice humide), cette privation dans les premiers mois cruciaux de la vie aurait affecté à jamais les relations de Montaigne avec sa mère. De l'aveu même de Montaigne, cependant, l'arrangement marcha à merveille au point qu'il conseilla à ses lecteurs, chaque fois que possible, de faire pareil. Laissez vos enfants « former à la fortune, sous des lois populaires et naturelles[1] ».

Si âgé fût-il quand il réintégra le château – peut-être avait-il un an ou deux –, la rupture avec sa famille adoptive dut être vraiment brutale parce que le deuxième élément de son éducation expérimentale devait se révéler totalement incompatible avec le premier. De retour parmi les siens, le petit paysan Micheau fut élevé comme un enfant de langue maternelle latine.

Jusque-là, la langue qu'il avait le plus entendue dans son foyer adoptif avait été le dialecte périgourdin local. S'il était assez âgé pour manger la nourriture de ses hôtes, il l'était aussi pour que son oreille s'habituât à leur langue, même s'il était trop petit pour la parler. De celle-ci, il lui fallut alors passer au latin, court-circuitant ainsi la langue dans laquelle il devait un jour écrire : le français. Si l'idée même était ahurissante, sa mise en œuvre l'était davantage encore, et se heurtait à une difficulté pratique : Pierre lui-même maîtrisait assez mal le latin ; sa femme et les serviteurs en ignoraient tout. Même dans le monde extérieur, rares étaient devenus ceux dont le latin était la langue maternelle. Quelle solution Pierre devait-il trouver

1. III, 13, p. 1149.

pour que Montaigne manie aisément la langue de Cicéron et de Virgile ?

Il imagina une solution en deux parties. La première consista à recruter un précepteur qui, sans être du pays, parlait un latin presque irréprochable. Pierre dénicha un Allemand, un certain Dr Horst[1], dont le plus grand mérite était de posséder son latin, mais quasiment pas le français, encore moins le périgourdin, en sorte que le jeune Micheau et lui n'eussent qu'une façon de communiquer. Ainsi, dès son plus jeune âge – « avant le premier dénouement de ma langue », précise Montaigne – le Dr Horst – ou Horstanus, en latin – devint le personnage le plus important de sa vie.

La seconde partie consista à interdire à tous les autres membres de la maison de s'adresser à Micheau dans quelque langue vivante. Pour dire au garçon de prendre son petit déjeuner, ils devaient employer l'impératif latin sans se tromper dans les déclinaisons. Tous se firent un devoir d'apprendre un peu de latin, à commencer par Pierre, qui s'efforça de réviser son bagage scolaire. Ainsi, écrit Montaigne, tout le monde en profita :

> Mon père et ma mère y apprirent assez de latin pour l'entendre, et en acquirent à suffisance pour s'en servir à la nécessité, comme firent aussi les autres domestiques qui étaient plus attachés à mon service. [En] somme, nous nous latinisâmes tant qu'il en regorgea jusques à

---

1. Cf. G. Banderier, « Précepteur de Montaigne », *in* Desan, *Dictionnaire*, p. 949.

> nos villages tout autour, où il y a encore, et ont pris pied par l'usage plusieurs appellations latines d'artisans et d'outils. Quant à moi, j'avais plus de six ans, avant que j'entendisse non plus de français ou de périgourdin que d'arabesque [arabe].

Et donc, « sans art, sans livre, sans grammaire ou précepte, sans fouet, et sans larmes[1] », Montaigne apprit un latin aussi beau que celui de son précepteur, et avec plus d'aisance naturelle que Horst n'en eût jamais. Par la suite, quand il rencontra d'autres enseignants, ils le complimentèrent de son latin, qui était à la fois techniquement parfait et prosaïque.

Pourquoi Pierre agit-il ainsi ? C'est l'un de ces moments où le demi-millénaire qui nous sépare de notre sujet se transforme devant nous en un gouffre béant. De nos jours, la plupart jugeraient dément de séparer un enfant de ses parents au nom d'une langue morte. À la Renaissance, cependant, on estimait que le sacrifice en valait la peine. La maîtrise d'un latin élégant et grammaticalement parfait était le but suprême d'un enseignement humaniste : elle ouvrait la porte du monde antique – considéré comme le foyer de toute sagesse humaine –, mais aussi de la culture moderne, puisque la plupart des savants écrivaient encore en latin. De même était-ce la promesse d'une bonne carrière : le latin était essentiel dans les métiers du droit et de l'administration. La langue comblait d'une grâce quasiment magique quiconque la parlait. Et qui la parlait bien devait être capable de bien penser. Pierre

1. I, 25, p. 180.

entendait donner à son fils le plus grand avantage qui se pût imaginer : un lien avec le paradis perdu de l'Antiquité en même temps qu'un avenir personnel souriant.

La façon dont Pierre voulait que Micheau apprît le latin illustrait aussi les idéaux de l'époque. La plupart des garçons peinaient à apprendre le latin à l'école. Or, les Romains n'avaient pas procédé ainsi : ils le parlaient naturellement, comme ils respiraient. C'est parce que les modernes devaient apprendre la langue de manière artificielle que jamais ils ne pourraient se hisser au niveau des anciens en sagesse ou en grandeur d'âme : telle était du moins la théorie[1].

Par certains côtés évidents, tout au moins, cela n'avait rien d'une expérience cruelle. Les nouvelles théories de l'éducation soulignaient que l'apprentissage devait être plaisant, et que leur désir inné de savoir était la seule motivation dont les enfants eussent besoin. Un peu plus tard, Montaigne devait apprendre le grec, là encore plaisamment. « Nous pelotions nos déclinaisons, raconte-t-il, à la manière de ceux qui par certains jeux de tabliers [de table, comme les échecs ou le trictrac] apprennent l'arithmétique et la géométrie. » Il oublia ensuite son grec, « duquel je n'ai quasi du tout point d'intelligence[2] ». Dans l'ensemble, cependant, l'approche hédoniste de l'éducation lui profita. S'étant laissé guider dès son plus jeune âge par sa seule curiosité, il devint un adulte indépendant d'esprit, suivant son chemin à lui

1. *Ibid.*

2. *Ibid.*, p. 181. Voir aussi II, 4, p. 382.

en toutes choses plutôt que de se soumettre au devoir et à la discipline ; peut-être le résultat dépassait-il de beaucoup le but recherché par son père.

Des principes d'aisance analogues régirent d'autres aspects de l'enfance de Montaigne. Comme on pensait que « cela trouble la cervelle tendre des enfants de les éveiller le matin en sursaut », Pierre faisait tirer son fils du lit chaque matin tel un cobra au son plaisant d'un luth ou de quelque autre instrument[1]. Les châtiments corporels lui étaient quasiment inconnus : dans toute son enfance, il ne reçut que deux fois des coups de verge, et encore très délicatement. Ce fut une éducation de « prudence et adresse[2] ».

Pierre tenait ses idées de ses chers amis savants, mais peut-être aussi de gens qu'il rencontra en Italie, même si le principal idéologue auquel on puisse rattacher une telle approche est le Hollandais Érasme de Rotterdam, qui avait écrit un traité de l'éducation lors d'un séjour en Italie deux décennies plus tôt[3]. Montaigne indique que l'idée avait germé dans l'esprit de son père après avoir « fait toutes les recherches qu'un homme peut faire, parmi les gens savants et d'entendement[4] ». Typiquement, pour Pierre, c'était une idée tout à la fois savante et frivole. Elle portait certainement la marque de Pierre, plutôt que d'Antoinette,

1. I, 25, p. 181.

2. II, 8, p. 408.

3. Érasme, *De pueris statim ac liberaliter instituendis declamatio,* Bâle, H. Froben, 1529 ; Genève, Droz, 1966. En français, *De Pueris, « De l'éducation des enfants »,* éd. Bernard Jolibert, Paris, Klincksieck, 1990.

4. I, 25, p. 179-180.

et on donnerait beaucoup pour savoir ce qu'elle en pensait. Si la mise en nourrice de Montaigne chez des paysans l'avait déjà séparé d'elle, cette étape de l'éducation ne fit qu'accentuer la séparation. Ils vivaient maintenant dans la même maison ; linguistiquement et culturellement, cependant, ils étaient sur des planètes différentes. Il est peu probable qu'elle soit jamais devenue très à l'aise en latin, même si Montaigne précise qu'elle en apprit un peu à son bénéfice. À l'en croire, les talents de Pierre restèrent aussi rudimentaires. Si l'expérience fut réellement aussi rigoureuse qu'il le laisse entendre (et le si est de taille), les deux parents ne devaient avoir qu'une manière guindée et peu naturelle de s'adresser à leur fils. Horst lui-même ne pouvait lui parler avec une totale spontanéité, si profond que fût son savoir. Au temps pour le « naturel ». On soupçonne – et on espère – que les règles étaient de temps à autre enfreintes. Mais Montaigne n'en dit mot. Pas plus qu'il ne semble penser que l'expérience fut rien de moins qu'un immense succès.

Quant à faire de lui un latiniste-né, l'opération porta ses fruits dans ces primes années, mais les graines de ces fruits ne devaient plus germer. Finalement, faute de pratique, il retomba au même niveau que tout autre jeune noble bien éduqué[1]. La langue demeura cependant profondément tapie en lui. Des décennies plus tard, quand son père perdit connaissance au cours d'une crise de calculs, Montaigne s'exclama en latin en le recueillant dans ses bras[2].

1. II, 17, p. 677.
2. III, 2, p. 851.

Plus durables furent les effets de l'éducation de Montaigne sur sa personnalité. Comme cela arrive souvent, s'agissant des expériences de jeunesse, elle lui profita lors même qu'elle lui porta préjudice. Elle l'isola des siens et de tout son monde contemporain. Elle lui donna une indépendance d'esprit, mais l'inclina sans doute aussi à un certain détachement dans ses relations. Cela lui donna de grandes espérances, puisqu'il grandit dans la compagnie des plus grands auteurs de l'Antiquité, plutôt que des Français provinciaux de sa région. Mais cela le coupa aussi d'autres ambitions plus conventionnelles en l'amenant à contester tout ce pour quoi d'autres luttaient. Le jeune Montaigne était unique. Il n'avait nul besoin de rivaliser ; à peine avait-il besoin de s'exercer. Il grandit contraint par quelques-unes des bornes les plus bizarres jamais imposées à un enfant, tout en jouissant d'une liberté presque illimitée. Il était un monde replié sur lui-même.

Il finit par acquérir un bon français, mais jamais la version retenue, immaculée que les siècles suivants devaient réclamer à leurs écrivains. Il avait une écriture idiosyncrasique ; d'aucuns lui reprochèrent ses allures de rustre indiscipliné. Reste que sa langue d'élection fut le français, non pas le latin. Dans les *Essais,* il en donne une curieuse raison. On ne pouvait attendre du français qu'il dure aussi longtemps que les langues classiques ; ses écrits étaient donc condamnés à être éphémères, et il pouvait écrire à sa guise sans s'inquiéter de sa réputation[1]. Qu'elle ne fût pas

1. III, 9, p. 1028.

figée dans une perfection rigide le séduisait par principe : laissait-elle à désirer ? La pression pour en user impeccablement était moindre.

Habituellement, Montaigne réprouvait les projets idéalistes, mais, en l'occurrence, il approuva l'expérience de son père. Quand il écrivit à son tour sur l'éducation, ses idées apparurent comme une version plus tempérée de celles de Pierre – trop extrêmes pour en avoir jamais séduit d'autres. Tabourot des Accords, écrivain montaignesque contemporain, suggéra qu'un groupe de gentilshommes unissent leurs ressources pour élever leurs enfants dans une sorte de communauté latine[1], puisque la gérer seul était trop ardu, mais rien n'indique que la chose ait abouti.

Divers aspects moins bizarres de l'éducation du XVIe siècle « centrée sur l'enfant » ont fleuri au fil des ans, jusqu'à nos jours. Au XVIIIe siècle, Jean-Jacques Rousseau érigea en culte l'éducation des enfants à la lumière de la nature : il emprunta quelques-unes de ses idées à Montaigne et, surtout, à l'essai inhabituellement prescriptif que Montaigne écrivit sur l'éducation[2].

Il devait être prescriptif, car l'essai « De l'institution des enfants » lui fut plus ou moins commandé par une voisine enceinte, Diane de Foix, comtesse de Gurson, qui voulait son avis sur la manière de donner

1. Étienne Tabourot, seigneur des Accords, *Les Bigarrures*, Rouen, J. Bauchu, 1591, livre IV, fol. 141-V. Robert Estienne et François de la Trémouille devaient aussi tenter des expériences. Voir Lazard, p. 57-58.

2. I, 25.

à son enfant (à supposer que ce fût un garçon) le meilleur départ dans la vie. Les conseils de Montaigne montrent combien il était satisfait de ses premières expériences. Pour commencer, expliqua-t-il, elle devait brider suffisamment ses instincts maternels pour faire venir un étranger qui serait le mentor de son fils : les parents sont trop à la merci de leurs émotions. Ils sont toujours à s'inquiéter que le garçon n'attrape un rhume sous la pluie, que son cheval le jette à terre ou qu'il ne s'entaille à l'épée. Un précepteur peut se montrer plus rude. Par ailleurs, aucune cruauté n'était tolérable. Apprendre devait être un plaisir et, grandissant, les enfants devaient imaginer à la sagesse un visage souriant, non pas rébarbatif et terrifiant.

Il fulmine contre les méthodes brutales de la plupart des écoles. « Ôtez-moi la violence et la force. » Mettez les pieds dans une école à l'heure des cours, « vous n'oyez que cris, et d'enfants suppliciés et de maîtres enivrés en leur colère[1] ». Tout cela ne saurait que dégoûter du savoir les enfants pour la vie.

Souvent, il n'est aucun besoin de livres. C'est en dansant qu'on apprend à danser ; à jouer du luth en en jouant. De même en va-t-il de la pensée, et à vrai dire de la vie. Toute expérience peut-être une occasion d'apprendre : « la malice d'un page, la sottise d'un valet, un propos de table[2] ». L'enfant doit apprendre à tout remettre en cause : que son maitre « lui fasse tout passer par l'estamine [au crible] et ne loge rien

1. *Ibid.*, p. 172.
2. *Ibid.*, p. 158.

en sa tête par simple autorité et à crédit[1] ». Voyager est utile ; tout comme la socialisation, qui apprend à l'enfant à être ouvert à autrui et à s'adapter à ceux qu'il trouve autour de lui. Quant aux excentricités, elles doivent être aplanies de bonne heure, sans quoi il devient difficile de s'entendre avec les autres. « J'en ai vu fuir la senteur des pommes, plus que les arquebusades ; d'autres s'effrayer pour une souris ; d'autres rendre la gorge à voir de la crème ; d'autres à voir brasser un lit de plumes[2]. » Tout cela fait obstacle aux bonnes relations et à la vie heureuse. Et c'est évitable, car les jeunes êtres humains sont malléables.

Du moins jusqu'à un certain point. Montaigne ne tarde pas à changer d'angle d'attaque. Quoi que vous fassiez, dit-il, vous ne pouvez réellement changer des dispositions innées. Vous pouvez les canaliser, les exercer, mais pas vous en débarrasser. Dans un autre essai, il observe : « Il n'est personne, s'il s'écoute, qui ne découvre en soi une forme sienne, une forme maîtresse, qui lutte contre l'institution [éducation][3]. »

Pierre, on l'imagine, avait une vue moins fataliste de la nature humaine, car il pensait *pouvoir* façonner le jeune Micheau, et que l'expérience en valait la peine. Fort de son attitude habituelle du « tout est possible », il entreprit de bâtir et de développer son fils comme il entreprit de bâtir et de développer sa propriété.

Hélas, comme d'autres projets, Pierre laissa l'ouvrage inachevé ; du moins Montaigne le crut-il.

1. *Ibid.*, p. 156.
2. *Ibid.*, p. 173.
3. III, 2, p. 751.

Autour de l'âge de six ans, le garçon fut brusquement retiré de sa serre peu conventionnelle pour être envoyé à l'école comme tout le monde. Toute sa vie, il demeura convaincu que c'était sa faute : qu'un signe de sa récalcitrance – sa « forme maîtresse » – avait conduit son père à renoncer[1]. À moins que Pierre n'eût simplement cédé à la convention maintenant que ses conseillers originaux n'étaient plus dans les parages. Il est plus probable que Pierre ait toujours eu l'intention d'envoyer Micheau à l'école le moment venu. Ne comprenant point ce plan, Montaigne y vit une critique à son endroit qui n'y était probablement pas. Toute la progression en plusieurs temps, de la famille paysanne à l'apprentissage du latin puis à l'école, était la recette du parfait gentilhomme, indépendant d'esprit mais capable de se faire à la société, en cas de besoin. En 1539, Montaigne rejoignit donc d'autres garçons de son âge au Collège de Guyenne à Bordeaux.

Il devait y rester une décennie durant, au moins jusqu'en 1548, et dans une certaine mesure s'y adapter, mais au départ le choc fut rude pour son système. Pour commencer, il dut s'habituer à la vie citadine après la liberté d'une vie de garçon à la campagne. Bordeaux était à une soixantaine de kilomètres de chez lui, à plusieurs heures de voyage, même avec une monture rapide. La nécessité de traverser la Dordogne rendait le trajet plus long encore ; un bac prenait les voyageurs des douces collines vertes et des vignobles

1. I, 25, p. 181-182. Pour d'autres possibilités, Lacouture, p. 19-21.

pour les déposer au cœur du quartier marchand de Bordeaux : un autre monde[1].

Murée et propice à la claustrophobie, agglutinée autour du fleuve, la ville du XVIe siècle était très différente de la ville actuelle. Ses vieilles rues furent éventrées aux XVIIIe et XIXe siècles, pour être remplacées par des boulevards et de grands immeubles de couleur crème qui lui donnent un caractère légèrement abstrait. Au temps de Montaigne, la cité n'avait rien de crémeux. Elle était populeuse, avec quelque vingt-cinq mille habitants, et très affairée. Le fleuve était envahi de bateaux. Ses rives étaient équipées pour décharger les cargaisons, essentiellement du vin, ainsi qu'un mélange richement parfumé de salaisons de poisson, de sel et de bois d'œuvre.

L'atmosphère changeait sitôt qu'on arrivait au Collège de Guyenne, sis dans un quartier tranquille de la ville, loin du centre commercial et entouré d'ormes[2]. Bien que Montaigne en dise du mal, c'était une excellente école. Pour une sensibilité moderne, son programme[3] et ses méthodes paraissent formidables[4]. Tout tournait autour de l'étude machinale du latin : la seule matière où Montaigne jouît d'un avantage si grand que ses enseignants durent s'en étonner. Les maîtres et les élèves étaient censés converser dans

1. Sur Bordeaux au temps de Montaigne, cf. A.-M. Cocula, « Bordeaux », *in* Desan, *Dictionnaire,* p. 143-144.

2. Cf. G. Hoffmann, « Études et éducation de Montaigne », *in* Desan, *Dictionnaire,* p. 415-417.

3. Cf. Elie Vinet, *Scola aquitanica,* 1583.

4. Voir Lazard, p. 62-63 ; Trinquet ; P. Porteau, *Montaigne et la vie pédagogique de son temps,* Paris, Droz, 1935.

cette langue. Tout comme chez Montaigne, on entendait souvent des discours gauches et guindés, mais la similitude s'arrêtait là. On n'y jouait point de douce musique ; pas davantage on n'insistait sur le plaisir et, le plus choquant de tout, rien ne laissait penser que le petit Micheau fût le centre de l'univers.

Il lui fallut plutôt se couler dans le moule général. Les cours commençaient le matin de bonne heure par une dissection méticuleuse d'exemples littéraires, habituellement tirés d'auteurs comme Cicéron – les moins susceptibles de satisfaire les goûts de jeunes lecteurs. L'après-midi, ils étudiaient la grammaire dans l'abstrait, sans recourir à des exemples. Le soir, on lisait des textes, avec des analyses dictées par l'enseignant, que les garçons étaient censées mémoriser et recracher à la demande.

Au départ, la maîtrise qu'il avait du latin valut à Montaigne d'être rapidement promu à des classes supérieures. Mais la mauvaise influence de ses condisciples moins privilégiés gâta progressivement son aisance de sorte que – à l'en croire – il quitta l'école en en sachant moins qu'à l'arrivée[1].

En vérité, le collège était relativement aventureux et ouvert, et certains aspects de la vie scolaire amusèrent Montaigne plus qu'il n'aimait à le reconnaître. Dans les classes supérieures, les élèves s'affrontaient dans des joutes oratoires et des débats, toujours en latin bien entendu, et en prêtant moins d'attention à ce qu'ils disaient qu'à la manière de le dire. Montaigne

1. I, 25, p. 182.

y glana des talents rhétoriques et des habitudes de pensée critiques dont il devait user sa vie durant. Probablement est-ce encore ici qu'il rencontra pour la première fois l'idée des « recueils de faits notables » : des carnets où recopier des passages de ses lectures dans une juxtaposition créative. Plus tard, adolescent, Montaigne étudia des sujets plus intéressants, dont la philosophie : malheureusement pas le genre qu'il affectionnait et qui traitait de la question du « comment vivre », mais essentiellement la logique et la métaphysique aristotéliciennes. Une légère détente était aussi autorisée. Un nouvel enseignant, Marc-Antoine Muret, écrivait et montait des pièces ; Montaigne joua dans l'une d'elles. Il se révéla naturel sur scène, du fait, prétendait-il, d'« une assurance de visage » et d'une « souplesse de voix et de geste[1] » inattendues.

Tout cela se produisit au cours d'une période difficile pour le collège. En 1547, les factions politiques conservatrices réussirent à en chasser le principal aux idées avancées, André Gouvéa[2]. Il partit pour le Portugal, emmenant ses meilleurs enseignants avec lui. L'année suivante, des troubles éclataient à Bordeaux même : les émeutes de la gabelle qui devaient causer tant de soucis au père de Montaigne durant sa mandature de maire. Le Sud-Ouest avait traditionnellement échappé à cette taxe. Et voici soudain que le nouveau roi Henri II essaya de l'imposer, avec des effets incendiaires.

1. *Ibid.,* p. 183-184.

2. Cf. R. Gorris Camos, « Gouvéa, André (Andreas Gouveia »), *in* Desan, *Dictionnaire,* p. 506-508.

Des foules de rebelles se réunirent pour protester, et cinq jours durant, du 17 au 22 août 1548, la populace écuma les rues, mettant le feu aux maisons des collecteurs d'impôts. D'aucuns s'attaquèrent aux maisons de quiconque semblait riche, jusqu'à ce que le désordre menace de tourner au soulèvement général des paysans[1]. Quelques collecteurs d'impôts furent tués, leurs corps traînés dans les rues et recouverts de tas de sel pour que chacun comprît de quoi il retournait. Dans un des pires épisodes, Tristan de Moneins, lieutenant-général et gouverneur de la ville – et donc représentant officiel du roi –, se fit lyncher. Il s'était claquemuré dans la massive citadelle royale de la ville, le château Trompette, mais la foule s'assembla à l'extérieur et lui hurla de sortir. Imaginant peut-être gagner leur respect en les affrontant, il se risqua dehors. C'était une erreur. Il fut battu à mort.

Alors âgé de quinze ans, Montaigne était dans la rue, son collège ayant suspendu les cours durant les violences[2]. Témoin de la tuerie de Moneins, il ne devait jamais oublier la scène. Pour la première fois, peut-être, elle fit germer dans son esprit une question qui devait hanter les *Essais* sous diverses guises : valait-il mieux gagner le respect d'un ennemi par une manifestation ouverte de défi ou se mettre à sa merci en espérant le gagner par la soumission ou un appel à ce qu'il a de meilleur ?

En ce cas, Montaigne jugea que Moneins avait failli, faute de bien savoir ce qu'il cherchait à faire.

1. Cf. Knecht, *Rise and Fall,* p. 210-211 et 246.
2. Nakam, *Montaigne et son temps,* p. 85.

Ayant décidé de braver la foule, il perdit alors son assurance et se conduisit avec déférence, adressant des messages mélangés. Il sous-estima aussi la psychologie dénaturée de la populace. Sitôt que la frénésie s'est emparée d'elle, rien ne peut l'apaiser ou la réprimer ; on ne saurait attendre d'elle une compassion humaine ordinaire. Moneins semblait n'en rien savoir. Il attendait de la foule la même compassion que d'un individu.

Il fut certes courageux de se lancer désarmé dans une « mer tempétueuse d'hommes insensés », mais son unique espoir eût alors été de garder cette hardiesse jusqu'à la fin :

> Il la devait avaler toute, et n'abandonner ce personnage. Là où il lui advint après avoir reconnu le danger de près, de saigner du nez, et d'altérer encore depuis cette contenance démise et flatteuse, qu'il avait entreprise, en une contenance effrayée : chargeant sa voix et ses yeux d'étonnement et de pénitence, cherchant à conniller [à ruser comme un lapin] et à se dérober, il les enflamma et appela sur soi[1].

Le spectacle choquant du meurtre de Moneins, et sans doute d'autres scènes de troubles de cette semaine, en apprit long à Montaigne sur la complexité psychologique du conflit et la difficulté à se bien conduire dans les crises. En l'occurrence, la violence finit par retomber, essentiellement du fait du futur beau-père de Montaigne, Geoffroy de La Chassaigne, qui

1. I, 23, p. 135-136.

négocia une trêve. Mais la ville allait être sévèrement châtiée d'avoir souffert pareille désobéissance. En octobre y furent dépêchés des milliers de soldats du roi conduits par le connétable Anne de Montmorency. Si le titre signifiait seulement qu'il était le « chef des écuries royales », il lui donnait un pouvoir immense. Les troupes restèrent plus de trois mois. Montmorency fit régner la terreur. Il encouragea ses hommes à piller et à tuer, telle une force d'occupation en pays étranger. Quiconque était identifié pour avoir participé aux émeutes était voué à la roue ou au bûcher. Tout fut fait pour humilier Bordeaux physiquement, financièrement et moralement. Elle perdit sa juridiction sur ses propres affaires ; son artillerie et sa poudre à canon lui furent confisquées ; son parlement fut dissout et, pendant un temps, la ville fut dirigée par des magistrats venus d'autres parties de la France. Il lui fallut aussi payer les frais de son occupation. Et quand le corps de Moneins fut exhumé pour être enseveli dans la cathédrale, les dignitaires durent tomber à genoux devant la maison de Montmorency pour implorer pardon[1].

Bordeaux retrouva peu à peu ses privilèges, en partie du fait des efforts du père de Montaigne, en tant que maire, pour la présenter sous un bon jour aux yeux du roi. Le plus étonnant c'est que, à la longue, la rébellion eut gain de cause. Déconcerté par les émeutes, Henri II renonça à imposer la gabelle. Mais le prix avait été fort.

1. Sur la « pacification » conduite par Montmorency et la perte par Bordeaux de ses privilèges, Knecht, *Rise and Fall,* p. 246-347 ; Nakam, *Montaigne et son temps,* p. 81-82.

Alors que ce drame s'effaçait, la peste se déclara en ville en 1549. L'épidémie ne fut ni longue ni grande, mais elle suffit à pousser chacun à examiner sa peau avec inquiétude et à redouter le son d'une toux. Elle força aussi le Collège à fermer de nouveau ses portes pour un temps – mais, cette fois, Montaigne était probablement déjà parti. Il quitta en effet l'école autour de 1548, prêt pour l'étape suivante de sa jeune vie.

Suit alors une longue période qui nous conduit jusqu'en 1557, où l'on ne sait trop ce qu'il faisait. Peut-être fut-il envoyé dans quelque académie, où les jeunes hommes allaient parfaire leur éducation par de nobles activités : équitation, duel, chasse, héraldique, chant et danse. (Si tel est le cas, Montaigne n'y prêta aucune attention, sauf aux leçons d'équitation : c'est la seule de ces activités dans laquelle il prétendit plus tard faire bonne figure.) À quelque moment, il dut aussi étudier le droit. À l'âge adulte, il était pourvu de tout le nécessaire pour devenir un jeune seigneur brillant et, malgré le peu de goût qu'il y avait trouvé, fort d'un utile éventail de capacités et d'expériences acquises à l'école. Par-dessus tout, il avait fait une découverte qui eût enchanté son père : celle des livres, des mondes qu'ils lui ouvraient – de mondes bien au-delà des vignobles de Guyenne et de l'ennui d'une école du XVIe siècle.

4

Q. Comment vivre ?
R. Lire beaucoup, oublier l'essentiel de ce qu'on a lu et avoir l'esprit lent

Lire

L'étude grammaticale minutieuse de Cicéron et d'Horace faillit tuer chez Montaigne l'intérêt pour la littérature avant même qu'il ne naisse. Mais certains enseignants aidèrent à l'entretenir, essentiellement en s'abstenant de retirer des mains du garçon des livres plus divertissants, voire en en glissant d'autres sur son chemin – et en le faisant assez discrètement pour qu'il trouvât plaisir à les lire sans cesser de se croire rebelle[1].

Les Métamorphoses d'Ovide fut de ces textes inappropriés que Montaigne découvrit par lui-même à

1. I, 25, p. 182. Pour des hypothèses sur l'identité de l'enseignant qui ne découragea pas Montaigne, voir G. Hoffmann, «Études et éducation de Montaigne», *in* Desan, *Dictionnaire,* p. 415-417.

l'âge de sept ou huit ans et qui changea sa vie[1]. Cette ébouriffante corne d'abondance d'histoires de transformations miraculeuses parmi les dieux antiques et les hommes était, pour la Renaissance, ce qui ressemblait le plus à un recueil de contes de fées. Aussi pleins d'horreurs et de délices que Grimm et Andersen, et très différents des textes utilisés en classe, c'était le genre de choses qu'un écolier imaginatif du XVIe siècle pouvait lire en ouvrant de grands yeux, les articulations des doigts blanchies à force de serrer les couvertures.

Chez Ovide, les gens changent. Ils se métamorphosent en arbres, en animaux, en étoiles, en corps aquatiques ou en voix désincarnées. Ils changent de sexe, deviennent des loups-garous. Une dénommée Scylla pénètre dans une mare toxique et voit chacun de ses membres se transformer en monstres canins auxquels elle ne peut s'arracher parce que ces monstres sont aussi elle. Le chasseur Actéon est métamorphosé en cerf, et sa propre meute le traque. Icare s'envole si haut que le soleil lui brûle les ailes. Un roi et une reine se changent en montagnes. La nymphe Samacis plonge dans la mare où se baigne le bel Hermaphrodite, et s'enveloppe autour de lui telle une pieuvre qui serre sa proie au point que sa chair fond dans la sienne et que tous deux deviennent une seule et même personne, mi-homme, mi-femme. Sitôt contracté le goût de ce genre de

1. I, 25, p. 182. Sur Ovide et Montaigne, voir Rigolot, et M. McKinley, « Ovide », *in* Desan, *Dictionnaire,* p. 855-856.

choses, Montaigne se lança à corps perdu dans la lecture d'autres livres pareillement riches en bonnes histoires : *L'Énéide* de Virgile, puis Térence, Plaute et diverses comédies italiennes modernes. Défiant la politique scolaire, il apprit à associer la lecture à l'excitation. C'est la seule chose positive qui ressorte de son passage à l'école. (Mais, ajoute Montaigne, « c'était toujours collège[1] ».)

Nombre de ses premières découvertes restèrent parmi les grands amours de sa vie. Si le frisson initial des *Métamorphoses* s'estompa[2], il truffa les *Essais* d'épisodes qu'il y glana et prit exemple sur le style d'Ovide, glissant d'un sujet à l'autre sans introduction ni ordre apparent[3]. Virgile resta aussi un de ses préférés, même si le Montaigne de la maturité eut assez d'effronterie pour suggérer qu'il aurait pu donner « quelque tour de pigne » [coup de peigne] à *L'Énéide* « s'il en eût le loisir[4] ».

Parce qu'il aimait savoir ce que les gens faisaient réellement, plutôt que ce qu'on imaginait qu'ils pouvaient faire, la préférence de Montaigne passa bientôt des poètes aux historiens et aux biographes. C'est dans les histoires réelles, assurait-il, qu'on rencontre la nature humaine dans toute sa complexité. On apprenait la « variété et diversité » de l'homme, ainsi

1. I, 25, p. 182, de même que pour les premières lectures de Montaigne

2. II, 10, p. 430.

3. II, 35, p. 787. Villey, *Les Sources,* vol. I, p. 205-206, dénombre 72 références à Ovide dans les *Essais.* Voir Rigolot, p. 224-226.

4. II, 10, p. 431.

que la « diversité des moyens de son assemblage, et des accidents qui le menacent[1] ». Parmi les historiens, ses préférences allaient à Tacite, observant une fois qu'il venait de lire les *Histoires* de bout en bout, sans interruption. Il aimait la manière dont Tacite traitait les événements publics du point de vue des « mœurs et inclinations particulières » ; l'historien avait eu, comme lui, la fortune de vivre une période « trouble et malade ». De fait, écrit-il de Tacite, on dirait « souvent qu'il nous peint[2] ».

Se tournant vers les biographes, Montaigne aimait ceux qui allaient au-delà des événements extérieurs d'une vie pour essayer de reconstruire son univers intérieur à partir d'éléments précis. Nul n'y excella davantage que son auteur préféré entre tous : le biographe grec Plutarque, qui vécut de 46 environ à 120, et dont les immenses *Vies* brossaient des portraits de Grecs et de Romains deux par deux. Plutarque fut pour Montaigne ce que Montaigne fut pour bien des lecteurs ultérieurs : un modèle à suivre en même temps qu'un trésor d'idées, de citations et d'anecdotes à piller. « Il est si universel et si plein qu'à toutes occasions, et quelque sujet extravagant que vous ayez pris, il s'ingère à votre besogne[3]. » La vérité de cette dernière affirmation est indéniable : plusieurs sections des *Essais* sont des collages de Plutarque, presque inchangés. Nul ne songea à du plagiat : une telle imitation des grands auteurs passait alors pour une excellente pratique.

1. *Ibid.*, p. 437.
2. III, 8, p. 986-987.
3. III, 5, p. 918.

De surcroît, Montaigne changeait subtilement tout ce qu'il volait, ne serait-ce qu'en le plaçant dans un contexte différent et en le hérissant d'incertitudes.

Il aimait la façon dont Plutarque assembla son ouvrage en le truffant de brassées d'images, de conversations, de personnes, d'animaux et d'objets en tous genres, plutôt qu'en arrangeant froidement abstractions et arguments. Son écriture est pleine « de *choses*[1] », fait observer Montaigne. Si Plutarque veut nous dire que le secret pour vivre bien est de tirer le meilleur parti de toute situation, il le fait en nous narrant l'histoire d'un homme qui lança un caillou sur son chien, le manqua, frappa sa belle-mère et s'écria : « Pas si mal, après tout ! » Ou, s'il veut nous montrer comment nous avons tendance à oublier les bonnes choses de la vie pour nous laisser obséder par les seules mauvaises, il parle des mouches qui se posent sur les miroirs et se promènent sur la surface lisse, incapables de s'arrêter avant d'avoir trouvé un endroit rêche[2]. Plutarque n'a pas de fins bien définies, mais sème des graines d'où on peut tirer des mondes d'investigation. Il nous indique où aller si le cœur nous en dit[3] ; il ne nous y conduit pas : à nous de savoir si nous voulons lui obéir ou non.

Montaigne aimait aussi que la personnalité de Plutarque transparût nettement à travers son œuvre : « et je pense le connaître jusque dans l'âme[4] » ! C'était ce

1. II, 10, p. 434.

2. Plutarque, *De la tranquillité de l'âme,* in *Moralia,* VI, 467C et 473E.

3. I, 25, p. 163.

4. II, 31, p. 752.

que recherchait Montaigne dans un livre, comme on devait plus tard le chercher chez lui : le sentiment de rencontrer une vraie personne au fil des siècles. Lisant Plutarque, il perdait conscience de l'écart qui les séparait dans le temps, bien plus important que celui qui nous sépare de Montaigne. Peu importe, écrivit-il, qu'une personne qu'on aime soit morte depuis quinze cents ans ou, comme son père à l'époque, depuis dix-huit ans. Tous deux sont également lointains ; tous deux sont également proches[1].

Cette fusion de ses auteurs préférés avec son père en dit long sur la manière dont Montaigne lisait : il se prenait d'amitié pour les livres comme si c'étaient des gens, et qu'il les reçut dans sa famille. Le garçon rebelle lecteur d'Ovide devait accumuler un jour une bibliothèque d'un millier de volumes : une belle taille, mais qui n'avait rien d'un assemblage au petit bonheur[2]. Il en avait hérité certains de son ami La Boétie ; il en avait acquis d'autres. Il collectionnait sans esprit de système, sans s'arrêter sur les belles reliures ou les pièces rares. Jamais Montaigne ne devait répéter l'erreur de son père qui érigea les livres ou leurs auteurs

1. III, 9, p. 1043. Montaigne admirait les fameuses traductions de Plutarque par Jacques Amyot : *Vie des hommes illustres,* Paris, M. de Vascosan, 1559, et *Œuvres morales*, Paris, M. de Vascosan, 1572. Voir O. Guerrier, « Amyot, Jacques », *in* Desan, *Dictionnaire*, p. 40-42.

2. Sur la bibliothèque de Montaigne, cf. Sayce, p. 25-26. La collection fut dispersée après sa mort ; des essais ont été tentés pour en reconstituer la liste. Voir Villey, *Les Sources,* vol. I, p. 273-283 ; Ph. Desan, « Bibliothèque de Montaigne », *in* Desan, *Dictionnaire,* p. 126-130.

en fétiches. On ne l'imagine pas baisant des volumes comme de saintes reliques, ainsi que l'auraient fait Érasme ou le poète Pétrarque[1], ni passer ses plus beaux habits pour les lire, à l'exemple de Machiavel, qui écrivit : « Je me dépouille de la défroque de tous les jours, couverte de fange et de boue, pour revêtir des habits de cour royale et pontificale ; ainsi honorablement accoutré, j'entre dans les cours antiques des hommes de l'Antiquité » pour y être « accueilli avec affabilité par eux[2] ». Montaigne eût trouvé cela ridicule. Il préférait converser avec les anciens sur le ton de la camaraderie, parfois même les taquiner, comme pour reprocher à Cicéron d'être pompeux ou insinuer que Virgile aurait pu faire encore un petit effort[3].

L'effort est précisément ce que lui-même prétendit ne jamais faire, qu'il lût ou qu'il écrivît. « Là je feuillette à cette heure un livre, à cette heure un autre, sans ordre et sans dessein, à pièces décousues. » Qu'on le soupçonnât d'études méticuleuses, il lui arrivait de ne pas cacher sa contrariété. Une fois, se surprenant à avoir observé que les livres offrent une consolation, il s'empressa d'ajouter : « Je ne m'en sers en effet quasi non plus que ceux qui ne les connaissent point[4]. » Et l'une de ces phrases commence par « Nous autres

1. Friedrich, p. 53.

2. Cité *in* Hale, p. 190 et trad. p. 196-197 [Nicolas Machiavel à Francesco Vettori, 10 décembre 1513, *in* Machiavel, *Œuvres complètes,* éd. Ed. Barincou, Paris, Gallimard, « Bibliothèque de la Pléiade », 1952, p. 1434-1437, ici p. 1436].

3. II, 10, p. 434 et p. 431.

4. III, 3, p. 869.

qui avons peu de pratique avec les livres[1]... ». Sa règle en matière de lecture demeura celle qu'il avait apprise d'Ovide : la quête du plaisir. « Les difficultés, si j'en rencontre en lisant, écrivit-il, je n'en ronge pas mes ongles : je les laisse là [...]. Je ne fais rien sans gaieté[2]. »

En vérité, il lui arrivait de travailler dur, mais uniquement quand il estimait que le labeur en valait la peine. Des annotations de sa main survivent dans quelques ouvrages de sa collection, notamment un exemplaire de Lucrèce, *De la nature des choses* : un texte qui, à l'évidence, méritait une vive attention[3]. Exactement le genre de livre, idiosyncrasique et intellectuellement aventureux, sur lequel on s'attendrait à voir Montaigne se donner du mal.

Se présenter en feignant de feuilleter quelques pages avant d'écarter le livre dans un bâillement seyait à Montaigne. Ce portrait s'accordait avec l'atmosphère de dilettante qu'il souhaitait évoquer dans ses écrits. L'exemplaire de Lucrèce en est la preuve : la vérité dut être plus compliquée. Mais sans nul doute abandonnait-il ce qui l'ennuyait : somme toute, c'est ainsi qu'il avait été éduqué. Pierre lui apprit qu'il fallait tout aborder « en toute douceur et liberté, sans rigueur et contrainte[4] ». Montaigne en fit un principe de vie.

1. III, 8, p. 986.
2. II, 10, p. 429.
3. Cf. M. A. Screech, *Montaigne's Annotated Copy of Lucretius. A Transcription and Study of the Manuscript, Notes and Pen-Marks*, avant-propos de Gilbert de Botton, Genève, Droz, 1998.
4. I, 25, p. 181.

Montaigne le lent et oublieux

Chaque fois que Montaigne s'occupait à feuilleter un livre, à l'en croire, il s'empressait d'oublier tout ce qu'il avait lu. « C'est un outil de merveilleux service que la mémoire, et sans lequel le jugement fait bien à peine son office », écrit-il, pour ajouter aussitôt : « elle me manque du tout[1] ».

> Il n'est homme à qui il sied si mal de parler de mémoire. Car je n'en reconnais quasi trace en moi ; et je ne pense qu'il y en ait au monde une autre si merveilleuse en défaillance[2].

Il reconnaissait que c'était un fléau. Il était contrariant de perdre ses idées les plus intéressantes du simple fait qu'elles lui venaient à cheval et qu'il n'avait rien pour les coucher par écrit. Il eût aussi aimé se souvenir davantage de ses rêves[3]. Ainsi qu'il l'écrit, citant Térence, « je suis plein de trous, je fuis de partout[4] ».

Montaigne vola souvent à la défense de ceux qui avaient la mémoire défaillante. Il se dit « offensé », empli d'un « ressentiment propre », chaque fois qu'il lit, par exemple, l'histoire d'Alexandre de Lyncestis qui, accusé de conjuration contre Alexandre le Grand, fut obligé de se défendre dans un discours. Il

---

1. II, 17, p. 688.
2. I, 9, p. 55.
3. III, 5, p. 919.
4. II, 17, p. 190. Cf. Térence, *L'Eunuque,* I, 105.

apprit par cœur sa harangue mais, quand il essaya de la prononcer, il eut à peine le temps de dire quelques mots avant de s'embrouiller et d'oublier le reste. Alors qu'il bégayait et esquivait, un groupe de soldats placé à proximité de lui perdit patience et le transperça de ses piques. À leurs yeux, qu'il ne sût parler était la preuve de sa culpabilité. « Vraiment, c'est bien dit », commente Montaigne. Cela prouvait seulement que, sous l'effet de la tension, une mémoire accablée est portée à s'effrayer de sa charge tel un cheval qui panique et à lâcher tout[1].

Même quand sa vie est en jeu, apprendre un discours par cœur n'est pas nécessairement une bonne idée. Un discours spontané est habituellement d'une écoute plus agréable. Quand lui-même devait parler en public, Montaigne essayait de se montrer nonchalant et de faire des « mouvements fortuits et imprémédités, comme naissant des occasions présentes ». Il évitait en particulier d'annoncer qu'il aborderait tour à tour plusieurs points, parce que c'était à la fois ennuyeux et risqué : on avait toute chance d'en oublier un ou deux ou d'en rajouter[2].

Parfois, c'est le sens même ou l'intérêt d'une information qui lui sortait de la tête. Une fois, ayant eu la chance de rencontrer un groupe de Tupinamba que des colons français avaient rapportés du Brésil, il écouta avidement leurs réponses quand on leur demanda ce qu'ils pensaient de la France. Ils répondirent trois

1. III, 9, p. 1007. Cf. Quinte-Curce, *Histoire d'Alexandre le Grand,* VII, 1, 8-9.

2. III, 9, p. 1007-1008.

choses, toutes fascinantes, mais quand Montaigne voulut relater leur conversation dans les *Essais*, il ne put se souvenir que de deux[1]. D'autres trous de mémoire étaient pires encore. Dans une lettre publiée où il décrit la mort de La Boétie – l'homme qu'il aima le plus dans sa vie – il confessa qu'il avait fort bien pu oublier quelques-uns des derniers actes et mots ultimes de son ami[2].

Cet aveu de faiblesse de la part de Montaigne était un défi direct à l'idéal renaissant de l'art oratoire et de la rhétorique, suivant lequel savoir penser et savoir parler étaient une seule et même chose, et où savoir parler dépendait de sa capacité à mémoriser le fil de son raisonnement en le parsemant de citations et d'exemples étincelants. Les fervents de l'art de la mémoire, ou *ars memoriae*, apprenaient des techniques pour enchaîner des heures de rhétorique et élaborèrent même ces techniques en un programme d'éducation philosophique personnelle. Tout cela n'avait aucun attrait pour Montaigne.

D'emblée, certains lecteurs refusèrent de croire que sa mémoire pouvait être réellement aussi mauvaise qu'il le prétendait. Il en fut tellement irrité qu'il s'en plaignit dans les *Essais*[3]. Mais les sceptiques continuèrent d'observer, par exemple, qu'il n'avait apparemment aucun mal à se souvenir des citations de ses lectures, tant elles sont nombreuses dans les *Essais*, à

1. I, 30, p. 221.
2. Il s'agit de la lettre de Montaigne à son père, reprise dans son édition de La Boétie, *La Mesnagerie.*
3. I, 9, p. 55.

commencer par celle sur le sentiment qu'il avait de fuir de toutes parts. De deux choses l'une : ou il était moins « plein de trous » qu'il ne le prétendait, ou il était moins paresseux, car s'il ne se rappelait pas les citations, il devait bien les écrire[1]. Il en fâcha certains pour de bon avec ces propos. Son presque contemporain, le poète Dominique Baudier, confia que les lamentations de Montaigne sur sa mémoire sont « à dégoûter et faire rire le lecteur[2] ». Réaction extrême. Malebranche, le philosophe du XVIIe siècle, eut le sentiment que Montaigne lui mentait : accusation grave, portée contre un auteur qui fit toujours grand cas de son honnêteté[3].

L'accusation n'était pas sans fondement. Montaigne avait sûrement meilleure mémoire qu'il ne voulait bien le dire. Il n'est pas inhabituel de se sentir trahi par sa mémoire : c'est le lot de la condition humaine dans son imperfection. Et une mémoire indisciplinée est aussi précisément ce qu'on pourrait attendre de l'éducation coulante que reçut Montaigne et de son aversion pour la contrainte en toutes choses. Son apparente modestie à ce propos peut se comprendre comme une façon subtile de revendiquer des vertus qu'il estimait plus importantes. L'honnêteté, paradoxalement,

1. Sur Montaigne et sa capacité de retenir des citations, voir Friedrich, p. 43, 44 et 358.

2. Commentaire en prose attaché à ses vers latins, « À la vierge héroïque Marie de Gournay » ; D. Baudier, *Poemata,* Leyde, 1607, p. 359-365. Cité *in* Millet, p. 151-158, ici p. 157, et Villey, *Montaigne devant la postérité,* p. 84-85.

3. Malebranche, *De la recherche de la vérité* (1674), p. 275-284.

était de celles-là. Suivant un vieux dicton, la mauvaise mémoire fait les mauvais menteurs. Si Montaigne était trop oublieux pour garder ses histoires en tête, il devait dire la vérité[1]. De même, la déficience de sa mémoire explique la brièveté de ses discours et la concision de ses anecdotes, car il ne pouvait retenir les longues, ce qui lui permettait d'exercer son jugement à bon escient. Les gens qui ont bonne mémoire ont l'esprit encombré ; or son cerveau était si heureusement vide que rien ne pouvait se mettre en travers du sens commun. Enfin, il oubliait aisément les affronts reçus, et n'avait donc guère de ressentiment[2]. Bref, à l'en croire, il flottait à travers le monde sur une couverture de bienveillante vacuité.

Où la mémoire de Montaigne semblait bien fonctionner, s'il le voulait, c'était pour reconstituer des expériences personnelles comme son accident de cheval. Au lieu de les réduire à des anecdotes concises et superficielles, il pouvait retrouver des sentiments de l'intérieur : non pas à la perfection, parce que le flux héraclitéen ne cessait de l'emporter, mais en les approchant de très près. Au XIXe siècle, le psychologue Dugald Stewart spécula que, du fait de sa mémoire déficiente, Montaigne était mieux armé pour les tâches de cette espèce[3]. Montaigne était accoutumé

---

1. Sur le lien entre mémoire et honnêteté, I, 9, p. 56-57 ; II, 17, p. 688.

2. I, 9, p. 55-57.

3. D. Stewart, *Elements of the Philosophy of the Human Mind,* in *Collected Works,* éd. W. Hamilton, Édimbourg, T. Constable, 1854-1860, vol. II, p. 370-371.

au genre de souvenir «involontaire» qui devait fasciner Proust : ces bouffées de passé qui font irruption dans le présent de la manière la plus inattendue, peut-être en réponse à un goût ou une odeur oubliés de longue date. Pareils moments ne paraissent possibles que s'ils sont entourés d'un océan d'oubli, mais aussi d'un état d'esprit idoine et de loisirs suffisants.

Assurément, Montaigne n'aimait pas se faire violence. «Il faut que je la sollicite nonchalamment», dit-il de sa mémoire : «Elle me sert à son heure, non pas à la mienne[1].» Tout effort pour faire remonter quelque chose à la surface ne faisait que rendre la ténèbre plus épaisse[2]. Inversement, l'incident ne lui restait jamais plus en mémoire que lorsqu'il essayait sciemment de l'oublier[3].

«Ce que je fais aisément et naturellement, si je m'ordonne de le faire, par une expresse et prescrite ordonnance, écrit-il, je ne sais plus le faire[4].» Laisser sa mémoire suivre son chemin fait partie de sa politique générale consistant à laisser la nature gouverner ses actions. Dans son enfance, cela donnait souvent de lui l'impression d'un enfant paresseux et bon à rien; probablement était-ce le cas, à maints égards. Malgré les efforts incessants de son père pour le motiver, il était «si pesant, mol et endormi qu'on ne me pouvait arracher de l'oisiveté, non pas [sauf] pour me faire jouer[5]».

1. II, 17, p. 688.
2. III, 5, p. 811.
3. II, 12, p. 521.
4. II, 17, p. 688.
5. I, 25, p. 181.

De son propre aveu, il n'était pas seulement oisif, il avait l'esprit lent. Son intelligence était bien incapable de pénétrer la moindre nuée : « Il n'est si vaine subtilité qui ne m'empêche : Aux jeux, où l'esprit a sa part, des échets [échecs], des cartes, des dames, et autres, je n'y comprends que les plus grossiers traits[1]. » Il avait un « esprit tardif » [lent], « l'appréhension [compréhension] lente » et « l'invention [imagination] lâche[2] ». Et la déficience de sa mémoire n'était pas faite pour arranger les choses. Toutes ses facultés sommeillaient de concert, ronflant doucement ; son cerveau finit par ressembler à un thé dont tous les invités seraient des loirs.

Mais, encore une fois, il y avait des avantages. Dès lors qu'il avait saisi quelque chose, il le saisissait avec fermeté[3]. Déjà enfant, assure-t-il, ce qu'il voyait, il le voyait bien. De surcroît, il se servait délibérément de son inertie comme d'un masque sous lequel il pouvait cacher des « imaginations hardies » et des « opinions au-dessus de son âge[4] ». Sa modestie apparente lui permettait de revendiquer quelque chose de plus important que la vivacité d'esprit : un jugement sûr.

Montaigne serait un bon modèle pour le « Mouvement de la lenteur » moderne, qui s'est propagé (à loisir) jusqu'à devenir une sorte de culte depuis sa naissance à la fin du XXe siècle. Comme Montaigne, ses adeptes font de la lenteur un principe moral. Son

1. II, 17, p. 690-691.
2. I, 25, p. 181.
3. II, 17, p. 691.
4. I, 25, p. 181.

texte fondateur est le roman de Sten Nadolny, *La Découverte de la lenteur,* qui retrace la vie d'un explorateur de l'Arctique, John Franklin, dont le rythme naturel de vie et de pensée est décrit comme celui d'un vieux paresseux après un long massage et une pipe d'opium[1]. Enfant, Franklin est la cible de moqueries, mais quand il atteint le Grand Nord, il trouve un environnement parfaitement adapté à sa nature : un lieu où l'on prend son temps, où il n'arrive pas grand-chose, et où il importe de prendre le temps de penser avant de se lancer dans l'action. Longtemps après sa publication en Allemagne, en 1983, *La Découverte de la lenteur* est resté un best-seller au point même d'être vendu comme un manuel de management «alternatif». Dans le même temps, l'Italie a vu naître le mouvement «Slow Food» («nourriture lente»), née pour protester contre la filiale romaine de McDonald's avant de devenir toute une philosophie de la vie heureuse[2].

Montaigne eût fort bien compris tout cela. Pour lui, la lenteur ouvrait la voie de la sagesse, et à un esprit de modération qui contrebalançait l'excès et le fanatisme régnant alors en France. Il eut de la chance d'être naturellement préservé de l'un et de l'autre, n'ayant aucune tendance à se laisser emporter par des

1. Sten Nadolny, *Die Entdeckung der Langsamkeit,* Munich, Piper, 1983 ; en français, *La Découverte de la lenteur,* trad. J.-M. Argelès et O. Mannoni, Paris, Grasset, 1985 ; rééd. «Cahiers Rouges», 2008.

2. Sur le Slow Movement, voir http://www.slowmovement.com. Voir également Carl Honoré, *Éloge de la lenteur. Et si vous ralentissiez,* Marabout, 2007. Il existe aussi un World Institute of Slowness : http://www.theworldins-tituteofslowness.com.

enthousiasmes auxquels d'autres paraissaient enclins. «Je me trouve quasi toujours en ma place, comme font les corps lourds et pesants», observe-t-il[1]. Sitôt bien planté, il lui était facile de résister aux intimidations, car la nature l'avait rendu «incapable de se rendre à la force et violence[2]».

Comme presque toujours chez Montaigne, ce n'est qu'une partie de l'histoire. Jeune homme, il lui arrivait de s'emporter et de s'agiter. Je «ne sais lequel des deux, ou l'esprit ou le corps, j'ai arrêté plus malaisément, en même point», confie-t-il dans les *Essais*. Peut-être jouait-il seulement la paresse quand ça l'arrangeait.

«Oublie une bonne part de ce que tu apprends» et «sois lent d'esprit» allaient devenir deux des meilleures réponses de Montaigne à la question du comment vivre. Elles lui donnèrent la liberté de penser sagement, plutôt que spécieusement; elles lui permirent d'éviter les idées fanatiques et les duperies insensées qui en ensorcelaient d'autres; et de ce fait il put suivre ses pensées jusqu'à leur terme : tout ce à quoi il aspirait.

La lenteur d'esprit et l'oubli sont choses qui se cultivent, mais Montaigne s'estimait heureux d'en avoir hérité à la naissance. Sa propension à faire les choses à sa façon se manifesta de bonne heure et s'accompagnait d'un degré d'assurance surprenant : «Il me souvient donc que dès ma plus tendre enfance on remarquait en moi je ne sais quel port de corps et des

1. III, 2, p. 851-852.
2. I, 25, p. 183.

gestes témoignant quelque vaine et sotte fierté[1]. » La vanité était superficielle : elle n'était pas « infuse » en lui, il en était simplement « arrosé[2] ». Mais son indépendance intérieure le gardait froid. Toujours prêt à dire le fond de sa pensée, le jeune Montaigne était aussi disposé à faire en sorte que les autres attendent ce qu'il avait à dire.

Le jeune Montaigne en des temps de troubles

Du fait de sa petite taille, cet air de supériorité nonchalante était d'autant plus difficile à porter ; Montaigne ne cessa de s'en plaindre. C'était différent pour les femmes, écrit-il. D'autres formes de beautés pouvaient être une compensation. Chez les hommes, la « beauté de la taille » était la seule, et c'était précisément la qualité qui lui manquait :

> Où est la petitesse, ni la largeur et rondeur du front, ni la blancheur et douceur des yeux, ni la médiocre forme du nez, ni la petitesse de l'oreille, et de la bouche, ni l'ordre et blancheur des dents, ni l'épaisseur bien unie d'une barbe brune à écorce de châtaigne, ni le poil relevé [cheveu bouclé], ni la juste proportion de tête, ni la fraîcheur du teint, ni l'air du visage agréable, ni un corps sans senteur, ni la juste proportion de membres, peuvent faire un bel homme.

Même ses gens ne le respectaient pas et, voyageait-il ou visitait-il la cour royale avec sa suite de serviteurs,

1. II, 17, p. 670.
2. *Ibid.*, p. 673.

il trouvait des plus fâcheux qu'on lui demandât « où est Monsieur[1] ? » Il n'y pouvait pourtant pas grand-chose, si ce n'est, chaque fois que possible, aller à cheval : son stratagème préféré[2].

Une visite dans la tour de Montaigne laisse penser qu'il disait vrai : l'encadrement de la porte ne dépasse pas cinq pieds de haut. D'une manière générale, les gens étaient plus petits qu'aujourd'hui, et les portes furent aménagées avant que Montaigne ne s'y installât, mais visiblement il ne se cogna pas la tête assez souvent pour se donner la peine de les faire agrandir. Bien entendu, il est difficile de dire quel en fut le facteur décisif : sa petite taille autoproclamée ou sa paresse revendiquée.

Sans doute était-il tout petit, mais il nous dit aussi qu'il était de constitution robuste[3] et se conduisait avec élégance, se promenant souvent avec un bâton, histoire de se donner une « contenance affectée[4] ». Si, plus tard, il fit sienne la pratique de son père pour choisir des vêtements austères, « que de noir ou de blanc[5] », jeune homme il s'habillait avec style, au gré de la mode du temps : « un manteau en écharpe, la cape sur une épaule, un bas mal tendu[6] ».

Le tableau le plus vivant du jeune Montaigne nous vient d'un poème que lui adressa son ami Étienne de La Boétie, légèrement plus âgé. Il montre à la fois ce

1. II, 17, p. 679.
2. III, 13, p. 1145.
3. II, 17, p. 679.
4. II, 25, p. 726.
5. I, 35, p. 232.
6. I, 25, p. 178.

qui troublait chez Montaigne et ce qui faisait sa séduction. La Boétie le jugeait brillant et prometteur, tout en estimant qu'il risquait de gâter ses talents. Il lui fallait la gouverne d'un mentor plus posé, plus sage – rôle dans lequel La Boétie se coula –, mais il avait tendance à rejeter obstinément les conseils qu'on lui prodiguait. Il était trop sensible aux jolies jeunes femmes, et trop content de lui. « Un opulent palais me fournit des ressources et mon âge des forces », assure un Montaigne autosatisfait dans le poème de La Boétie, « d'ailleurs une jeune fille me sourit doucement. » La Boétie le compare à un bel Alcibiade que la fortune a comblé, ou à un Hercule, capable de choses héroïques, mais hésitant trop longtemps à la croisée des chemins en matière de morale. Ses plus grands charmes étaient aussi ses plus grands défauts[1].

À l'époque où ce poème fut écrit, Montaigne avait déjà amplement voyagé depuis ses jours d'écolier ; il était entré au parlement de Bordeaux. Après quelques années d'éclipse, à l'issue de ses études au collège, c'est en jeune magistrat qu'il reparut en ville.

Pour se lancer dans la carrière, il dut bien étudier le droit quelque part. Il est peu probable qu'il l'ait

---

1. Ce poème est le second des deux poèmes à Montaigne retenus dans l'édition que celui-ci donna des œuvres de La Boétie, *La Mesnagerie,* p. 102r-103r (« Ad Belotium et Montanum »), et 103v-105r (« Ad Michaëlem Montanum »). Cf. *Montaigne Studies,* 3, n° 1, 1991, avec une traduction anglaise de R. D. Cottrell, p. 16-47 [en français, cf. Louis Cestre, « Trois poèmes latins d'Étienne de La Boétie adressés à Michel de Montaigne », *Bulletin de la société des amis de Montaigne,* 14, 1921, p. 351-367, ici p. 357].

fait à Bordeaux ; plus vraisemblablement alla-t-il à Paris ou à Toulouse. Peut-être séjourna-t-il dans les deux villes. Ses remarques des *Essais* prouvent qu'il connaissait bien Toulouse[1], et il avait aussi beaucoup à dire sur Paris. Il nous confie que la ville était chère à son cœur depuis l'enfance – ce qui pourrait désigner n'importe quelle étape de sa jeunesse jusque vers vingt et un ans : « Je l'aime tendrement, jusques à ses verrues et ses taches. » Paris était la seule ville où il se plaisait à se dire français plutôt que fier gascon. C'était une « grande cité : grande en peuples, grande en félicité de son assiette [sa situation] ; mais surtout grande et incomparable en variété et diversité de commodités[2] ».

Où que Montaigne ait acquis sa formation, elle remplit son office : elle le lança dans la carrière du droit et de la politique qu'il avait peut-être envisagée dès le début. Elle l'occupa treize années durant. Cette période est habituellement réduite à la portion congrue dans les biographies, tant les éléments sont maigres, mais ce furent des années importantes, puisqu'elles vont de la veille de son vingt-quatrième anniversaire jusqu'à son trente-septième. Quand il se retira sur ses terres, soignant ses vignes et écrivant dans sa tour, il avait déjà accumulé une riche expérience au service de la chose publique, et celle-ci demeurait très

1. Montaigne dit y avoir rencontré le médecin Simon Thomas, I, 20, p. 99, et fait allusion au procès de Martin Guerre, même s'il ne dit pas y avoir personnellement assisté : III, 11, p. 1076-1077.

2. III, 9, p. 1017.

présente à son esprit dans ses premiers essais. Quand il en arriva aux derniers essais, il avait assumé des responsabilités plus lourdes encore[1].

Le premier poste de Montaigne ne fut pas Bordeaux, mais la ville voisine de Périgueux, au nord-est du domaine familial. Sa cour était de création récente (1554), et elle devait être presque aussitôt abolie (1557). Sa tâche essentielle avait été de lever des fonds, puisque les charges publiques se vendaient toujours contre des espèces. L'abolition ne tarda pas parce que le parlement plus puissant de Bordeaux s'offusqua de son existence, mais plus encore du fait que, pour quelque raison, ses membres touchaient une rémunération plus élevée.

Montaigne arriva à Périgueux fin 1556, et la cour survécut assez longtemps pour lancer sa carrière. De fait, cela le propulsa sur la scène politique bordelaise, car lorsque Périgueux ferma, maints conseillers y furent transférés. Montaigne fut des leurs : son nom figure sur la liste[2]. Ils ne furent pas vraiment bien accueillis, mais les magistrats de Bordeaux n'avaient pas le choix. Ils se vengèrent en rendant la vie aussi difficile que possible aux magistrats de Périgueux, leur laissant un espace de travail étriqué et les privant du service des huissiers. La rancœur se comprend : les hommes de Périgueux continuaient de toucher des traitements plus élevés. Ceux-ci furent obligeamment

---

1. Cf. K. Almqvist, «Magistrature», *in* Desan, *Dictionnaire,* p. 714-717.

2. Sur les premières années à Périgueux et le transfert à Bordeaux, voir Frame, *Montaigne,* p. 46-51 et trad. p. 57-62.

réduits en août 1561, suscitant ainsi le mécontentement des Périgourdins. Malgré sa jeunesse – il avait vingt-huit ans –, c'est Montaigne qui fut choisi pour présenter leur appel à la cour. Son discours, conservé dans les archives de Bordeaux, marque sa première apparition. Sans doute usa-t-il de tous ses talents rhétoriques affutés depuis peu – tout en spontanéité, avec ce charme de qui n'a pas répété –, mais il ne fut pas entendu[1]. Le parlement se prononça contre les protestataires, dont le traitement fut finalement réduit.

Malgré cette situation conflictuelle, la vie au parlement de Bordeaux dut être plus intéressante qu'à Périgueux. C'était un des huit grands parlements de France, et, même avec des privilèges encore partiellement restaurés, Bordeaux comptait parmi les plus puissants. Il avait la responsabilité de la plupart des lois locales et de l'administration civique, et pouvait rejeter des édits royaux ou adresser des remontrances officielles au roi chaque fois qu'il édictait une loi qui n'était pas à son goût, comme cela arriva souvent en ces temps de troubles.

Au départ, la loi occupa plus de place dans la vie quotidienne de Montaigne que la politique. Il travailla surtout pour la Chambre des enquêtes, où il avait pour tâche d'apprécier les affaires civiles trop complexes pour être tranchées sur-le-champ par les juges de la Grand' Chambre. Il se penchait sur les détails, les résumait et transmettait aux conseillers son interprétation écrite[2]. Il ne lui appartenait pas de rendre

1. *Ibid.*, p. 62, pour l'intervention de Montaigne.
2. Cinq de ses interprétations ont survécu. Cf. Lazard, p. 89.

un jugement : il devait simplement résumer les choses avec intelligence et clarté, et rendre le point de vue de chaque partie. Peut-être est-ce ici qu'il commença à cultiver son sens de la multiplicité des perspectives sur chaque situation humaine – sentiment qui court telle une artère à travers les *Essais*.

Présenté ainsi, le droit du XVIe siècle apparaît comme une activité captivante, mais elle s'encombrait d'un pédantisme extrême. Tous les raisonnements juridiques devaient s'appuyer sur des autorités écrites et se couler dans des catégories prédéfinies. Dans chaque affaire, les faits passaient souvent après les codes, les lois, les us et coutumes attestés, la jurisprudence et, surtout, les commentaires et gloses : des volumes et des volumes. Même les affaires simples nécessitaient l'étude de verbiages apparemment sans fin, généralement de quelque novice d'une patience à toute épreuve comme Montaigne.

Ce sont les commentaires que Montaigne détestait le plus, comme la littérature secondaire en tous genres :

> Il y a plus affaire à interpréter les interprétations qu'à interpréter les choses, et plus de livres sur les livres que sur tout autre sujet : nous ne faisons que nous entregloser[1].

Rabelais avait moqué la montagne de paperasse amassée autour de chaque affaire. Son juge Bridoie passait des heures à lire et à méditer avant de rendre

1. III, 13, p. 1115.

sa décision ultime en lançant les dés : la méthode lui paraissait aussi fiable qu'une autre[1]. Maints auteurs dénoncèrent également la corruption généralisée des juristes. En règle générale, la justice avait la réputation d'être si injuste que, devait déplorer Montaigne, les gens ordinaires l'évitaient plutôt que de s'adresser à elle. Il rapporte un incident local : des paysans avaient découvert sur un chemin un homme poignardé, en sang. Il les supplia de leur donner de l'eau et de l'aider à se relever, mais ils détalèrent, n'osant le toucher de peur qu'on les tînt pour responsables de l'agression. « Que leur eussé-je dit ? » écrit Montaigne. Ils avaient tout lieu d'avoir peur. Dans une autre affaire qu'il cite, une bande de tueurs avoua un meurtre pour lequel un homme avait déjà été jugé et était sur le point d'être exécuté. Il aurait assurément fallu surseoir à l'exécution ? Non, trancha la cour : ce serait un précédent fâcheux[2].

Montaigne ne fut pas le seul à réclamer une réforme du droit au XVIe siècle. Nombre de ses critiques firent écho à celles avancées à la même époque par le chancelier éclairé de la France, Michel de L'Hospital, dans une campagne qui se solda par de réelles améliorations[3]. Montaigne fit valoir d'autres

1. Rabelais, *Le Tiers Livre,* chap. 39-44.

2. III, 13, p. 1117. Sur Montaigne et le droit, voir A. Tournon, « Justice and the Law », *in* Langer (dir.), *Cambridge Companion,* p. 96-117, et « Droit », *in* Desan, *Dictionnaire,* p. 331-333.

3. Sur d'autres critiques contemporains du droit, voir F. Sutcliffe, « Montaigne and the European Legal System », *in* Cameron (dir.), *Montaigne and His Age,* p. 39-47.

arguments plus originaux et de grande portée. Pour lui, le problème le plus grave était que la loi ne prenait pas acte d'un trait fondamental de la condition humaine : les hommes sont faillibles. On attendait toujours un verdict définitif, alors que par définition il était souvent impossible d'en trouver un qui eût quelque certitude. Les preuves étaient souvent lacunaires ou insuffisantes et, pour compliquer les choses, les juges commettaient personnellement des erreurs. Aucun juge ne pouvait honnêtement penser que toutes ses décisions fussent parfaites : elles suivaient leurs inclinations, plutôt que les preuves, et leurs problèmes de digestion faisaient souvent la différence. C'était naturel, partant inévitable, mais au moins un juge avisé pouvait-il prendre conscience de sa faillibilité et en tenir compte. Il pouvait apprendre la lenteur, traiter ses premières réactions avec prudence et examiner les choses avec plus de soin. La seule bonne chose, dans la loi, était qu'elle rendît les défaillances humaines si claires : une bonne leçon de philosophie.

Si les juges étaient enclins à l'erreur[1], les lois qu'ils faisaient l'étaient aussi[2], puisqu'elles étaient des produits humains. Là encore, c'était un fait dont on ne pouvait que prendre acte et s'accommoder sans y pouvoir rien changer. Ce pas de côté dans le doute, le scrupule et l'aveu de l'imperfection devint une marque distinctive de la pensée de Montaigne sur

1. II, 12, p. 596-597.
2. III, 13, p. 1119.

tous les sujets, pas uniquement le droit. Il ne paraît pas forcé d'imputer l'étincelle initiale à ces premières années d'expérience bordelaise.

Quand il n'était pas à la cour, le travail de Montaigne l'amenait à se mêler d'un autre domaine d'activité calculé pour faire comprendre à quel point les affaires humaines sont limitées et peu fiables : la politique. Il fut souvent envoyé en mission vers d'autres cités, dont plusieurs fois à Paris[1], à une semaine environ de voyage, où il devait assurer la liaison avec le parlement de Paris et, parfois, avec la cour du roi. Celle-ci, en particulier, valait leçon de nature humaine.

La première cour que Montaigne apprit à connaître fut celle d'Henri II. Il dut rencontrer le roi en personne, car il déplora que le « roi Henri second ne [pût] nommer à droit [exactement] un gentilhomme de ce quartier [région] de Gascogne[2] » – vraisemblablement lui-même, puisque c'était le temps où il allait encore sous le nom régional d'Eyquem. Henri ne ressemblait en rien au brillant François Ier, son père, dont il avait hérité le trône en 1547. Dépourvu de l'intuition politique de François, il s'en remettait largement à ses conseillers, y compris à une maîtresse vieillissante, Diane de Poitiers, et une femme à poigne, Catherine de Médicis. La faiblesse d'Henri II est pour partie responsable des problèmes ultérieurs du pays, car les factions rivales perçurent une opportunité et lancèrent une lutte pour le pouvoir qui allait dominer

1. On sait qu'il s'y rendit à plusieurs reprises entre 1559 et 1561. Voir Lazard, p. 91 et 107.

2. I, 46, p. 397.

le pays des décennies durant. La compétition tourna autour de trois familles : les Guise, les Montmorency et les Bourbons. Leurs ambitions privées formaient un mélange toxique avec les tensions religieuses qui allaient déjà montant en France, comme dans une bonne partie de l'Europe[1].

En matière de religion, Henri II fut plus répressif que François Ier, qui n'avait réprimé l'hérésie qu'en 1534, après une agressive campagne de propagande protestante. Le réformateur français Jean Calvin se réfugia à Genève, pour en faire une sorte de quartier général révolutionnaire en exil. C'est donc le calvinisme, plutôt que les façons plus tempérées du luthéranisme de la première Réforme, qui devint alors la forme dominante du protestantisme en France. La menace était réelle pour l'autorité du roi et de l'Église.

Le calvinisme est aujourd'hui une religion minoritaire, mais son idéologie conserve une force impressionnante. Son point de départ est un principe connu sous le nom de « dépravation totale », lequel affirme que les hommes n'ont aucune vertu propre et dépendent en tout de la grâce de Dieu, y compris pour leur salut et même leur décision de se convertir au calvinisme. Nul n'est besoin de grande responsabilité personnelle, car tout est prédestiné, et nul compromis n'est possible. Envers pareil Dieu, la seule attitude possible est la soumission parfaite. En échange, Dieu accorde à ses fidèles une force invincible : vous abdiquez votre

---

1. Sur le contexte politique et religieux des années 1550 et 1560, voir Holt ; Knecht, *Rise and Fall* et *The French Civil Wars* ; Nakam, *Montaigne et son temps*.

volonté personnelle, mais vous avez tout le poids de l'univers de Dieu derrière vous. Non que vous puissiez rester assis, les bras croisés. Tandis que les luthériens sont enclins à se tenir à l'écart des affaires du monde, pour vivre en accord avec leur conscience privée, les calvinistes sont censés s'engager dans la vie politique et travailler à accomplir la volonté de Dieu sur terre. Au XVIe siècle, en conséquence, les calvinistes étaient formés en Suisse dans une académie spéciale, puis envoyés en France armés d'arguments et de publications interdites pour convertir les autochtones et déstabiliser l'État. C'est dans les années 1550 que le nom de « Huguenot » devait être attaché aux disciples de Calvin, tant à l'intérieur qu'à l'extérieur du pays. Probablement le mot dérivait-il d'une branche plus ancienne de réformateurs exilés, les *Eidgenossen* ou « Confédérés ». Le nom resta : les protestants français en usèrent, tout comme leurs ennemis.

Dans les premiers temps, l'Église catholique avait réagi à la menace protestante en tâchant de se réformer. Montaigne grandit ainsi au sein d'une Église vouée à l'examen de conscience et à la remise en question : des activités que les institutions religieuses embrassent rarement avec beaucoup de ferveur. Dans le même temps, cependant, des forces plus militantes se mobilisaient. Fondé en 1534 par Ignacio López de Loyola, l'ordre des Jésuites entreprit de livrer à l'ennemi une bataille d'idées. La France des années 1550 vit aussi naître un mouvement plus farouche, moins intellectuel, vaguement regroupé sous le nom de « Ligues ». Leur but n'était pas de se montrer plus malins que les hérétiques avec des arguments compliqués, mais de les balayer de force de la surface de la terre. Avec leurs homologues calvinistes, ils se combattirent sans aucune once de compromis dans le cœur, telles des images spéculaires de fanatisme. Les Ligueurs s'opposèrent à tout roi de France vaguement tenté de tolérer le protestantisme ; cette opposition se renforça au fil des décennies.

Henri II se laissa facilement emporter par la pression des Ligueurs au point d'introduire de nouvelles lois sévères contre l'hérésie, et même une nouvelle chambre du parlement de Paris destinée à juger les crimes religieux. À compter de juillet 1557, blasphémer contre les saints, publier des livres interdits et faire des prêches illégaux furent passibles de la peine de mort. Entre ces décisions, cependant, Henri fit machine arrière et tenta d'apaiser les sensibilités huguenotes en tolérant un culte protestant limité dans certaines régions ou en réduisant à nouveau les sanctions de l'hérésie. Chaque fois qu'il le fit, le lobby catholique protesta, l'amenant à renforcer la répression. Il ne cessa d'aller et venir, sans satisfaire personne.

Durant ces mêmes années, d'autres problèmes troublèrent la France, dont une inflation galopante, qui fit plus de tort aux pauvres qu'à quiconque et bénéficia à la petite aristocratie terrienne, qui recevait des loyers plus élevés et réagit en achetant toujours plus de terres – comme le firent plusieurs générations de Montaigne. Chez les classes moins fortunées, la crise économique alimenta l'extrémisme. L'humanité avait attiré cette misère sur le monde par ses péchés : il fallait donc apaiser Dieu en suivant la seule Église authentique. Mais laquelle était-ce ?

C'est de cette angoisse religieuse, économique et politique que les guerres civiles allaient naître : des guerres qui dominèrent la France pendant le plus clair du siècle restant, de 1562 – Montaigne avait vingt-neuf ans – à 1598, bien après sa mort. Avant les années 1560, les aventures militaires en Italie et ailleurs avaient offert un exutoire aux tensions françaises. En avril 1559, cependant, le traité de Cateau-Cambrésis mit fin d'un coup à plusieurs guerres étrangères. En supprimant les distractions et en ramenant au pays d'ex-soldats sans emploi en pleine crise économique, cette paix entraîna presque aussitôt le pays au seuil d'une guerre bien pire encore.

Le premier signe de mauvais augure survint lors de joutes organisées pour célébrer deux mariages dynastiques en lien avec le traité de paix. Le roi, qui aimait les tournois, y joua un rôle en pointe. Lors d'un affrontement, un adversaire fit tomber accidentellement sa visière avec le reste d'une lance brisée. Des éclats de bois percèrent le visage du roi, juste sous un œil. On l'emporta ; après plusieurs jours de lit, il parut se remettre, mais une écharde lui avait pénétré le cerveau. La fièvre se déclara le quatrième jour ; le 10 juillet 1559, il mourut.

Pour les protestants, cette mort était, de la part de Dieu, une manière de dire qu'Henri II avait eu tort de réprimer leur religion. Or loin d'améliorer leur sort, la mort du roi allait l'empirer. Le trône passa successivement à trois de ses fils : François II, Charles IX et Henri III. Les deux premiers, mineurs, montèrent sur le trône à quinze et dix ans, respectivement. Tous étaient faibles, tous sous l'empire de leur mère,

Catherine de Médicis, et tous bien incapables de gérer le conflit religieux. François II mourut de tuberculose presque aussitôt, en 1560. Charles lui succéda et régna jusqu'en 1574. Durant ses premières années, sa mère assura la régence. Elle tâcha de trouver un équilibre entre les factions religieuses et politiques. Sans grand succès.

Au début des années 1560, la décennie où Montaigne fit carrière à Bordeaux, la situation fut donc marquée par un trône faible, des rivalités rapaces, des épreuves économiques et des tensions religieuses croissantes. En décembre 1560, dans un discours exprimant un sentiment largement répandu à l'époque, le chancelier Michel de L'Hospital déclara : « C'est folie d'espérer paix, repos et amitié entre les personnes qui sont de diverses religions[1]. » Quand bien même ce serait souhaitable, ce serait un idéal inaccessible. La seule voie de l'unité politique était l'unité religieuse. Ainsi que l'observa un théologien espagnol, on ne saurait bien gouverner aucune république si « tout le monde estime que son Dieu est l'unique vrai Dieu [...] et que tous les autres sont aveugles et dupes[2] ». La plupart des catholiques eussent jugé cela si évident qu'il ne valait pas la peine de le signaler. Les protestants eux-mêmes eurent tendance à imposer l'unité chaque fois qu'ils héritèrent les rênes d'un État. « Un roi, une foi, une loi. » La

1. Cf. Knecht, *Rise and Fall,* p. 338.

2. Pedro Cornejo, *Compenio y breve relación de la Liga,* Bruxelles, 1591, fol. 6. Cf. J. H. Elliott, *Europe Divided 1559-1598,* Londres, Fontana, 1968, p. 93-94.

haine de quiconque s'aventurait à suggérer un moyen terme était pratiquement la seule chose sur laquelle tout le monde pût s'entendre.

L'Hospital et ses alliés ne promouvaient la tolérance ou la « diversité » en aucun sens moderne du mot. En revanche, il pensait que mieux valait allécher les brebis égarées en rendant l'Église catholique plus séduisante, plutôt que de les ramener au bercail par des menaces. Sous son influence, les lois sur l'hérésie furent quelque peu assouplies au début des années 1560. Un édit de janvier 1562 permit aux protestants de célébrer leur culte au grand jour hors des villes, et en privé dans les murs de leur cité. De même que les compromis antérieurs, celui-ci ne satisfit personne. Les catholiques s'estimèrent trahis, les protestants se crurent encouragés à exiger davantage. Quelques mois plus tôt, l'ambassadeur de Venise avait parlé de la « grande peur[1] » qui se propageait à travers le royaume ; celle-ci avait maintenant laissé place à un sentiment de catastrophe imminente.

La détonation survint le 1er mars 1562 à Vassy, ou Wassy, en Champagne. Cinq cents protestants s'y réunirent pour célébrer le culte dans une grange de la ville, en contravention avec la loi : les assemblées de ce genre n'étaient autorisées qu'hors les murs. Le duc de Guise, chef catholique extrémiste, qui passait dans la région avec un groupe de soldats à lui eut vent de la réunion et marcha sur la grange. Suivant les récits des survivants, il lança ses hommes à l'assaut en criant « tuez les tous[2] ! »

---

1. Knecht, *Rise and Fall*, p. 349.
2. *Ibid.*, p. 352-355.

L'assemblée des Huguenots répliqua ; ils s'attendaient de longue date à des ennuis et étaient prêts à se défendre. Ils chassèrent les soldats et barricadèrent la porte de la grange, puis se hissèrent sur le toit pour faire pleuvoir sur les hommes du duc de Guise des cailloux amassés à cet effet. Les soldats sortirent leurs arquebuses et réussirent à pénétrer à nouveau dans la grange. Chez les protestants, ce fut alors le sauve-qui-peut ; beaucoup tombèrent du toit ou furent abattus en tentant de fuir. Une trentaine trouvèrent la mort ; plus de cent furent blessés.

Les conséquences furent dramatiques. Le chef de file national des protestants, Louis 1er de Bourbon, prince de Condé, appela les protestants à se soulever pour se protéger de nouvelles attaques. Beaucoup prirent les armes et, en réponse, les catholiques firent de même, les deux camps se laissant conduire davantage par la peur que par la haine. Au nom d'un Charles IX âgé de douze ans, Catherine de Médicis ordonna une enquête sur Vassy, qui tourna court comme cela arrive aux enquêtes publiques. Désormais, il était trop tard. Les chefs des deux camps convergèrent sur Paris avec des armées de partisans. Alors que le duc de Guise entrait en ville, passait un cortège protestant conduit par le prince de Condé ; les deux hommes se saluèrent froidement du pommeau de leurs épées.

Un témoin, l'homme de loi et ami de Montaigne Étienne Pasquier, observa dans une lettre que, après le massacre de Vassy, tout le monde ne pouvait plus parler que de guerre : « S'il m'était permis de juger des coups, je vous dirais que c'est le commencement d'une tragédie[1] [...].» Il avait raison. Les heurts toujours plus fréquents entre les deux camps tournèrent aux batailles rangées : ce fut la première des guerres civiles françaises. Une guerre sauvage mais de courte durée, qui finit l'année suivante quand le duc de Guise fut abattu, laissant les catholiques temporairement sans chef et disposés, à contrecœur, à conclure un traité. Mais il n'y avait aucun sentiment de résolution ; aucun des camps n'était satisfait. Le 30 septembre 1567 à Nîmes, un autre massacre, cette fois des catholiques par les protestants, devait déclencher une nouvelle guerre.

On parle généralement de guerres au pluriel, mais il est au moins aussi sensé de n'y voir qu'une seule longue guerre avec des interludes de paix. Montaigne et ses contemporains devaient souvent désigner ses explosions de combats sous le nom de « troubles ». Le consensus veut qu'il y en ait eu huit. Sans doute n'est-il pas inutile d'en donner ici un aperçu pour faire comprendre combien la guerre conditionna la vie de Montaigne :

Premiers troubles (1562-1563). Du massacre des protestants de Vassy à la paix d'Amboise.

Deuxièmes troubles (1567-1568). Du massacre de catholiques à Nîmes à la paix de Longjumeau.

Troisièmes troubles (1568-1570). De la nouvelle législation antiprotestante à la paix de Saint-Germain.

1. Pasquier à Monsieur de Fonssomme, printemps 1562, *in* É. Pasquier, *Lettres historiques,* p. 98-100. Cf. Holt, p. 50.

Quatrièmes troubles (1572-1573). Du massacre des protestants à Paris et ailleurs, à la Saint-Barthélemy, à la paix de La Rochelle.

Cinquièmes troubles (1574-1576). Des combats du Poitou et de la Saintonge à la « Paix de Monsieur ».

Sixièmes troubles (1576-1577). De la législation antiprotestante des états-généraux de Blois à la paix de Poitiers.

Septièmes troubles (1579-1580). De la prise de La Fère, en Normandie, par les protestants, à la paix de Fleix.

Huitièmes troubles (1585-1598), de loin les plus longs et les pires. De l'agitation de la Ligue au traité de Vervins et à l'Édit de Nantes.

Chaque épisode suivit le modèle établi par les premières et deuxièmes guerres. À chaque fois, un massacre soudain ou une provocation brisait la paix. S'ensuivaient des batailles, des sièges et une misère générale avant que des signes de faiblesse d'un camp ou d'un autre n'aboutissent à un traité de paix. Celui-ci laissait tout le monde insatisfait, mais chacun se tenait plus ou moins à sa place jusqu'à la prochaine provocation, et le cycle recommençait. Même le dernier traité ne fit pas l'heur de tous. Au demeurant, il n'y avait pas toujours deux camps bien définis. Mues par le désir d'influencer le trône, trois factions au moins furent impliquées dans la plupart des troubles. Ce furent des guerres de religion, comme celles qui fermentèrent dans d'autres pays européens au cours de cette période, mais ce furent tout autant des guerres politiques.

La fin d'un conflit extérieur avait commencé par rendre possibles les guerres civiles, et le commencement d'une autre allait finalement y mettre un terme, après qu'Henri IV déclara la guerre à l'Espagne en 1595. À l'époque, tout le monde saisit l'effet bénéfique de cet acte. Lors des derniers troubles, Montaigne observa que beaucoup aspiraient à une chose de ce genre. Il fallait vider la violence, tel le pus d'une infection. L'éthique de la méthode lui inspirait cependant des sentiments mêlés : « Je ne crois pas que Dieu favorisât une si injuste entreprise, d'offenser et quereller autrui pour nôtre commodité[1]. » Mais c'était ce dont la France avait besoin et ce qu'elle finit par obtenir d'Henri IV, le premier roi intelligent depuis des années.

On en était encore bien loin dans les années 1560, quand nul ne songeait que l'horreur pourrait durer si longtemps. Les années de Montaigne au parlement couvrent les trois premiers troubles ; même durant les périodes de paix, les tensions politiques étaient vives. Lorsque la troisième guerre prit fin, il en avait eu assez et était sur le point de se retirer de la vie publique. Jusque-là, sa position à Bordeaux l'avait placé dans la mêlée, au sein d'une communauté particulièrement complexe. Bordeaux était une ville catholique, mais entourée de territoires protestants et avec une forte minorité protestante, qui ne devait pas hésiter à se livrer à des actes agressifs, iconoclastes et autres.

Dans un affrontement particulièrement violent, la nuit du 26 juin 1562 – quelques mois après le massacre de Vassy –, la populace protestante attaqua le château Trompette, bastion du pouvoir officiel. L'émeute fut

1. II, 23, p. 721.

écrasée mais, de même que pour les émeutes de la gabelle, le châtiment se révéla pire que le crime. Afin d'administrer une leçon à une cité visiblement incapable de gérer ses affaires, le roi dépêcha un nouveau lieutenant-général du nom de Blaise de Monluc, avec ordre de « pacifier » la région de troubles.

Par « pacification », Monluc entendit « massacre ». Il se mit à pendre les protestants en masse, sans procès, ou à leur infliger le supplice de la roue. À l'issue d'une bataille au village de Terraube, il ordonna de trucider tant d'habitants et de les jeter dans un puits « de sorte que l'on les pouvait toucher avec la main[1] ». Des années plus tard, au moment d'écrire ses mémoires, Monluc se souvint d'un chef rebelle capturé par ses soldats et qui implora miséricorde. Monluc réagit en le saisissant au collet et en l'envoyant avec tant de violence contre une pierre que celle-ci se brisa et que l'homme mourut. « Si je n'avais pas agi ainsi, confia Monluc, on se fût moqué de moi. » Dans un autre épisode, un capitaine protestant, qui avait servi sous Monluc lui-même en Italie, de longues années plus tôt, espéra que son ancien camarade allait lui sauver la vie au nom du bon vieux temps. Monluc se fit au contraire un point d'honneur de le faire tuer sur-le-champ tout en expliquant qu'il agissait ainsi parce qu'il savait la bravoure de l'homme : il ne serait jamais qu'un dangereux ennemi. C'est le genre de scènes qu'on devait souvent retrouver dans les *Essais* de Montaigne : une personne implore miséricorde,

1. Monluc, p. 552.

l'autre décide ou non de la lui accorder. La complexité morale en jeu fascinait Montaigne. Quelle complexité morale ? aurait demandé Monluc. Tuer était toujours la bonne solution : « Un pendu étonnait plus que cent tués[1]. » De fait, les exécutions furent si nombreuses que les gibets vinrent à manquer. Le menuisier fut chargé de fournir de nouveaux échafauds, des roues à briser les membres et des pieux pour brûler les condamnés[2]. Les échafauds étant saturés, Monluc recourut aux arbres, se vantant qu'on pouvait suivre sa trace à travers la Guyenne aux corps qui se balançaient au bord de la route. Quand il eut terminé, écrit-il, plus rien ne remuait dans toute la région. Tous les survivants gardaient le silence.

Montaigne connut Monluc, quoique surtout à la fin de sa vie, et il montra plus d'intérêt pour sa personnalité privée que pour ses actes publics, en particulier ses échecs de père et les regrets qui le tourmentèrent après qu'il eut perdu un fils dans la fleur de l'âge. Monluc lui confessa avoir compris trop tard qu'il n'avait jamais traité le garçon autrement qu'avec froideur, malgré tout l'amour qu'il lui portait. Cela tenait en partie à ce qu'il avait suivi une mode regrettable, qui invitait les parents à la froideur émotionnelle dans leurs rapports avec les enfants : « Et ce pauvre garçon, disait-il, n'a rien vu de moi qu'une contenance renfrognée et pleine de mépris [...]. Je me suis contraint et géhenné [torturé] pour maintenir ce vain masque[3]. » Le mot

1. *Ibid.*, p. 529.
2. Nakam, *Montaigne et son temps*, p. 144.
3. II, 8, p. 415-416.

est approprié puisqu'en 1571 – lorsque Montaigne se retira – Monluc fut défiguré par un tir d'arquebuse. Pour le restant de ses jours, jamais il ne sortit sans se couvrir la face pour masquer ses cicatrices. On imagine l'effet déconcertant d'un vrai masque par-dessus le masque inexpressif du visage d'un homme cruel que peu osaient regarder dans les yeux.

Tout au long de ces années 1560 troublées, Montaigne se rendit souvent à Paris pour les affaires du parlement et semble y avoir séjourné une bonne partie de 1562 et au début de 1563, même si c'était pour resurgir à Bordeaux aussi aisément que le ferait de nos jours un automobiliste ou le passager d'un train. Il était dans la région en août 1563, à la mort de son ami Étienne de La Boétie. Et il devait être à Bordeaux en décembre 1563 quand y survint un étrange incident – la trace la plus notable des rares apparitions de Montaigne dans les archives de la cité.

Le mois précédent, un extrémiste catholique du nom de François de Péruse d'Escars avait défié directement le président modéré du parlement, Jacques Benoît de Lagebaston, entrant dans les chambres et l'accusant de n'avoir aucun droit de gouverner. Lagebaston ne se laissa point démonter, mais d'Escars le défia à nouveau le mois suivant, amenant le président à produire une liste des membres de la cour qu'il croyait de mèche avec d'Escars, probablement à sa solde. Parmi ces noms, étonnamment, figurent ceux de Montaigne et d'Étienne de La Boétie, décédé depuis peu. On se serait attendu à les trouver tous les deux clairement aux côtés de Lagebaston : La Boétie avait travaillé activement pour le chancelier de L'Hospital, dont Lagebaston était un partisan, et Montaigne dit lui aussi dans les *Essais* son admiration pour cette faction[1]. Par ailleurs, d'Escars était un ami de la famille, et La Boétie séjournait chez les d'Escars quand l'avait frappé la maladie qui devait l'emporter. C'était suspect, et peut-être Montaigne le fut-il par association.

Tous les accusés avaient le droit de se défendre devant le parlement : l'occasion pour Montaigne d'user à nouveau de ses talents rhétoriques. De tous les orateurs, c'est lui qui fit la plus forte impression : « Quand ce vint le tour de Michel de Montaigne à parler, il s'exprima avec toute la vivacité de son caractère », lit-on dans les archives. Il termina son discours en disant « qu'il nommait toute la Cour », puis fila[2].

La cour le rappela et lui ordonna d'expliquer ce qu'il entendait par là. Il répondit qu'il n'était point ennemi de Lagebaston, qui était de ses amis à lui comme de toute sa famille. Mais – et le « mais » était de taille – il savait que les accusés étaient traditionnellement autorisés à répliquer à leurs accusateurs, et qu'il entendait donc user de ce droit. Là encore, il laissa tout le monde interloqué, mais le sous-entendu était que Lagebaston lui-même était coupable de quelque inconvenance. Montaigne ne formula aucune autre explication. Sommé de se rétracter, il « se départit de son dire », et l'affaire en resta là. Visiblement, les

1. III, 9, p. 991.

2. Cf. Frame, *Montaigne,* p. 53-55 et trad. p. 64-66, ici p. 65. Cf. J.-Fr. Payen, *Recherches sur Montaigne. Documents inédits,* n° 4, Techener, 1856, p. 20.

accusations ne débouchèrent sur rien de sérieux, et tombèrent dans l'oubli.

Reste un incident énigmatique, qui nous montre certainement un Montaigne différent de l'écrivain froid et mesuré des *Essais* ou du portrait qu'il brossa de son moi juvénile assoupi sur ses livres. Voici un homme réputé pour sa « vivacité », habitué à entrer et sortir des pièces en trombe, portant des accusations qu'il ne saurait étayer et baragouinant avec tant de véhémence que nul n'est sûr de ce qu'il veut dire. Dans les *Essais,* Montaigne reconnaît être « de sa complexion [nature] sujet à des émotions brusques, qui nuisent souvent à mes marchés[1] [affaires] ». Au point qu'on peut se demander s'il porta préjudice à sa carrière au parlement par des propos inconsidérés, à d'autres occasions sinon en celle-ci[2].

Le voir mis dans le même sac que les bigots et les extrémistes est plus surprenant encore que la découverte du côté bouillant du jeune Montaigne. Ses allégeances politiques étaient compliquées : sur tout sujet particulier, il n'est pas toujours aisé de découvrir de quel côté il se rangera. Mais peut-être était-ce davantage, en l'occurrence, affaire de loyautés personnelles que de conviction. Sa famille avait des relations dans les deux camps politiques, et il devait rester en bons termes avec tous. Peut-être est-ce la tension de ce conflit qui le rendit explosif. L'accusation était aussi une insulte à son endroit et, plus gravement,

1. III, 5, p. 933.

2. Pour une réponse, cf. Frame, *Montaigne,* p. 53-55 et trad. p. 64-66.

à l'endroit de La Boétie, qui n'était plus là pour se défendre. Lagebaston mettait en cause l'honneur de l'homme le plus honorable que Montaigne eût jamais connu : la personne qu'il aima probablement le plus de toute sa vie, et qu'il venait de perdre. Sa réaction de rage impuissante se comprend.

Lenteur et oubli étaient, pour leur part, de bonnes réponses à la question du comment vivre. Elles ménageaient un bon camouflage et laissaient place à la formation de jugements réfléchis. Mais certaines expériences de la vie suscitaient une passion plus vive, et appelaient un autre genre de réponse.

5

Q. Comment vivre ?
R. Survivre à l'amour et à la perte

La Boétie : amour et tyrannie

Montaigne avait autour de vingt-cinq ans quand il connut Étienne de La Boétie[1]. Tous deux travaillaient au parlement de Bordeaux, et chacun en savait déjà long sur l'autre. La Boétie avait dû entendre parler de Montaigne comme d'un jeune homme précoce au franc-parler. Et Montaigne, de La Boétie comme de l'auteur prometteur d'un manuscrit controversé qui circulait dans la région, *De la servitude volontaire.* Il le lut pour la première fois à la fin des années 1550, et exprima par la suite sa gratitude, car c'est le texte en question qui le conduisit à son auteur. Se noua alors une grande amitié, « si entière et si parfaite, que certainement il ne s'en lit guère de pareilles [...]. Il faut

1. Voir Cocula; et M. Magnien, *Montaigne Studies,* XI, 1999, presque entièrement consacré à La Boétie.

tant de rencontre [de coïncidences] à la bâtir, que c'est beaucoup si la fortune y arrive une fois en trois siècles[1]. »

Bien que les deux jeunes hommes fussent curieux l'un de l'autre, ils tardèrent à se rencontrer. C'est le hasard qui finit par y pourvoir. Tous deux participèrent à une grande fête en ville ; ils engagèrent la conversation et « nous nous trouvâmes si pris, si connus, si obligés entre nous » que, dès cet instant, ils devinrent les meilleurs amis[2]. Ils n'eurent que six ans, dont un tiers environ de séparation, puisque tous deux furent parfois amenés à travailler dans d'autres cités. Mais cette courte période les lia aussi fortement l'un à l'autre qu'une vie entière d'expérience partagée.

À lire sur Montaigne et La Boétie, on a souvent l'impression que celui-ci était bien plus âgé et sage que celui-là. En vérité, La Boétie n'était l'aîné que de deux ans. Il n'était ni fringant ni beau, mais se dégage le sentiment d'un homme intelligent et chaleureux, apparemment cossu. À la différence de Montaigne, il était déjà marié quand ils se connurent, et il occupait une position plus haute au parlement. Ses collègues le connaissaient comme écrivain et officiel, tandis que Montaigne n'avait encore rien écrit que des rapports juridiques. La Boétie forçait attention et respect. Si l'on avait dit à leurs connaissances bordelaises du début des années 1560 qu'on se souvenait surtout aujourd'hui de La Boétie comme de l'ami de Montaigne, plutôt que l'inverse, probablement refuseraient-elles d'y croire.

1. I, 27, p. 190.
2. *Ibid.*, p. 195.

L'impression de maturité qui se dégageait de La Boétie venait peut-être, pour une part, de ce qu'il avait été orphelin de bonne heure. Il était né le 1er novembre 1530 dans le bourg de Sarlat, à quelque cent vingt kilomètres de la propriété de Montaigne, dans une belle bâtisse raide et richement décorée qui existe toujours. Cette maison avait été construite cinq ans plus tôt par son père – encore un parent hyperactif. Son fils avait dix ans quand il mourut. Sa mère mourut à son tour, et La Boétie se retrouva seul. Un oncle qui partageait le nom d'Étienne de La Boétie le recueillit et donna visiblement au garçon l'éducation humaniste qui était dans l'air du temps, quoique moins radicale que celle de Montaigne.

Comme celui-ci, La Boétie fit des études de droit. Autour de 1554, il épousa Marguerite de Carle, une veuve qui avait déjà deux enfants (dont une fille qui allait épouser le petit frère de Montaigne, Thomas de Beauregard). En mai de la même année – deux ans avant les débuts de Montaigne à Périgueux –, La Boétie prit des fonctions au parlement de Bordeaux. Probablement fut-il de ces officiels bordelais qui regardèrent d'un mauvais œil les Périgourdins mieux payés à leur arrivée.

Au parlement de Bordeaux, La Boétie fit une très belle carrière. Les étranges accusations de 1563 mises à part, il était, au fond, de ce genre d'homme qui inspire confiance. On lui confia des missions délicates, et il fut souvent chargé de mener des négociations – comme Montaigne par la suite. Pour l'heure, La Boétie passait probablement pour la personnalité la plus fiable. Il avait l'air de gravité requis, et une meilleure attitude envers le travail acharné et les obligations. Les différences étaient de taille, mais les deux hommes s'accordèrent comme les pièces d'un puzzle. Ils partageaient des choses importantes : subtilité de la pensée, passion de la littérature et de la philosophie, ainsi qu'une détermination à mener une vie heureuse comme les auteurs antiques et les héroïques soldats qu'ils avaient appris à admirer en grandissant. Tout cela les rapprocha, tout en les isolant de leurs collègues à l'éducation moins aventureuse.

De nos jours, on connaît surtout La Boétie à travers les yeux de Montaigne : le Montaigne des années 1570 et 1580, qui songeait avec peine et soupir à son ami perdu. D'où ce brouillard de nostalgie à travers lequel il faut bien lorgner pour débusquer le vrai La Boétie. De Montaigne tel que le voyait La Boétie, on a une image plus claire, car La Boétie écrivit un sonnet où il dit clairement son sentiment que Montaigne avait encore des progrès à faire sur lui-même. Plutôt qu'un homme parfait figé dans le souvenir, le sonnet saisit un Montaigne vivant en pleine transition. Il est loin d'être certain que ce personnage imparfait parvienne jamais à faire quelque chose de sa vie, surtout s'il persiste à gaspiller ses énergies en sortant et en flirtant avec de jolies femmes[1].

1. Montaigne a repris ce poème dans l'édition qu'il donna des œuvres de La Boétie, *La Mesnagerie,* p. 103v-105r (« Ad Michaëlem Montanum »). Cf. *Montaigne Studies,* 3, n° 1, 1991, avec une traduction anglaise de R. D. Cottrell, p. 16-47 ; voir Frame, *Montaigne,* p. 75 et trad. p. 85 [en français, cf. Louis Cestre, « Trois poèmes latins d'Étienne de La Boétie adressés à Michel de Montaigne », *Bulletin de la société des amis de Montaigne,* 14, 1921, p. 351-367, ici p. 355-356].

S'il parle de Montaigne sur le ton d'un oncle enclin aux reproches affectueux, La Boétie orne son poème d'émotions moins familiales : « À toi, Montaigne, m'ont lié pour toutes les vicissitudes, et la puissance de la nature et la vertu, qui est le charme de l'amitié. » Montaigne utilise le même langage dans les *Essais,* expliquant que l'amitié saisit sa volonté, « l'amena se plonger et se perdre dans la sienne », tout comme elle saisit la volonté de La Boétie, « l'amena se plonger et se perdre en la mienne[1] ». Pareil discours n'était pas étranger aux conventions. La Renaissance est une époque où, alors que le moindre soupçon d'homosexualité suscitait l'horreur, les hommes s'écrivaient par routine comme des adolescents énamourés[2]. Ils étaient habituellement moins épris l'un de l'autre que d'un idéal élevé d'amitié, puisé dans la littérature grecque et latine. Pareil lien entre deux jeunes hommes bien nés était le *summum* de la philosophie : ils étudiaient ensemble, vivaient sous le regard l'un de l'autre et s'entraidaient à parfaire l'art de vivre. Ce modèle fascina Montaigne et La Boétie : probablement étaient-ils en quête quand ils se connurent. La brièveté de leur temps partagé leur épargna la désillusion. Dans son sonnet, La Boétie formula l'espoir que son nom et celui de Montaigne fussent accouplés pour

1. I, 27, p. 195.

2. Sur la question de l'amour et de l'amitié, voir M. D. Schachter, « "That Friendship which possesses the soul" : Montaigne loves La Boétie », *Journal of Homosexuality,* n° 41, 3-4, 2001, p. 5-21, et W. J. Beck, « Montaigne face à l'homosexualité », *BSAM,* 6e série, 9-10, janvier-juin 1982, p. 41-50.

l'éternité, comme ceux d'autres « amis fameux » tout au long de l'histoire : son vœu fut exaucé.

Ils semblaient envisager leur relation surtout par analogie avec un modèle antique bien particulier : la relation de Socrate avec son jeune et bel ami Alcibiade, auquel La Boétie compara clairement Montaigne dans son sonnet. Montaigne, à son tour, fit allusion aux éléments socratiques chez La Boétie : sa sagesse, mais aussi, qualité plus surprenante, sa laideur. Socrate était réputé pour son physique peu avenant, et Montaigne parle clairement de la laideur de La Boétie, « qui revêtait une âme très belle[1] ». Il fait écho au *Banquet* de Platon, où Alcibiade compare Socrate aux petites figures de « Silène » couramment utilisées pour cacher des bijoux et autres objets de prix. Comme Socrate, elles avaient une apparence extérieure grotesque, mais recelaient des trésors intérieurs[2]. Montaigne et La Boétie goûtaient visiblement ces rôles et en jouèrent pour leur amusement. Pour celui de Montaigne, tout au moins. Le sens que La Boétie avait de sa dignité philosophique l'eût empêché de laisser paraître qu'il était offensé.

L'affreux Socrate, selon Platon, repousse les avances du bel Alcibiade, mais le flirt et la sensualité ont assurément leur part dans leurs relations. En allait-il de même de Montaigne et La Boétie ? Peu imaginent de nos jours une relation sexuelle, mais l'idée a eu ses

---

1. III, 12, 1104. Voir Ph. Desan, « Laid-Laideur », *in* Desan, *Dictionnaire,* p. 651.

2. Platon, *Banquet,* 216a-b.

partisans. L'intensité de leur langage ne laisse pas de frapper : pas seulement dans le sonnet de La Boétie, mais aussi dans les passages où Montaigne décrit leur amitié comme un mystère transcendant, ou une grande vague d'amour qui les emporta tous les deux. Son attachement à la modération en toute chose est démenti quand il parle de La Boétie, tout comme son amour de l'indépendance. Nos âmes, écrit-il, « se mêlent et confondent l'une en l'autre, d'un mélange si universel qu'elles effacent, et ne retrouvent plus la couture qui les a jointes ». Les mots se dérobent. Ainsi qu'il l'ajouta en marge :

> Si on me presse de dire pourquoi je l'aimais, je sens que cela ne se peut exprimer, qu'en répondant : parce que c'était lui, parce que c'était moi.

Les amitiés de la Renaissance, comme celles de l'Antiquité, étaient censées se nouer à la lumière claire et rationnelle du jour. D'où leur valeur philosophique. L'aveu par Montaigne que cet amour « ne se peut exprimer » n'entre pas dans ce cadre. En vérité, il admet : « Cette-ci n'a point d'autre idée que d'elle-même, et ne se peut rapporter qu'à soi[1]. » S'il faut lui trouver un point de référence, il semble que ce soit de nouveau dans le *Banquet*, où Alcibiade n'est pas moins dérouté par le charisme de Socrate : « Souvent j'aurais plaisir à le voir disparaître du nombre des hommes, mais si cela arrivait je serais beaucoup plus

1. I, 27, p. 194-195.

malheureux encore, de sorte que je ne sais comment m'y prendre avec cet homme-là[1]. »

La Boétie, dans son sonnet, ne pas va pas aussi loin que Montaigne dans la perplexité : son émotion n'était pas amplifiée comme celle de Montaigne par le chagrin du souvenir. On peut trouver chez La Boétie pareil discours de déraison et de magnétisme personnel, mais pas dans le sonnet, ni même dans aucun des médiocres poèmes amoureux qu'il adressa à des femmes. On le trouve, entre tous, dans son traité de jeunesse sur la politique : celui qu'on se passait avec hâte à Bordeaux quand Montaigne entendit parler de lui.

La Boétie était apparemment fort jeune quand il écrivit ce traité, *De la servitude volontaire*[2]. Selon Montaigne, il n'avait que seize ans quand il l'écrivit « par manière d'exercitation, comme sujet vulgaire et tracassé en mille endroits des livres[3] ». Peut-être Montaigne a-t-il délibérément minimisé le sérieux de l'ouvrage, car il était controversé, et il ne voulait pas non plus ternir la réputation de La Boétie ni s'attirer des ennuis en en faisant état. Même si ce n'était pas un essai aussi juvénile que Montaigne veut bien le dire, il témoignait d'un brio précoce, au point qu'un auteur

1. Platon, *Banquet,* 216b, p. 151.

2. Le manuscrit original n'a jamais été retrouvé, et le texte n'est connu que par diverses copies qui en ont été faites – celle d'Henri de Mesmes étant réputée la plus fiable. C'est sur elle que s'appuient les éditions modernes. Voir M. Magnien, « Discours de la servitude volontaire », *in* Desan, *Dictionnaire,* p. 316-319.

3. I, 27, p. 201.

a pu parler de La Boétie comme du « Rimbaud de la sociologie politique[1] ».

Le sujet de la *Servitude volontaire* est la facilité avec laquelle, tout au long de l'histoire, les tyrans ont dominé les masses, alors même que leur pouvoir se dissiperait instantanément si ces masses leur retiraient leur soutien. Nul n'est besoin d'une révolution : il suffit que le peuple cesse de coopérer et d'offrir des armées d'esclaves et de sycophantes pour soutenir le tyran. Or cela n'arrive pour ainsi dire jamais, même à ceux qui maltraitent monstrueusement leurs sujets. Plus ils affament et négligent leur peuple, plus le peuple paraît les aimer. Les Romains pleurèrent Néron à sa mort, malgré ses abus. Il en fut de même à la mort de César – que, de manière peu commune, La Boétie n'admire pas. (Montaigne avait de semblables réserves.) Voici un personnage « qui donna congé aux lois et à la liberté », auquel « il n'y eut, ce me semble rien qui vaille[2] », et qui fut adoré hors de toute mesure. Le mystère de la domination tyrannique est aussi profond que celui de l'amour[3].

La Boétie croit que, d'une façon ou d'une autre, les tyrans « hypnotisent » leur peuple – bien que le

1. Lacouture, p. 86 [paraphrasant Pierre Clastres, présentant La Boétie comme le « Rimbaud de la pensée » dans Clastres, « Liberté, Malencontre, innommable », *in* Étienne de La Boétie, *Le Discours de la servitude volontaire,* Paris, Payot, 1978, p. 229-246, ici p. 229].

2. La Boétie, *Discours de la servitude volontaire,* éd. A. Tournon et L. Tournon, p. 43.

3. *Ibid.,* p. 31.

mot n'eût pas encore été forgé. Pour dire les choses autrement, ils s'énamourent de lui. Ils perdent leur volonté dans la sienne. Terrible spectacle que de voir « un million d'hommes servir misérablement, ayant le col sous le joug, non pas contraints par une plus grande force, mais aucunement (ce semble) enchantés et charmés par le nom seul d'un, duquel ils ne doivent ni craindre la puissance puisqu'il est seul, ni aimer les qualités puisqu'il est en leur endroit inhumain et sauvage[1] ». Mais ils ne sauraient se réveiller de ce rêve. La Boétie donne l'impression d'une sorte de sorcellerie. Cela se produirait-il à une petite échelle, probablement quelqu'un serait-il brûlé sur le bûcher, mais quand l'ensorcellement s'empare de toute une société, il cesse d'être contesté.

L'analyse que fait La Boétie du pouvoir politique est très proche du mystère qui, selon Montaigne, enveloppe son ami : « parce que c'était lui, parce que c'était moi ». Dans notre histoire récente, une série d'autocrates a montré que le charisme d'un tyran peut opérer comme un charme ou un philtre d'amour. Alors qu'on demandait à un suppôt du dictateur ougandais Idi Amin Dada pourquoi il avait aimé si loyalement son chef, il fit une réponse très proche du discours de Montaigne sur La Boétie, ou d'Alcibiade sur Socrate :

> Vous comprenez, l'amour, quelque chose qu'on appelle l'amour : vous trouverez un homme qui aime une femme qui n'a qu'un œil. Si vous interrogez cet homme, pourquoi tu aimes ce laideron, vous pensez qu'il va vous

1. *Ibid.*, p. 26.

le dire ? Le secret de la chose, il est entre eux deux. Ce qui m'a fait l'aimer et ce qui l'a fait m'aimer, lui aussi[1].

La tyrannie crée un drame de soumission et de domination, assez comparable aux scènes de confrontation tendue que décrit souvent Montaigne. La populace s'abandonne volontiers, et cela ne fait qu'encourager le tyran à prendre tout ce qu'elle possède – y compris sa vie. Il est quelque chose chez les êtres humains qui les pousse à un « profond oubli de la franchise[2] [liberté] ». Tout le monde, de la base au sommet du système, est mesmérisé par la servitude volontaire et par la force de l'habitude, parce que souvent les gens ne connaissent rien d'autre. Tous ont pourtant besoin de se réveiller et de refuser leur coopération.

Chaque fois qu'une poignée d'individus se libèrent, ajoute La Boétie, c'est souvent que l'étude de leur histoire leur a ouvert les yeux[3]. Instruits de semblables tyrannies passées, ils reconnaissent le modèle dans leur propre société. Au lieu d'accepter ce dans quoi ils sont nés, ils acquièrent l'art de s'y soustraire et de tout voir sous un autre angle – un truc dont Montaigne, dans les *Essais,* allait faire sa marque de fabrique, dans l'écriture comme dans la réflexion. Ces esprits libres sont hélas trop peu nombreux pour faire le moindre

1. Colonel Abdullah Nasur, interrogé pour *The Man Who Ate His Archbishop's Liver,* Channel 4 (UK), 12 mars 2004. Je dois cette citation à Elizabeth C. Jones.

2. La Boétie, *Discours de la servitude volontaire,* éd. A. Tournon et L. Tournon, p. 35.

3. *Ibid.,* p. 38-39.

bien. Ils n'œuvrent pas ensemble, mais vivent « tous singuliers en leurs fantaisies[1] », isolés dans leurs idées.

On conçoit que Montaigne, ayant lu le *Discours de la servitude volontaire,* ait été si impatient de rencontrer son auteur. C'est un livre hardi. Que Montaigne fût ou non d'accord avec tout, il dut être stupéfait. Ses réflexions sur la force de l'habitude, un de ses thèmes clés dans les *Essais,* et son idée que la liberté pouvait venir de la lecture des historiens et des biographes devaient trouver en lui des échos. Tout comme sa véritable audace intellectuelle et sa capacité de penser, pour ainsi dire, « dans les angles ».

Probablement La Boétie ne conçut-il pas son traité comme un appel à la révolution. Il en fit circuler discrètement quelques exemplaires, et peut-être même n'eut-il jamais l'intention de le publier. En ce cas, son propos aurait été d'exhorter l'élite dirigeante à un comportement plus responsable, à ne pas amener la populace à se soulever et à prendre les choses en main[2]. Eût-il vécu assez longtemps pour voir ce que l'on fit de son livre, il en aurait été horrifié. Un peu plus de dix ans après sa mort, son *Discours* resurgit sous la forme d'un pamphlet protestant radical, rebaptisé *Contr'Un* pour lui donner plus d'effet, et situé dans le contexte d'un appel à la rébellion contre le monarque français. Le texte fut repris dans une série de publications protestantes, d'abord l'anonyme *Réveille-matin des François et de leurs voisins* (1574), puis dans diverses éditions

1. *Ibid.,* p. 39.
2. Cf. Smith, p. 53.

de Simon Goulart, *Mémoires de l'estat de France sous Charles IX* (1577, 1579)[1]. L'ouvrage était incendiaire et appelait une réponse incendiaire. Le parlement de Bordeaux brûla la seconde édition de Goulart sur la place publique le 7 mai 1579, juste deux jours avant que Montaigne n'obtînt son privilège officiel pour la première édition des *Essais.* Il ne faut pas s'étonner qu'il ait tenu à souligner que l'ouvrage de La Boétie était un exercice juvénile et ne menaçait personne.

Ce fut, pour le *Discours de la servitude volontaire,* le début d'une vie posthume longue et haute en couleur. Aujourd'hui encore, on continue de le publier, parfois, tel un appel aux armes, ou tout au moins à une résistance de principe. Au cours de la Seconde Guerre mondiale, il parut en Amérique sous le titre d'*Anti-Dictator,* agrémenté de notes marginales attirant l'attention sur des thèmes tels que « l'apaisement est inutile » et « pourquoi le Führer fait des discours[2] ».

---

1. Il devait être également repris dans un ouvrage intitulé *Vive description de la tyrannie.* Voir M. Magnien, « Discours de la servitude volontaire », *in* Desan, *Dictionnaire,* p. 316-319, et M. Smith, introduction à son édition de La Boétie, *De la servitude volontaire* (1987).

2. La Boétie, *Anti-Dictator,* trad. H. Kutz, New York, Columbia University Press, 1942. Parmi les éditions ultérieures, on peut citer la reprise de la traduction de Kurz sous le titre *The Politics of Obedience : The Discourse of Voluntary Servitude,* New York, Free Life Editions, 1975, avec une introduction du libertarien Murray Rothbard ; rééd. sous le titre *The Politics of Obedience and Étienne de La Boétie,* Montréal, New York et Londres, Black Rose Books, 2007 ; et *The Will to Bondage,* éd. W. Flygare, avec une introduction de James J. Martin, Colorado Springs, Ralph Myles, 1974, qui associe l'édition protestante française de 1577 et une traduction anglaise anonyme de 1735.

Plus tard, des groupes anarchistes et libertariens s'en emparèrent et en sortirent des éditions avec des préfaces et des commentaires radicaux. L'histoire posthume de La Boétie en héros de l'anarchisme est la seule grande exception à la règle suivant laquelle on se souvient de lui uniquement comme l'ami de Montaigne.

Ce que les anarchistes et les libertariens admirent le plus, c'est son idée à la Gandhi que, pour se libérer de la tyrannie, une société n'a qu'à cesser tranquillement de coopérer. Un préfacier moderne présente La Boétie comme l'inspirateur d'une « révolution d'un seul anonyme et peu visible » : assurément la forme de révolution la plus pure qui se puisse imaginer[1]. Le « Volontarisme » invoque La Boétie à l'appui de son idée qu'il faut fuir toute espèce d'activité politique, y compris même le vote démocratique, puisqu'il donne un faux air de légitimité. Parmi les premiers Volontaristes, il s'en trouva pour s'opposer au vote des femmes sous prétexte que, si les hommes ne devaient pas voter, les femmes ne le devraient pas non plus[2].

Par son côté « refus tranquille », la politique du *Discours* avait tout pour séduire Montaigne. Face aux abus politiques, il en convenait, le plus important était de garder sa liberté mentale – ce qui pouvait

1. James J. Martin, *ibid.*, p. IX.

2. L. Spooner, « Against woman suffrage », *New Age*, 24 février 1877. Ce texte et d'autres sont disponibles sur le site http://www.voluntaryist.com. Cette idée qu'on puisse produire une révolution en ne votant pas inspire le roman du Portugais José Saramago, *La Lucidité,* trad. G. Leibrich, Paris, Seuil, 2006.

vouloir dire se retirer de la vie publique plutôt que se jeter dans la mêlée. Par son insistance sur la nécessité d'éviter la collaboration et de préserver son intégrité, le *Discours de la servitude volontaire* pourrait presque être un des *Essais* de Montaigne, peut-être un essai de jeunesse, à une époque où il avait toujours le goût de la polémique et n'avait pas encore parfait l'art de se placer de tous les côtés de la palissade à la fois. Tel Ralph Waldo Emerson lisant les *Essais* des siècles plus tard, Montaigne aurait pu s'exclamer à propos de la *Servitude volontaire* : « Il m'a semblé que j'avais moi-même écrit le livre, tant il s'adressait sincèrement à ma pensée et à mon expérience[1]. »

Avant que les propagandistes huguenots ne se l'approprient, il avait bel et bien eu l'intention de l'intégrer à ses *Essais,* tout en en faisant dûment crédit à La Boétie. Il comptait l'insérer à la suite du chapitre sur l'amitié : celui où il s'exprime sur ses sentiments avec le plus de passion. Son idée était apparemment d'accueillir le *Discours* en *guest star* ou en pièce centrale, isolé des chapitres à l'entour telle une toile par son cadre.

Lorsqu'il livra l'ouvrage à l'imprimeur, cependant, la situation avait changé. Le *Discours de la servitude volontaire* passait désormais pour un pamphlet révolutionnaire ; au lieu d'apparaître tel un hommage au brio de son ami, comme le voulait Montaigne, cela aurait passé pour une provocation. Il décida donc de le retirer, tout en ne laissant que sa brève introduction :

1. Emerson, p. 92.

un moignon qui signalerait l'amputation. « Parce que j'ai trouvé, écrit-il, que cet ouvrage a été depuis mis en lumière, et à mauvaise fin, par ceux qui cherchent à troubler et à changer l'état de notre police [gouvernement], sans se soucier s'ils l'amenderont, qu'ils ont mêlé à d'autres écrits de leur farine, je me suis dédit de le loger ici. » Probablement est-ce alors qu'il ajouta que ce sujet fut traité par lui en son enfance et en guise d'exercice.

Cela fait, il se ravisa encore. Il ne voulait pas que La Boétie parût insincère. Il ajouta donc une note pour préciser que, bien entendu, La Boétie a dû croire à ce qu'il écrivait : il n'était pas du genre à parler sans conviction. Montaigne ajouta même que son ami aurait préféré « être né à Venise » – une République – qu'à Sarlat, dans l'État français. Mais... voici que La Boétie fait de nouveau figure de rebelle. Un autre revirement s'imposait : « Mais il avait une autre maxime souverainement empreinte en son âme, d'obéir et de se soumettre très religieusement aux lois, sous lesquelles il était né[1]. » Somme toute, Montaigne semble s'être empêtré dans cette histoire autour du *Discours* de La Boétie. On l'imagine griffonnant tout ceci dans un coin, chez l'imprimeur, le manuscrit supprimé encore fourré sous son bras.

Quand on songe que le *Discours* était alors brûlé à Bordeaux, il était audacieux de sa part d'en parler, et plus encore de le justifier. Plus contradictoire que jamais, il agit avec prudence en retirant la publication,

1. I, 27, p. 201.

mais avec courage en la défendant. De surcroît, évoquant comment La Boétie en vint à écrire le texte, Montaigne révéla bel et bien le nom de son auteur[1]. Probablement était-il bien connu de toute manière, mais aucune des publications protestantes n'était allée si loin.

Ayant décidé de s'en défaire, Montaigne ajouta : « [...] En échange de cet ouvrage sérieux, j'en substituerai un autre, produit en cette même saison de son âge, plus gaillard et plus enjoué[2]. » Il s'agissait d'un choix de vers de La Boétie ; non pas ceux qu'il lui avait écrits, mais un ensemble de vingt-neuf sonnets adressés à une jeune femme non identifiée. Quelques années plus tard, cependant, Montaigne se ravisa et les supprima également. Ne devait rester, finalement, que son introduction et sa dédicace, ainsi qu'une courte note : « Ces vers se voient ailleurs[3]. » Tout un chapitre, le 28 du livre I, devint ainsi un moignon déchiqueté, ou un trou, que Montaigne refusa délibérément de masquer. Il attira même l'attention sur ses contours effilochés. Un Montaigne troublé ne faisait-il qu'ajouter et soustraire un matériau, sans se soucier d'arranger le résultat, ou cherchait-il à nous alerter sur quelque chose ?

Les années récentes ont vu surgir et disparaître de la circulation une théorie radicale. Le *Discours* possède

---

1. Voir M. Magnien, « Discours de la servitude volontaire », *in* Desan, *Dictionnaire,* p. 316-319.

2. I, 27, p. 201.

3. Montaigne, les *Essais,* « Bibliothèque de la Pléiade », p. 1419 ; pour les sonnets, *ibid.,* p. 1169-1181.

des traits si montaigniens qu'il pourrait presque être de sa plume. Il y est question d'habitude, de nature, de perspective et d'amitié : quatre thèmes qui résonnent tout au long des *Essais.* Il insiste sur la liberté intérieure comme voie de la résistance politique : une position montaignienne. L'ouvrage est truffé d'exemples tirés de l'histoire antique, comme les *Essais.* On *dirait* un *Essai.* Il est persuasif, divertissant et porté aux digressions. L'auteur prend souvent la tangente – par exemple, il se lance dans une discussion des poètes de La Pléiade, au XVIe siècle[1] – avant de revenir à son sujet avec une remarque du style : « Mais pour revenir à notre propos duquel je m'étais quasi perdu » ou « Mais pour retourner d'où je ne sais comment j'avais détourné le fil de mon propos[2] ». Cette manière de feindre avec amusement le désordre paraît peu commune dans l'exercice littéraire d'un jeune homme, mais elle donne vie et spontanéité au texte. L'auteur nous parle comme si nous étions assis ensemble devant un verre de vin, ou si nous étions tombés l'un sur l'autre au coin d'une rue de Bordeaux. La suspicion germe : l'auteur du *Discours de la servitude volontaire* ne pourrait-il être Montaigne, plutôt que La Boétie ?

Mais la réponse fuse aussitôt : il devait bien être de La Boétie. Des copies du manuscrit circulaient dans Bordeaux. Reste qu'aucune des copies qui nous sont parvenues ne sont de la main de La Boétie – toutes ont été faites par d'autres – et la seule source claire

1. La Boétie, *Discours de la servitude volontaire,* éd. A. Tournon et L. Tournon, p. 46.

2. *Ibid.,* p. 40 et 46.

que nous ayons sur la « circulation » du texte est Montaigne lui-même. C'est aussi Montaigne qui fait de La Boétie son auteur, et Montaigne qui en parle comme d'un texte d'enfance. Peut-être le Rimbaud adolescent était-il en l'occurrence la tête brûlée qui entrait et sortait en trombe des chambres du parlement, non pas le prématurément judicieux La Boétie. Ou peut-être n'était-ce pas du tout l'ouvrage d'un jeune homme, ce qui expliquerait quelques références anachroniques du texte. Peut-être, suggèrent certains théoriciens du complot, Montaigne écrivit-il ce texte beaucoup plus tard et y inséra les anachronismes pour alerter les lecteurs malins sur la supercherie.

Le premier à vouloir attribuer le *Discours de la servitude volontaire* à Montaigne, en 1906, a été le franc-tireur montaigniste Arthur-Antoine Armaingaud, habitué des suggestions scandaleuses qui se plaisait ensuite à se mettre en retrait pour regarder les plumes voler[1]. Presque personne ne lui donna raison à l'époque, et peu le font aujourd'hui, mais son hypothèse a conquis une nouvelle génération de francs-tireurs, à commencer par Daniel Martin et David Lewis Schaefer[2]. Comme Armaingaud, ce

---

1. A. Armaingaud, « Montaigne et La Boétie », *Revue politique et parlementaire,* 13, mars 1906, p. 499-522, et mai 1906, p. 322-348, par la suite étoffé dans son *Montaigne pamphlétaire : l'énigme du Contr'Un,* Paris, Hachette, 1910.

2. D. L. Schaefer, « Montaigne and La Boétie », *in* Schaefer (dir.), *Freedom over Servitude,* p. 1-30, notamment p. 9-11 ; et *Political Philosophy of Montaigne.* Sur Schaeffer, voir J. Supple, « Davis Lewis Schaefer : Armaingaud rides again », *in* Cameron et Willett (dir.), *Le Visage changeant,* p. 259-375.

dernier n'aime rien tant que trouver chez Montaigne un dessous révolutionnaire par principe, tandis que Daniel Martin est dans l'ensemble tenté d'aborder le livre comme une grille codée de mots croisés pleine d'indices. « Retirer la *Servitude volontaire* des *Essais* reviendrait à supprimer la flûte d'un orchestre symphonique », écrit-il[1].

L'idée d'un Montaigne écrivant un pamphlet radical, proto-anarchiste, puis soulevant une tempête de sable de fausses informations et dissimulant des indices où seul un regard affuté pourrait les repérer séduit à plus d'un niveau. Comme toutes les théories du complot, elle procure le frisson de voir les pièces s'agencer et donne du glamour à Montaigne : une cellule révolutionnaire à lui tout seul doublée d'un maître de l'intrigue.

Ici et là, dans les *Essais*, on trouve des signes que Montaigne était capable de jouer le malin quand il le voulait. Un jour, il conçut un stratagème élaboré pour aider un ami qui souffrait d'impuissance et craignait qu'on lui eût jeté un charme. Plutôt que de le raisonner, Montaigne lui donna une « robe de nuit » et une pièce de monnaie, d'apparence magique, gravée de « figures célestes ». Il lui dit d'accomplir une série de rituels avec ce médaillon chaque fois qu'il s'apprêtait à faire l'amour, qu'il se le mît s'abord « sur les rognons [testicules] » et nouât solidement le ruban, avant de s'allonger avec sa partenaire et de jeter la robe sur eux deux. Le tour marcha[2]. Montaigne se

1. D. Martin, « Montaigne, author of *On Voluntary Servitude* », *in* Schaefer (dir.), *Freedom over Servitude,* p. 127-188, ici p. 137.
2. I, 20, p. 102-103.

sentit un peu coupable, alors même qu'il avait fait cela pour le bien de son ami. Mais cela montre qu'il était capable de duper si la situation le réclamait, ou si la psychologie du cas le fascinait assez.

Dans l'ensemble, cependant, il n'était pas coutumier de ce genre de jeux, et il préférait insister sur son honnêteté et sa franchise en toutes choses[1], aussi bien que sur sa lenteur d'esprit face aux énigmes et aux devinettes[2]. Tout cela pouvait bien faire partie d'un jeu. Mais s'il était réellement un escroc fini, alors il faut douter de chaque mot ou presque de son livre; la perspective donne le vertige. Il est d'autres implications dérangeantes. Si La Boétie n'a pas écrit le *Discours de la servitude volontaire,* alors il n'était pas l'homme que Montaigne a dépeint dans les *Essais.* Il a bien existé, mais sans traits bien définis : un chiffre de l'intelligence de Montaigne. Et s'il n'avait pas de capacités exceptionnelles – s'il n'était pas homme à écrire la *Servitude*, d'où vient que Montaigne l'ait tant aimé ? Il devait bien avoir une raison de l'aimer si fort, et visiblement ce n'était pas sa bonne mine, à moins qu'il n'ait aussi menti là-dessus.

Que l'on prenne leur histoire d'amour au sérieux, et la théorie du complot devient presque impensable. Que Montaigne impute la *Servitude* à La Boétie afin de se couvrir serait jouer de façon bien légère avec la mémoire de son ami – une mémoire qu'il vénérait manifestement jusqu'à l'idolâtrie. Il est étonnant qu'il ait révélé que La Boétie était l'auteur d'une œuvre que

1. I, 9, p. 55-62.
2. II, 17, p. 690-691.

l'on brûlait alors à Bordeaux sur la place publique, mais si La Boétie n'en était pas l'auteur, c'eût été plus que surprenant ; c'eût été une trahison totale, presque un acte de haine. Il n'est rien dans les écrits de Montaigne sur La Boétie (y compris les observations qu'on trouve dans un journal de voyage[1], jamais destiné à la publication) pour indiquer qu'il ait été dans de telles dispositions.

L'intensité de leur affection explique aussi de manière convaincante pourquoi les styles d'écriture des deux hommes étaient si proches. Montaigne et La Boétie partageaient tout : ils se fondaient l'un en l'autre, non pas tel un écrivain dans son pseudonyme, mais comme deux écrivains cultivent leurs idées en partenariat : discutant souvent, fréquemment en désaccord, mais *absorbant* constamment. Au fil de leurs quelques années ensemble, Montaigne et La Boétie ont dû parler du matin au soir : de l'habitude, de la nécessité de rejeter les idées reçues et de changer de points de vue, de la tyrannie et de la liberté personnelle. Au départ, La Boétie avait sans doute des idées plus claires ; par la suite, probablement, Montaigne dut le rattraper, développant des pensées sur la coutume et la perspective dans des directions que La Boétie n'eût pas imaginées. Tout cela finit par trouver le chemin des *Essais*, qui devinrent un monument à La Boétie à plus d'un titre. Les deux esprits s'entretissèrent de façon si étroite que, fût-ce avec les meilleurs outils critiques du monde, il est impossible de les séparer.

1. Cf. Montaigne, *Journal de voyage.*

Ni l'un ni l'autre n'avaient de raison de penser que cela n'allait pas durer des décennies, qu'ils allaient connaître toujours plus de réussite et de gloire dans leur Athènes modernisée. Mais le jeune Socrate était sur le point d'être rappelé du banquet.

La Boétie : mort et deuil

Tout commença le lundi 9 août 1563. La Boétie avait passé la journée en plein air sur les terres de François de Péruse d'Escars, l'homme qui s'était rebellé contre Lagebaston au parlement de Bordeaux. Ce soir-là, La Boétie était censé dîner chez Montaigne. Il s'apprêtait à quitter la maison des d'Escars quand il fut pris de douleurs au ventre et de diarrhée. Il adressa un message à Montaigne pour lui dire qu'il n'était pas bien : Montaigne ne voulait-il pas plutôt venir ? Montaigne vint. Ce qui suivit, nous le savons par le long récit qu'il en fit plus tard sous la forme d'une lettre à son père, et qu'il finit par publier[1].

Arrivant chez d'Escars, Montaigne trouva son ami mal en point. La Boétie lui dit qu'il avait attrapé un coup de froid pour avoir passé la journée dehors, mais son état paraissait plus grave. Sans doute les deux hommes avaient-ils déjà songé à la possibilité de la peste, qui se propageait dans la région et à Bordeaux,

---

1. Montaigne la publia dans son édition des œuvres de La Boétie, *La Mesnagerie*; cf. Montaigne, *Lettre à son père sur la mort d'Estienne de La Boétie,* préface et commentaire de J.-M. Delacomptée, Paris, Le Promeneur, Gallimard, 2012.

ainsi qu'en Agenais, où La Boétie s'était dernièrement rendu pour son travail. Si La Boétie ne l'avait déjà contractée, le danger était qu'il y fût maintenant vulnérable dans son état de faiblesse. Montaigne lui conseilla de s'en aller dans une région moins infectée, de séjourner chez sa sœur et son beau-frère, les Lestonnac. Mais La Boétie ne se sentait pas assez bien pour voyager. En réalité, il était trop tard : très certainement était-il déjà contaminé.

Montaigne partit, mais le lendemain matin l'épouse de La Boétie l'envoya chercher, expliquant que l'état de son mari empirait. Montaigne revint et, à la demande de La Boétie, y passa la nuit : « Il me pria avec plus d'affection et d'instance qu'il n'avait jamais fait d'autre chose, que je fusse le plus que je pourrais avec lui. Cela me toucha aucunement [beaucoup][1]. » Il resta aussi la nuit suivante. L'état de La Boétie continua d'empirer. Le samedi, il admit que sa maladie était contagieuse et « mal plaisante » : signe qu'il commençait à comprendre que c'était la peste. Il demanda de nouveau à Montaigne de rester, mais juste de courtes périodes, qu'il courût moins de risques. Montaigne n'obéit point à la seconde partie de la requête : « Je ne l'abandonnai plus[2]. »

Le dimanche, La Boétie était d'une extrême faiblesse et sujet à des hallucinations. La crise passée, « il dit qu'il lui avait semblé être en une confusion de toutes choses, et n'avait rien vu qu'une épaisse nuée et

1. *Ibid.*, p. 27-29.
2. *Ibid.*, p. 29.

brouillard obscur, dans lequel tout était pêle-mêle et sans ordre». Montaigne le rassura : «La mort n'a rien de pire que cela, lui dis-je lors, mon frère», à quoi La Boétie répondit qu'elle «n'a rien de si mauvais[1]». Dès lors, avoua-t-il à Montaigne, il perdit tout espoir de guérison.

Il décida de mettre de l'ordre dans ses affaires, priant Montaigne de veiller sur sa femme et son oncle au cas où le chagrin les terrasserait. Quand La Boétie fut prêt, Montaigne appela la famille dans la chambre : «Ils composèrent leur visage le mieux qu'ils purent» et s'assirent autour de son lit[2]. La Boétie leur dit ce qu'il entendait laisser dans son testament, précisant que l'essentiel de sa collection de livres devait aller à Montaigne. Après quoi, il demanda un prêtre. La Boétie s'était si bien repris pour exprimer ses dernières volontés que Montaigne eut un moment d'espoir ; mais, sitôt l'effort terminé, son état se dégrada à nouveau.

Quelques heures plus tard, toujours au chevet de La Boétie, Montaigne lui dit qu'il «avait rougi de honte» de le voir montrer plus de courage face à sa propre mort que lui, Montaigne, n'en pouvait afficher comme témoin[3]. Il promit de se souvenir de son exemple quand viendrait son heure. La Boétie répondit que ce serait en effet une bonne chose. Il rappela à Montaigne les nombreuses discussions éclairantes qu'ils avaient déjà eues sur pareils sujets, ajoutant que

1. *Ibid.*, p. 31.
2. *Ibid.*, p. 41.
3. *Ibid.*, p. 51.

cette expérience « était la vraie pratique de nos études et de la philosophie[1] ».

Prenant la main de Montaigne, il lui assura qu'il avait fait maintes choses dans sa vie plus pénibles et difficiles : « Et quand tout est dit, il y a fort longtemps que j'y étais préparé et que j'en savais ma leçon toute par cœur[2]. » Comme Montaigne à ce stade, il avait suivi le conseil des anciens et bien répété sa mort. Après tout, poursuivit-il, encore en écho à la sagesse antique, il avait vécu assez longtemps en bonne santé et heureusement. Il n'y avait pas de regrets à avoir : « [...] N'est-ce pas assez vécu jusques à l'âge auquel je suis ? J'étais prêt à entrer dans mon trente-troisième an. Dieu m'a fait cette grâce, que tout ce que j'ai passé, jusques à cette heure de ma vie, a été plein de santé et de bonheur ; pour l'inconstance des choses humaines, cela ne pouvait guère plus durer[3]. » Le grand âge ne lui eût apporté que peine, et aurait pu le rendre misérable ; il valait bien mieux l'éviter. Devant la détresse de Montaigne, La Boétie le rappela qu'il devait être fort : « Comment, mon frère, me dit-il, me voulez-vous faire peur ? Si je l'avais, à qui serait-ce de me l'ôter qu'à vous[4] ? »

La Boétie mourait la mort parfaite du stoïcien, pleine de courage et de sagesse rationnelle. Montaigne y avait son rôle à jouer : aider son ami à garder courage, puis agir en témoin, rapportant les détails

1. *Ibid.*, p. 53.
2. *Ibid.*, p. 53-55.
3. *Ibid.*, p. 55.
4. *Ibid.*, p. 57.

de sorte que d'autres pussent en tirer la leçon. Ce faisant, peut-être, il retoucha légèrement la réalité afin que La Boétie parût plus noble et brave qu'il ne le fut. Peut-être pas. La Boétie avait un sens si profond des vertus antiques qu'il a fort bien pu se montrer capable d'imiter presque jusqu'à la fin ses héros philosophiques. « Il avait son esprit moulé au patron d'autres siècles que ceux-ci », écrit Montaigne[1].

Ce dernier n'en était pas moins une créature différente et, tandis que son récit se poursuit, on voit percer de plus en plus son moi réel : son scepticisme, son sens aigu du détail gênant et sa détermination à dire les choses telles qu'elles étaient. Évoquant les discours d'adieu de La Boétie, un peu plus tard ce même jour, il observe : « Toute la chambre était pleine de cris et de larmes, qui n'interrompaient toutefois nullement le train de ses discours, qui furent longuets[2]. »

Le lendemain matin, lundi, La Boétie sortit de l'inconscience par intermittence, ranimé à chaque fois avec du vinaigre et du vin. Il adressa des reproches à Montaigne : « Ne voyez-vous meshuy [maintenant] que tout le secours que vous me faites ne sert que d'allongement à ma peine ? Bientôt après, il s'évanouit. » Les lamentations des gens autour de lui, qu'il ne pouvait pas voir, l'horrifièrent : « Mon Dieu, qui me tourmente tant ? Pourquoi m'ôte-t-on de ce grand

1. I, 27, p. 201.
2. Montaigne, *Lettre à son père,* p. 67.

et plaisant repos auquel je suis ? Laissez-moi, je vous prie[1]. »

Une gorgée de vin lui rendit ses facultés, mais le voici de nouveau qui s'en allait. « Il avait déjà toutes les extrémités, jusques au visage, glacées de froid, avec une sueur mortelle qui lui coulait tout le long du corps : et n'y pouvait-on quasi plus trouver nulle reconnaissance de pouls[2]. »

Le mardi, il reçut les derniers sacrements et demanda au prêtre, à son oncle et à Montaigne de prier pour lui. À deux ou trois reprises, il appela, disant une fois : « Bien, bien, qu'elle vienne quand elle voudra, je l'attends, gaillard et de pied coi [ferme][3]. »

Le soir, « n'ayant plus que l'image et que l'ombre d'un homme », il hallucina de nouveau, cette fois avec des visions « admirables, infinies, et indicibles », dit-il à Montaigne[4]. Il tâcha de consoler sa femme, disant qu'il avait « à lui dire un conte ». « Mais je m'en vais », fit-il. Puis, la voyant effrayée, il se corrigea : « Je m'en vais dormir. »

Elle quitta la chambre. La Boétie dit alors à Montaigne : « Mon frère [...], tenez-vous auprès de moi, s'il vous plaît. » Ils étaient encore nombreux autour de lui : Montaigne parle de « toute la compagnie ». Rien ne se faisait jamais seul à la Renaissance, mourir encore moins que toute autre chose. Il semble que la femme de La Boétie ait été la seule effectivement absente.

---

1. *Ibid.*, p. 73.
2. *Ibid.*, p. 75.
3. *Ibid.*, p. 79.
4. *Ibid.*, p. 81-83.

Le mourant commença alors à s'agiter, s'agitant violemment dans son lit. Il se mit à faire d'étranges requêtes. Ainsi que l'écrit Montaigne :

> Lors, entre autres choses, il se prit à me prier et reprier avec une extrême affection, de lui donner une place : de sorte que j'eus peur que son jugement fût ébranlé. Même que lui ayant bien doucement remontré qu'il se laissait emporter au mal, et que ces mots n'étaient pas d'homme bien rassis, il ne se rendit pas au premier coup, et redoubla encore plus fort : « Mon frère, mon frère, me refusez-vous donc une place ? » Jusques à ce qu'il me contraignit de le convaincre par raison, et de lui dire, que puisqu'il respirait et parlait, et qu'il avait corps, il avait par conséquent son lieu. « Voire, voire [c'est vrai], me répondit-il lors, j'en ai mais ce n'est pas celui qu'il me faut : et puis quand tout est dit, je n'ai plus d'être. »

Il était difficile de savoir comment répondre à ces mots. Montaigne tâcha de le consoler : « Dieu vous en donnera une meilleure bientôt », dit-il[1].

« Y fussé-je déjà, mon frère, répondit La Boétie, il y a trois jours que j'ahane pour partir. »

Au cours des heures suivantes, il appela souvent, raconte Montaigne, « pour s'informer seulement si j'étais près de lui ». Il l'était toujours.

Après une entrée en matière conventionnelle, le récit de Montaigne a pris maintenant un tour à la fois émouvant et propre à donner le frisson. Il paraît rapporter ce qui s'est réellement dit, indépendamment

1. *Ibid.*, p. 87.

de son sens philosophique. La Boétie lui-même n'en était plus à imiter des modèles. Avec cette histoire de «place», il semblait parler presque sans en avoir conscience, comme Montaigne plus tard, quand il délira et déchira son pourpoint.

À deux heures du matin, il put enfin se reposer, ce qui parut bon signe. Montaigne se retira pour aller parler à l'épouse de La Boétie. Tous deux se félicitèrent du mieux. Une heure plus tard, environ, quand Montaigne revint, La Boétie était de nouveau agité. Il prononça une ou deux fois le nom de Montaigne, «puis tirant à soi un grand soupir, il rendit l'âme, sur les trois heures du mercredi matin dix-huitième d'août, l'an mille cinq cent soixante-trois, après avoir vécu trente-deux ans, neuf mois et dix-sept jours[1] ».

Ainsi Montaigne vit-il la mort de près : probablement était-ce la première fois qu'il vécut cette rencontre intime avec la mort d'un être cher. La réalité physique était choquante, d'autant qu'elle était le fruit d'une maladie terrifiante, bien que Montaigne ne dise mot d'une quelconque peur personnelle d'être contaminé. Parmi les pensées qui lui traversèrent probablement l'esprit, il en est une qui devait plus tard lui revenir à la lumière de sa propre expérience : l'espoir que la mort pût être une affaire tranquille pour qui la subit, si différente qu'elle parût de l'extérieur. La Boétie et lui avaient discuté de la question autrefois : Montaigne pensait que c'était possible, et La Boétie en

1. *Ibid.*, p. 89.

disconvenait[1]. Montaigne dut alors vivement espérer que c'était lui qui avait raison. Il serait plus doux de pouvoir se dire que La Boétie n'avait rien éprouvé que félicité tandis que son corps suait et s'agitait. Lorsque Montaigne en vint à écrire plus tard sur sa perte de connaissance, on le voit presque reprendre la vieille discussion, demandant à son ami : « Vous n'avez point souffert, n'est-ce pas ? », tout en espérant entendre un « Non ».

S'il changea sa peine en littérature, le chagrin terrassa Montaigne, et il sembla croître avec le temps. La Boétie mort, tout ne fut « qu'une nuit obscure et ennuyeuse[2] ». Voyageant en Italie, près de dix-huit ans plus tard, il écrivit dans son journal : « [...] Ce même matin, écrivant à M. Ossat, je tombai en un pensement [pensées] si pénible de M. de La Boétie, et y fus si longtemps sans me raviser, que cela me fit grand mal[3]. » Dans les *Essais,* il écrit aussi combien il eût aimé avoir un vrai compagnon en Italie, un homme dont les manières s'accordassent aux siennes et qui aimât faire ce que lui-même aimait faire : « J'en ai eu faute extrême en tous mes voyages. »

> Nul plaisir n'a saveur pour moi sans communication. Il ne me vient pas seulement une gaillarde pensée en l'âme, qu'il ne me fâche de l'avoir produite seul, et n'ayant à qui l'offrir[4].

1. II, 6, p. 392.
2. I, 27, p. 200.
3. *Journal de voyage de Montaigne,* éd. Fr. Rigolot, p. 162 (entrée du 11 mai 1581).
4. III, 9, p. 1032.

Jamais il n'exclut la possibilité de trouver quelqu'un qui reprît le rôle de La Boétie. Sénèque l'avait conseillé : un sage devait exceller à se faire de nouveaux amis, en sorte de pouvoir en remplacer un ancien le plus naturellement du monde[1]. Parfois, dans les *Essais,* Montaigne paraît lancer un appel à candidature aguichant : il espère que son livre plaira à « quelque honnête homme[2] » qui viendra à lui. Il fut toujours déçu :

> Ne m'est-ce pas une sotte humeur, de disconvenir avec un millier à qui ma fortune me joint, de qui je ne me puis passer, pour me tenir [...] à un désir fantastique de chose que je ne puis recouvrer[3] ?

Quand Montaigne paraît froid et détaché des autres, ce qui lui arrive parfois, on doit se souvenir de La Boétie. Il ne faut pas, observe-t-il, être « joint et collé » à un autre « en façon qu'on ne le puisse déprendre sans nous écorcher, et arracher ensemble quelque pièce du nôtre[4] ». Ce sont là les mots d'un homme qui sait ce qu'« écorché » veut dire.

Dans la vie, Montaigne se rebella apparemment contre l'influence édifiante de La Boétie, mais il n'en est demeuré aucune trace. La Boétie mort, Montaigne pouvait s'abandonner à lui sans réserve – et il put faire ce que La Boétie l'avait prié de faire : lui donner une place.

---

1. Sénèque, *Lettres à Lucilius,* lettre 9.
2. III, 11, p. 1070.
3. III, 3, p. 861.
4. I, 38, p. 246.

Il commença par introduire dans sa bibliothèque maints ouvrages de La Boétie, faisant de la place à son ami parmi ses possessions les plus chères. Puis il écrivit sur la mort de La Boétie, sauvant tout ce dont il pouvait se souvenir du testament du jeune philosophe à la postérité. Il prépara un lot d'écrits de La Boétie destinés à la publication. Enfin, quand il se retira, il fit de son ami le guide de sa nouvelle carrière. À côté de la principale inscription sur sa retraite, il en ajouta une autre au mur de sa «librairie» : elle est désormais usée et d'un déchiffrement difficile, mais paraît consacrer tout «ce savant appareil d'étude» à la mémoire de La Boétie, «l'ami le plus tendre, le plus cher et les plus intime» que le XVIe siècle ait produit[1]. La Boétie devait veiller sur tout ce que fit Montaigne dans sa bibliothèque : il serait son ange gardien en littérature.

En mourant, La Boétie changea : de compagnon bien réel de Montaigne, avec ses failles, il devint une entité idéale sous la coupe de celui-ci. Il devint moins une personne qu'une sorte de technique philosophique. Sénèque avait conseillé à ses disciples d'user ainsi de leurs amis. Une fois trouvé quelque homme admirable, disait-il, il fallait l'imaginer en auditoire toujours présent, afin de se maintenir à hauteur de ses exigences. Si vous vivez pour vous-mêmes, expliquait-il, vous devez vivre pour d'autres – avant tout pour votre ami d'élection[2].

---

1. Reconstruction conjecturale d'A. Thibaudet, dans son édition des *Œuvres complètes* (1962). Cf. Frame, *Montaigne,* p. 80 et trad. p. 90 ; et J. Starobinski, *Montaigne en mouvement,* p. 20-21, note 3.
2. Sénèque, *Lettres à Lucilius,* lettres 12 et 48.

Montaigne était disposé à essayer n'importe quel truc de ce genre, dès lors qu'il promettait consolation. Ainsi qu'il l'écrivit dans une de ses dédicaces aux ouvrages posthumes de La Boétie, « il se loge encore chez moi si entier et si vif, que je ne le puis croire ni si lourdement enterré, ni si entièrement éloigné de notre commerce[1] ». Laisser La Boétie vivre en lui était une manière d'accomplir le désir de son ami mourant et d'apaiser son esseulement. Dans le même temps, il employa des techniques de distraction et de diversion pour s'arracher au choc immédiat de la perte. Par-dessus tout, il découvrit les bénéfices thérapeutiques de l'écriture. Mettre sous une forme écrite le récit de la mort de La Boétie et son adieu au monde l'aida à revivre la scène et à lui survivre. Jamais il ne guérit pleinement de La Boétie, mais il apprit à exister dans le monde sans lui et, ce faisant, à changer de vie. Écrire sur La Boétie finit par le conduire aux *Essais* : de toutes les ruses philosophiques, la meilleure.

1. Montaigne, « À monsieur de Mesmes », in *Les Règles du Mariage de Plutarque,* repris in *Œuvres complètes d'Estienne de La Boétie,* vol. II, p. 9-10.

6

Q. Comment vivre ?
R. Utiliser de petites ruses

Petites ruses et art de vivre

Montaigne était habituellement dédaigneux envers les philosophes académiques, dont il détestait le pédantisme et les abstractions. En revanche, il fit montre d'une inépuisable fascination pour une autre tradition philosophique : celle des grandes écoles pragmatiques qui exploraient des questions telles que comment faire face à la mort d'un ami, comment s'armer de courage, comment se bien conduire dans des situations moralement épineuses et comment tirer le meilleur parti de la vie. C'est vers ces philosophies qu'il se tourna en temps de chagrin ou de peur, et où il chercha des lumières pour affronter des irritations quotidiennes plus mineures.

Les trois systèmes de pensée les plus célèbres à cet égard étaient le stoïcisme, l'épicurisme et le scepticisme : les philosophies collectivement qualifiées d'hellénistiques parce qu'elles trouvaient leurs origines au temps où la pensée et la culture grecques se propagèrent jusqu'à Rome et dans d'autres régions méditerranéennes, à compter du IIIe siècle avant notre ère. Si elles différaient dans le détail, sur l'essentiel elles étaient si proches que, le plus clair du temps, il est difficile de les distinguer. Comme tout le monde, Montaigne les mêla et les assortit au gré de ses besoins[1].

Les écoles avaient toutes le même but : trouver un mode de vie connu en grec sous le nom d'*eudaimonia,* souvent traduit par « bonheur », « joie » ou « épanouissement ». Il s'agissait de bien vivre en tous les sens du mot : prospérer, se délecter de la vie et être un homme de bien. Elles convenaient également que la voie la plus sûre de l'*eudaimonia* passait par l'*ataraxia*[2], que l'on pourrait rendre par « imperturbabilité[3] » ou « absence d'angoisse ». *Ataraxia* veut dire équilibre : l'art de garder l'équilibre – ne point exulter quand les choses se passent bien, ne point céder au désespoir quand elles tournent mal. Pour y parvenir, il faut dominer ses émotions, afin de ne pas se laisser bousculer ou entraîner par elles tel un os que se dispute une meute de chiens.

C'est sur la question des moyens d'accéder à cette équanimité que les philosophies commençaient à diverger. Chacune avait une idée différente, par

---

1. À ce sujet, voir Hadot, *Exercices spirituels et philosophie antique.*
2. Pour ma traduction de ces mots, voir Nussbaum, p. 15.
3. Popkin, p. XV et trad. p. 25.

exemple, du degré de compromis que l'on pouvait accepter avec le monde réel. La communauté épicurienne originelle, fondée par Épicure au IVe siècle, exigeait des disciples qu'ils quittassent leurs familles et vécussent comme les membres d'une secte dans un « jardin » privé. Les sceptiques préféraient vivre dans le tourbillon public comme tout le monde, mais moyennant une attitude mentale radicalement altérée. Les stoïciens étaient quelque part entre les deux. Les deux stoïciens les plus connus, Sénèque et Épictète, écrivaient pour des lecteurs romains d'élite, profondément engagés dans les affaires de leur époque, et n'ayant pas de temps pour les jardins, mais qui désiraient des oasis de tranquillité et de maîtrise de soi partout où ils en pouvaient trouver.

Stoïciens et épicuriens partageaient aussi une bonne partie de leur théorie. Dans leur idée, la capacité de jouir de la vie pâtit de deux grandes faiblesses : le manque de maîtrise de ses émotions et la tendance à accorder trop peu d'attention au présent. Si seulement on pouvait y remédier – *maîtriser* et *prêter attention* –, la plupart des autres problèmes se résoudraient d'eux-mêmes. L'entourloupe est que les deux choses sont quasiment impossibles. Elles sont tellement difficiles qu'on ne saurait les affronter totalement. Il est nécessaire de biaiser, d'avancer furtivement, et de ruser avec soi-même.

Aussi les penseurs stoïciens et épicuriens passèrent-ils beaucoup de temps à imaginer des techniques et des expériences de pensée. Par exemple, imaginez qu'aujourd'hui est le dernier jour de votre vie. Êtes-vous prêt à affronter la mort ? Imaginez que cet instant même – *maintenant !* – est le dernier moment de votre existence. Que ressentez-vous ? Avez-vous des regrets ? Y a-t-il des choses que vous auriez aimé faire différemment ? Êtes-vous réellement en vie à cet instant, ou consumé par la panique, le déni et le remords ? Cette expérience vous ouvre les yeux sur ce qui compte pour vous et vous rappelle à quel point le temps ne cesse de vous glisser entre les doigts.

Certains stoïciens menaient même ces expériences du « dernier instant » avec accessoires et acteurs. Sénèque parle d'un homme riche, un certain Pacuvius, qui organisait tous les jours pour lui une grande cérémonie funèbre qui se terminait par un banquet, après quoi on le portait de la table à son lit sur une bière tandis que convives et serviteurs entonnaient : « Il a vécu, il a vécu[1]. » Il était possible d'obtenir le même effet plus simplement et à bon marché en ne perdant jamais de vue l'idée de sa propre ruine et en y prêtant réellement attention. L'écrivain épicurien Lucrèce suggérait de s'imaginer à l'article de la mort et d'envisager deux possibilités[2]. Soit vous avez bien vécu, auquel cas vous pouvez allez votre chemin satisfait, tel un hôte repu quittant une soirée. Soit ce n'est pas le cas, mais ça ne change rien que vous perdiez la vie, puisque de toute évidence vous n'avez pas su qu'en faire. Sans doute cela est-il d'un maigre réconfort sur votre lit de mort, mais si vous y songez au cœur de votre vie, cela vous aide à changer de perspective.

---

1. Sénèque, *Lettres à Lucilius,* lettre 12.

2. I, 19, p. 95, citant Lucrèce, *De rerum natura,* III, vers 938-942.

Ces changements d'attitude sont la fin de maintes expériences de pensée. Avez-vous perdu quelqu'un ou quelque chose qui vous est cher, vous pouvez essayer de l'évaluer différemment en imaginant que vous n'avez jamais connu cette personne, ni jamais possédé cet objet. Comment une chose que vous n'avez jamais eue vous manquerait-elle ? Un angle différent produit une autre émotion. Plutarque suggéra un stratagème de ce genre dans une lettre à sa femme, après la mort de leur fillette de deux ans : il lui conseilla de penser au temps où sa fille n'était pas née et de s'imaginer qu'ils étaient revenus à cette époque[1]. On ignore si cela la consola ou non, mais au moins cela lui procura un point de fixation au lieu de nager dans un océan de chagrin indifférencié. Montaigne et La Boétie connaissaient tous deux fort bien cette lettre, car La Boétie la traduisit en français et Montaigne se chargea de publier sa traduction. Sans doute Montaigne y pensa-t-il chaque fois qu'un de ses enfants mourut comme lorsqu'il perdit La Boétie. L'amitié avait été si brève qu'il n'eût pas été difficile de se souvenir de l'avant et de renouer avec sa nonchalance d'avant La Boétie.

On peut recourir à ces ruses de l'imagination dans des situations prosaïques aussi bien que dans des situations extrêmes ; elles sont efficaces même contre de légers sentiments d'ennui ou de dépression. Si vous êtes las de tout ce que vous possédez, suggère

1. Plutarque, « Consolation à sa femme », *Œuvres morales,* Les Belles Lettres, vol. VIII.

Plutarque, faites semblant que vous les avez toutes perdues et qu'elles vous manquent terriblement[1]. Que l'objet soit un mets favori, un ami, une maîtresse, ou la bonne fortune de vivre en temps de paix ou en bonne santé, cet exercice a un effet magique : tout compte fait, il n'est pas sans valeur. Le principe est le même que quand vous songez à la mort : face à l'idée de perdre quelque chose *maintenant,* vous en mesurez la valeur.

La clé est de cultiver l'attention, la *prosokhê* – encore un mot grec. L'attention est la ruse qui sous-tend nombre des autres ruses. C'est un appel à être attentif au monde intérieur – et donc au monde extérieur, car l'émotion qui n'est pas maîtrisée brouille la réalité comme les larmes brouillent la vue. Qui s'éclaircit la vue et vit dans la pleine conscience du monde tel qu'il est, dit Sénèque, ne sera jamais las de la vie[2].

De surcroît, qui ne parcourt pas le monde en somnambule est à même de bien répondre à des situations, sans hésitation, « comme à des questions qui nous seraient brusquement posées[3] », dit Épictète. Un attaque violente, une querelle, la perte d'un ami : autant d'exigences que la vie aboie, tel un enseignant qui vous reproche vertement de manquer d'attention en classe. Un instant d'ennui même est une question de ce genre. Quoi qu'il advienne, si imprévu que ce soit, vous devez être capable d'apporter une réponse

1. Plutarque, « De la tranquillité de l'âme », *Œuvres morales,* Les Belles Lettres, vol. VII.

2. Sénèque, *Lettres à Lucilius,* lettre 78.

3. Hadot, p. 28, citant Épictète, II, 16, 2-3 et III, 8, 1-5.

qui convienne. C'est pourquoi, pour Montaigne, apprendre à « vivre à propos » est le « glorieux chef-d'œuvre de l'homme[1] ».

Stoïciens comme épicuriens approchaient essentiellement ce but par la répétition et la méditation. Tels les joueurs de paume s'exerçant des heures durant aux volées et aux *smashes,* ils recouraient aux répétitions pour acquérir des habitudes profondément enracinées, que leurs esprits suivaient aussi naturellement que l'eau suit le lit d'une rivière. C'est une forme d'autohypnotisme. Le grand empereur romain stoïcien Marc Aurèle passait en revue dans ses tablettes les changements de perspective auxquels il souhaitait s'astreindre :

> Oui, représente-toi bien dans ton imagination, à propos des mets et de tout ce qu'on mange, que c'est ici un cadavre de poisson, là un cadavre d'oiseau ou de porc, et d'autre part que le Falerne est du suc de raisin, la robe de pourpre des poils de brebis mouillés du sang d'un coquillage ; à propos de l'accouplement, un frottement de ventre et l'éjaculation d'un liquide gluant accompagnée d'un spasme[2].

D'autres fois, il s'imaginait s'élevant dans les cieux en sorte de pouvoir regarder d'en haut et voir à quel point toutes les préoccupations humaines étaient insignifiantes à une telle distance[3]. Sénèque fit de

1. III, 13, p. 1158.
2. Marc Aurèle, VI, 13, in *Les Stoïciens,* trad. É. Bréhier, Paris, Gallimard, « Bibliothèque de la Pléiade », 1962, p. 1180.
3. *Ibid,* XII, 24.

même : « Représente-toi l'abîme insondable des âges ; embrasse le temps en sa totalité ; après cela compare ce que nous appelons une existence d'homme à l'immensité[1]. »

Une autre pratique des stoïciens consistait à visualiser le temps tournant sur lui-même au fil des éons[2]. Ainsi Socrate renaîtrait-il pour enseigner à Athènes comme il le fit la première fois ; chaque papillon battrait des ailes de la même façon ; chaque nuage passerait à la même vitesse dans le ciel. Vous même vivriez à nouveau et auriez les mêmes pensées et émotions qu'avant, encore et toujours, sans fin. Cette idée terrifiante était une source de consolation, parce que, comme les autres idées, elle avait pour effet de montrer ses troubles fugitifs à une taille réduite. En même temps, tout ce que vous avez jamais fait étant appelé à revenir vous hanter, tout *importait*. Rien ne partait ; rien ne pouvait être oublié. Méditer sur ce point vous

---

1. Sénèque, *Lettres à Lucilius,* lettre 99, 10, p. 978.

2. Cette idée de l'éternel retour se trouve chez Nemesius, *De natura hominis,* XXXVII, 147-148 ; Platon, *Timée,* 39d ; et Cicéron, *De natura deorum,* II, 20. Voir Michael J. White, « Stoic natural philosophy (physic and cosmology) », *in* B. Inwood (dir.), *Cambridge Companion to the Stoics,* Cambridge, Cambridge University Press, 2003, p. 124-152, et J. Barnes, « La doctrine du retour éternel », in *Les Stoïciens et leur logique. Actes du colloque de Chantilly, 18-22 septembre 1976,* Paris, Vrin, 1978, p. 3-20, repris *in* J. Brunschwig (dir.), *Les Stoïciens et leur logique,* Paris, Vrin, 2006, p. 421-440. Nietzsche développa l'idée dans *Le Gai Savoir,* para. 341. Cf. J. Stambaugh, *Nietzsche's Thought of Eternal Retour,* Washington, DC, Center for Advanced Research *in* Phenomenology & University Press of America, 1988.

forçait à prêter plus attention à votre manière de vivre au jour le jour. C'était aussi un défi, mais qui débouchait sur une sorte d'acceptation : ce que les stoïciens appelaient l'*amor fati,* l'amour du destin. Le stoïcien Épictète peut ainsi écrire :

> Ne cherche pas à ce que les événements soient comme tu veux, mais veuille que les événements soient comme ils sont et tu seras dans la sérénité[1].

On devrait pouvoir tout accepter tel quel, volontiers, sans céder au vain désir de changer. Montaigne semblait trouver la chose facile : « Si j'avais à revivre, écrit-il avec allégresse, je revivrais comme j'ai vécu[2]. » Mais la plupart devaient apprendre : tel était l'objet des exercices mentaux.

Sénèque avait une recette extrême pour pratiquer l'*amor fati.* Asthmatique, il avait des crises qui n'étaient pas loin de le suffoquer. Il avait souvent l'impression d'être sur le point de mourir, mais il apprit à se servir de chaque crise comme d'une occasion de philosopher. Alors que sa gorge se serrait et que ses poumons peinaient à respirer, il essayait d'embrasser ce qui lui arrivait, de lui dire « oui ». Je le *veux,* se disait-il ; et, si nécessaire, je *consens* à en mourir. Quand la crise passait, il en sortait plus fort, car il avait combattu la peur et l'avait vaincue[3].

---

1. Épictète, *Manuel,* 8, cité *in* Hadot, p. 92.
2. III, 2, p. 857.
3. Sénèque, *Lettres à Lucilius,* lettre 54, p. 724-725.

Les stoïciens prisaient particulièrement les répétitions mentales implacables de tout ce qu'ils redoutaient le plus. Les épicuriens étaient plus enclins à détourner les yeux des choses terribles pour se concentrer sur ce qu'il y avait de positif. Un stoïcien se conduit tel un homme qui tend les muscles de son ventre et invite un adversaire à frapper. L'épicurien préfère ne pas s'exposer aux coups et, si les choses prennent un mauvais tour, simplement s'écarter du chemin. Si les stoïciens sont des boxeurs, les épicuriens sont plus proches des praticiens des arts martiaux orientaux.

Pour Montaigne, l'approche épicurienne était plus plaisante dans la plupart des situations, et il poussa leurs idées plus loin encore. Il prétendit envier les fous parce qu'ils étaient toujours mentalement ailleurs : forme extrême de déviation épicurienne. Qu'un fou eût une vision du monde fausse importait peu du moment qu'il était heureux. Montaigne reprit des histoires antiques, comme celle de Lycas, qui vivait sa vie et s'acquittait de ses tâches tout en croyant que tout ce qu'il voyait se déroulait sur scène, comme une pièce de théâtre. Quand un médecin le guérit de cette hallucination, il devint si malheureux qu'il le poursuivit pour l'avoir floué de son plaisir dans la vie. De même, un dénommé Thrasylaus croyait que tous les navires qui entraient et sortaient du Pirée ne transportaient de merveilleuses cargaisons que pour lui. Il était tout le temps ravi, car il se réjouissait chaque fois qu'un vaisseau arrivait à bon port, et il ne semblait pas s'inquiéter que les cargaisons ne se matérialisent jamais.

Malheureusement, son frère Criton le fit traiter, et ce fut la fin[1].

Tout le monde ne saurait avoir le bénéfice de la folie, mais chacun peut se rendre la vie plus facile en diminuant légèrement le rayon de la raison. Avec le chagrin, en particulier, Montaigne apprit qu'il ne pouvait s'y arracher simplement en en parlant inlassablement. Il essaya divers trucs stoïciens, et il n'eut pas peur de focaliser son attention sur la mort de La Boétie suffisamment longtemps pour en faire le récit. Mais, le plus clair du temps, il jugea plus utile de penser carrément à autre chose :

> Une aigre imagination me tient : je trouve plus court, que de la dompter, la changer : je lui en substitue, si je ne puis une contraire au moins une autre. Toujours la variation soulage, dissout et dissipe : si je ne puis la combattre, je lui échappe : et en la fuyant, je fourvoie [fais des détours], je ruse[2].

Il utilisa la même technique pour aider les autres. Une fois, essayant de consoler une femme qui (à la différence d'autres veuves, laisse-t-il entendre) concevait un réel chagrin de la mort de son mari, il commença par considérer les méthodes philosophiques plus habituelles : lui rappelant qu'il n'y avait rien à gagner à

1. II, 12, p. 522. L'épisode de Lycas vient d'Érasme, *Les Adages,* n° 1981 : «*In nihil sapiendo iucundissima vita*» («La vie est très douce à qui ne sait rien»). Celle de Thrasylaus vient d'Élien, *Histoires variées,* IV, 25.

2. III, 4, p. 877.

se lamenter, ou la persuadant qu'aussi bien elle aurait pu ne jamais rencontrer son époux. Mais il se fixa ensuite sur un autre stratagème, « déclinant [infléchissant] tout mollement nos propos, et les gauchissant peu à peu, aux sujets plus voisins ». La veuve parut d'abord y prêter peu attention, mais à la fin d'autres sujets retinrent son intérêt. Ainsi, écrit-il, sans qu'elle comprît ce qui se passait : « Je lui dérobai imperceptiblement cette pensée douloureuse, et la tins en bonne contenance et du tout apaisée autant que j'y fus[1]. » Cela n'allait pas à la racine de son chagrin, il le reconnut, mais cela la sortit dans l'immédiat d'une crise et laissa vraisemblablement le temps commencer de faire son ouvrage naturel.

Cela venait pour une part des lectures épicuriennes de Montaigne, et pour une autre de son expérience chèrement acquise. « Je fus autrefois touché d'un puissant déplaisir », écrivit-il, pensant visiblement à La Boétie. Cela aurait pu le détruire s'il n'avait compté que sur les seules forces de la raison pour s'en tirer. Comprenant qu'il avait « besoin d'une véhémente diversion », il réussit à se prendre d'amour pour quelqu'un[2]. Il ne dit pas de qui, et il semble que cela ait eu peu d'importance, mais cet amour permit à ses émotions de s'investir ailleurs.

Des tours semblables marchaient pour une autre émotion : la colère. Montaigne soigna avec succès « un jeune prince », probablement Henri de Navarre (le futur Henri IV), d'une dangereuse soif de vengeance.

---

1. *Ibid.*, p. 872.
2. *Ibid.*, p. 877.

Il n'essaya pas de dissuader le prince en lui parlant, ni ne lui conseilla de tendre l'autre joue, pas plus qu'il ne lui fit valoir les tragiques conséquences que cela pouvait entraîner. Il ne dit mot de la colère ou de la vengeance :

> Je [...] laissai là [la passion], et m'amusai à lui faire goûter la beauté d'une image contraire : l'honneur, la faveur, la bienveillance qu'il acquerrait par clémence et bonté : je le détournai à l'ambition. Voilà comme l'on en fait[1].

Plus tard, Montaigne usa de la diversion contre sa propre peur de vieillir et de mourir. Les ans le traînaient vers la mort ; s'il n'y pouvait rien, rien ne l'obligeait à la regarder en face. Il préféra l'affronter autrement et se calma en se retournant avec plaisir sur son passé et son enfance. Ainsi, écrit-il, « je gauchis, et dérobe [détourne] ma vue de ce ciel orageux et nubileux [nuageux] que j'ai devant moi[2] ».

Il finit par être si fin connaisseur des techniques de diversion qu'il jugea même les tours de passe-passe politiques admirables, du moment qu'ils ne servaient pas à soutenir la tyrannie. Une histoire dont il se délectait était celle de la façon dont Zaleucos, prince des Locriens en Grèce antique, résorba l'excès de dépenses dans son royaume. Il ordonna qu'une femme pouvait être entourée de plusieurs chambrières, mais uniquement quand elle était ivre, et pouvait porter

1. *Ibid*, p. 876-877.
2. III, 5, p. 883.

autant de bijoux en or et de broderies qu'il lui plaisait si elle se prostituait. Un homme ne pouvait porter un anneau d'or que s'il était proxénète. Le stratagème opéra : du jour au lendemain l'or et les grandes suites disparurent ; personne ne se rebella, car nul n'eut le sentiment d'avoir été forcé à quoi que ce soit[1].

Ayant échappé de justesse à la mort, Montaigne devait conclure de cette expérience que le meilleur antidote de la peur était de s'en remettre à la nature : « N'en empêchez votre soin[2] », c'est-à-dire « ne vous en souciez point ». Par la perte de La Boétie, il avait déjà découvert que c'était la meilleure façon d'affronter le chagrin. La nature a ses rythmes à elle. Si la distraction marche bien, c'est précisément qu'elle s'accorde avec la manière dont les hommes sont faits : « Nous pensons toujours ailleurs[3]. » Nous déconcentrer, nous dérober aux peines et aux plaisirs, pour en essuyer à peine « la croûte[4] », est tout naturel de notre part. Il nous suffit de nous laisser aller à être tels que nous sommes.

Dans ses lectures stoïciennes et épicuriennes, Montaigne prit ce qui marchait pour lui, tout comme ses lecteurs devaient toujours prendre simplement dans les *Essais* ce dont ils avaient besoin sans se soucier du reste. Pour ses contemporains, cela voulait dire s'emparer de ses passages les plus stoïciens et épicuriens. Interprétant son ouvrage comme un manuel de vie, ils

1. I, 43, p. 291 ; cf. Diodore de Sicile, *Bibliothèque historique,* XII, V, 21.

2. III, 12, p. 1097.

3. III, 4, p. 875.

4. *Ibid.,* p. 876.

saluèrent en lui un philosophe à l'antique, assez grand pour trouver place auprès des originaux. « C'est un autre Sénèque en notre langue », dit de lui son ami Étienne Pasquier[1]. Un autre ami et collègue de Bordeaux, Florimond de Ræmond, vanta le courage de Montaigne face aux tourments de la vie et conseilla aux lecteurs de se tourner vers lui pour y puiser de la sagesse, surtout pour affronter la mort[2]. Dans un sonnet accompagnant une édition du livre de Montaigne en 1595, Claude Expilly loua dans son auteur un « magnanime Stoïque » et évoqua chaleureusement sa façon virile d'écrire, son ignorance de la peur et sa capacité de donner de la force aux âmes les plus faibles. Les « braves Essais » de Montaigne seront loués dans les siècles à venir, écrivit Expilly, car, comme les Anciens, Montaigne enseigne aux gens à bien parler, bien vivre et bien mourir[3].

Cela nous donne une première idée des transformations que Montaigne devait subir dans l'esprit de ses lecteurs au fil des siècles, chaque génération l'adoptant comme source de lumières et de sagesse. Chaque vague de lecteurs trouvèrent en lui plus ou moins ce qu'ils attendaient et, dans bien des cas, ce qu'ils y mettaient eux-mêmes. Le premier public de Montaigne fut celui de la Renaissance finissante, plein

1. Pasquier à A. M. de Pelgé, 1618, *in* Pasquier, *Choix de lettres,* p. 45-46 ; cf. Frame, *Montaigne,* p. 274 et trad. p. 333.

2. Ræmond, *Erreur populaire*, p. 159.

3. C. Expilly, sonnet dans l'édition Goulart des *Essais* de Montaigne (1595), et *Poèmes,* Paris, Abel L'Angelier, 1596, cité *in* Boase, *Fortunes,* p. 10.

de néo-stoïciens et de néo-épicuriens fascinés par la question de la vie heureuse et des moyens de trouver l'*eudaimonia* face à la souffrance. Ils l'embrassèrent comme un des leurs, et en firent un *best-seller*. Ainsi posèrent-ils les fondements de sa renommée future de philosophe pragmatique et de guide dans l'art de vivre.

Montaigne en esclavage

Le tour de Montaigne consistant à absorber La Boétie en lui[1], comme une espèce de spectre ou de partie prenante à tout ce qu'il faisait, pourrait paraître aller contre son projet de se distraire du chagrin. Mais, à sa façon, c'était une forme de diversion : le détournant de son obsession de la perte, elle l'engagea vers une nouvelle façon de penser sa vie présente. Une fracture s'ouvrit entre son point de vue et celui que La Boétie, imaginait-il, pourrait adopter, en sorte qu'à tout moment il pouvait glisser de l'un à l'autre. Peut-être est-ce ce qui lui donna l'idée que, ainsi qu'il l'écrit ailleurs, « nous sommes, je ne sais comment, doubles en nous-mêmes[2] ».

Montaigne lui-même observa qu'il n'aurait pu écrire les *Essais* si cet espace ne s'était ouvert en lui. « Si j'eusse eu à qui parler », dit-il, sans doute aurait-il seulement publié des lettres[3], un format littéraire plus

1. Michel Butor, *Essais sur les Essais* (1968), a été le premier à explorer l'idée d'un La Boétie intériorisé.

2. II, 16, p. 657.

3. I, 39, p. 256.

conventionnel. Au lieu de quoi il lui fallut mettre en scène en lui son dialogue avec La Boétie. Le critique moderne Anthony Wilden a comparé cette manœuvre à la dialectique du maître et de l'esclave dans la philosophie de G. W. F. Hegel[1] : La Boétie devint le maître imaginaire de Montaigne, lui commandant de travailler, tandis que Montaigne devint l'esclave volontaire qui les supporta tous deux à travers le travail de l'écriture. C'était une forme de « servitude volontaire ». Le résultat en fut les *Essais,* presque un sous-produit de la ruse de Montaigne pour gérer sa peine et sa solitude.

La mort de La Boétie laissa assurément à Montaigne une servitude littéraire plus terre-à-terre, sous la forme d'une pile de manuscrits inédits. Ceux-ci n'étaient pas particulièrement inhabituels ni originaux, à l'exception de la *Servitude volontaire* (à supposer que ce fût bien une œuvre de La Boétie), mais ils méritaient mieux que d'être abandonnés à la poussière. Que La Boétie lui en eût fait la demande, ou de son propre chef, Montaigne devint alors l'éditeur posthume de son ami : un rôle exigeant, qui donna une impulsion à sa propre carrière littéraire.

De manière un peu surprenante, à en juger par son caractère ordonné, les manuscrits de La Boétie étaient apparemment pêle-mêle. Dans l'une de ses dédicaces à l'ouvrage publié, Montaigne dit avoir « curieusement [assidûment] recueilli tout ce que j'ai trouvé d'entier

1. Cf. A. Wilden, « Par divers moyens on arrive à pareille fin : A reading of Montaigne », *Modern Language Notes,* 83, 1968, p. 577-597, notamment p. 590.

parmi ses brouillars [brouillons] et papiers épars çà et là[1] ». C'était une tâche redoutable, mais il trouva maintes choses qui valaient d'être publiées, dont les sonnets de La Boétie. Il y avait aussi des traductions de textes antiques, comme celle de la lettre de consolation de Plutarque à sa femme à la mort de leur enfant, et la première version française jamais publiée de la *Mesnagerie* [*l'Économique*] de Xénophon, un traité sur l'art de bien gérer les affaires et la terre – sujet qui intéressait Montaigne, sur le point de quitter Bordeaux.

Ayant trié les manuscrits, Montaigne veilla à en faire imprimer le recueil. Il se rendit à Paris pour voir les imprimeurs et en assurer la promotion. Pour chacune des œuvres de La Boétie retenue, il courtisa un protecteur idoine, ciselant des dédicaces élégantes et flagorneuses à différents hommes d'influence, dont Michel de L'Hospital et divers notables bordelais – aussi bien qu'à son épouse, dans le cas de la lettre de Plutarque. Si conventionnel que fût le genre de la lettre dédicatoire, les siennes sont vives et personnelles. Il ajouta aussi en appendice à l'ouvrage un texte encore plus personnel : son récit de la mort de La Boétie. Toute l'entreprise confirme le sentiment qu'il était maintenant en association littéraire avec la mémoire de La Boétie, et que les deux hommes pouvaient s'attendre à un grand avenir ensemble. Montaigne en apprit long sur le monde de l'édition et ce que les Parisiens dans

1. Montaigne, « À Monsieur De Foix », en préface aux *Vers françois,* in *Œuvres complètes d'Estienne de La Boétie,* éd. L. Desgraves, vol. II, p. 100.

le vent aimaient lire : des renseignements qui devaient lui être utiles.

Le récit de la mort de La Boétie parut sous la forme d'une lettre de Montaigne à son père : choix étrange. Peut-être Pierre l'avait-il pressé de l'écrire. Il l'avait déjà fait une fois. Autour de 1567, il avait passé commande à son fils d'un redoutable travail littéraire, qui avait aussi contribué à faire de lui un écrivain.

Par cette première demande, Pierre avait apparemment cherché à arracher son fils à une propension persistante à l'oisiveté : encore une de ces « ruses », infligées au bénéfice de sa victime. Même autour de trente-cinq ans, Montaigne avait encore en lui un côté adolescent boudeur. Insatisfait de sa carrière de magistrat, il n'avait pas le goût de vivre en courtisan et dédaignait le droit tandis que construire et mettre en valeur une propriété le laissait indifférent. De surcroît, malgré son intérêt pour la littérature, apparemment il n'écrivait guère. Peut-être Pierre conjecturait-il qu'il n'avait pas longtemps à vivre, et probablement eut-il le sentiment qu'il fallait préparer Montaigne aux responsabilités qui ne tarderaient pas à lui échoir. Il fallait le mettre au défi.

Micheau avait envie d'écrire ? Fort bien, qu'il écrive ! Pierre lui tendit un volume de cinq cents pages, œuvre d'un théologien catalan qui l'avait écrit un siècle auparavant, dans un latin ampoulé, et lui dit : « Traduis-moi donc ceci en français quand tu auras un moment, veux-tu ? »

C'eût été une bonne façon de différer à jamais les entreprises littéraires de Montaigne ; peut-être est-ce ce que Pierre cherchait à faire. Par chance, cependant, le livre n'était pas seulement long et ennuyeux : il promouvait aussi une forme de théologie que Montaigne abominait. Cela l'arracha à sa somnolence. Plus que le travail sur les manuscrits de La Boétie, et plus encore peut-être que la rédaction de la lettre décrivant les derniers instants de son ami, le travail de traduction que lui confia son père fit jaillir l'étincelle qui allait plus tard s'embraser pour donner les *Essais.*

Le livre s'intitulait *Theologia naturalis, sive liber creaturarum*[1] *(Théologie naturelle ou Livres des Créatures).* Son auteur, Raymond Sebond[2], l'avait écrit en 1436, même s'il ne devait être publié qu'en 1484, encore bien avant l'époque de Montaigne, et de Pierre. Ce dernier le tenait de l'un de ses amis amateurs de livres qu'il aimait à cultiver, mais le latin en était trop difficile pour lui, si bien qu'il l'abandonna « sous un tas d'autres papiers » pour l'en exhumer des années plus tard. Quelque chose dans ce volume, peut-être son caractère impénétrable, dense et obtus, le fit penser à son fils errant[3].

La décision de Pierre de le laisser de côté puis, le moment venu, de le ressortir est peut-être liée au fait qu'il commença par déplaire à l'Église avant de retrouver grâce auprès d'elle. Placée à l'*Index des Livres interdits* en 1558, la *Theologia naturalis* en fut retirée en 1564, parce que l'ouvrage prônait un style

1. Édition originale, Deventer, R. Pafraet, 1484, traduit par Montaigne sous le titre : Sebond, *Théologie naturelle,* Paris, G. Chaudière, 1569.

2. Voir M. Habert, « Sebond, Raimond », *in* Desan, *Dictionnaire,* p. 1048-1051.

3. Sur la traduction, II, 12, p. 458-459.

de théologie « rationnelle » bien particulier à propos de laquelle l'Église ne cessait de changer d'avis. Le débat tournait autour de l'idée que les vérités de la religion pouvaient être prouvées par des arguments rationnels, ou par l'examen de preuves trouvées dans la nature. Sebond pensait qu'on pouvait les prouver – ce qui le situait aux antipodes de Montaigne et, un temps, de l'Église. Montaigne penchait davantage vers une position connue sous le nom de fidéisme, qui ne se fiait aucunement à la raison ou aux menées de l'homme, et niait que les êtres humains pussent accéder à la connaissance de vérités religieuses autrement que par la foi. Sans doute Montaigne n'avait-il pas un grand désir de foi, mais il éprouvait une vive aversion pour toute prétention humaine – et le résultat était le même.

Ainsi Montaigne se trouva-t-il plongé dans la traduction de cinq cents pages de raisonnement théologique destiné à prouver une affirmation qu'il déplorait : « C'était une occupation bien étrange et nouvelle pour moi », écrit-il. Dans les *Essais,* il cherche à donner l'impression qu'il s'y attela avec une certaine désinvolture : « [...] étant de fortune pour lors de loisir, et ne pouvant rien refuser au commandement du meilleur père qui fut onques, j'en vins à bout, comme je pus[1]. » Probablement fut-il le premier surpris de voir tout ce qu'il en tira[2]. Il s'en trouva stimulé, telle une huître

1. II, 12, p. 459.

2. Sur le temps que ce travail lui prit, voir la lettre dédicatoire à son père « À Monseigneur de Montaigne », in *La Théologie naturelle de Raymond Sebon,* Paris, 1581.

par un grain de sable. Tout le temps qu'il écrivait, il dut se dire « mais… mais… », voire « non ! non ! ». Le travail le força à analyser ses propres idées. Même s'il ne critiqua pas le texte de fond en comble à l'époque, il le fit certainement quelques années plus tard quand il reçut commande (probablement de Marguerite de Valois[1], sœur du roi et épouse du protestant Henri de Navarre) d'un essai pour défendre le livre ; autrement dit, pour défendre un ouvrage qu'il jugeait indéfendable.

Cela devait devenir son « Apologie de Raymond de Sebonde », le douzième chapitre du livre II des *Essais*[2]. C'est de très loin le plus long du livre, d'une disproportion presque absurde par rapport au reste. Dans l'édition de 1580, les quatre-vingt-treize autres chapitres comptent en moyenne neuf pages et demie chacun, alors que l'« Apologie » en occupe deux cent quarante-huit. D'un point de vue stylistique, il s'ajuste à la perfection. Il charme le lecteur et tisse des motifs de digression complexes, comme les autres, donnant aux *Essais* leur poids en plus d'un sens. Sans lui, le livre aurait eu beaucoup moins d'influence au cours des siècles suivants. Il eût été bien moins haï, par certains, mais aussi moins lu.

---

1. Elle en fit probablement la demande autour de 1578-1579, après avoir lu sa traduction. Voir E. Naya, « Apologie de Raimond Sebond », *in* Desan, *Dictionnaire,* p. 60-64, notamment p. 62. Sur cet ouvrage en général, voir C. Blum (dir.), *Montaigne : Apologie de Raymond Sebond : de la « Theologia » à la « Théologie »*, Paris, Champion, 1990.

2. II, 12, p. 458-642.

« Apologie » veut dire « défense » ; et, de fait, l'essai commence comme une défense de Sebond. Il suit ce cap environ une demi-page. Puis il fait une embardée vers tout autre chose, et qui ressemble plus à une attaque. Suivant le mot du critique Louis Cons, il soutient Sebond « comme la corde soutient le pendu[1] ».

Dès lors, comment peut-il parler d'« apologie » ? La ruse de Montaigne est simple. Il entend défendre Sebond contre ceux qui ont tenté de l'abattre en brandissant des arguments rationnels. Il le fait en montrant que les arguments rationnels, *en général*, sont faillibles, parce qu'on ne saurait compter sur la raison humaine. Ainsi défend-il un rationaliste contre d'autres rationalistes en plaidant que tout ce qui se fonde sur la raison est dénué de valeur. La défense de Montaigne mine les ennemis de Sebond : parfait. Mais elle mine aussi, de manière plus fatale encore, la position de Sebond lui-même. Et il en était de toute évidence parfaitement conscient.

Malgré sa longueur et sa complexité, l'essai est toujours divertissant, parce que Montaigne emprunte une de ses techniques à Plutarque : il construit son argumentation en entassant les études de cas. Histoires et faits débordent de chaque paragraphe comme les fleurs d'une corne d'abondance. Presque chaque histoire apporte un exemple de l'inutilité de la raison humaine, de la faiblesse des pouvoirs de l'homme, de la sottise et de l'illusion qui sont le lot de tout le

1. L. Cons, *Anthologie littéraire de la Renaissance française*, New York, Holt, 1931, p. 143.

monde – à commencer par Montaigne, reconnaît-il allègrement.

Nombre de ses exemples viennent aussi de Plutarque. Mais la force motrice de cette « Apologie » qui n'en est pas une n'est pas celle Plutarque, ni exclusivement la sienne. Elle vient de la troisième des grandes philosophies hellénistiques, la plus étrange de toutes : le scepticisme pyrrhonien.

7

Q. Comment vivre ?
R. Tout remettre en question

Tout ce que je sais, c'est que je ne sais rien, et je n'en suis même pas sûr

À côté du stoïcisme et de l'épicurisme, le scepticisme fait figure d'exception. Les deux autres semblent être des voies d'accès évidentes à la tranquillité et à l'« épanouissement de l'homme » : ils vous enseignent de vous préparer aux difficultés de la vie, à prêter attention, à cultiver de bonnes habitudes de pensée et à pratiquer sur soi des ruses thérapeutiques. Le scepticisme paraît d'un champ plus limité. Un sceptique passe pour un homme qui demande toujours à voir une preuve, et qui doute des choses que les autres prennent pour argent comptant. Cette philosophie a l'air de ne concerner que les questions de connaissance, non pas celle du « comment vivre ? » À la Renaissance, cependant, et dans le monde antique où le scepticisme est né à côté d'autres philosophies pragmatiques, on voyait les choses autrement.

Comme les autres, le scepticisme équivalait à une forme de thérapie. Du moins était-ce vrai du scepticisme pyrrhonien, celui qui trouve son origine dans l'œuvre du philosophe grec Pyrrhon, mort autour de 275 avant J.-C., et qui fut ensuite développé avec plus de rigueur par Sextus Empiricus au IIe siècle de notre ère. (L'autre forme, le scepticisme « dogmatique » ou « académique », avait une portée moindre.) La réaction d'Henri Estienne, presque contemporain de Montaigne et premier traducteur français de Sextus Empiricus, à sa rencontre avec les *Hypotyposes* de celui-ci donne une idée de l'effet bizarre que faisait le pyrrhonisme. Un jour qu'il travaillait dans sa bibliothèque, mais qu'il se sentait trop mal et las pour se consacrer à sa tâche habituelle, il tomba sur un exemplaire en farfouillant dans un vieux coffre de manuscrits. Sitôt qu'il se mit à lire, il se surprit à rire de si bon cœur que sa fatigue le quitta et que son énergie intellectuelle lui revint[1]. Un autre savant de l'époque, Gentien Hervet, fit une expérience semblable. Lui aussi tomba par hasard sur Sextus Empiricus dans la bibliothèque de son employeur et eut le sentiment qu'un monde de légèreté et de plaisir s'ouvrait devant lui[2]. L'ouvrage n'instruisait et ne persuadait pas tant ses lecteurs qu'il les faisait glousser.

---

1. Cf. l'introduction d'Estienne à son édition de Sextus Empiricus, *Sexti Philosophi Pyrrhoniarum Hypotyposeon libri III,* Genève, H. Stephanus, 1562, p. 4-5.

2. Cf. Popkin, p. 33-34 et trad. p. 71-72.

Un lecteur moderne parcourant les *Hypotyposes* pourrait bien se demander ce qu'il y avait de si drôle. On y trouve des exemples pleins de vie, comme souvent dans les livres de philosophie, mais il ne paraît pas d'un comique extravagant. On ne voit pas très bien pourquoi il guérit Estienne et Hervet de leur ennui, ni pourquoi il eut tant d'impact sur Montaigne, qui devait y trouver le parfait antidote à Raymond Sebond et à ses idées solennelles, ampoulées, sur l'importance de l'homme.

La clé est la révélation qu'il n'est rien dans la vie qu'il faille prendre au sérieux. Le pyrrhonisme ne se prend même pas au sérieux. Le scepticisme dogmatique ordinaire affirme l'impossibilité de savoir, que résume le mot de Socrate : « Tout ce que je sais, c'est que je ne sais rien. » Le scepticisme pyrrhonien part de là, mais ajoute ensuite, au fond, « et je n'en suis même pas sûr ». Ayant énoncé son unique principe philosophique, il tourne en rond et se mord la queue, ne laissant qu'une bouffée d'absurdité.

En conséquence, les pyrrhoniens traitent de tous les problèmes que la vie peut leur lancer au moyen d'un seul mot, une manière abrégée de désigner cette manœuvre : *epekhô,* qui signifie « je suspends mon jugement ». Ou dans une autre traduction française, celle de Montaigne lui-même : « je soutiens, je ne bouge[1] ». Cette formule triomphe de tous les ennemis : elle les défait, en sorte qu'ils se désintègrent en atomes sous vos yeux.

---

1. II, 12, p. 532. Sur le scepticisme pyrrhonien hérité et transmis par Montaigne, voir Bailey, Popkin et Nussbaum.

Cela paraît à peu près aussi réjouissant que la notion stoïcienne ou épicurienne d'« indifférence ». Mais, comme les autres idées hellénistiques, ça marche, et c'est tout ce qui importe. L'*epokhê* fonctionne un peu comme l'un de ces énigmatiques *koans* du bouddhisme zen du style, « Quel est le bruit d'une main qui claque ? ». Au début, ces énoncés ne suscitent que perplexité. Par la suite, ils ouvrent la voie à une sagesse universelle. Cet air de famille entre le pyrrhonisme et le zen n'est peut-être pas un hasard : Pyrrhon voyagea en Perse et en Inde avec Alexandre le Grand et se frotta à la philosophie orientale – pas au bouddhisme zen, qui n'existait pas encore, mais à certains de ses précurseurs.

La ruse de l'*epokhê* vous fait rire et vous sentir mieux parce qu'elle vous libère de la nécessité de trouver une réponse bien définie à tout. Pour emprunter un exemple à Alan Bailey[1], historien du scepticisme, si quelqu'un déclare que le nombre de grains de sable du Sahara est un nombre pair et veut votre avis, votre réponse naturelle pourrait bien être, « je n'en ai pas » ou « comment saurais-je ? ». Ou, si vous voulez paraître plus philosophe : « *Epekhô,* je suspends mon jugement. » Si une seconde personne répond : « Billevesées ! Le nombre de grains de sable dans le Sahara est de toute évidence *impair* », vous répondriez encore *epekhô* sur le même ton flegmatique. Au fond, par la même formule de pince-sans-rire que Sextus Empiricus donnait lui-même pour définir l'*epokhê* :

1. Bailey, p. 21-22.

Je n'ai pas les moyens de dire laquelle des choses proposées il faut trouver convaincante et laquelle il faut trouver non convaincante.

Ou :

Je suis actuellement affecté de manière telle que je ne pose ni ne rejette dogmatiquement aucune des choses qui ont été mises dans le champ de cette recherche.

Ou :

À tout argument sur lequel a porté ma recherche qui établit quelque chose dogmatiquement, il me paraît que s'oppose un autre argument établissant quelque chose dogmatiquement, égal au premier quant à la conviction et à l'absence de conviction[1].

On pourrait mémoriser cette dernière formulation comme une manière utile de clouer le bec à quiconque se lance dans des affirmations bizarres sur le Sahara ou tout autre sujet. En la récitant, on sent se faire en soi une sorte de calme mental. On ne saurait connaître la réponse et on a le sentiment que peu importe, en sorte que ce non-engagement ne cause nulle détresse.

Pour un pyrrhonien, cela demeure vrai même quand les questions deviennent plus difficiles. Est-il légitime de mentir à quelqu'un pour qu'il se sente mieux ? *Epekhô.* Mon chat est-il plus mignon que le tien ? Suis-je

1. Sextus Empiricus, *Esquisses pyrrhoniennes,* p. 162-163 et 168-169 (respectivement livre I, 196, 197 et 203).

meilleur que toi ? L'amour rend-il heureux ? Existe-t-il une guerre juste. *Epekhô.* Et ainsi de suite. Un vrai pyrrhonien suspendra son jugement même en réponse à des questions auxquelles les gens ordinaires imagineraient que la réponse va de soi. Les poules pondent-elles des œufs ? Les autres existent-ils ? Suis-je en train de regarder une tasse de café ? À chaque fois, l'*epokhê.*

Les pyrrhoniens procédaient ainsi, non pas pour se déstabiliser en profondeur et basculer dans une spirale paranoïde de doute, mais pour se détendre, quel que soit le sujet. C'était leur voie vers l'*ataraxie* – un objectif qu'ils partageaient avec les stoïciens et les épicuriens – et donc vers la joie et l'épanouissement. L'avantage le plus évident est que les pyrrhoniens n'ont jamais à craindre de se fourvoyer. Leurs arguments l'emportent-ils ? C'est la preuve qu'ils ont raison. Perdent-ils ? C'est bien la preuve qu'ils avaient raison de douter de leur savoir. Cela les rend tout à la fois très paisibles et très contrariants. Ils aiment à soutenir des points de vue peu populaires, juste pour s'amuser. Ainsi Montaigne écrit-il :

> Si vous établissez que la neige soit noire, ils argumentent au rebours, qu'elle est blanche. Si vous dites qu'elle n'est ni l'un, ni l'autre, c'est à eux à maintenir qu'elle est tous les deux. Si par certain jugement vous tenez que vous n'en savez rien, ils vous maintiendront que vous le savez. Oui, et si par un axiome affirmatif vous assurez que vous en doutez, ils vous iront débattant que vous n'en doutez pas[1].

---

1. II, 12, p. 530.

À cet instant, un coup de poing dans le nez les aura probablement réduits au silence, mais cela même ne les tracasse pas, puisque l'idée qu'on puisse être fâché contre eux les indiffère, et que la douleur physique ne les soucie pas outre mesure. Qui peut dire que la douleur est pire que le plaisir ? Si une esquille osseuse pénètre dans leur cerveau et les tue, et après ? Vaut-il mieux vivre que mourir ?

« Salut, bien-être sceptique ! » écrivit le poète irlandais Thomas Moore, bien après Montaigne :

> Quand les vagues de l'erreur ont passé
> Qu'il est doux d'atteindre enfin ton port tranquille,
> Et doucement bercé dans le doute onduleux,
> De sourire aux vents opiniâtres qui guerroient au-dehors[1].

Si immense est ce « bien-être » qu'il pourrait séparer totalement les sceptiques des gens ordinaires – alors même que, à la différence des Épicuriens dans leur Jardin, ils préféraient demeurer immergés dans le monde réel. Des histoires extraordinaires couraient sur Pyrrhon lui-même[2]. On le disait

1. Th. Moore, *Poetical Works,* éd. A. D. Godley, Londres, H. Frowde, Oxford University Press, 1910, p. 278 ; traduction française tirée de Charles Dédéyan, *Montaigne chez ses amis anglo-saxons,* Paris, Boivin & Cie, 1940, p. 132.

2. La source de toutes ces anecdotes, sur son indifférence et son incapacité à s'y tenir, est Diogène Laërce, *Vie et doctrines des philosophes illustres,* X, 52-54.

si distant et tranquille qu'il ne réagissait à rien. Se promenait-il quelque part qu'il ne déviait pas d'un pouce, même en cas de précipice ou si une charrette se présentait, en sorte que ses amis devaient intervenir pour le sauver. Et, rapporte Montaigne, « s'il avait commencé son propos, il ne laissait pas de l'achever, quand celui à qui il parlait s'en fût allé[1] », car il était hors de question que des changements extérieurs le détournent de sa réalité intérieure.

En même temps, d'autres récits laissaient entendre que Pyrrhon ne pouvait affecter en permanence une parfaite indifférence. Un ami le surprit « tançant bien âprement avec sa sœur », et l'accusa de trahir ses principes. « Quoi ? [...] faut-il qu'encore cette femmelette serve témoignage à mes règles ? » rétorqua Pyrrhon. Une autre fois, surpris à se défendre d'un chien agressif, il reconnut : « Il est [...] très difficile de dépouiller entièrement l'homme[2]. »

Les deux types d'anecdotes plaisaient à Montaigne : celles montrant un Pyrrhon en rupture totale avec la conduite normale, et celles qui le présentaient en simple mortel. Et, en vrai sceptique, il essayait de suspendre son jugement dans les deux cas. Il jugeait cependant plus probable que Pyrrhon fût un homme ordinaire comme lui, s'efforçant seulement d'être clairvoyant et de ne rien prendre pour argent comptant.

1. II, 29, p. 741.
2. *Ibid.*, p. 742.

> Il n'a pas voulu se faire pierre ou souche : il a voulu se faire homme vivant, discourant, et raisonnant, jouissant de tous plaisirs et commodités naturelles, embesognant [mettant en œuvre] et se servant de toutes ses pièces corporelles et spirituelles [...].

Tout ce à quoi Pyrrhon renonça, explique Montaigne, c'est la prétention à laquelle la plupart des hommes succombent : celle « de régenter, d'ordonner, d'établir[1] ». C'était ce qui intéressait vraiment Montaigne dans la tradition sceptique : non pas tant l'approche extrême des sceptiques pour conjurer douleurs et peines (en l'occurrence, il préférait les stoïciens et les épicuriens, qui paraissaient mieux accordés à la vie réelle), mais leur désir de tout prendre à titre provisoire et sans cesser de poser des questions. C'était précisément ce qu'il essaya toujours de faire. Pour ne jamais perdre de vue cet objectif, il fit frapper en 1576 une série de médailles où figurait le « mot sacramental » de Sextus Empiricus, *epekhô,* avec ses armes et l'emblème de la balance[2] – autre symbole pyrrhonien fait pour lui rappeler à la fois de garder l'équilibre et de peser les choses, plutôt que de simplement les accepter.

L'imagerie qu'il utilisa était peu commune, mais l'idée d'écrire des choses personnelles sur les « jetons »

1. II, 12, p. 533.

2. Un des « jetons » en question de Montaigne a survécu dans une collection privée. Voir sa description *in* II, 12, p. 557. Cf. M.-L. Demonet, *Plaisir sémiotique et scepticisme chez Montaigne,* Orléans, Éditions Paradigme, 2002, p. 35-77.

ne l'était pas ; c'était une mode de l'époque : un aide-mémoire autant qu'un signe d'appartenance ou d'identité. Montaigne eût-il été un jeune homme de l'aube du XXIe siècle, plutôt que du XVIe siècle, probablement aurait-il recouru au tatouage.

Si la médaille était faite pour lui rappeler ses principes, elle remplit son office : le scepticisme le guida au travail, dans sa vie familiale et dans ses écrits. Les *Essais* en sont pétris : ses pages sont truffées d'expression du style « peut-être », « jusqu'à un certain point », « je crois », « ce me semble », et ainsi de suite – des mots qui, dit Montaigne lui-même, « amollissent et modèrent la témérité de nos propositions[1] » et incarnent ce que le critique Hugo Friedrich a appelé sa philosophie de la « modestie[2] ». Ce ne sont pas des fioritures, mais la pensée même de Montaigne, sous sa forme la plus pure. Jamais il ne se lassa de cette pensée ; ni de confondre son esprit en songeant aux millions de vies vécues au fil de l'histoire et à l'impossibilité de connaître la vérité sur elles. « Quand tout ce qui est venu par rapport du passé, jusques à nous, serait vrai, et serait su par quelqu'un, ce serait moins que rien, au prix de ce qui est ignoré[3]. » Que la connaissance de l'homme le plus curieux lui-même est chétive, songeait-il, et que le monde est ahurissant en comparaison. Pour citer de nouveau Hugo Friedrich, Montaigne avait un « profond besoin de se laisser

1. III, 11, p. 1076.
2. H. Friedrich, p. 146.
3. III, 6, p. 952.

surprendre par le trait unique, inclassable, énigmatique[1] ».

Et de tout ce qui était mystérieux, rien ne l'ébahissait davantage que lui même, le phénomène le plus insondable entre tous. D'innombrables fois, il s'observa changer d'opinion, passer d'un extrême à l'autre, ou glisser d'une émotion à l'autre en l'espace de quelques secondes.

> J'ai le pied si instable et si mal assis, je le trouve si aisé à crouler, et si prêt au branle, et ma vue si déréglée, qu'à jeun je me sens autre qu'après le repas : si ma santé me rit, et la clarté d'un beau jour, me voilà honnête homme ; si j'ai un cor qui me presse l'orteil, me voilà renfrogné, mal plaisant et inaccessible[2].

Il ne pouvait pas même se fier à ses perceptions les plus simples. S'il a la fièvre ou qu'il a pris un médicament, tout a un goût différent ou lui apparaît sous des couleurs différentes. Un léger rhume lui brouille les idées[3] ; la démence aurait raison de lui. Un coup ou une attaque d'apoplexie suffisait à faire de Socrate un idiot ; qu'un chien enragé le morde, et il proférait des absurdités. La salive du chien était « capable de faire devenir toute la philosophie, si elle était incarnée, furieuse et insensée[4] ». Et tel est précisément l'essentiel : pour Montaigne, la philosophie est incarnée. Elle

1. H. Friedrich, p. 144.
2. II, 12, p. 599.
3. *Ibid.*, p. 597-598.
4. II, 2, p. 365, et II, 12, p. 582.

vit dans des individus, des êtres humains faillibles ; elle est donc criblée d'incertitude : « Les philosophes n'ont, ce me semble, guère touché cette corde[1]. »

Et qu'en est-il des perceptions des autres espèces ? Montaigne conjecture à juste titre (comme Sextus Empiricus avant lui) que les autres animaux voient les couleurs différemment des humains[2]. Peut-être est-ce nous, non pas eux, qui les voyons « mal ». Nous n'avons pas moyen de savoir ce que sont vraiment les couleurs. Les animaux ont des facultés qui sont faibles chez nous, ou qui nous manquent, et peut-être certaines d'entre elles sont essentielles à une bonne intelligence du monde. « Nous avons formé une vérité par la consultation et concurrence de nos cinq sens : mais à l'aventure fallait-il l'accord de huit, ou de dix sens, et leur contribution, pour l'apercevoir certainement et en son essence[3]. »

Cette remarque apparemment désinvolte énonce une idée choquante : que notre nature même nous empêche de voir les choses telles qu'elles sont[4]. La perspective d'un être humain n'est peut-être pas simplement encline à des erreurs occasionnelles, mais limitée, par définition, exactement comme l'intelligence du chien, ainsi que nous le présumons d'ordinaire et non sans arrogance. Seul quelqu'un d'exceptionnellement doué pour se soustraire à son point de vue immédiat pouvait caresser une idée de ce

1. II, 12, p. 583.
2. *Ibid.*, p. 636.
3. *Ibid.*, p. 627.
4. *Ibid.*, p. 639.

genre, et tel était précisément le talent de Montaigne : aller voir derrière ses propres yeux pour se considérer en suspendant son jugement à la Pyrrhon. Les premiers sceptiques eux-mêmes n'étaient jamais allés jusque-là. Ils doutaient de tout ce qui les entourait, mais, en général, se gardaient de considérer combien leur être le plus intime était impliqué dans l'incertitude générale. Ce que fit Montaigne, tout le temps :

> Et nous, et notre jugement, et toutes choses mortelles, vont coulant et roulant sans cesse : ainsi il ne se peut établir rien de certain de l'un à l'autre, et le jugeant, et le jugé, étant en continuelle mutation et branle[1].

On pourrait avoir le sentiment d'une impasse, fermant toute possibilité de savoir quoi que ce soit, puisque rien ne saurait être mesuré à autre chose, mais cela peut aussi ouvrir sur une nouvelle façon de vivre. Tout devient plus compliqué, mais aussi plus intéressant : le monde devient un vaste paysage pluridimensionnel où il faut tenir compte de chaque point de vue. La seule chose nécessaire est de s'en souvenir, afin de « devenir sage à ses propres dépens[2] », suivant le mot de Montaigne.

Fût-ce pour lui-même, la discipline de l'attention requérait un effort constant : « Il faut bien bander l'âme pour lui faire sentir comme elle [la vie] s'écoule[3] », pour prendre conscience que nous sommes faillibles.

---

1. *Ibid.*
2. *Ibid.*, p. 597.
3. III, 13, p. 1155.

Les *Essais* l'y aidèrent. Les écrivant, il fit de lui une sorte de rat de laboratoire et se pencha sur lui, un carnet à la main. Chaque curiosité observée le réjouissait. Il prit même plaisir à ses trous de mémoire, car ils rappelaient ses failles et le gardaient de l'erreur de prétendre avoir toujours raison[1]. Sa règle de « tout remettre en question » n'admettait qu'une seule exception : il prit soin de déclarer que sa foi religieuse était, pour lui, au-delà du doute. Il adhérait au dogme reçu de l'Église catholique, un point c'est tout.

Les lecteurs modernes peuvent s'en étonner. De nos jours, on oppose habituellement le scepticisme et la religion organisée, celle-ci représentant la foi et l'autorité tandis que celui-là s'allie à la science et à la raison. Du temps de Montaigne, on traçait les lignes autrement. La science, au sens moderne, n'existait pas encore, et on considérait rarement la raison humaine comme une chose qui pût tenir seule, sans le soutien de Dieu. L'idée que l'esprit humain pût découvrir des choses par lui-même était de nature même à inspirer le plus de scepticisme aux sceptiques. Et l'Église faisait couramment passer la foi avant la « théologie rationnelle », en sorte qu'elle voyait habituellement le pyrrhonisme comme un allié. Dès lors qu'il s'en prenait à l'arrogance de l'homme, le scepticisme pyrrhonien était particulièrement utile contre « l'innovation » du protestantisme, qui faisait passer le raisonnement privé et la conscience avant le dogme.

1. *Ibid.*, p. 1121.

Plusieurs décennies durant, le catholicisme embrassa le pyrrhonisme[1], et présenta des livres comme la traduction de Sextus Empiricus par Henri Estienne et les *Essais* de Montaigne comme de précieux antidotes à l'hérésie. Montaigne l'aida par son attaque contre l'*hubris* rationnelle, ainsi que par les nombreuses expressions de fidéisme déclaré émaillant son ouvrage. La religion, écrit-il, doit nous venir de Dieu au moyen d'une « extraordinaire infusion[2] », non pas par nos propres efforts. Dieu fournit le sachet de thé ; nous apportons l'eau et la tasse. Et si nous ne recevons pas l'infusion directement, il suffit de se fier à l'Église, qui est une sorte de samovar de masse autorisé, plein d'une foi pré-brassée. Montaigne dit clairement qu'il reconnaissait à l'Église le droit de le gouverner en matières religieuses, jusqu'à policer ses pensées[3]. À une époque où les gens se ruaient vers la nouveauté, écrit-il, le principe de l'obéissance aveugle l'avait maintes fois sauvé :

> Autrement je ne me saurais garder de rouler sans cesse. Ainsi me suis-je, par la grâce de Dieu, conservé entier, sans agitation et trouble de conscience, aux anciennes créances de notre religion, au travers de tant de sectes et de divisions, que notre siècle a produites[4].

Il est difficile de dire si le trouble auquel il songeait était d'ordre spirituel, ou s'il pensait davantage à

1. Popkin, p. 3-6 et 34 ; trad. p. 35 *sq.* et 72.
2. II, 12, p. 461.
3. I, 56, p. 335.
4. II, 12, p. 604.

l'inconvénient de se voir traité d'hérétique et de voir brûler ses livres. Le fidéisme pouvait être un prétexte commode pour les incroyants secrets. Ayant payé son dû à Dieu et s'étant immunisé contre les accusations d'irréligion, on pouvait théoriquement rester aussi séculier qu'on le voulait. Quelle accusation pouvait-on porter contre quelqu'un qui prônait la soumission à Dieu et à la doctrine de l'Église dans ses moindres détails ? En vérité, l'Église finit par percevoir le danger ; au siècle suivant, elle avait jeté le discrédit sur le fidéisme. Pour l'heure, cependant, qui voulait suivre cette voie pouvait le faire en toute impunité. Montaigne entrait-il dans cette catégorie ?

Il est vrai qu'il ne montra guère de signe d'intérêt réel pour la religion. Les *Essais* n'ont rien à dire sur la plupart des idées chrétiennes : les thèmes du sacrifice, du repentir ou du salut le laissent apparemment indifférent, et il ne laisse paraître ni peur de l'Enfer ni désir du Ciel. L'idée que les sorcières et les démons sont actifs dans le monde le retient moins que l'idée de chats hypnotisant les oiseaux dans les arbres[1]. Quand Montaigne rumine sur la mort, il oublie apparemment qu'il est censé croire à une autre vie. Il dit des choses du genre : « Je me plonge la tête baissée, stupidement dans la mort [...], comme dans une profondeur muette et obscure, qui m'engloutit d'un saut, et m'étouffe en un instant, d'un puissant sommeil, plein d'insipidité

1. Au temps de Montaigne, l'intérêt pour ces pouvoirs de « l'imagination » coïncidait souvent avec l'incrédulité envers les sorcières et les démons, car elle apportait une autre explication de phénomènes étranges.

et indolence[1].» L'athéisme de cette description devait horrifier les théologiens du siècle suivant. Jésus-Christ est un autre sujet pour lequel Montaigne ne témoigne aucun intérêt. Il évoque la mort noble de Socrate et de Caton, mais ne songe pas à mentionner la crucifixion à ce propos. Le mystère sacré de la Rédemption le laisse froid. Il se soucie bien davantage de morale séculière – d'affaires de miséricorde et de cruauté. De la crucifixion de Jésus, observe le critique moderne David Quint, probablement Montaigne eût tiré ce message pour l'humanité : «Ne crucifiez point les gens[2].»

D'autre part, il est peu probable que Montaigne fût un athée consommé : au XVIe siècle, presque personne ne l'était. Et on ne s'étonnerait pas de le trouver sincèrement attiré par le fidéisme. Cela s'accordait bien avec sa philosophie sceptique et avec son tempérament personnel – car, malgré son goût de l'indépendance, il préférait souvent lâcher prise, surtout quand les choses en question ne l'intéressaient guère. En outre, quoi qu'il pensât du Dieu de haute altitude du fidéisme, l'attrait de ce qui reste *ici-bas* était bien plus fort sur lui.

Le résultat, en tout état de cause, est qu'il vécut sa vie sans jamais rencontrer de sérieux problèmes avec l'Église : une prouesse pour un homme qui écrivait

---

1. III, 9, p. 1016. A. Arnaud et P. Nicole, *La Logique ou l'art de penser,* Paris, C. Savreux, 1662 [Paris, Gallimard, 1992, 3e partie, chap. XX, sec. VI, p. 252], critiquent ce passage. Cf. H. Friedrich, p. 357 et note 293.

2. Quint, p. 74.

si librement, qui vécut à la limite de terres catholiques et de terres protestantes, et qui exerça des fonctions publiques à l'époque des guerres de religion. Alors qu'il voyageait en Italie, dans les années 1580, les autorités de l'Inquisition épluchèrent les *Essais* et produisirent une liste de menues objections[1]. L'une d'elles était qu'il employait le mot « Fortune », plutôt que « Providence », qui avait l'aval officiel[2] (la Providence vient de Dieu et laisse place au libre-arbitre ; la Fortune n'est que la façon dont le cookie s'émiette !). D'autres étaient de citer des poètes hérétiques, de trouver des excuses à Julien l'Apostat, de juger tout cruel au-delà de la simple exécution et de recommander d'élever les enfants naturellement et librement. Mais l'Inquisition ne s'offusqua point de ses vues sur la mort, de ses réserves sur les procès en sorcellerie ou, encore moins, de son scepticisme.

C'est, en fait, le scepticisme des *Essais* qui en fit le succès à sa première publication, en même temps que son stoïcisme et son épicurisme. Il réussit à séduire des lecteurs réfléchis, indépendants d'esprit, mais aussi les hommes d'Église les plus orthodoxes. Le volume plut à des gens comme son collègue bordelais Florimond de Ræmond, fervent catholique dont

---

1. *Journal de voyage de Michel de Montaigne,* éd. Rigolot, p. 92. [Cf. Malcolm Smith, *Montaigne and the Roman Censors,* Genève, Droz, 1981, p. 15. *sq.*]

2. Voir A. Poppi, « Fate, fortune, providence, and human freedom », *in* C. Schmitt *et al.* (dir.), *The Cambridge History of Renaissance Philosophy,* Cambridge, Cambridge University Press, 1988, p. 641-667.

le sujet de prédilection, dans ses écrits, était l'arrivée imminente de l'Antichrist et l'Apocalypse. Ræmond conseillait aux gens de lire Montaigne pour se fortifier contre l'hérésie[1], et en particulier loua la « belle Apologie » en raison de son abondance d'histoires démontrant combien peu nous en savons sur le monde. Il en emprunta plusieurs pour nourrir un chapitre de son livre *L'Antichrist,* [plus précisément la section du chapitre II intitulée] « Choses étranges dont nous ne savons la raison[2] ». D'où vient qu'un éléphant en colère se calme à la vue d'un mouton ? Pourquoi un taureau sauvage attaché à un figuier se montre docile ? Et comment le poisson rémora plante-t-il ses petits crochets dans la coque d'un navire pour l'entraîner par le fond ? Ræmond paraît si gentil et semble tellement ébahi par les prodiges de la nature qu'il faut se pincer pour se souvenir qu'il croyait à l'imminence de la fin du monde. Le fidéisme produisait en vérité de drôles de compagnons : extrémistes et modérés séculiers se trouvaient réunis par un désir partagé de s'émerveiller de leur ignorance.

Ainsi les orthodoxes embrassèrent-ils dans le premier Montaigne un sage sceptique pieux, un nouveau Pyrrhon aussi bien qu'un nouveau Sénèque : l'auteur d'un livre tout à la fois qui console et aide à progresser moralement. Aussi est-il surprenant de voir qu'à la fin du siècle suivant on devait le fuir avec horreur tandis

1. Ræmond, *Erreur populaire,* p. 159-160.

2. Ræmond, *L'Antichrist,* p. 20-21. Sur Florimond de Ræmond, cf. C. Magnien-Simonin, « Ræmond, Florimond de », *in* Desan, *Dictionnaire,* p. 993-994.

que les *Essais* furent mis à l'Index, pour y rester près de cent quatre-vingts ans.

Le problème commença par la discussion d'un sujet qu'on pourrait croire d'importance minime : les animaux.

Animaux et démons

Pour miner la vanité humaine, le tour préféré de Montaigne était de raconter des histoires d'animaux, comme celles qui intriguaient tant Florimond de Ræmond – et pour beaucoup « libérées » de Plutarque. Il les aimait parce qu'elles divertissaient, mais le dessein était grave. Les récits d'intelligence et de sensibilité animales démontraient que les facultés humaines étaient loin d'être exceptionnelles, et qu'en vérité les bêtes faisaient bien des choses mieux que nous.

Par exemple, elles peuvent exceller à coopérer. Bœufs, cochons et autres créatures se rassembleront en groupes pour se défendre. Qu'un pêcheur ferre un poisson-perroquet, ses comparses se précipitent pour ronger la ligne et le libérer. Que l'un soit pris dans la nasse, les autres « lui baillent la queue par dehors, et lui la serrent tant qu'ils peuvent à belles dents » pour l'en tirer[1]. Même des espèces différentes peuvent travailler ensemble de cette façon : ainsi du poisson-pilote qui guide la baleine, ou de l'oiseau qui pique les dents du crocodile.

1. [« Le scare », dit Montaigne] II, 12, p. 503.

Le thon fait montre d'une intelligence raffinée de l'astronomie : quand arrive le solstice d'hiver, tout le banc s'arrête à l'endroit précis de l'eau où il se trouve, pour y rester jusqu'à l'équinoxe du printemps. Les thons savent aussi la géométrie et l'arithmétique : on les a vus former un cube parfait dont les six côtés sont égaux[1].

Moralement, les animaux se révèlent au moins aussi nobles que les hommes. Pour ce qui est de la repentance, qui peut en remontrer à l'éléphant si chagrin d'avoir tué son gardien dans un accès de colère qu'il se laissa mourir de faim ? Et que dire de la femelle halcyon, ou martin-pêcheur, qui porte loyalement sur ses épaules un congénère blessé, pour le restant de ses jours, si besoin est ? Ces martins-pêcheurs sont aussi de bons connaisseurs de la technologie : ils utilisent des arêtes de poisson pour construire une structure qui leur sert aussi bien de nid que de bateau, ayant la finesse de l'essayer au bord de la côte avant de le lancer en pleine mer[2].

Les animaux nous dépassent, en toutes sortes de capacités. Les humains changent de couleur, mais sans se maîtriser : dans l'embarras, nous rougissons ; apeurés, nous pâlissons. Cela nous situe au même niveau que les caméléons, qui changent aussi au gré des circonstances, mais très en dessous de la pieuvre, qui peut fondre ses couleurs à sa guise. Les caméléons et nous ne pouvons que considérer, admiratifs,

1. *Ibid.,* p. 504.
2. *Ibid.,* p. 505-506.

le puissant poulpe : le choc est rude pour la vanité de l'homme[1].

Or, nous autres, humains, persistons à nous croire séparés de toutes les autres créatures, plus proches des dieux que des caméléons ou des perroquets. Jamais il ne nous vient à l'idée de nous ranger parmi les bêtes, ni de nous mettre à leur place. À peine prenons-nous le temps de nous demander si elles ont quelque esprit. Pour Montaigne, cependant, il suffit de voir un chien rêver pour voir qu'il doit avoir un monde intérieur exactement pareil au nôtre. Qui rêve de Rome ou de Paris conjure en lui une ville sans substance ; de même, un chien rêvant d'un lièvre voit certainement courir un lièvre désincarné : il y en a bien un là, pour lui, mais « c'est un lièvre sans poil et sans os[2] ». Tout comme nous, les bêtes peuplent leur univers intérieur de spectres de leur invention.

Les histoires animalières de Montaigne semblèrent délicieuses et inoffensives à ses premiers lecteurs. À tout le moins, elles étaient moralement utiles, faisant valoir que les humains sont des créatures modestes qui ne sauraient espérer maîtriser ni comprendre grand-chose sur la terre de Dieu. Mais le XVIe siècle s'effaçant dans l'histoire, et le XVIIe déferlant, les gens se trouvèrent de plus en plus gênés d'être jugés moins raffinés ou capables qu'un poulpe. Cela semblait dégradant, pas simplement humiliant. Dans les années 1660, l'« Apologie », où l'on trouve la plupart des histoires de bêtes, ne ressemblait plus à un trésor de sagesse

1. *Ibid.*, p. 492-493.
2. *Ibid.*, p. 507.

édifiante. On y voyait plutôt une étude de cas de tout ce qu'il y avait à redire aux mœurs du siècle précédent. Alors que Montaigne avait accepté aisément la faillibilité de l'homme et notre côté animal, on y voyait désormais une chose à combattre, presque un tour du diable.

En 1668, Jacques-Bénigne Bossuet la dénonça en chaire dans une tirade typique de la nouvelle attitude. Montaigne, dit-il, préfère

> les animaux à l'homme, leur instinct à notre raison, leur nature simple, innocente et sans fard [...] à nos raffinements et à nos malices. Mais, dites-moi, subtil philosophe, qui vous riez si finement de l'homme qui s'imagine être quelque chose [plus qu'un animal], compterez-vous encore pour rien de connaître Dieu[1] ?

Le ton de défi était nouveau, de même que le sentiment que la dignité humaine eût besoin d'être défendue contre un ennemi « subtil ». Le XVIIe siècle devait cesser de reconnaître la sagesse de Montaigne, pour voir en lui un charlatan subversif. Ses histoires de bête et son rabaissement des prétentions humaines devaient particulièrement fâcher deux des plus grands écrivains de la nouvelle ère : René Descartes et Blaise Pascal. Ils n'avaient aucune sympathie l'un pour l'autre, ce qui rend d'autant plus notable leur rapprochement dans le désaveu de Montaigne.

---

1. Bossuet, *Sermons de Messire Jacques-Bénigne Bossuet,* vol. I, Paris, 1722, p. 133 (« Troisième sermon pour la fête de tous les saints », 1668). Cf. Boase, *Fortunes,* p. 414.

René Descartes, le plus grand philosophe de l'aube des temps modernes, s'intéressait surtout aux animaux en comparaison des êtres humains. Ceux-ci ont un esprit conscient, immatériel ; ils peuvent réfléchir à leur expérience et dire « je pense ». Pas les animaux. Pour Descartes, ils sont donc dépourvus d'âme, et ne sont rien de plus que des machines. Ils sont programmés pour marcher, courir, dormir, bâiller, renifler, chasser, rugir, se gratter, se construire des nids, élever leurs petits, manger et déféquer, mais ils le font ainsi qu'un automate pourrait vrombir et se traîner lourdement sur le sol. Un chien, pour Descartes, n'a ni perspective ni expérience véritable. Il ne crée point de lièvre dans son monde intérieur pour le chasser à travers champs. Il peut bien nasiller et contracter ses griffes autant qu'il lui plaît, Descartes n'y verra jamais que muscles qui se contractent et réflexes nerveux sous l'effet de quelque opération du cerveau tout aussi mécanique[1].

Descartes est bien incapable d'échanger un regard avec un animal. Dans un passage fameux, il rêvasse : « Quand je me joue à ma chatte, qui sait si elle passe son temps de moi plus que je ne fais d'elle ? » Et, dans une autre version du texte[2], il ajouta : « Nous nous entretenons de singeries réciproques. Si j'ai mon heure

1. Descartes, *Discours de la méthode* (1637), discours 5. Voir T. Gontier, *De l'homme à l'animal : Montaigne et Descartes ou les paradoxes de la philosophie moderne sur la nature des animaux,* Paris, Vrin, 1998, et *Id.,* « D'un paradoxe à l'autre : l'intelligence des bêtes chez Montaigne et les animaux – machines chez Descartes », *in* E. Faye, éd., *Descartes et la Renaissance,* Paris, Champion, 1999, p. 87-101.

2. Sur les diverses versions, voir chap. 18, *infra.*

de commencer ou de refuser, aussi a elle la sienne[1]. » Il emprunte le point de vue de sa chatte sur lui aussi volontiers qu'il adopte le sien envers elle.

Le petit jeu de Montaigne avec sa chatte est un des moments les plus charmants des *Essais,* mais aussi un moment important. Il résume sa conviction que tous les êtres ont en partage un monde commun, mais que chaque créature a sa façon de le percevoir. « Tout Montaigne est dans cette réflexion faite au passage », a observé un critique[2]. La chatte de Montaigne est si célèbre qu'elle a inspiré un article savant et a droit à une entrée dans le *Dictionnaire de Montaigne* de Philippe Desan[3].

Toute l'habileté de Montaigne à aller d'une perspective à l'autre passe au premier plan quand il parle des animaux. Nous peinons à les comprendre, dit-il, mais il doit leur paraître tout aussi difficile de nous comprendre. « Ce défaut qui empêche la communication d'entre elles et nous, pourquoi n'est-il aussi bien à nous qu'à elles ? »

> Nous avons quelque moyenne intelligence de leurs sens [de ce qu'elles veulent dire], aussi ont les bêtes des nôtres, environ à même mesure. Elles nous flattent, nous menacent, et nous requièrent, et nous elles[4].

---

1. II, 12, p. 474.
2. Lüthy, p. 28.
3. P. Michel, « La chatte de Montaigne, parmi les chats du XVIe siècle », *Bulletin de la Société des amis de Montaigne,* 29, 1964, p. 14-18, et L. Shannon, « Chatte de Montaigne », *in* Desan, *Dictionnaire,* p. 189-190.
4. II, 12, p. 474.

Montaigne ne peut regarder sa chatte sans la voir le regarder et s'imaginer lui-même l'observant. Tel est le genre de commerce entre individus imparfaits, mutuellement conscients, mais d'espèces différentes qui ne saurait jamais se produire pour Descartes, qui en était dérangé, comme d'autres dans son siècle.

Dans le cas de Descartes, le problème était que toute sa construction philosophique nécessitait un point d'absolue certitude, qu'il trouva dans l'idée d'une conscience claire, non diluée. Les ambiguïtés de Montaigne qui brouillent les frontières – ses réflexions sur un Socrate perturbé ou enragé ou sur les sens supérieurs du chien – ne pouvaient y avoir la moindre place. Les complications qui donnaient du plaisir à Montaigne alarmaient Descartes. Paradoxalement, pourtant, son désir d'un point de pure certitude était largement né en réponse à son intelligence du doute pyrrhonien, essentiellement tel que transmis par Montaigne, le pyrrhonien le plus en vue du monde moderne.

La solution vint à Descartes en novembre 1619, quand, après un temps passé à voyager et à observer la diversité des coutumes humaines, il s'enferma en Allemagne dans une chambre chauffée au bois pour se consacrer une journée entière à la réflexion. Il partit de l'idée sceptique que rien n'était réel, et que toutes ses croyances antérieures étaient fausses. Puis il avança lentement, avec circonspection, « comme un homme qui marche seul et dans les ténèbres », remplaçant ses fausses croyances par des croyances logiquement justifiées. Ce fut une progression purement mentale : tandis qu'il avançait pas à pas, son corps demeurait au coin du feu, où on l'imagine des heures durant plongé dans la contemplation des braises[1]. L'image de Descartes devant son poêle, peut-être dans la position voûtée du *Penseur* de Rodin, contraste nettement avec celle d'un Montaigne qui fait les cent pas, retire un livre des étagères, se laisse distraire, faisant part de ses étranges pensées à ses serviteurs pour mieux s'en souvenir par la suite et concevant ses meilleures idées dans les discussions enflammées, à dîner avec des voisins ou chevauchant dans des bois. Jusque dans sa « retraite », Montaigne réfléchissait dans un cadre richement peuplé, plein d'objets, de livres, de bêtes et de gens. Descartes avait besoin de recul et d'impassibilité.

Près de son poêle, Descartes déroula progressivement une chaîne de raisonnement, dont il jugeait chaque lien fermement arrimé au précédent. Sa première découverte est que lui-même existait :

> Je pense, donc je suis.

Partant de cet ancrage sûr, il entreprit d'établir, en ne recourant qu'à la déduction, que Dieu doit exister, que son idée « claire et distincte » de l'existence de Dieu devait venir de Dieu lui-même, et donc que tout ce dont il avait par ailleurs une idée claire et distincte devait être également vrai. Il énonça ce dernier point avec plus d'audace encore dans ses *Méditations,* où il écrivit, « tout ce que je conçois clairement et distinctement

1. Descartes, *Discours de la méthode,* 2e partie, p. 136 *sq.*

ne peut manquer d'être vrai[1] » – assurément l'une des déclarations les plus étonnantes de toute la philosophie, et aussi éloignée qu'on peut l'imaginer de la façon de procéder de Montaigne. Tout cela sortit cependant de la forme de scepticisme préférée de Montaigne : celle qui mettait tout en doute, à commencer par elle, au point de faire ainsi surgir un immense point d'interrogation au cœur de la philosophie européenne.

La chaîne de raisonnement prétendument infaillible de Descartes peut bien paraître absurde, mais elle a plus de sens dans le contexte des idées du siècle précédent – celles auxquelles il voulait échapper. Telles étaient, surtout, les deux grandes traditions que Montaigne avait transmises à sa génération : le scepticisme, qui démontait tout, et le fidéisme qui remontait tout sur la base de la foi. Descartes ne voulait pas s'arrêter là. Il était tout sauf fidéiste. D'une certaine manière, cependant, c'est bien ce qui arriva : une tradition dont il était dur de se défaire.

La véritable innovation de Descartes, c'était la force de son désir de certitude. L'extrémisme de son tour d'esprit était aussi nouveau. Tâchant de se débarrasser du scepticisme, il le força à un point inimaginable, comme on pourrait tirer le fil de son chewing-gum jusqu'à son soulier. Il ne pouvait être question de flotter dans le doute indéfiniment, comme sur un « océan de spéculation ». L'incertitude n'était pas un mode de vie, comme il le fut pour Montaigne et les premiers pyrrhoniens. Pour Descartes, c'était une étape de

1. Descartes, *Méditations,* 5e, p. 316.

crise. On le sent bien désorienté quant il écrit dans les *Méditations* :

> La Méditation que je fis hier m'a rempli l'esprit de tant de doutes, qu'il n'est plus désormais en ma puissance de les oublier. [...] Je ne puis ni assurer mes pieds dans le fond, ni nager pour me soutenir au-dessus[1].

C'est bien là que le XVIIe se sépare réellement du monde de Montaigne : dans sa découverte de l'aspect cauchemardesque du scepticisme. Dans « la Méditation que je fis hier », Descartes, qui excella toujours à employer des métaphores vives pour faire passer ses idées, avait même personnifié ses doutes dans une figure de réelle horreur :

> Je supposerai donc qu'il y a, non point un vrai Dieu, qui est la souveraine source de vérité, mais un certain mauvais génie, non moins rusé et trompeur que puissant, qui a employé toute son industrie à me tromper. Je penserai que le ciel, l'air, la terre, les couleurs, les figures, les sons et toutes les choses extérieures que nous voyons, ne sont que des illusions et tromperies, dont il se sert pour surprendre ma crédulité. Je me considérerai moi-même comme n'ayant point de mains, point d'yeux, point de chair, point de sang, comme n'ayant aucuns sens, mais croyant faussement avoir toutes ces choses[2].

Les démons semblaient encore réels et effrayants au temps de Descartes, comme au temps de Montaigne.

---

1. *Ibid.*, 2e, p. 274.
2. *Ibid.*, 1re, p. 272.

D'aucuns pensaient qu'ils emplissaient le monde en nuées[1], telle la pollution de micro-organismes ; leur maître, Satan, et eux pouvaient tresser des illusions dans l'air, nouer des rayons de lumière ou les fils mêmes de votre cervelle pour vous faire voir des bêtes féroces et des monstres. La pensée qu'un tel esprit pût nous duper systématiquement quant à la nature du monde physique – et la nôtre – avait de quoi rendre fou n'importe qui. La seule chose qui fût encore pire était la possibilité que Dieu lui-même pût nous abuser ainsi ; Descartes y fait une allusion fugitive, puis se rétracte[2].

Étrangement, peut-être, de la part d'un homme qui prônait la pure raison et se voulait l'ennemi juré des ruses de l'imagination, Descartes usa de tous les moyens romanesques qu'il avait à sa disposition pour jouer sur les émotions du lecteur. Mais, comme la plupart des auteurs d'histoires d'horreur, il était par nature foncièrement conservateur. Le démon menace l'ordre des choses, mais il est ensuite défait, et la normalité est rétablie sur des fondations plus sûres. sauf que ce n'est pas vrai. Dans les fictions, le monstre menace souvent d'opérer son retour à la fin, dans une coda : pas vraiment vaincu, il se contente d'attendre la suite. Des suites, Descartes n'en voulait pas. Il pensait avoir recouvert à jamais l'abysse, mais ce n'était pas le cas. Son issue rassurante vola en éclats presque tout de suite.

---

1. Clark, p. 163.
2. Descartes, *Méditations,* 1re, p. 270. Voir Popkin, p. 187 et trad. p. 267.

On allait finir par trouver une issue pratique, non point par le défi extrémiste de Descartes, mais à travers un compromis pragmatique qui a bien plus en commun avec l'esprit de Montaigne. Plutôt que de chercher la certitude totale, la science moderne admet une part de doute, en théorie, alors qu'en pratique tout le monde continue à vouloir en savoir plus sur le monde, comparant les observations aux hypothèses en accord avec des codes pratiques convenus. Nous vivons comme s'il n'y avait point d'abysse. À l'instar de Montaigne s'accommodant de sa faillibilité, nous acceptons le monde tel qu'il paraît être tout en envisageant au passage, pour la forme, que rien ne soit vraiment solide. Le démon attend en coulisses, mais la vie continue.

L'histoire d'horreur de Descartes est ce qui s'ensuivit quand le pyrrhonisme de Montaigne toucha un esprit plus anxieux, plus divisé, que le XVIe n'en pouvait engendrer. Montaigne ne fut pas épargné par des moments d'angoisse existentielle ; ainsi put-il écrire des choses du style « nous sommes, je ne sais comment, doubles en nous-mêmes[1] » ou « nous n'avons aucune communication à l'être[2] ». Reste que le sentiment qu'avait Descartes de se noyer dans le doute l'eût dérouté.

De nos jours, beaucoup trouveraient sans doute la terreur de Descartes plus facile à comprendre que le confort singulier que Montaigne et les premiers pyrrhoniens tiraient de leur scepticisme. L'idée que

1. II, 16, p. 657.
2. II, 12, p. 659.

chacune de nos expériences dissimule un vide ne nous apparaît plus comme une source de consolation évidente.

Notre sentiment de ce vide nous vient largement de la lecture très contrariée que Descartes fit de Montaigne. Mais il nous a aussi été transmis par l'autre grand disciple et contradicteur de Montaigne au XVIIe siècle – un homme plus troublé encore par les implications du pyrrhonisme : Blaise Pascal, philosophe, mystique et autre grand auteur d'histoires d'horreur.

Une « prodigieuse machine à séduire »

Les *Pensées* de Pascal, son œuvre la plus célèbre, n'étaient censées terrifier personne, sinon lui. Il s'agit d'un recueil de notes désordonnées en vue d'un traité de théologie plus systématique qu'il ne parvint jamais à écrire. Eût-il achevé son ouvrage qu'il eût probablement perdu de son intérêt. Il nous laissa plutôt l'un des textes littéraires les plus mystérieux, avec ses épanchements passionnés largement écrits pour conjurer la puissance, dangereuse à ses yeux, des *Essais* de Montaigne.

Blaise Pascal était né à Clermont-Ferrand en 1623. Garçon, il montra des talents précoces pour les mathématiques et l'invention, et imagina même une des premières machines à calculer. À trente et un an, séjournant à l'abbaye de Port-Royal-des-Champs, il fit une expérience visionnaire qu'il essaya de décrire sur un bout de papier intitulé « FEU » :

[...]
Certitude, certitude, sentiment, joie, paix.
(Dieu de Jésus-Christ).
Dieu de Jésus-Christ.
Deum meum et deum vestrum.
Ton Dieu sera mon Dieu.
Oubli du monde et de tout, hormis Dieu.
Il ne se trouve que par les voies enseignées dans l'Évangile.
Grandeur de l'âme humaine.
Père juste le monde ne t'a point connu, mais je t'ai connu.
Joie, joie, joie, pleurs de joie [...][1].

Cette épiphanie changea sa vie. Il cousit ce bout de papier dans ses vêtements afin de pouvoir l'emporter partout, et consacra dès lors son temps à l'écriture théologique et aux notes qui devaient devenir les *Pensées.* Il n'eut pas beaucoup de temps à y consacrer. Une hémorragie cérébrale l'emporta à l'âge de trente-neuf ans.

Pascal n'avait quasiment rien de commun avec Descartes, si ce n'est son obsession du scepticisme. Mystique jusqu'au ravissement, il n'aimait pas la confiance en la raison de Descartes et déplorait que «l'esprit géométrique» prît le pas sur le philosophique[2]. L'aversion que lui inspirait la rationalité aurait dû à

1. Pascal, *Pensées,* éd. Lafuma, n° 913 (datée de 1564). Cf. F. X. J. Coleman, *Neither Angel nor Beast,* New York et Londres, Routledge & Kegan Paul, 1986, p. 59-60.

2. Cf. B. Pascal, *De l'esprit géométrique et de l'art de persuader,* in *Œuvres complètes,* p. 348-359.

tout le moins le conduire plutôt vers Montaigne, ce qui fut le cas, car il ne cessa de lire les *Essais.* Mais la tradition pyrrhonienne, telle que la transmit Montaigne, le troubla si fort qu'il ne put guère lire une page de l'« Apologie » sans courir à ses carnets pour y épancher de violentes pensées à son propos. Pascal fit de Montaigne « le grand adversaire[1] », pour emprunter l'expression qu'emploie le poète T. S. Eliot pour décrire leur relation. C'est le langage normalement réservé à Satan lui-même, mais l'allusion est de mise, car Montaigne fut bel et bien le tortionnaire de Pascal, son séducteur et son tentateur.

Pascal craignait le scepticisme pyrrhonien parce que, à la différence des lecteurs du XVIe siècle, il avait la certitude qu'il menaçait la croyance religieuse. Désormais, le doute ne passait plus pour un ami de l'Église ; il appartenait au Diable, et devait être combattu. Et c'est bien ici le problème, car comme tout le monde l'avait toujours vu, le scepticisme pyrrhonien était quasiment impossible à combattre[2]. Toute velléité de lui chercher querelle ne pouvait que renforcer son idée que tout était ouvert à la dispute, tandis que rester neutre revenait à confirmer l'idée qu'il était bon de suspendre son jugement.

Dans un court texte habituellement inclus dans les *Pensées,* et rapportant une conversation avec Isaac Lemaître de Sacy, le directeur de l'abbaye de Port-Royal, Pascal résume l'argument, ou l'absence d'argument, pyrrhonien de Montaigne :

---

1. Eliot, p. 157.
2. Pascal, *Pensées,* n° 36, éd. Lafuma.

Il met toutes choses dans un doute universel et si général, que ce doute s'emporte soi-même, c'est-à-dire s'il doute, et doutant même de cette dernière supposition, son incertitude roule sur elle-même dans un cercle perpétuel et sans repos ; s'opposant également à ceux qui assurent que tout est incertain et à ceux qui assurent que tout ne l'est pas, parce qu'il ne veut rien assurer[1].

Montaigne est « porté avec tant d'avantage dans ce doute universel, qu'il s'y fortifie également par son triomphe et par sa défaite[2] ». On sent bien la frustration : comment combattre pareil adversaire ? Or, il le faut. C'est un devoir moral, sans quoi le doute emportera tout tel un raz-de-marée : le monde tel que nous le connaissons, la dignité humaine, notre santé mentale et notre sentiment de Dieu. T. S. Eliot en fit aussi l'observation :

> De tous les auteurs, Montaigne est un des moins destructibles. Autant essayer de dissiper un brouillard en y lançant des grenades à main. Car Montaigne est un brouillard, un gaz, un élément fluide, insidieux. Il ne raisonne pas, il insinue, charme et influence, ou s'il raisonne, soyez prêt à ce qu'il ait sur vous quelque dessein autre que de vous convaincre par son raisonnement[3].

Pascal ne pouvant combattre Montaigne, il ne put non plus cesser de le lire, ou d'écrire sur lui. Il livra

1. Pascal, *Entretien avec M. de Saci,* in *Œuvres complètes,* p. 293.
2. *Ibid.,* p. 294.
3. Eliot, p. 157.

aux *Essais* un combat rapproché en sorte de ne pas prêter le flanc aux coups. Si La Boétie rôdait au-dessus de la page de Montaigne en ami invisible, Montaigne fut un ennemi et coauteur omniprésent quand Pascal écrivait. En même temps, Pascal le savait bien : le véritable drame se déroulait en son âme. « Ce n'est pas dans Montaigne mais dans moi que je trouve tout ce que j'y vois[1]. »

Il aurait pu tout aussi bien consulter ses carnets et dire, « ce n'est de moi mais de Montaigne que je tiens tout ce que je vois ici », tant il avait l'habitude de transcrire presque mot pour mot quantités de matériaux :

> *Montaigne :* « Comme nous pleurons et nous rions d'une même chose[2]. »
> *Pascal :* « De là vient qu'on pleure et qu'on rit d'une même chose[3]. »

> *Montaigne :* « Ils veulent se mettre hors d'eux, et échapper à l'homme. C'est folie : au lieu de se transformer en anges, ils se transforment en bêtes[4].
> *Pascal :* « L'homme n'est ni ange ni bête, et le malheur veut que qui veut faire l'ange fait la bête[5]. »

> *Montaigne :* « Qu'on loge un philosophe dans une cage de menus filets de fer clairsemé, qui soit suspendue au haut des tours Notre-Dame de Paris ; il verra par raison évidente, qu'il est impossible qu'il en tombe ; et si ne se

1. Pascal, *Pensées,* n° 689, éd. Lafuma.
2. I, 27, p. 238.
3. Pascal, *Pensées,* n° 54, éd. Lafuma.
4. III, 13, p. 1166.
5. Pascal, *Pensées,* n° 678, éd. Lafuma.

saurait garder (s'il n'a accoutumé le métier des couvreurs) que la vue de cette hauteur extrême, ne l'épouvante et ne le transisse. [...] Qu'on jette une poutre entre ces deux tours d'une grosseur telle qu'il nous la faut à nous promener dessus, il n'y a de sagesse philosophique de si grande fermeté, qui puisse nous donner courage d'y marcher, comme nous ferions si elle était à terre[1]. »

Pascal : « Le plus grand philosophe du monde sur une planche plus large qu'il ne faut, s'il y a au-dessous un précipice, quoique sa raison le convainque de sa sûreté, son imagination prévaudra. Plusieurs n'en sauraient soutenir la pensée sans pâlir et suer[2]. »

Dans *The Western Canon* (« Le Canon occidental »), Harold Bloom parle des *Pensées* comme un « sale épisode d'indigestion » à l'égard de Montaigne. Copiant Montaigne, cependant, Pascal le changea également. Lors même qu'il utilisa les mots de Montaigne, il les mit sous un autre jour. Comme le Pierre Ménard de Borges qui, au XXe siècle, écrit un roman en tous points identiques à *Don Quichotte*[3], Pascal écrivit les mêmes mots à une autre époque et avec un tempérament différent, créant ainsi autre chose.

C'est la différence émotionnelle qui compte. Montaigne et Pascal avaient des intuitions semblables sur les côtés les moins flatteurs de la nature humaine, sur le domaine de l'« humain, trop humain », où se

1. II, 12, p. 631.

2. Pascal, *Pensées,* n° 44, éd. Lafuma.

3. J. L. Borges, « Pierre Ménard, auteur du *Quichotte* », in *Fictions,* repris, *in* Borges, *Œuvres complètes. I,* Paris, Gallimard, « Bibliothèque de la Pléiade », 1993, p. 467-475.

tapissent égoïsme, paresse, mesquinerie, vanité et d'innombrables autres défaillances de même nature. Mais Montaigne les considéra avec indulgence et humour, alors qu'elles inspiraient à Pascal une horreur plus grande que tout ce dont Descartes fut capable.

Pour Pascal, la faillibilité est insupportable en soi : « Nous avons une si grande idée de l'âme de l'homme que nous ne pouvons souffrir d'en être méprisés et de n'être pas dans l'estime d'une âme. Et toute la félicité des hommes consiste dans cette estime[1]. » Pour Montaigne, les faiblesses humaines ne sont pas seulement supportables, elles sont presque une cause de célébration. Pour Pascal, il ne faut pas accepter les limites ; toute la philosophie de Montaigne tourne autour du point de vue opposé. Même quand celui-ci écrit, « il me semble que nous ne pouvons jamais être assez méprisé selon notre mérite[2] » – le genre de propos que Pascal tient tout le temps –, il l'écrit de manière enjouée, et ajoute que, le plus souvent, il y a plus de sottise que de malice. « Qui se considérera de la sorte s'effraiera de soi-même[3]. » Tout comme Descartes souleva la couverture du confort mental des pyrrhoniens – le doute universel – et vit des monstres au-dessous, Pascal en fait autant avec l'une des ruses préférées des stoïciens et des épicuriens : le voyage imaginaire dans l'espace et l'idée de la petitesse de l'homme. Il suit cette pensée dans un lieu de terreur :

1. Pascal, *Pensées,* n° 411, éd. Lafuma.
2. I, 50, p. 323.
3. Pascal, *Pensées,* n° 199, éd. Lafuma.

En voyant l'aveuglement et la misère de l'homme, en regardant tout l'univers muet et l'homme sans lumière abandonné à lui-même, et comme égaré dans ce recoin de l'univers sans savoir qui l'y a mis, ce qu'il y est venu faire, ce qu'il deviendra en mourant, incapable de toute connaissance, j'entre en effroi comme un homme qu'on aurait porté endormi dans une île déserte et effroyable, et qui s'éveillerait sans connaître et sans moyen d'en sortir[1].

La lecture en devient excitante, mais au bout de quelques pages on aspire à une dose d'humanisme complaisant à la Montaigne. Pascal souhaite que les gens demeurent conscients des choses ultimes : l'immensité des espaces vides, Dieu, la mort. Or, parmi nous, rares sont ceux qui peuvent les regarder en face longtemps. Nous sommes distraits : l'esprit dérive vers des choses concrètes et personnelles. Ce qui mettait Pascal en fureur : « Or à quoi pense le monde ? jamais à cela, mais à danser, à jouer du luth, à chanter, à faire des vers, à courir la bague etc.[2]. » Montaigne aimait aussi à poser de grandes questions, mais il préférait explorer la vie à travers ses lectures, les animaux de sa maison, les incidents dont il avait été témoin dans ses voyages, ou les problèmes du voisin avec ses enfants. « La sensibilité de l'homme aux petites choses et l'insensibilité aux plus grandes choses est la marque d'un étrange renversement », écrivit Pascal[3]. Montaigne eût dit exactement le contraire.

1. Pascal, *Pensées,* n° 198, éd. Lafuma.
2. *Ibid.,* n° 620.
3. *Ibid.,* n° 632.

Environ un siècle plus tard, Voltaire, qui avait viscéralement horreur de Pascal, observa : « J'ose prendre le parti de l'humanité contre ce misanthrope sublime[1]. » Il passa en revue cinquante-sept citations des *Pensées,* pour les démolir l'une après l'autre :

> Pour moi, quand je regarde Paris ou Londres, je ne vois aucune raison d'entrer dans ce désespoir dont parle Pascal ; je vois une ville qui ne ressemble en rien à une île déserte, mais peuplée, opulente, policée, et où les hommes sont heureux autant que la nature humaine le comporte. Quel est l'homme sage qui sera prêt à se pendre parce qu'il ne sait pas comment on voit Dieu face à face [...] ? Pourquoi nous faire horreur de notre être ? Notre existence n'est point si malheureuse qu'on veut nous le faire accroire. Regarder l'univers comme un cachot et tous les hommes comme des criminels qu'on va exécuter, est l'idée d'un fanatique[2].

Ce qui conduisit Voltaire à voler à la défense du « grand adversaire » de Pascal :

> Le charmant projet que Montaigne a eu de se peindre naïvement comme il a fait ! Car il a peint la nature humaine ; et le pauvre projet de [...] Pascal, de décrier Montaigne[3] !

---

1. Voltaire, *Lettres philosophiques,* Paris, GF-Flammarion, 1964, lettre 25, p. 160.
2. *Ibd.*, p. 165-166.
3. *Ibid.*, p. 180.

Voltaire était bien plus à l'aise avec un credo comme celui de Montaigne, tel qu'il apparaît dans le dernier chapitre des *Essais* :

> J'accepte de bon cœur et reconnaissant, ce que nature a fait pour moi : et m'en agrée et m'en loue. On fait tort à ce grand et tout puissant donneur, de refuser son don, l'annuler et défigurer[1] [...].

Cette confortable acceptation de la vie telle qu'elle est, et de son moi, *tel qu'il est,* plongea Pascal dans une fureur plus grande encore que le scepticisme pyrrhonien lui-même. Les deux vont de pair. Montaigne met tout en doute, mais réaffirme ensuite tout ce qui est familier, incertain et ordinaire – car c'est tout ce que nous avons. Son scepticisme l'amène à célébrer l'imperfection : cela même à quoi Pascal, non moins que Descartes, voulut échapper sans y jamais parvenir. Pour Montaigne, les raisons pour lesquelles la chose était impossible allaient de soi. Nul ne peut s'élever au-dessus de l'humanité : si haut que nous nous élevions, nous emportons cette humanité avec nous. À la fin de son dernier volume, dans son ultime version, il écrivit :

> C'est une absolue perfection, et comme divine, de savoir jouir loyalement de son être : nous cherchons d'autres conditions, pour n'entendre l'usage des nôtres : et sortons hors de nous, pour ne savoir quel il y fait. Si avons nous beau monter sur des échasses, car sur des

1. III, 13, p. 1163-1164.

échasses encore faut-il marcher de nos jambes. Et au plus élevé trône du monde, si ne sommes nous assis, que sur notre cul[1].

Comme le pyrrhonisme, l'argument « du cul » est imparable, mais il semblait pourtant à Pascal qu'il *nécessitait* une réfutation parce qu'il représentait un danger moral. Le principe dominant de Montaigne – « la commodité et la tranquillité », selon Pascal[2] – était pernicieux. Il inquiétait Pascal et le plongeait dans une rage impuissante, comme si Montaigne eût disposé de quelque avantage qu'il ne pouvait avoir.

On perçoit une colère de même vigueur dans la réaction d'un autre lecteur de la même période, le philosophe Nicolas Malebranche. Rationaliste, il était plus proche de Descartes que de Pascal, mais, comme ce dernier, il déplorait, chez Montaigne, sa nonchalance générale autant que son acceptation du doute.

Malebranche reconnut que le livre de Montaigne était un succès jamais démenti, mais bien entendu il en fait l'observation avec amertume. Montaigne raconte de belles histoires et séduit l'imagination du lecteur : les gens aiment ça. « Ses idées sont fausses, mais belles. Ses expressions irrégulières ou hardies, mais agréables[3]. » Or, lire Montaigne pour le plaisir est singulièrement dangereux. Comme vous flottez dans votre bain de facilité sensuelle, Montaigne berce votre raison jusqu'à vous assoupir et vous inocule son poison :

1. *Ibid.*, p. 1166.
2. Pascal, *Entretien avec M. de Saci*, p. 296.
3. Malebranche, *De la recherche de la vérité* (1674), p. 283.

« L'esprit ne peut se plaire dans la lecture d'un auteur sans en prendre les sentiments, ou tout au moins sans en recevoir quelque teinture, laquelle se mêlant avec ses idées, les rend confuses et obscures[1]. » Autrement dit, le plaisir de lire corrompt les « idées claires et distinctes » de Descartes. Montaigne n'argumente ni ne persuade ; il n'en a cure, car il *séduit.* Malebranche imagine une figure quasi diabolique. Montaigne dupe, comme le génie de Descartes : il vous leurre, vous entraîne dans le doute et le laxisme spirituel.

De sombres images qui devaient avoir la vie longue. En 1866, le critique Guillaume Guizot présentait encore Montaigne comme le grand « séducteur » des écrivains français[2]. T. S. Eliot le voyait pareillement. Et la critique moderne Gisèle Mathieu-Castellani décrit les *Essais* comme une « prodigieuse machine à séduire[3] ». Le charme de Montaigne opère à travers sa nonchalance, ses méandres et son ton désinvolte, et sa manière de feindre de ne pas se soucier du lecteur – autant de ruses destinées à vous captiver et à prendre possession de vous.

Soumis à pareille machine, les lecteurs modernes sont souvent heureux de s'allonger comme Barbarella et de se délecter. Les lecteurs du XVIIe siècle se sentaient plus menacés, car des affaires graves de raison et de religion étaient en jeu.

---

1. *Ibid.*, p. 275.

2. G. Guizot, *Montaigne : études et fragments,* Paris, Hachette, 1899, p. 221 ; cf. Tilley, p. 275.

3. G. Matthieu-Castellani, *Montaigne : l'écriture de l'essai,* p. 255.

Même à cette époque, cependant, d'autres lecteurs aimaient Montaigne pour le plaisir qu'il leur procurait. Plusieurs prirent ouvertement sa défense. Dans *Les Caractères,* l'aphoriste Jean de La Bruyère suggère que Malebranche est passé à côté de l'essentiel chez Montaigne parce que, trop intellectuel, il est incapable de « s'accommoder de pensées qui sont naturelles[1] ». Ce naturel facile, s'ajoutant au doute sceptique, allait faire de Montaigne le héros d'une nouvelle race de penseur : la vague confédération des beaux esprits et des rebelles connus sous le nom de Libertins[2].

De nos jours, « libertin » fait penser à un personnage de réputation douteuse à la Casanova, mais il y avait plus chez eux, comme d'ailleurs chez Casanova. Si certains Libertins étaient avides de liberté sexuelle, ils voulaient aussi la liberté philosophique : le droit de penser comme il leur plaisait, politiquement, religieusement et sur tous les autres plans. Le scepticisme était la route naturelle qui menait à cette liberté intérieure et extérieure.

Ils formaient un groupe divers, du grand philosophe Pierre Gassendi à des esprits plus légers comme François de La Mothe Le Vayer ou des écrivains d'imagination comme Cyrano de Bergerac, alors mieux connu pour son roman de science-fiction relatant un voyage sur la lune. (Son rôle dans une histoire plus célèbre

1. La Bruyère, *Les Caractères* (1688), Paris, Classiques Garnier, 1990, p. 82 (I, 44).

2. Voir A. Pessel, « Libertins », et Ph. Desan, « Libertinage », *in* Desan, *Dictionnaire,* p. 680-683 ; ainsi que *Montaigne Studies,* 19, 2007.

autour de son nez protubérant vint plus tard.) La première éditrice de Montaigne, Marie de Gournay, a peut-être été secrètement libertine, tout comme nombre de ses amis[1]. Il faut leur adjoindre Jean de La Fontaine, auteur, dans le style de Plutarque, de fables sur l'intelligence et la sottise des animaux, s'en tirant par la délicatesse du ton, alors qu'elles constituaient un défi à la dignité humaine[2]. Leur prémisse était la même que celle de Montaigne : animaux et humains sont du même matériau.

Si le libertinage demeura une quête minoritaire, il exerça une influence démesurée parce que c'est des Libertins que devaient naître les philosophes des Lumières au siècle suivant. Ils donnèrent à Montaigne une nouvelle image dangereuse, quoique positive, qui devait lui rester. Ils engendrèrent aussi une nouvelle espèce moins radicale de mondains – des aphoristes comme La Bruyère et La Rochefoucauld, dont les *Maximes* rassemblaient de brèves observations montaigniennes sur la nature humaine :

> On est quelquefois aussi différent de soi-même que des autres.
>
> Le vrai moyen d'être trompé, c'est de se croire plus fin que les autres.
>
> La fortune et l'humeur gouvernent le monde.

1. Voir G. Dotoli, « Montaigne et les libertins via Mlle de Gournay », *in* Tetel, éd., *Montaigne et Marie de Gournay,* p. 105-141, notamment p. 128-129.

2. Boase, *Fortunes,* p. 396-406.

Et, de fait, une des maximes de La Rochefoucauld vaut commentaire de la situation de Montaigne au XVIIe siècle :

> On incommode souvent les autres quand on croit ne les pouvoir jamais incommoder[1].

Comme pour Montaigne, une bonne partie de ce que disaient les Libertins et les aphoristes tournait autour de la question du bien vivre. Les Libertins louaient le « bel esprit » – « gai, vif, plein de feu comme celui qui paraît dans les *Essais* de Montagne » (*sic*), dira un auteur de l'époque[2]. Ils aspiraient eux aussi à « l'honnêteté », c'est-à-dire à une vie de bonnes mœurs, mais aussi « de bonne conversation » et « de bonne compagnie », suivant le dictionnaire de l'Académie de 1694[3].

Un homme comme Pascal ne voulait pas même vivre ainsi : c'eût été se laisser distraire par les affaires du monde plutôt que de garder les yeux rivés sur les fins dernières. On imagine Pascal le regard perdu dans les espaces ouverts de l'univers, dans la terreur et la félicité mystique, comme Descartes fixait avec

1. La Rochefoucauld, *Réflexions ou Sentences et Maximes morale et Réflexions diverses,* éd. L. Plazenet, Paris, Champion, 2002, maximes 135, 127, 435 et 242.

2. Bouhours, *Entretiens d'Ariste et d'Eugène* (1671), p. 194, cité *in* A. Pessel, « Libertins », p. 683.

3. Cf. Villey, *Montaigne devant la postérité,* p. 339; et M. Magendie, *La Politesse mondaine et les théories de l'honnêteté, en France, au XVIIe siècle,* Paris, Alcan, 1925.

une égale intensité les flammes de son poêle. Dans les deux cas, il y a le silence, et un regard fixe : des yeux écarquillés d'effroi, de cogitation profonde, d'alarme ou d'horreur.

Les Libertins et tous les membres de la compagnie du « bel esprit » n'avaient pas le regard fixe. Diantre ! Ils ne rêvaient pas de fixer quoi que ce soit, haut ou bas dans l'univers, avec de gros yeux de chouette. Ils préféraient regarder les êtres humains de biais, les yeux mi-clos, pour les voir tels qu'ils étaient – à commencer par eux-mêmes. Ces yeux ensommeillés en percevaient plus sur la vie que Descartes avec ses « idées claires et distinctes », ou Pascal avec ses extases spirituelles. Comme Friedrich Nietzsche devait l'observer des siècles plus tard, la plupart des observations vraiment précieuses sur la conduite et la psychologie des hommes – et donc aussi sur la philosophie – « sont dues à des cercles de la société qui avaient l'habitude de sacrifier de toutes les manières, non pas à la connaissance scientifique, mais à une coquetterie spirituelle[1] ».

Nietzsche savourait l'ironie parce qu'il abhorrait la classe des philosophes de métier. Pour lui, les systèmes abstraits n'étaient d'aucune utilité ; seule comptait la conscience critique de soi : la capacité de fouiller dans ses motivations et de s'accepter tel qu'on était. C'est pourquoi il aimait les aphoristes : La Rochefoucauld et La Bruyère, aussi bien que Montaigne, leur ancêtre. Présentant ce dernier comme l'âme « la plus libre et

1. Nietzsche, *Humain, trop humain,* aphorisme 37, p. 63.

la plus vigoureuse», il ajoutait : «Du fait qu'un tel homme a écrit, le plaisir de vivre sur cette terre en a été augmenté[1].» Visiblement, Montaigne réussit à vivre ainsi que Nietzsche lui-même brûlait de le faire : sans rancœurs ni regrets mesquins, embrassant tout ce qui arrivait sans désir d'y rien changer. «Si j'avais à revivre, je revivrais comme j'ai vécu[2]» : une remarque que l'essayiste avait faite au passage et qui représentait tout ce que Nietzsche, dans sa vie, essaya d'atteindre. Non seulement Montaigne y parvint, mais il écrivit à ce propos d'un ton désinvolte, comme si de rien n'était[3].

Comme Montaigne, Nietzsche contesta tout en même temps qu'il essaya de tout accepter. Les choses mêmes qui révulsaient le plus Pascal chez Montaigne – son doute sans fond, sa «facilité sceptique», son équilibre, son empressement à accepter l'imperfection – étaient celles qui devaient toujours séduire cette autre tradition, très différente, qui court des Libertins à Nietzsche et au-delà, jusqu'à nombre de ses plus fervents amateurs aujourd'hui.

---

1. Nietzsche, «Schopenhauer éducateur», in *Considérations inactuelles,* II, p. 17.

2. III, 2, p. 857.

3. Sur Nietzsche et Montaigne, voir B. Donellan, «Nietzsche and Montaigne», *Colloquia Germanica,* 19, 1986, p. 1-20; W. D. Williams, *Nietzsche and the French : A Study of the Influence of Nietzsche's French Reading on his Thought and Writing,* Oxford, Backwell, 1952; David Molner, «The Influence of Montaigne on Nietzsche : a *raison d'être* in the sun», *Nietzsche Studien,* 22, 1993, p. 80-93; Nicola Panichi, *Picta historia : lettura di Montaigne e Nietzsche,* Urbino, Quattro Venti, 1995.

Au XVIIe siècle, hélas, les censeurs de Montaigne se révélèrent plus forts que les admirateurs, surtout du jour où ils s'organisèrent et lancèrent une campagne directe d'étouffement. En 1662, l'année qui suivit la mort de Pascal, ses anciens collègues Pierre Nicole et Antoine Arnaud déclenchèrent l'assaut contre Montaigne dans leur *best-seller, Logique de Port-Royal.* Dans leur deuxième édition, en 1666, ils demandèrent carrément que les *Essais* fussent mis à l'Index en tant que texte irréligieux et dangereux[1]. L'appel fut entendu dix ans plus tard : les *Essais* furent inscrits à l'Index le 28 janvier 1676. Montaigne fut condamné, autant par association que pour autre chose – car il était désormais la lecture préférée d'une bande douteuse de dandies, beaux esprits, athées, sceptiques et débauchés.

Ce fut le début d'un déclin spectaculaire des fortunes de Montaigne en France. De leur première publication en 1580 à 1669, de nouvelles éditions des *Essais* avaient paru tous les deux ou trois ans, avec des remaniements populaires des éditeurs qui attiraient souvent l'attention sur les passages les plus pyrrhoniens. Cela changea après l'interdiction. L'ouvrage, dans sa version intégrale, ne put être plus longtemps publié ni vendu dans les pays catholiques : aucun éditeur français n'y voulait toucher. Des années durant, il ne fut disponible qu'en versions expurgées ou étrangères – souvent en français et destinées à être introduites en contrebande à destination des lecteurs non conformistes.

---

1. Cf. A. Arnaud et P. Nicole, *La Logique ou l'art de penser,* Paris, C. Savreux, 1662 ; 2e éd. 1666. Voir Boase, *Fortunes,* p. 410-411.

Les livres, observe Montaigne, « se rendent d'autant plus vénaux et publics de ce qu'ils sont supprimés[1] ». Jusqu'à un certain point, c'est ce qui lui arriva : la suppression de son livre en France lui conféra une aura irrésistible. Au cours du siècle suivant, cela ne devait que renforcer son attrait aux yeux des philosophes rebelles des Lumières, voire des révolutionnaires politiques déclarés.

Dans l'ensemble, cependant, la censure fit plus de tort que de bien à ses ventes posthumes. Elle confina le livre à un public limité en France, alors qu'en d'autres pays il continua de satisfaire un large éventail de goûts : rebelles comme piliers de la communauté. Fait étonnant, les *Essais* allaient demeurer à l'Index pendant près de deux siècles, jusqu'au 27 mai 1854. Ce fut un long exil, qui persista bien plus longtemps que l'authentique frisson d'alarme qu'il provoqua à la fin du XVIIe siècle.

« Ce n'est pas dans Montaigne mais dans moi que je trouve tout ce que j'y vois[2] » : cette observation de Pascal pourrait être reprise tel un mantra tout au long de l'histoire suivante. Au fil des siècles, chaque lecteur nouveau, homme ou femme, trouve son moi dans les *Essais* et ajoute donc à l'accumulation de sens possibles. Dans le cas de Descartes, il y trouva deux figures cauchemardesques issues de sa propre psyché : un génie rebelle à la logique et un animal capable de penser. À chaque fois, il recula. Pascal et Malebranche, voyant qu'ils risquaient de se laisser

1. III, 5, p. 889-890.
2. Pascal, *Pensées,* n° 689, éd. Lafuma.

séduire sur le lit de la facilité sceptique, fuirent eux aussi, horrifiés.

Voyant les mêmes choses, les Libertins réagirent par un sourire amusé et un haussement de sourcils. Eux aussi se reconnurent en Montaigne. Nietzsche, leur descendant bien plus tardif, allait faire de même et rendre également Montaigne à sa patrie philosophique : au cœur des trois grandes philosophies hellénistiques, avec leur interrogation sur la question du comment vivre.

8

Q. Comment vivre ?
R. Se ménager une arrière-boutique

N'Y ALLER QUE D'UNE FESSE

Dans les années 1560, le Montaigne de chair et d'os restait encore aux prises avec cette même question. Il puisa dans les trois traditions philosophiques hellénistiques pour diriger sa vie et se remettre de la perte de La Boétie. Il réussit la fusion du scepticisme et de sa loyauté au dogme catholique : une combinaison que nul encore ne contestait. Il acheva son premier grand projet littéraire – la traduction de Raymond Sebond –, et il travailla aux dédicaces des livres de La Boétie ainsi qu'à sa lettre, publiée, relatant la mort de son ami. Un autre changement se produisit au cours de cette période : il se maria et devint chef de famille.

Dans l'ensemble, Montaigne paraît avoir eu du succès auprès des femmes. Une partie de sa séduction, au moins, devait être physique ; il ironise sur les femmes qui prétendent n'aimer les hommes que pour leur esprit. «Je n'ai point encore vu, qu'en faveur de la beauté de l'esprit, tant rassis, et mûr soit-il, elles veuillent prêter la main à un corps, qui tombe tant soit peu en décadence[1].» Reste que son intelligence, son humour, son amabilité, et même sa tendance à se laisser emporter par les idées et à parler trop fort participaient probablement à son charme. Tout comme, peut-être, l'air d'inaccessibilité émotionnelle suspendu au-dessus de lui après la mort de La Boétie. C'était un défi. En vérité, aimait-il quelqu'un que la distance ne tardait pas à disparaître : «Je m'y jette si avidement, que je ne faux [manque] pas aisément de m'y attacher, et de faire impression où je donne[2].»

Montaigne aimait le sexe, et s'y livra d'abondance tout au long de sa vie. Il n'était qu'à la fin de l'âge mûr quand ses performances et son désir déclinèrent, aussi bien que sa séduction – état de fait dont il geint dans ses derniers *Essais*. Il est déprimant d'être rejeté, dit-il encore, mais pis encore d'être accepté par pitié[3]. Et il détestait importuner qui ne voulait pas de lui[4] : «J'ai horreur d'imaginer mien, un corps privé d'affection.» Ce serait faire l'amour à un cadavre, comme dans l'épisode de ce «furieux Égyptien, échauffé après la charogne d'une morte qu'il embaumait et ensuerait[5] [enveloppait d'un linceul]». Il n'était de bonne relation sexuelle que réciproque : «En vérité [...], le

1. III, 5, p. 940.
2. III, 3, p. 861.
3. III, 5, p. 938.
4. *Ibid.*, p. 909.
5. *Ibid.*, p. 925.

plaisir que je fais chatouille plus doucement mon imagination, que celui qu'on me fait[1]. »

Il était cependant réaliste sur le plaisir qu'il pouvait apporter à ses maîtresses. Il arrive que le cœur d'une femme n'y soit pas vraiment : « Elles n'y vont parfois que d'une fesse. » À moins qu'autre chose n'occupe leur imagination : « Quoi, si elle mange votre pain, à la sauce d'une plus grande imagination[2] ? »

Montaigne comprit que les femmes en savaient plus sur le sexe que les hommes ne le croient habituellement, et en vérité que leur imagination les conduit à espérer mieux qu'elles n'obtiennent : « Au lieu des parties vraies, elles en substituent, par désir et par espérance, d'autres extravagantes au triple. » Il s'agaçait d'irresponsables graffitis : « Quel dommage ne font ces énormes portraits, que les enfants vont semant aux passages et escaliers des maisons royales ? De là leur vient un cruel mépris de notre portée [capacité] naturelle[3]. » Faut-il en conclure que Montaigne était pourvu d'un petit pénis ? En effet. Dans la suite du même essai, il confesse que la nature « l'a traité illégitimement et incivilement » et y va d'une citation antique :

> [...] Assurément, elles s'y connaissent, et elles voient avec déplaisir, les matrones aussi, un sexe de petite taille[4].

1. *Ibid.*, p. 928.
2. *Ibid.*, p. 926.
3. *Ibid.*, p. 902.
4. *Ibid.*, p. 931. La source en est *Diversorum veterumpoetarum in Priapum lusus,* Venise, Aldus, 1517, n° 72 (1°, f. 15v) et n° 7 (4-5), f. 4v, adapté par Montaigne.

Il ne montra aucune gêne à révéler de telles choses. « Notre vie est partie en folie, partie en prudence. Qui n'en écrit que révéremment et régulièrement, il en laisse en arrière plus de la moitié. » Il lui semblait également injuste que les poètes eussent davantage de licence du simple fait qu'ils écrivaient en vers. Et de citer deux exemples de contemporains :

> Que je meure si ta fente n'est qu'une ligne.
>
> Théodore de Bèze

> Un vit d'ami la contente et la bien traite.
>
> Saint-Gelais[1].

Et au milieu des diverses aventures de son « vit d'ami », Montaigne fit aussi, néanmoins, ce que tous les nobles dignes de ce nom doivent faire, en particulier les héritiers de grands domaines : il prit une épouse, Françoise de La Chassaigne, issue d'une famille très respectée à Bordeaux[2].

Célébré le 23 septembre 1565, le mariage aurait été arrangé entre les deux familles. La tradition le voulait ainsi, et même l'âge des époux était plus ou moins ce que décrétait la coutume. Montaigne observa que son âge (trente-trois ans, dit-il, alors qu'il en avait

1. III, 5, p. 932. Cf. Théodore de Bèze, *Poemata,* Paris, Badius, 1548, f. 54v. ; Saint-Gelais, « Rondeau sur la dispute des vits par quatre dames », in *Œuvres poétiques françaises,* éd. D. H. Stone, Paris, STFM, 1993, vol. I, p. 276-277.

2. J. Balsamo, « La Chassaigne (famille) » et « La Chassaigne, Françoise de », *in* Desan, *Dictionnaire,* p. 646-648. Sur Françoise et le mariage, voir Insdorf, p. 47-58.

trente-deux) était proche de l'idéal recommandé par Aristote[1] : trente-cinq, croyait Montaigne, mais en réalité trente-sept. Si lui-même était légèrement trop jeune, sa femme était un peu plus âgée que ne le voulait l'usage : elle était née le 13 décembre 1544[2], ce qui lui donnait un peu moins de vingt et un ans le jour de ses noces. À cet âge, elle pouvait encore espérer avoir devant elle de nombreuses années pour mettre au monde des enfants. Malheureusement, les enfants devaient valoir au couple bien des déceptions et des chagrins. Et alors même qu'il avait plus de dix ans de plus que sa femme, Montaigne paraît très nettement avoir fait ce que beaucoup d'hommes font : il épousa sa mère. Ce choix n'allait pas le rendre particulièrement heureux.

Il ne parle pas souvent de Françoise dans les *Essais* ; quand il le fait, il s'arrange pour que l'on entende Antoinette, mais en plus fort : « Il est toujours proclive aux femmes de disconvenir à leurs maris. Elles saisissent à deux mains toutes couvertures de leur contraster[3]. » Probablement pensait-il à Françoise ici, comme dans un autre passage, où il écrit qu'il ne rimait à rien de s'emporter vainement contre les domestiques :

> J'avertis ceux qui ont loi de se pouvoir courroucer en ma famille [...] qu'ils ne se courroucent point en l'air, et regardent que leur répréhension arrive à celui de qui ils

1. II, 8, p. 409, se référant à Aristote, *Politique,* VII, 16, 1335a.
2. Montaigne nota la date de naissance de Françoise et celle de son mariage dans les « Éphémérides » de Beuther, entrées des 13 décembre et du 23 septembre.
3. II, 8, p. 414.

> se plaignent : car ordinairement ils crient, avant qu'il soit en leur présence, et durent à crier un siècle après qu'il est parti. [...] Personne n'en est ni châtié ni intéressé, que du tintamarre de leur voix, tel qui n'en peut mais[1].

On imagine Montaigne se couvrant les oreilles des mains et se retirant dans sa tour.

Parmi les nombreuses raisons qu'il avait d'admirer Socrate, il y avait son art de vivre accompli avec une femme acariâtre. Montaigne présente cela comme une tribulation presque aussi grande que celle que le philosophe eut à subir entre les mains du parlement athénien, lorsque celui-ci le condamna à boire la ciguë. Espérant prendre exemple sur la politique socratique de patience et d'humour, il goûtait la réponse qu'il fit à Alcibiade qui lui demandait comment il supportait les criailleries. On s'y fait, répondit Socrate, comme ceux qui vivent à proximité d'un moulin s'habituent au bruit des roues à aubes[2]. Montaigne aimait aussi la façon dont Socrate sut faire de cette expérience une « ruse » philosophique pour progresser spirituellement, mettant à profit les humeurs de sa femme pour s'exercer à l'art d'endurer l'adversité[3].

Outre sa détermination, Françoise était coriace. Elle allait survivre à Montaigne près de trente-cinq ans et s'éteignit le 7 mars 1627 à quatre-vingt-deux ans. Elle survécut aussi à tous ses enfants, dont le seul qui eût

1. II, 31, p. 755-756.
2. III, 13, p. 1130 d'après Diogène Laërce, *Vie et doctrines des philosophes illustres,* II, 36.
3. II, 11, p. 443.

franchit le cap de la petite enfance pour entrer dans l'âge adulte. La mère de Montaigne lui survécut aussi. On en retire presque l'impression qu'à elles deux elles le poussèrent prématurément dans la tombe.

Les meilleurs renseignements que l'on possède sur le caractère de Françoise concernent son grand âge, bien après la mort de Montaigne. À cette date, elle était devenue fort pieuse. Si l'on en croit le second mari de sa fille, Charles de Gamaches, à soixante-dix-sept ans passés, elle jeûnait le vendredi et la moitié du Carême[1]. Elle poursuivit une intense correspondance avec un conseiller spirituel, Dom Marc-Antoine de Saint-Bernard ; plusieurs lettres ont été conservées. Il lui envoyait des oranges et des citrons ; elle lui faisait porter de la marmelade de coing et du foin. Souvent, elle lui écrivait pour lui faire part de soucis d'argent et de tracas juridiques. Sa dernière lettre la révèle soulagée de quelque affaire qui venait d'être conclue : « Dieu m'a donné en cela un moyen pour appuyer la maison de céans de feu mon mari et de mes enfants. » Le ton est parfois passionné : « [...] Véritablement je ne sais si je choisirais plutôt de mourir que de savoir votre éloignement. » Mais elle s'inquiète de la sécurité de son conseiller s'il prend la route pour lui rendre visite : « J'aimerais mieux mourir que si vous vous mettiez en chemin en ce misérable temps[2]. » Jeune femme, probablement était-elle moins geignarde,

1. Cf. C. Gamaches, *Le Sensé raisonnant sur les passages de l'Escriture Saincte contre les pretendus réformez*, 1621, cité *in* Frame, *Montaigne*, p. 87 et trad. p. 96.

2. Cf. Frame, *Montaigne*, p. 87-88 et trad. p. 97-98.

mais sans doute fut-elle toujours préoccupée par les affaires d'argent et de droit. On peut à tout le moins se risquer à affirmer qu'elle était plus attentive que Montaigne aux choses pratiques. Ce n'était pas difficile : tel était le cas de tout le monde, ou presque, si l'on en croit son aveu.

Françoise et son mari passaient habituellement leurs journées dans des parties séparées du château. Montaigne rejoignait sa tour, et elle allait dans la sienne, à l'autre extrémité du mur extérieur : la « Tour de Madame[1] ». (Transformée en pigeonnier au début du XIXe siècle, la tour s'effondra : elle n'existe plus aujourd'hui.) De ce fait, le corps du bâtiment restait le domaine de la mère de Montaigne, qui y demeura le plus clair du mariage de son fils, jusque vers 1587. On dirait que les tours furent en partie aménagées en retraites pour que les jeunes mariés pussent s'éloigner l'un de l'autre, et d'elle. Dans ses écrits, Montaigne observe le silence sur la présence de sa mère dans leurs vies : quand il parle des soirées familiales à jouer aux cartes, rien n'indique que la grand-mère en fût elle aussi.

Cette image d'une famille dispersée autour de la propriété est triste. Mais il dut y avoir des jours où les esprits étaient plus légers, et, en tout état de cause, aucun endroit du domaine n'eût semblé solitaire ou vide. Il y avait toujours du monde dans les parages : serviteurs, employés, hôtes avec leurs entourages, parfois des enfants. Montaigne ne rêvassait pas dans sa

1. Gardeau et Feytaud, p. 21.

chambre à la manière d'un comte de Gormenghast[1] : il aimait sortir se promener : « Mes pensées dorment, si je les assis. Mon esprit ne va pas seul, comme [s'il avait besoin que] les jambes l'agitent[2]. » Et la séparation des mondes masculin et féminin était normale. Mari et femme étaient censés avoir des domaines différents ; les propriétés nouvelles ou modernisées étaient souvent conçues dans cet esprit. En 1452, dans son *De re aedificatoria (De la construction),* Leon Battista Alberti recommandait : « Le mari et la femme doivent avoir chacun sa propre chambre à coucher ; ainsi, non seulement la femme en couches ou malade n'incommodera pas son mari, mais encore, l'été, elle dormira à son gré d'un sommeil plus paisible[3]. » Dans le foyer de Montaigne, les seules différences étaient que leurs « chambres » étaient séparées par toute une galerie extérieure, et que sa tour lui servait aussi de lieu de travail.

Était-ce un bon mariage, suivant les normes de l'époque ? Certains commentateurs l'ont jugé désastreux ; d'autres, typique de son temps, voire bon[4]. Au total, il ne semble pas que la relation ait été formidable : elle laissait juste vaguement à désirer. Suivant la suggestion de Donald Frame, le biographe de Montaigne, une remarque des *Essais* en donne

1. Cf. la trilogie de Mervyn Peake (disponible en Points-Seuil).

2. III, 3, p. 870.

3. Leon Battista Alberti, *L'Art d'édifier,* trad. P. Caye et Fr. Choay, Paris, Seuil, 2004, livre 5, chapitre 17 [427], p. 267. Cf. Hale, p. 266 et trad. p. 274-275.

4. Cf. Lazard, p. 146.

probablement le meilleur résumé : « Qui pour me voir une mine tantôt froide, tantôt amoureuse envers ma femme, estime que l'une ou l'autre soit feinte, il est un sot[1]. »

Que Montaigne ait choisi de dédier à Françoise une de ses toutes premières publications – la traduction par La Boétie de la lettre de Plutarque à son épouse après la mort de leur enfant – est le signe d'une authentique affection. Les dédicaces à son épouse n'étaient pas à la mode. Elles pouvaient passer pour étranges et rustiques. Montaigne observe sur un ton de défi : « Laissons-les dire [...]. Vivons, ma femme, vous et moi, à la vieille française. » Le ton de la dédicace est chaleureux, et il va jusqu'à lui dire qu'il n'a d'ami « plus privé que vous », ce qui la place à un niveau proche de La Boétie[2].

L'affection qu'il pouvait éprouver pour Françoise était probablement née après leur mariage, plutôt qu'avant. Il était entré dans la vie conjugale comme un prisonnier qui se laisse emmenotter sans opposer de résistance. « De mon dessein, j'eusse fui d'épouser la sagesse même, si elle m'eût voulu. Mais nous avons beau dire : la coutume et l'usage de la vie commune nous emporte. » Que cette affaire eût été arrangée pour lui, il n'en avait cure : il avait souvent le sentiment que les autres étaient plus sensés que lui. En revanche, il avait besoin d'être persuadé, car il était « mal préparé et [...] rebours [rétif] ». Eût-il été libre de son choix, il n'aurait jamais été tenté de se marier : « Les humeurs

1. I, 37, p. 240.
2. *Œuvres complètes d'Estienne de La Boétie*, vol. II, p. 35.

débauchées, comme est la mienne, qui hait toute sorte de liaison et d'obligation, n'y sont pas si propres.» Par la suite, il s'efforça d'en tirer le meilleur parti et essaya même de rester fidèle, avec, dit-il, plus de succès qu'il ne l'avait imaginé. Il s'en contenta, d'une certaine façon, ainsi qu'il arrive souvent, découvrit-il, avec des développements qu'on eût préféré éviter. «Car non seulement les choses incommodes, mais il n'en est aucune si laide et vicieuse et évitable, qui ne puisse devenir acceptable par quelque condition et accident[1].»

Par bonheur, Françoise elle-même n'était ni laide ni repoussante. Montaigne semble l'avoir trouvée assez séduisante – du moins si l'on en croit ce qu'affirme son ami Florimond de Ræmond dans une note en marge d'une copie des *Essais*. Le problème était plus dans le *principe* même d'être obligé d'avoir un commerce sexuel régulier avec quelqu'un car Montaigne n'aimait pas se sentir contraint. Il accomplissait son devoir conjugal à contrecœur, «que d'une fesse», eût-il dit, faisant le nécessaire pour avoir des enfants. C'est du moins ce qui ressort de la note de son ami :

> J'ai ouï dire souvent à l'auteur qu'encore que plein d'amour, d'ardeur et de jeunesse il eût épousé sa femme très belle et bien aimable, si est-ce qu'avec le respect de cet honneur que la couche maritale requiert, sans avoir oncques vu à découvert que la main et le visage, non pas même son sein, quoique parmi les autres femmes il fut extrêmement folâtre et débauché[2].

1. III, 5, p. 894.
2. Frame, *Montaigne,* p. 93 et trad. p. 102.

Cela a de quoi consterner le lecteur moderne, mais la chose était assez convenue. De la part d'un mari, se conduire avec sa femme en amant passionné était moralement répréhensible, parce que cela pouvait faire d'elle une nymphomane. Un mariage demandait des relations sans joie, réduites au minimum. Dans un essai qui porte presque entièrement sur le sexe, Montaigne cite la sagesse d'Aristote : « Il faut toucher sa femme prudemment et sévèrement, de peur qu'en la chatouillant trop lascivement, le plaisir ne la fasse sortir hors des gonds de la raison[1]. » Et les médecins prévenaient qu'un excès de plaisir était de nature à altérer la semence et à empêcher la conception. Mieux valait pour le mari octroyer l'extase ailleurs, où les dégâts qu'elle pouvait causer importaient peu. « Les rois de Perse, raconte Montaigne, appelaient leurs femmes à la compagnie de leurs festins, mais quand le vin venait à les échauffer en bon escient, et qu'il fallait tout à fait lâcher la bride à la volupté, ils les renvoyaient en leur privé[2]. » Et ils faisaient alors venir des femmes qui convenaient mieux à la situation.

Sur ce point, l'Église était d'accord avec Aristote, les médecins et les rois de Perse. Les manuels de confesseur de l'époque indiquent qu'un mari se livrant à des pratiques pécheresses avec sa femme méritait une pénitence plus lourde que s'il avait fait la même chose avec une autre. Corrompant les sens de son épouse, il risquait de ruiner son âme éternelle, et

1. III, 5, p. 891-892.
2. I, 29, p. 205.

de trahir ainsi la responsabilité qu'il avait envers elle[1]. Si une femme mariée *devait* assouvir des habitudes licencieuses, mieux valait que ce fût avec quelqu'un qui n'avait point un pareil devoir[2]. Ainsi que l'observe Montaigne, la plupart des femmes semblaient au demeurant préférer cette option[3].

Sur le sujet des femmes, Montaigne est si désabusé qu'il en devient amusant, mais il peut aussi paraître conventionnel. À la différence de certains contemporains, cependant, il ne semble pas avoir considéré les femmes comme de simples vaches reproductrices. Son couple idéal devait être une authentique réunion des esprits et des corps : il devait être plus complet encore qu'une amitié idéale[4]. Toute la difficulté était que, à la différence de l'amitié, le mariage n'était pas librement choisi, et restait donc dans le domaine de la contrainte et de l'obligation. Aussi était-il malaisé de trouver une femme capable d'une relation exaltée, parce que la plupart d'entre elles avaient des capacités intellectuelles limitées et manquaient de cette qualité qu'il appelle la « fermeté[5] ».

L'opinion de Montaigne sur la flaccidité spirituelle des femmes peut décourager au point qu'on en reste les bras ballants. George Sand avoua en avoir été « blessée au cœur » – d'autant que Montaigne lui était

1. Sur ces théories, cf. R. Kelso, *Doctrine for the Lady of the Renaissance,* Urbana, University of Illinois Press, 1956, p. 87-89.

2. I, 29, p. 204.

3. III, 5, p. 896-898.

4. *Ibid.,* p. 893.

5. I, 27, p. 193.

sur d'autres plans une source d'inspiration[1]. Reste qu'il ne faut pas perdre de vue ce qu'était le lot de la plupart des femmes au XVIe siècle. Elles étaient tristement privées d'éducation, souvent illettrées et avaient peu d'expérience du monde. Quelques familles nobles recrutaient des précepteurs pour leurs filles, mais la plupart dispensaient des enseignements insipides comme à l'époque victorienne : italien, musique et un peu de mathématiques pour la tenue du ménage. L'éducation classique, la seule jugée digne de ce nom, était presque toujours absente. Les quelques femmes réellement instruites du XVIe siècle étaient des exceptions de plus en plus rares, comme Marguerite de Navarre, auteur de *L'Heptaméron,* ou la poétesse Louise Labé, qui (à supposer qu'elle ait vraiment existé, et n'ait pas été le pseudonyme d'un groupe de poètes masculins, ainsi que le suggère une hypothèse récente[2]) pressait les autres dames d'« élever un peu leurs esprits par-dessus leurs quenouilles et fuseaux[3] ».

La France du XVIe siècle connut un mouvement féministe, engagé dans la fameuse « querelle des femmes » opposant des intellectuels – des hommes – qui échangèrent des arguments pour et contre les femmes : étaient-elles, en général, une bonne chose ?

---

1. George Sand, *Histoire de ma vie,* Paris, M. Lévy, 1856, vol. 8, p. 231.

2. Cf. M. Huchon, *Louise Labé : une créature de papier,* Genève, Droz, 2006.

3. *Œuvres de Louise Labé,* éd. P. Blanchemain, Paris, 1875, p. 3-4 ; cf. Natalie Zemon Davis, *Les Cultures du peuple,* p. 123.

Ceux qui y étaient favorables semblent avoir eu plus de succès que leurs contradicteurs, mais un aussi vaste débat ne changea pas grand-chose à la situation des femmes.

Montaigne est souvent taxé d'antiféminisme, mais eût-il pris part à cette querelle qu'il aurait probablement choisi le camp des femmes. « Les femmes n'ont pas tort du tout, quand elles refusent les règles de vie, qui sont introduites au monde, d'autant que ce sont les hommes qui les ont faites sans elles[1]. » Et il estimait que, par nature, « les mâles et femelles sont jetés en même moule ». Il était très conscient du deux poids, deux mesures employé pour juger de la conduite sexuelle des hommes et des femmes. Nonobstant Aristote, Montaigne subodorait que les femmes avaient les mêmes passions et besoins que les hommes[2], encore qu'elles fussent condamnées bien davantage quand elles s'y abandonnaient. L'habitude qu'il avait de changer de perspective lui faisait apparaître clairement que sa vision des femmes devait être aussi partielle et peu fiable que la vision que les femmes avaient des hommes. Une de ses observations résume bien ses sentiments sur toute cette affaire : « Nous sommes quasi par tout iniques juges de leurs actions, comme elles sont des nôtres[3]. »

Compte tenu de cette injustice, il n'est pas surprenant qu'il ait décidé que la meilleure politique, chez lui, était de s'absenter aussi souvent que possible du

1. III, 5, p. 896.
2. *Ibid.*, p. 941.
3. *Ibid.*, p. 929.

domaine des femmes. Il les laissait à leur forme de vie domestique, tout en goûtant la sienne. Dans un essai sur la solitude, il écrit :

> Il faut avoir femmes, enfants, biens et surtout de la santé, qui peut, mais non pas s'y attacher en manière que notre heur en dépende. Il se faut réserver une arrière-boutique, toute nôtre, toute franche, en laquelle nous établissions notre vraie liberté et principale retraite et solitude. En cette-ci faut-il prendre notre ordinaire entretien, de nous à nous-mêmes, et si privé que nulle accointance ou communication de chose étrangère y trouve place : discourir et y rire, comme sans femme, sans enfants, et sans biens, sans train, et sans valets, afin que quand l'occasion adviendra de leur perte, il ne nous soit pas nouveau de nous en passer[1].

Le mot « arrière-boutique » se retrouve sans cesse dans les ouvrages sur Montaigne, mais il est rarement conservé dans son contexte. Il ne parle pas tant d'un retrait égoïste, introverti, de la vie de famille que de la nécessité de se protéger de la douleur qui naîtrait de sa perte. Montaigne aspirait au retrait et au détachement pour ne pas être trop durement meurtri, mais, ce faisant, il découvrit aussi que disposer d'une telle retraite l'aidait aussi à trouver sa « vraie liberté », l'espace dont il avait besoin pour penser et regarder en lui.

Il ne manquait certainement pas de raison de travailler à ce détachement stoïcien. Ayant perdu son

1. I, 38, p. 245.

ami, son père et son frère à peu de temps d'intervalle, Montaigne allait maintenant perdre la quasi-totalité de ses enfants : rien que des filles. Dans ses notes sur les « Éphémérides » de Beuther, il nota la triste séquence des naissances et des décès :

> 28 juin 1570 : Thoinette. Montaigne écrivit : « C'est le premier enfant de mon mariage », puis ajouta : « Et mourut deux mois après. »
>
> 9 septembre 1571 : naissance de Léonor, la seule qui ait survécu.
>
> 5 juillet 1573 : naissance d'Anne. « Elle ne vécut que sept semaines. »
>
> 27 décembre 1574 : quatrième fille ; l'enfant « mourut environ trois mois après ; il fut baptisé » à la hâte, « la nécessité pressant ».
>
> 16 mai 1577 : une fille qui mourut un mois après.
>
> 21 février 1583 : « Nous eûmes encore une fille qui fut nommée Marie, baptisée par le Sieur de Jauvillac, conseiller à la cour du parlement, son oncle et ma fille Léonor. Elle mourut peu de jours après[1]. »

Montaigne écrivit avoir perdu la plupart de ses enfants « sans regret, au moins sans fâcherie[2] », parce qu'ils étaient tout petits. En général, les gens essayaient de ne pas trop s'attacher à leur progéniture en bas âge, tant la probabilité d'une mort était grande, mais Montaigne excellait apparemment à se tenir à distance. Son affliction n'était pas bien profonde, avoue-t-il. Il écrivit

1. « Notes sur les "Éphémérides" de Beuther », *in* Montaigne, *Œuvres complètes*, éd. A. Thibaudet et M. Rat, p. 1407-1409.
2. I, 40, p. 270.

même, au milieu des années 1570, en avoir perdu « deux ou trois », comme s'il n'était pas très sûr de leur nombre – bien que ce soit peut-être dû simplement à son flou habituel en matière de chiffres. Ainsi fait-il quand il s'agit de dater son accident de cheval, survenu « pendant nos troisièmes troubles, ou deuxièmes (il ne me souvient pas bien de cela)[1] ». Dans la dédicace à sa femme accompagnant la traduction de Plutarque, les détails qu'il donne sont encore plus approximatifs : ainsi écrit-il qu'elle perdit sa fille « dans le deuxième an de sa vie[2] », alors qu'elle est morte à deux mois. Probablement est-ce un *lapsus calami* plutôt qu'un trou de mémoire. À moins que… Avec Montaigne, on a le sentiment que tout est possible.

Il avait connu dans sa vie d'autres désastres qui ne l'avaient pas tracassé, il le savait, comme ils l'auraient dû :

> Je vois assez d'autres communes occasions d'affliction qu'à peine sentirais-je, si elles me venaient. Et en ai méprisé quand elles me sont venues, de celles auxquelles le monde donne une si atroce figure, que je n'oserais m'en vanter au peuple sans rougir[3].

On se demande s'il envisageait la mort de sa femme, ici, ou peut-être celle de sa mère. En ce cas, il n'eut cette chance ni dans un cas ni dans l'autre. À moins qu'il ne pensât à la mort de son père, ou ne se

1. II, 6, p. 391.
2. *Œuvres complètes d'Estienne de La Boétie,* vol. II, p. 35.
3. I, 40, p. 270.

demandât ce qu'il éprouverait si son château était mis à sac dans les guerres, ou ses terres brûlées. Tout ou presque, apparemment, lui semblait gérable, hormis la mort de La Boétie : la seule chose qui l'ait déstabilisé et l'ait poussé à refuser de s'attacher à nouveau.

En réalité, son détachement fut probablement moins extrême qu'il ne le prétendait. Ses notes manuscrites sur la mort de ses enfants sont simples mais poignantes. Et, dans les *Essais,* il lui arrive d'être éloquent sur le chagrin d'un père – pas simplement le sien. Rédigé au milieu des années 1570, quand il avait déjà perdu plusieurs enfants, son essai sur la tristesse[1] s'appesantit sur des histoires d'affliction paternelle en littérature. Il évoqua aussi avec sensibilité l'antique histoire de Niobé, qui, après avoir perdu sept fils, puis sept filles, pleura tant qu'elle se changea en cascade de pierre – « pour exprimer cette morne, muette et sourde stupidité [stupeur], qui nous transit, lorsque les accidents nous accablent surpassant notre portée[2] ». Que ce fût ou non la perte de ses enfants qui procurât à Montaigne cette sensation, il savait certainement ce qu'il éprouvait.

Montaigne ne parvint à s'acquitter de la principale responsabilité d'un noble, qui était d'avoir un héritier mâle pour assurer sa succession. Mais il eut une enfant en bonne santé, Léonor, à laquelle il devint très attaché sitôt passée la petite enfance[3].

---

1. I, 2, p. 33-38. Dans son édition des *Complete Works,* p. VII, Donald Frame parle de 1572-1574.

2. I, 2, p. 36. Cf. Ovide, *Métamorphoses,* VI, 304.

3. J. Balsamo, « Léonor de Montaigne », *in* Desan, *Dictionnaire,* p. 665-666.

Née en 1571, elle dut être conçue peu de temps après sa retraite cérémonielle de 1570. Cela fit d'elle l'enfant de sa crise du milieu de la vie et de sa renaissance spirituelle ; peut-être cela lui donna-t-elle ce surcroît de force vitale. Unique survivante, elle vécut jusqu'en 1616, se mariant deux fois, et eut deux filles.

Sa fille grandissant, son père l'abandonna pour l'essentiel au domaine des femmes, comme il était supposé le faire. « La police féminine a un train mystérieux, il faut le leur quitter », écrit-il sur un ton qui fait penser à quelqu'un s'éloignant sur la pointe des pieds d'un lieu où on ne veut pas de lui. De fait, un jour qu'il surprit une chose qu'il estimait mauvaise pour Léonor, il se garda d'intervenir parce qu'il savait qu'il se ferait envoyer promener et tourner en ridicule. Elle lisait un livre à voix haute devant sa gouvernante : elle tomba sur le mot « fouteau », qui est le nom du hêtre, mais faisait penser au « foutre ». L'enfant innocente n'y vit rien de mal, mais sa gouvernante troublée la fit taire. Montaigne estima que c'était une erreur : « [...] Si je ne me trompe, le commerce de vingt laquais, n'eût su imprimer en sa fantaisie [imagination], de six mois, l'intelligence et usage, et toutes les conséquences du son de ces syllabes scélérées [criminelles], comme fit cette bonne vieille, par sa réprimande et son interdiction[1]. »

À ce qu'il en dit, Léonor faisait plus jeune que son âge, même quand elle fut en âge de se marier. Elle

1. III, 5, p. 899.

était d'une « complexion tardive, mince et molle[1] ». Il en imputait la responsabilité à sa femme, qui l'avait excessivement protégée. Mais Montaigne consentit aussi à donner à Léonor une éducation facile et plaisante comme la sienne : tous deux avaient décidé, écrit-il, qu'elle ne serait châtiée de ses « fautes puériles » que par des « paroles, et bien douces[2] ».

Il a beau affirmer ne pas se mêler de l'éducation de sa fille, d'autres passages des *Essais* donnent un tableau charmant de Montaigne en famille. Il évoque leurs jeux, y compris des jeux de hasard joués pour de petites sommes : « Je manie les cartes pour les doubles, et tiens compte, comme pour les doubles doublons[3]. » Ils s'amusaient aussi avec les mots : « Nous venons présentement de nous jouer chez moi, à qui pourrait trouver plus de choses qui se tinssent par les deux bouts extrêmes », comme le mot « sire », qui est le titre de roi et par lequel on s'adresse aussi aux marchands, ou « dames » qui vaut pour les femmes « de qualité » et « celles de la plus basse marche[4] ». On est loin d'un Montaigne froid et détaché, méprisant les femmes et ignorant les enfants : on est en présence d'un chef de famille, qui fait de son mieux pour jouer les bons patriarches dans une maison pleine de femmes qui le considèrent, la plupart du temps, avec à peine plus que de l'exaspération.

1. *Ibid*, p. 898.
2. II, 8, p. 408.
3. I, 22, p. 113.
4. I, 54, p. 330.

Responsabilités pratiques

Pour une part, c'était mérité : dans la maison, reconnaît Montaigne, il ne servait à rien. Il préférait laisser la tenue du ménage à sa femme qui, comme sa mère, était douée pour les affaires de ce genre. Il appréciait l'empressement de Françoise à assumer cette responsabilité quand il s'en allait en voyage ou au travail ; probablement eût-il été heureux qu'elle fît de même en sa présence. Son incapacité à faire face explique qu'il était généralement enchanté de partir : « C'est pitié d'être en lieu où tout ce que vous voyez, vous embesogne et vous concerne[1]. »

S'occuper du domaine devait lui peser. « Il y a toujours quelque pièce qui va de travers », se plaignait-il[2]. La tâche principale était la production de vin, dont, les bonnes années, le domaine pouvait produire des dizaines de milliers de litres. Mais toutes les années n'étaient pas bonnes. Les intempéries gâtèrent les récoles en 1572, 1573 et 1574 – les années où Montaigne écrivit ses premiers essais. Une autre mauvaise passe survint en 1586, alors que la soldatesque écumait la campagne environnante, faisant des ravages. Montaigne parvint à récupérer une partie de ses pertes en usant de son influence au parlement de Bordeaux pour vendre le peu qu'il lui restait de vin, ce qui montre qu'il pouvait faire face aux difficultés quand il le fallait[3]. Mais on peut juger de ses compétences

1. III, 9, p. 995.
2. *Ibid.*, p. 994.
3. Sur tous ces points, cf. Hoffmann, p. 9-10.

générales en affaires quand il avoue que, jusqu'à un âge avancé, il ne savait pas ce que voulait dire « faire cuver du vin[1] ».

Montaigne faisait ce qu'il devait faire, tout en confessant n'y trouver aucun plaisir et se contenter en conséquence du service minimum. C'est pourquoi il ne fit aucun effort pour développer la propriété ou construire. Pierre avait eu des projets de ce genre pour le plaisir et par goût du défi, mais c'était Pierre. Il était du genre à « tout faire lui-même » comme on dirait aujourd'hui, et probablement à laisser la moitié des choses inachevées. Si son type paraît familier, celui de Montaigne ne l'est pas moins. Deux de ses devises seraient certainement : « Tout pour une vie tranquille » et « Si quelque chose se casse, ne le répare pas ».

Éprouvait-il le besoin pressant de faire quelque chose, il pouvait s'y appliquer avec énergie : « Je dure bien à la peine, mais j'y dure, si je m'y porte moi-même, et autant que mon désir m'y conduit[2]. » Il détestait s'appliquer aux choses qui l'ennuyaient. Dix-huit années durant il géra son domaine sans jamais parvenir à étudier un titre de propriété[3] ou à examiner convenablement un contrat. Il était tout en incapacités et répugnances :

> Or je ne sais compter ni à get [à l'aide de jetons], ni à plume : la plupart de nos monnaies je ne les connais pas ;

1. II, 17, p. 691.
2. *Ibid.*, p. 680.
3. III, 9, p. 998.

> ni ne sais la différence de l'un grain à l'autre, ni en la terre, ni au grenier, si elle n'est par trop apparente ; ni à peine celle d'entre les choux et les laitues de mon jardin. Je n'entends pas seulement les noms des premiers outils du ménage, ni les plus grossiers principes de l'agriculture, et que les enfants savent ; moins aux arts mécaniques, en la trafique [commerce], et en la connaissance des marchandises, diversité et nature des fruits, de vins, de viandes ; ni à dresser un oiseau, ni à médeciner un cheval, ou un chien. Et puisqu'il me faut faire à honte tout entière, il n'y a pas un mois qu'on me surprit ignorant de quoi le levain servait à faire du pain[1] [...].

Montaigne passe en revue son catéchisme négatif de manquements, comme il devait plus tard décliner la liste des choses absentes de la vie des « cannibales » du Brésil : serveurs, magistrats, contrats et propriété privée, mais aussi, par la même occasion, mensonge, misère, trahison, envie et cupidité. Manquer de ces choses pouvait être une bénédiction[2].

Non que Montaigne n'eût aucune envie d'apprendre. En principe, il approuvait le savoir-faire pratique, admirant tout ce qui était concret et spécifique[3]. Mais il ne pouvait aller contre son désintérêt, et toute idée d'obligation le cabrait davantage encore. Pour une part, cela remontait au doux luth de son enfance : « N'ayant eu jusqu'à cette heure ni commandant ni maître forcé, j'ai marché aussi avant, et le pas qu'il m'a plu. Cela m'a amolli et rendu inutile au service d'autrui,

1. II, 17, p. 691.
2. I, 30, p. 212-213.
3. III, 9, p. 992 *sq.*

et ne m'a fait bon qu'à moi. » Ce passage révèle une partie de sa réelle motivation : c'est sa vie à lui qu'il voulait vivre. Manquer de sens pratique le rendit libre : « Extrêmement oisif, extrêmement libre, et par nature et par art », dit-il, résumant son personnage[1]. « La liberté et l'oisiveté » dirigeaient sa vie[2].

Il savait qu'il y avait un prix à payer, en sus des admonestations de sa femme. Les gens profitaient souvent de son ignorance. Reste qu'il lui semblait préférable de perdre de l'argent à l'occasion que de gaspiller son temps à suivre à la trace chaque sou[3] et à observer les plus infimes mouvements de ses serviteurs. En tout état de cause, les autres se faisaient gruger également, quels que fussent leurs efforts pour l'éviter[4]. Son exemple de déraison favori était celui d'un voisin, le puissant Germain Gaston de Foix, marquis de Trans, qui, l'âge venu, se transforma en grippe-sou et tyran domestique. Sa famille et sa maison le laissaient divaguer et supportaient ses rations de vivres très chiches, tout en se servant dans son dos. « Tout est en débauche en divers réduits de sa maison, en jeu, et en dépense, et en l'entretien de comptes de sa vaine colère et prouvoyance [prudence][5]. » Mais, ajoute Montaigne, à la réflexion, peu importe,

---

1. II, 17, p. 681.
2. III, 9, p. 1038.
3. II, 17, p. 682.
4. III, 9, p. 998.
5. II, 8, p. 413. Montaigne ne donne pas de nom, mais une note marginale de Ræmond a permis de l'identifier. Voir Boase, « Montaigne annoté par Florimond de Ræmond ».

puisque le vieillard était convaincu d'exercer un pouvoir absolu en sa demeure, et était donc aussi heureux qu'il pouvait l'être.

«Je n'ai rien cher [ne me coûte tant] que le souci et la peine, écrit Montaigne, et ne cherche qu'à m'anonchalir et avachir[1].» On imagine la tension de Pascal monter en flèche à la lecture de cette phrase. Ce que Montaigne prétendait vouloir le plus pour son grand âge, c'était un gendre qui le soulageât de toutes ses responsabilités. En vérité, eût-il trouvé quelqu'un pour le protéger et pourvoir à ses besoins qu'il se serait probablement insurgé, et il fait suivre cette observation sur le gendre idéal d'une volée de propos en sens contraire :

> Je fuis à me soumettre à toute sorte d'obligation[2].
>
> J'essaie à n'avoir exprès besoin de nul [...]. Il fait bien piteux, et hasardeux, dépendre d'un autre[3].
>
> J'ai pris à haine mortelle d'être tenu ni à autre, ni par autre que moi[4].

Il ne pensait pas à la tenue de son ménage en écrivant ces mots : le propos porte sur ses engagements ultérieurs envers le nouveau roi de France, Henri IV, qui semblait vouloir faire marcher Montaigne au doigt et à l'œil. Montaigne devait résister avec une

1. III, 9, p. 998.
2. *Ibid.*, p. 1011.
3. *Ibid.*, p. 1013.
4. *Ibid.*, p. 1014.

détermination frisant l'insolence – ce qui était tout à fait son attitude face aux demandes plus domestiques. L'oisiveté n'était qu'une moitié de son autoportrait : l'autre, c'était sa liberté. Il s'imagina même en émule d'Hippias d'Élis[1], le sophiste grec du Ve siècle avant notre ère qui apprit à être autonome, au point de faire « sa cuisine et son poil » [à se raser], ses robes, ses souliers – tout ce dont il avait besoin. Belle idée. Mais un Montaigne se suffisant à lui-même, rapiéçant son pourpoint avec du fil et une aiguille, bêchant son jardin, cuisant le pain, tannant le cuir de ses souliers ? Lui-même devait trouver la chose dure à imaginer.

Comme à son habitude, il laissa le sujet dans un état de contradiction et un esprit de compromis. Si ses protestations d'innocence ne pouvaient le sauver d'une responsabilité particulière, il s'y attelait et accomplissait sa tâche, et probablement avec plus de scrupule qu'il ne voulait bien l'admettre.

Nietzsche parle de certains « hommes d'esprit libre » qui « se déclareront volontiers satisfaits, par exemple, d'un petit emploi ou d'un avoir tout juste suffisant pour vivre ; car ils s'arrangeront pour vivre de manière telle qu'un grand changement des finances publiques, voire [...] un bouleversement de l'ordre politique, n'entraîne pas en même temps leur propre ruine ». Il ajoute qu'un homme de cette espèce aura tendance à se montrer « prudent et de souffle un peu court » avec son entourage. Cela ressemble tant à l'arrangement domestique de Montaigne que c'est

1. *Ibid.*, p. 1013-1014. Cf. Platon, *Hippias mineur,* 368b-d ; et Cicéron, *De oratore,* III, 32, 127.

presque à se demander si Nietzsche ne pensait pas à lui, surtout quand il ajoute qu'« il ne peut que s'en remettre au Génie de la Justice pour plaider quelque peu en faveur de son disciple et protégé si des voix accusatrices venaient à le dire pauvre d'amour[1] ».

Dans le cas de Montaigne, sa voix fut la première à porter cette terrible accusation. D'autres y ont vu depuis un encouragement à la répéter sans cesse, sur un ton sévère, mais sans l'ironie propre à Montaigne ou à Nietzsche. Rien, dans l'écriture de Montaigne, ni dans son personnage, ne fut jamais si direct. Il a beau tâcher de nous persuader qu'il est froid et détaché, d'autres images surgissent aussitôt : Montaigne se levant d'un bond pour s'engager dans un débat enflammé, Montaigne plongé dans une conversation passionnée avec La Boétie, et même Montaigne jouant quelques sous au coin du feu avec sa femme et sa fille. Une partie de ses réponses à la question du comment vivre sont bel et bien glaciales : occupez-vous de vos affaires, préservez votre moi, tenez-vous à l'écart des ennuis et gardez-vous une arrière-boutique. Mais il en est une autre qui est presque l'exact opposé. C'est…

1. Nietzsche, *Humain, trop humain,* aphorisme 291, p. 217-218.

9

Q. *Comment vivre ?*
R. *Être convivial : vivre avec les autres*

UNE « SAGESSE GAIE ET CIVILE »

« Il y a des naturels particuliers, retirés et internes », écrit Montaigne. Il n'est pas de ceux-là.

> Ma forme essentielle est propre à la communication et à la production : je suis tout au-dehors et en évidence, né à la société et à l'amitié[1].

Il aime frayer. La conversation est une chose qu'il prise plus que tout autre plaisir. Il en a tant besoin qu'il préférerait perdre la vue que l'ouïe ou la parole, car la discussion vaut mieux que les livres[2]. Il n'est pas nécessaire pour cela d'être d'une nature sérieuse : ce qu'il préfère, c'est « les devis [propos] pointus et

1. III, 3, p. 864.
2. I, 15, p. 174 *sq.*

coupés que l'allégresse et la privauté introduisent entre les amis, gaussant et gaudissant [se divertissant] plaisamment et vivement les uns les autres[1] ». Toute conversation est bonne, dès lors qu'elle est chaleureuse et amicale. Cette espèce de grâce sociale est à encourager chez les enfants dès le plus jeune âge afin de les arracher à leurs univers privés. « Il se tire une merveilleuse clarté pour le jugement humain, de la fréquentation du monde. Nous sommes tous contraints et amoncelés en nous, et avons la vue raccourcie à la longueur de notre nez[2]. »

Montaigne aimait le débat ouvert. « Nulles propositions m'étonnent, nulle créance me blesse, quelque contrariété qu'elle ait avec la mienne[3]. » Il aimait être contredit, car cela débouchait sur des conversations plus intéressantes et l'aidait à réfléchir – chose qu'il préférait faire dans l'interaction plutôt qu'en plongeant son regard dans le feu à la manière de Descartes[4]. Son ami Florimond de Ræmond parle de sa « conversation la plus douce et enrichie de grâces[5] ». Reste que, quand Montaigne n'était pas doux, ou qu'il se laissait emporter par le thème de la discussion, il pouvait hausser le ton. Sa passion l'entraînait à des indiscrétions, et il encourageait les autres à faire de même. La liberté d'expression était la règle en sa demeure. Sur la propriété de Montaigne, dit-il, « il

1. III, 8, p. 984.
2. I, 25, p. 163.
3. III, 8, p. 967.
4. *Ibid.*, p. 967-969.
5. Ræmond, *Erreur populaire,* p. 159.

s'y fait trêve de cérémonie, d'assistance, et convoiement, et telles autres ordonnances pénibles de notre courtoisie (ô la servile et importune usance)[1] ». Tout le monde se conduisait à sa guise, tout hôte avide de solitude pouvait aussi vaquer à ses occupations aussi longtemps qu'il lui plaisait, sans froisser quiconque.

Outre qu'il proscrivait l'étiquette, Montaigne décourageait les bavardages assommants. Les grandes tirades affectées l'ennuyaient également. Certains de ses amis pouvaient bien régaler un groupe d'anecdotes des heures durant, Montaigne préférait les échanges au naturel[2]. Lors des dîners officiels loin de chez lui, où la conversation était convenue, son attention errait ; quelqu'un s'adressait-il soudain à lui, il lâchait souvent des réponses inappropriées, « indignes d'un enfant[3] ». Il le regrettait, car l'aisance de la conversation dans des situations triviales était précieuse : elle ouvrait la voie à des relations plus profondes et aux soirées plus plaisantes où l'on pouvait plaisanter et rire à son aise[4].

Pour Montaigne, la détente et l'affabilité[5] n'étaient pas simplement des talents utiles ; elles étaient essentielles pour vivre bien. Il s'appliquait à cultiver ce qu'il appelait une « sagesse gaie et civile[6] » – expression qui rappelle la définition nietzschéenne de la philosophie

1. III, 3, p. 865.
2. II, 17, p. 675.
3. III, 3, p. 860.
4. I, 13, p. 70-71.
5. III, 13, p. 1158 *sq.*
6. III, 5, p. 886 [cf. III, 13, p. 1166 : sagesse « gaie et sociale »].

comme « gai savoir ». Nietzsche, comme les Libertins, convenait avec Montaigne qu'une intelligence humaine et sociable était ce qui importait, même si lui-même la trouvait difficile. Ses relations étaient souvent traumatiques. Dans un passage touchant d'un livre de jeunesse, *Humain, trop humain,* il écrit :

> Au nombre des petites choses, mais indéfiniment multipliées et par suite très efficaces, auxquelles la science se doit d'accorder plus d'attention qu'aux grandes choses extraordinaires, il faut aussi compter la bienveillance *(Wohlwollen)* ; je veux dire ces manifestations d'esprit amical dans les rapports humains, ce sourire des yeux, ces poignées de main, cette bonhomie dont s'entourent douillettement d'ordinaire presque tous les actes des hommes. Il n'est professeur, il n'est fonctionnaire qui n'ajoute ce complément à ce qui est de son devoir ; c'est la mise en œuvre continuelle de l'humanité, comme les ondes de sa lumière où prospèrent toutes choses [...] La cordialité, la gentillesse, la politesse du cœur [...] ont beaucoup plus puissamment contribué à l'édifice de la civilisation que ces manifestations bien plus fameuses des mêmes pulsions que l'on appelle compassion, miséricorde et sacrifice[1].

Pour Montaigne, le plus clair du temps, la bienveillance amicale était naturelle. C'était heureux, car il en avait grand besoin, tant à domicile que dans sa vie professionnelle. Il lui fallait s'entendre avec ses collègues de Bordeaux ; plus tard, sa charge l'obligea à charmer diplomates, rois et redoutables seigneurs de guerre

1. Nietzsche, *Humain, trop humain,* aphorisme 49, p. 70-71.

plus lointains. Il lui fallut souvent établir un rapport avec des adversaires qu'aveuglait le fanatisme religieux. Autour de son domaine, aussi, il importait de frayer avec les voisins – ce qui n'était pas toujours facile. On les voit surgir de temps à autre dans les *Essais,* souvent à propos de quelque anecdote haute en couleur ; le pingre marquis de Trans, dont la famille de Foix était très puissante dans la région[1] ; un certain Jean de Lusignan qui s'épuisa à organiser trop de réceptions pour ses enfants adultes[2] ; François de La Rochefoucauld, qui pensait que souffler dans un mouchoir était pratique répugnante et estimait plus séant de ne se servir que de ses doigts[3]. Certains nobles de la région sont les dédicataires de divers chapitres : Diane de Foix, comtesse de Gurson[4] ; Marguerite de Gramond[5] ; et Mme d'Estissac[6], dont le fils accompagna plus tard Montaigne en Italie. Par-dessus tout, Montaigne se lia d'amitié avec la femme qui devint la maîtresse d'Henri de Navarre (le futur Henri IV) : Diane d'Andouins, comtesse de Guiche et de Gramont, généralement connue sous le nom de « Corisande », qui est celui d'un personnage de l'un de ses romans de chevalerie préféré[7].

---

1. Cf. J. Balsamo, « Foix (famille) », *in* Desan, *Dictionnaire,* p. 468-470.
2. II, 8, p. 411.
3. I, 22, p. 114. L'identification des deux personnages en question est le fait de Florimond de Ræmond. Voir Boase, « Montaigne annoté par Florimond de Ræmond ».
4. I, 25.
5. I, 28.
6. II, 8.
7. [Personnage du roman *Amadis de Gaule.*]

Pour entretenir ces amitiés, Montaigne devait prendre part à maints divertissements à la mode qu'en son for intérieur il n'aimait pas. Quand il avait des hôtes, il pouvait lâcher pour eux un cerf dans ses forêts, alors même qu'il avait horreur de la chasse[1]. Il réussit mieux à éviter les joutes, qu'il jugeait meurtrières et absurdes[2]. Il parvint aussi à se soustraire aux amusements d'intérieur de l'époque, tels les jeux de poésie, les cartes ou les devinettes en formes de rébus – peut-être parce que, de son propre aveu, il n'y excellait pas[3].

Sa maison recevait souvent la visite de saltimbanques itinérants : acrobates, danseurs, dresseurs de chiens et « monstres » humains, qui tous essayaient désespérément de gagner leur vie en faisant le tour du pays. Montaigne les tolérait, sans se laisser impressionner par les numéros de chiens savants comme celui qui lançait immanquablement un grain de mil à travers le trou d'une aiguille[4]. Il était davantage intéressé par les nouveautés qui signifiaient quelque chose, comme le groupe de Tupinamba qu'il vit à Rouen. Et il devait parcourir des distances considérables pour s'enquérir de naissances anormales, comme celle de cet enfant né avec une portion d'un autre enfant sans tête attachée à son torse[5]. Il visita un berger

1. Il organisa une chasse au cerf pour Henri de Navarre en 1584 ; voir Montaigne, *Le Livre de raison,* entrée du 19 décembre.

2. III, 8, p. 984.

3. I, 54, p. 330. On peut se faire une idée des devinettes à partir d'Étienne Tabourot, sieur des Accords, *Les Bigarrures,* Rouen, J. Bauchu, 1591, livre I.

4. I, 54, p. 330.

5. II, 30, p. 748-749.

hermaphrodite à Médoc[1], et rencontra un homme sans bras qui se servait de ses pieds pour charger un pistolet et tirer, passer un fil dans une aiguille, coudre, écrire, se peigner et jouer aux cartes[2]. Comme le lanceur de mil, il vivotait en s'exhibant, mais Montaigne le trouva bien plus intéressant. Les gens parlent de « monstres », écrit-il, mais ces individus n'étaient pas contraires à la nature, juste à nos habitudes[3]. Pour ce qui était de la vraie curiosité, Montaigne savait bien à qui la palme devait aller :

> Je n'ai vu monstre et miracle au monde plus exprès, que moi-même : on s'apprivoise à toute étrangeté par l'usage et le temps, mais plus je me hante et me connais, plus ma difformité m'étonne, moins je m'entends en moi[4].

Ainsi sa propriété était-elle un carrefour fréquenté, traversé de flots de gens allant dans toutes les directions[5]. L'atmosphère était plus celle d'un village que d'une maison privée. Même quand Montaigne s'en allait écrire dans sa tour, il travaillait rarement seul ou en silence. Il y avait des gens qui parlaient ou travaillaient autour de lui ; sous sa fenêtre, il y avait les chevaux qu'on sortait des écuries ou qu'on y reconduisait, avec les poules qui caquetaient et les chiens

1. *Ibid.*, p. 749.
2. I, 22, p. 113.
3. II, 30, p. 749.
4. III, 11, p. 1075.
5. Voir Hoffmann, p. 14-15.

qui aboyaient. À la saison des vendanges, le bruit des presses était envahissant. Fût-ce au faîte des guerres, Montaigne gardait sa propriété plus ouverte au monde que d'autres : une décision rare en des temps aussi périlleux.

Par certains côtés, le monde de Montaigne devint un univers privé en soi, avec ses valeurs propres et son atmosphère de liberté. Pour autant, jamais il n'en fit une forteresse. Il tenait à accueillir quiconque frappait à sa porte, même s'il en savait les risques et reconnaissait que parfois cela voulait dire se mettre au lit sans savoir si quelque soldat perdu ou vagabond n'allait pas le trucider dans son sommeil[1]. Mais le principe était trop important. Quand Montaigne écrit « je suis tout au-dehors et en évidence », il ne fait pas seulement allusion au bavardage mondain. Il entend par là qu'il voulait demeurer en communication libre et honnête avec les autres êtres humains – même ceux qui semblaient voués à le tuer.

OUVERTURE, MISÉRICORDE ET CRUAUTÉ

Selon Giovanni Botero, auteur italien de traités politiques qui vécut en France dans les années 1580, la campagne française de cette décennie grouillait tellement de maraudeurs et de meurtriers que chaque maison devait avoir « des gens qui gardent les vignobles et les vergers, et chez soi, des grilles, des serrures, des

1. III, 9, p. 1015.

verrous et des dogues[1] ». Visiblement, Botero n'était pas allé sur les terres de Montaigne qui n'avaient, « pour toute provision, qu'un portier, d'ancien usage et cérémonie, qui ne sert pas tant à défendre ma porte, qu'à l'offrir plus décemment et gracieusement[2] ».

Montaigne vivait ainsi parce qu'il était déterminé à résister à toute intimidation et ne voulait pas devenir son propre geôlier. Mais il croyait aussi que, paradoxalement, son ouverture le mettait plus en sécurité. Les maisons fortement gardées de la région essuyaient plus d'attaques que la sienne. Il en trouvait l'explication chez Sénèque : « Ce qui est scellé attire le voleur. Le cambrioleur néglige les maisons ouvertes[3]. » Les verrous donnaient l'impression qu'il y avait quelque chose de précieux, et il n'y avait aucune gloire possible à dévaliser une maison où vous attendait un vieux portier. De plus, les règles habituelles en matière de fortification ne s'appliquent guère en temps de troubles civils : « votre valet peut être du parti que vous craignez[4] ». On ne barricade point ses portes contre une menace qui est déjà à l'intérieur ; mieux vaut gagner l'ennemi en se conduisant généreusement et avec honneur.

Les événements semblaient donner raison à Montaigne. Une fois, il fit entrer une bande de soldats à

---

1. G. Botero, *The Reason of State and the Greatest of Cities,* trad. R. Peterson et P. J. et D. P. Waley, Londres, 1956, p. 279, cité *in* Hale, p. 426 et trad. p. 439.

2. II, 15, p. 654.

3. *Ibid.* Cf. Sénèque, *Lettres à Lucilius,* lettre 68.

4. II, 15, p. 654.

seule fin de s'apercevoir qu'ils complotaient de profiter de son hospitalité pour s'emparer des lieux. Mais ils renoncèrent à leur projet, leur chef expliquant pourquoi à Montaigne : « mon visage et ma franchise lui avaient arraché la trahison des poings[1] ».

À l'extérieur, également, la franchise de Montaigne le protégeait des violences. Un jour qu'il traversait une forêt dans une région rurale dangereuse, il fut assailli par quinze ou vingt hommes masqués, suivis d'une vague d'archers montés : une grande attaque, visiblement préparée. Ils l'entraînèrent dans une partie épaisse de la forêt, raflèrent ce qu'il possédait, se saisirent de ses malles de voyage et de sa cassette, puis débattirent du partage de ses chevaux et autres équipements. Pis encore, l'idée leur vint de le garder en otage dans l'espoir d'un gain supplémentaire, mais ils ne purent s'entendre sur le montant de la rançon à demander. Montaigne les surprit en train de débattre de la question et comprit qu'ils allaient probablement fixer une somme exorbitante, qui lui vaudrait la mort si personne n'avait les moyens de payer. N'y tenant plus, il les interrompit par un appel. Ils avaient déjà tout ce qu'ils allaient obtenir, déclara-t-il. Si haut qu'ils missent la rançon, cela ne changerait rien ; ils n'en verraient goutte. Parler ainsi n'était pas sans risque, mais après son intervention le comportement des bandits changea du tout au tout. Ils se rassemblèrent un moment dans une nouvelle discussion, puis le chef se dirigea vers Montaigne d'un air presque amical. Il

1. III, 12, p. 1107-1108.

ôta son masque – geste significatif, puisque les deux hommes pouvaient dès lors s'affronter face à face, en êtres humains – et dit qu'ils avaient décidé de le laisser filer. Ils lui restituèrent même une partie de ses biens, dont sa cassette. Le chef expliqua ce geste en disant, comme l'écrivit plus tard Montaigne, « que je devais cette délivrance à mon visage, liberté et fermeté de mes paroles[1] ». Sauvé par son naturel, son air honnête, mais aussi la bravoure avec laquelle il fit face à l'agression.

C'était le genre de confrontation qui pouvait arriver à tout moment, à tout le monde, et Montaigne se demanda souvent quelle était la meilleure façon de faire face. Est-il plus sage d'affronter carrément son ennemi et de le défier ou de chercher ses faveurs en se montrant soumis ? Faut-il se mettre à la merci de l'agresseur et espérer que son sens de l'humanité le conduira à vous épargner ? Ou est-ce téméraire ?

Le problème est que chaque réponse ne va pas sans dangers propres. La défiance pouvait en imposer, mais aussi mettre en fureur. La soumission, inspirer la pitié, mais tout aussi bien exciter le mépris de l'ennemi, au point de le conduire à vous éliminer sans y penser davantage que pour écrabouiller un insecte. Quant à en appeler à son sens de l'humanité, comment être sûr qu'il en possède un ?

Autant de questions qu'il n'était pas plus facile de trancher dans un XVIe siècle violent que sur un antique champ de bataille méditerranéen ou dans l'allée d'une

1. *Ibid.*, p. 1109-1110. L'épisode diffère du *hold-up* de 1588 sur la route de Paris, également rapporté dans les *Essais*.

cité moderne, face à un agresseur. Elles sont éternelles, et Montaigne ne trouva pas une seule et unique bonne réponse. Mais jamais il ne se lassa d'explorer la question. Dans les *Essais,* il ne cesse d'exposer des scènes où deux individus s'affrontent : l'un qui est défait et qui est obligé d'implorer qu'on lui laisse la vie sauve ou qui choisit la provocation, l'autre qui est en position de montrer de la miséricorde ou de la nier[1].

Dans un incident de ce genre, décrit dans le premier essai du livre, le héros militaire albanais du XVe siècle, Skanderbeg, en rage, était sur le point de tuer un de ses soldats. L'homme implora sa pitié, mais Skanderbeg demeura impassible. Au désespoir, le soldat se saisit de son épée et riposta : Skanderbeg en fut tellement impressionné que sa colère se dissipa et qu'il laissa l'homme filer. Ailleurs, il est question d'Edward, prince de Galles, qui chevauchait à travers une ville française défaite, ordonnant des tueries en masse de citoyens à gauche et à droite. Il ne s'arrêta que lorsqu'il vit trois hommes acculés, mais continuant de se battre. Admiratif, il les épargna, et ajouta après coup que tous les autres habitants de la cité devaient être épargnés également.

Ces épisodes laissent entendre que le défi est la meilleure politique. Mais le même essai rapporte des incidents dont l'issue fut tout autre. Quand Alexandre le Grand attaqua la ville de Gaza, il trouva le chef ennemi Betis « seul, abandonné des siens, ses armes dépecées [brisées], tout couvert de sang et de plaies, combattant encore ». Comme Edward, Alexandre l'admira, mais

1. I, 1, p. 31-34.

un instant seulement. Betis continuant de le défier, le fixant d'un regard insolent, il perdit patience. Il lui fit percer les talons et « traîner tout vif [...] au cul d'une charrette » jusqu'à ce qu'il meure. Le chef vaincu était allé trop loin, et avec le mauvais adversaire.

D'autres histoires montrent, tout aussi clairement, les dangers de la soumission. Montaigne gardait un vif souvenir du cas de Tristan de Moneins, le lieutenant-général lynché en 1548 dans une rue de Bordeaux après s'être présenté trop humblement devant les émeutiers de la gabelle. Dès lors qu'on montre sa faiblesse et qu'on éveille chez l'autre un instinct de chasseur, tout est perdu. Et face à un chasseur, il n'y a guère d'espoir. Montaigne était hanté par l'image d'un cerf aux abois après des heures de poursuite, épuisé et piégé, sans autre option que de se livrer aux chasseurs, « nous demandant merci [pitié] par ses larmes[1] ». Une merci qui ne sera point accordée.

Si nombreuses que fussent les confrontations que Montaigne ait passées en revue dans sa tête, toutes paraissaient suggérer des interprétations et réponses différentes. C'est bien pourquoi elles le fascinaient. À chaque fois, le parti vaincu doit prendre une décision, mais le vainqueur également, car les choses peuvent mal tourner pour lui s'il méjuge la situation. Épargne-t-il quelqu'un qui prend sa générosité pour faiblesse, il risque à son tour d'être tué. Trop rude, il suscitera rébellion et vengeance.

---

1. II, 11, p. 454. Selon le critique David Quint, p. 63, cette histoire du cerf a valeur de scène primitive : elle se rejoue tout au long des *Essais*, sans jamais trouver de solution définitive.

Le christianisme paraît offrir une réponse simple : le vainqueur doit toujours se montrer miséricordieux, et la victime tendre l'autre joue. Mais on ne peut attendre du vrai monde qu'il suive cette voie, ni, au demeurant, de la plupart des chrétiens en ces temps de guerres de religion. Montaigne faisait assez peu de cas de la théologie : plongé dans la lecture des auteurs de l'Antiquité, il semblait, comme d'habitude, oublier l'angle chrétien. Pour lui, en tout cas, les vraies difficultés étaient d'ordre psychologique plutôt que moral. Ou si elles étaient morales, c'était au sens le plus large du mot employé dans la philosophie antique, où il ne s'agissait pas de suivre des préceptes mais de savoir prendre des décisions justes et intelligentes dans la vraie vie.

L'avis de Montaigne, somme toute, était que la victime et le vainqueur devaient suivre la voie consistant à placer toute sa confiance en l'autre : autrement dit, tels des bons chrétiens, le vaincu devait implorer miséricorde, et le vainqueur l'accorder. Mais tous deux devaient le faire hardiment, avec « franchise et fiance [confiance] », sans crainte ni servilité[1]. De part et d'autre, la situation doit se caractériser par une « fiance pure et nette[2] ». Montaigne eût trouvé cette rencontre idéale dans la scène qui se déroula en 1989 à Pékin, place Tienanmen, quand les chars avancèrent pour réprimer une manifestation. Un homme, portant de manière incongrue un sac à provisions ordinaire, se posta, calme, face à eux, obligeant le premier char à s'arrêter. L'homme eût-il tremblé ou cherché à fuir,

1. I, 5, p. 50.
2. I, 23, p. 135.

ou, au contraire, eût-il hurlé et agité le poing, il eût été plus facile au tankiste de le tuer. Au lieu de quoi la « confiance pure et nette » engendra chez son adversaire une résolution semblable.

Cela ne marcherait pas pour un cerf, avec la relation de chasse qui empêche la réciprocité des sentiments ; cela ne marcherait peut-être pas non plus entre une sorcière accusée et un tortionnaire, le fanatisme et l'obéissance aux rôles se mettant en travers du chemin. La guerre, comme l'hystérie de la populace, perturbe aussi la psychologie normale. La scène de la place Tienanmen fut certes violente, mais elle se produisit dans ce qui était, techniquement, un temps de paix, tandis que la bataille crée un état d'esprit altéré. Dans le monde antique, et dans une certaine mesure au temps de Montaigne, on jugeait normal qu'un soldat au combat fût incapable de retenue. Il devait être en fureur : une frénésie extatique, sans peur, où l'on ne pouvait ni ne devait attendre ni modération ni merci.

La fureur consternait Montaigne, de même que les états les plus extrêmes. Il n'aimait pas la façon dont, avant la bataille, Jules César aurait excité ses soldats à la sauvagerie par des discours du style :

> Tant que les traits brilleront, qu'aucune figure de la piété,
> Quand bien même vous verriez face à vous vos parents, ne vous émeuve ;
> Décomposez de votre glaive ces visages vénérés[1].

1. III, 1, p. 844. Cf. Lucain, la *Pharsale,* VII, 320-322.

De tous les guerriers célèbres, celui que Montaigne admirait le plus était le général thébain Épaminondas, connu pour sa capacité à tenir la fureur en échec. Une fois, au cœur de la bataille et « horrible de fer et de sang », il se trouva face à un homme dans la maison duquel il avait séjourné. Il se détourna, sans le tuer. Cela pourrait sembler peu remarquable, mais en théorie un soldat ne devrait pas être davantage capable de ce genre de retenue délibérée qu'un requin saisi d'une frénésie carnivore. Épaminondas, écrit Montaigne, « commandait bien à la guerre » ; au faîte même de l'extase, il faisait souffrir à la guerre « le mors de la bénignité[1] ».

La tradition de la *furor,* soupçonnait Montaigne, n'était souvent qu'un prétexte. « Ôtons aux méchants naturels, et sanguinaires, et traîtres, ce prétexte de raison[2]. » La brutalité était bien assez mauvaise en soi ; la brutalité sous prétexte d'un état mental élevé, pis encore. Par-dessus tout, il déplorait la sainte ferveur des fanatiques religieux, convaincus que Dieu exigeait cette violence extrême et sans raison comme preuve de dévotion.

La cruauté donnait la nausée à Montaigne[3] : il ne pouvait la contenir, au point de haïr « cruellement

1. III, 1, p. 842-843. Sur Épaminondas, voir aussi I, 42, p. 280 ; II, 12, p. 465 ; II, 36, p. 794. Voir J.-L. Vieillard-Baron, « Épaminondas », *in* Desan, *Dictionnaire,* p. 381-382.

2. III, 1, p. 844.

3. Cf. F. Brahami, « Cruauté », *in* Desan, *Dictionnaire,* p. 272-274 ; et P. P. Hallie, « The ethics of Montaigne's "De la cruauté" », *in* R. C. La Charité (dir.), *O un amy ! Essays on Montaigne in Honor of Donald M. Frame,* Lexington, Ky, French Forum, p. 156-171.

la cruauté[1] », observe-t-il sans crainte du paradoxe. Sa révulsion était instinctive, elle faisait partie de lui au même titre que la franchise qu'on lisait sur son visage. Aussi ne supportait-il pas la chasse[2]. Voir tordre le cou à un poulet, ou un lièvre entre les crocs des chiens, l'horrifiait[3]. La même propension à passer d'une perspective à l'autre qui lui permettait de se mettre à la place de sa chatte l'empêchait de voir un lièvre étripé sans que ses entrailles en fussent remuées.

S'il ne pouvait pas voir un lièvre souffrir, il supportait encore moins les tortures et mises à mort judiciaires courantes de son temps. « Les exécutions mêmes de la justice, pour raisonnables qu'elles soient, je ne les puis voir d'une vue ferme[4]. » Dans sa carrière, il était censé ordonner de tels châtiments, mais il s'y refusa : « [...] Suis si lâche à offenser [autrui] que pour le service de la raison même, je ne puis le faire. Et lorsque l'occasion m'a convié aux condamnations criminelles, j'ai plutôt manqué à la justice[5]. »

Il n'est pas le seul écrivain de son temps à réprouver la chasse ou la torture. Ce qui est peu habituel chez Montaigne, c'est la raison invoquée : son rapport viscéral aux autres. À Rouen, devisant avec les Indiens du Brésil, il fut frappé de constater que, dans leur langage, les hommes sont « moitié les uns des autres », et

1. II, 11, p. 451.
2. *Ibid.*, p. 454.
3. *Ibid.*, p. 451.
4. *Ibid.*, p. 453.
5. III, 12, p. 1110.

de les voir s'interroger au spectacle de riches français gorgés de biens tandis que leurs moitiés mouraient de faim à leur porte[1]. Pour Montaigne, tous les êtres humains ont un point commun, au même titre que tous les vivants. « C'est une même nature qui roule son cours[2]. » Même si les bêtes nous étaient moins semblables qu'elles ne le sont, nous aurions envers elles un devoir de compassion, du simple fait qu'elles sont vivantes :

> [Il y a] un certain respect, qui nous attache, et un général devoir d'humanité, non aux bêtes seulement, qui ont vie et sentiment, mais aux arbres mêmes et aux plantes. Nous devons la justice aux hommes, et la grâce et la bénignité aux autres créatures, qui en peuvent être capables. Il y a quelque commerce entre elles et nous, et quelque obligation mutuelle.

Cette obligation vaut pour les rencontres triviales comme lorsqu'il y va de la vie ou de la mort. Nous devons aux autres êtres les innombrables petits actes de bonté et d'empathie que Nietzsche décrivait sous le nom de « bienveillance ». Après le passage cité à l'instant, Montaigne ajoute cette remarque à propos de son chien :

> Je ne crains point à dire la tendresse de ma nature si puérile, que je ne puisse pas bien refuser à mon chien la fête, qu'il m'offre hors de saison, ou qu'il me demande[3].

---

1. I, 30, p. 221.
2. II, 12, p. 490.
3. II, 11, p. 456-457.

Il cède à son chien parce qu'il peut partager en imagination le point de vue de son animal : il *sent* combien le chien a besoin de sortir de l'ennui et d'attirer l'attention de son ami humain. Pascal se moqua de Montaigne, assurant qu'il « monte sur son cheval [...] sans croire que ce soit de droit, ne sachant pas si cet animal n'a pas au contraire celui de se servir de lui[1] ». C'est exactement ça ; et autant Pascal en était fâché, autant cela eût réjoui Nietzsche, dont l'effondrement mental final aurait (les sources sont peu fiables) commencé avec l'épisode de Turin, où il lança ses bras au cou d'un cheval et éclata en sanglots.

Parmi les lecteurs doués d'une sensibilité moins à fleur de peau, Leonard Woolf, le mari de Virginia, est de ceux que les remarques de Montaigne sur la cruauté affectèrent profondément. Dans ses Mémoires, il parle d'un essai bien plus significatif qu'on ne l'avait mesuré. Montaigne, écrit-il, fut « la première personne au monde à exprimer cette horreur intense, personnelle, de la cruauté. Il fut aussi le premier homme complètement moderne ». Les deux choses étaient liées : la modernité de Montaigne résidait précisément dans cette « conscience intense, dans son intérêt passionné pour l'individualité de sa propre personne et de tous les autres êtres humains » – et non humains.

Même un cochon ou une souris, ajoute Woolf, a le sentiment d'être un « je ». C'est exactement l'allégation que Descartes avait farouchement niée, mais

1. Pascal, *Entretien avec M. de Saci,* in *Œuvres complètes,* p. 295-296.

à laquelle Woolf était arrivé par son expérience personnelle plutôt que par un raisonnement cartésien. Il se souvenait, enfant, qu'on l'avait chargé de noyer des chiots d'un jour : curieuse tâche à confier à un enfant, pourrait-on penser. Il fit ce qu'on lui demandait, mais il en fut plus chamboulé qu'il ne l'avait imaginé. Des années plus tard, il écrivit :

> Regardés distraitement, des chiots d'un jour sont de petits objets ou de petites choses indifférenciées, aveugles et qui se tortillent. Je mis l'un d'eux dans le seau d'eau, et aussitôt se produisit une chose terrible, extraordinaire. Cette chose amorphe et aveugle se mit à lutter désespérément pour se sauver, gigotant, frappant l'eau de ses pattes. Et soudain je vis que c'était un individu, que comme moi il était un « je », que dans le seau d'eau il vivait ce que je vivrais, et combattait la mort, comme je combattrais la mort si je me noyais dans les mers innombrables. Il me parut alors et me paraît encore que c'est chose horrible, barbare, que noyer ce « je » dans un seau d'eau[1].

C'est la lecture de Montaigne qui fit remonter l'incident à la mémoire de Leonard Woolf. Il devait ensuite appliquer l'intuition à la vie politique, réfléchissant tout particulièrement à ses souvenirs des années 1930, quand le monde semblait sur le point de sombrer dans une barbarie qui ne laissait aucune place à ce petit moi individuel. À l'échelle globale, aucune créature ne saurait avoir grande importance, observe-t-il, mais, d'une autre façon, ces « je » sont les

1. L. Woolf, p. 17-21.

seules choses qui importent. Et la politique ne saurait offrir d'espoir pour l'avenir qu'en les reconnaissant.

Traitant de la conscience, le psychologue William James avait un instinct semblable[1]. Nous ne comprenons rien à l'expérience d'un chien : « le ravissement des os dans les haies, ou des odeurs des arbres et des lampadaires ». Et les chiens ne comprennent rien à la nôtre : ainsi quand ils nous voient fixer interminablement les pages d'un livre. Ces deux états de conscience partagent pourtant une même qualité : l'« élan » ou le « picotement » qu'on éprouve quand on est complètement absorbé par ce que l'on fait[2]. Ce picotement devrait nous permettre de reconnaître mutuellement une similitude, alors même que les centres d'intérêt diffèrent. Et cette reconnaissance doit à son tour conduire à la bonté. Oublier cette similitude est la pire erreur politique, aussi bien que la pire des erreurs personnelles et morales[3].

Dans l'idée de William James, comme de Leonard Woolf et de Montaigne, nous ne sommes point murés dans nos perspectives séparées. Nous pouvons nous glisser hors de nos esprits, ne serait-ce que quelques instants, pour faire nôtre le point de vue d'un autre être. Cette capacité est le vrai sens d'« être convivial » : la réponse de ce chapitre à la question du comment vivre, et le meilleur espoir de la civilisation.

---

1. W. James, « On a certain blindness in human beings », in *Talks to Teachers on Psychology,* New York, Henry Holt, 1912, repris in *The Writings of William James,* éd. J. J. McDermott, Chicago, University of Chicago Press, 1977, p. 629-645.

2. *Ibid,* p. 629-631.

3. *Ibid,* p. 644-645.

10

Q. Comment vivre ?
R. S'arracher au sommeil de l'habitude

Tout dépend de votre point de vue

L'art de voir les choses dans la perspective d'une autre personne ou d'un animal peut être instinctif chez certains, mais il peut aussi se cultiver. Les romanciers le font à longueur de temps. Pendant que Leonard Woolf méditait sa philosophie politique, sa femme Virginia écrivait dans son journal :

> Je me souviens qu'allongée au bord d'un creux j'attendais que L[eonard] vînt aux champignons, lorsque apercevant un lièvre qui bondissait sur la pente je me dis tout à coup : « Voilà la vie sur terre. » Je crus percevoir comme tout était bien du domaine de la terre, et me voir moi-même, avec les yeux d'un visiteur venu de la lune, comme une sorte de lièvre évolué[1].

---

1. V. Woolf, *Diary I,* p. 190 (entrée du 8 septembre 1918), et trad. p. 329.

Ce moment féérique, presque hallucinatoire, donna à Virginia Woolf une idée de l'impression qu'elle et le lièvre feraient à quelqu'un dont l'habitude n'aurait pas émoussé le regard. Il lui permit de dé-familiariser le familier : un tour mental, assez comparable à ceux des philosophes hellénistiques quand ils imaginaient considérer la vie humaine depuis les étoiles. Comme beaucoup de tours de ce genre, il aide à concentrer son attention. L'habitude rend tout terne, assoupit. Changer de perspective est une manière de se réveiller. Ce tour plaisait à Montaigne, qui ne cessa de l'employer dans ses écrits.

Son stratagème favori consistait simplement à égrener des listes de coutumes divergentes du monde entier pour s'émerveiller de leur caractère aléatoire et de leur étrangeté. Ses deux essais « De la coutume » et « Des coutumes anciennes » décrivent des contrées où les femmes pissent debout et les hommes accroupis, où les enfants sont allaités jusqu'à douze ans, où il est jugé fatal d'allaiter un bébé le premier jour, où on laisse sa pilosité du côté droit tout en se rasant la partie gauche du corps, où l'on est censé tuer son père à un certain âge, où les gens s'essuient l'arrière-train avec une éponge plantée sur un bâton, où l'on porte les cheveux longs devant et courts derrière, plutôt que l'inverse. Dans l'« Apologie », les listes de ce genre vont des Péruviens qui allongent leurs oreilles aux Orientaux qui se noircissent les dents parce que le blanc est inélégant[1].

Ce faisant, chaque culture se donne pour norme. Si vous vivez dans un pays où l'on se noircit les dents,

1. Cf. I, 22, p. 115-117 ; I, 49, p. 316-321 ; II, 12, p. 508-509.

il est clair que les ivoires ébène sont les seuls beaux. Décliner les diversités nous aide à nous en libérer, ne serait-ce que pour de brefs moments de lumière. Ce « grand monde, écrit Montaigne, est le miroir où il nous faut regarder pour nous connaître de bon biais[1] ». Après avoir parcouru pareille liste, nous considérons notre existence différemment. Nos yeux s'ouvrent sur la vérité que nos coutumes ne sont pas moins étranges que celles des autres.

L'intérêt initial de Montaigne pour ces changements de perspective remontait, pour une part, à l'ébahissement des visiteurs Tupinamba qu'il avait observés à Rouen. Les observer observant les Français fut un réveil, comparable à celui de Virginia Woolf à flanc de colline. La rencontre éveilla en lui un intérêt persistant pour le Nouveau Monde : tout un hémisphère encore inconnu des Européens quelques décennies avant sa naissance, et encore si surprenant qu'il semblait à peine réel.

Au moment de la naissance de Montaigne, la plupart des Européens avaient fini par accepter que l'Amérique existait vraiment et n'était pas une chimère. Certaines personnes s'étaient mises au piment et au chocolat, quelques-uns fumaient du tabac. La culture des pommes de terre avait commencé, même si, du fait de leur forme vaguement testiculaire, d'aucuns pensaient encore que ce n'était qu'un aphrodisiaque[2]. Les voyageurs, à leur retour, colportaient des histoires de cannibalisme et de sacrifice humain, ou

1. I, 25, p. 164.
2. Cf. Hale, p. 173 et trad. p. 181.

encore de fabuleuses fortunes en or et en argent. La vie en Europe devenant plus difficile, beaucoup envisageaient d'émigrer, et les colonies jaillissaient comme des champignons sur les côtes Est. La plupart étaient espagnoles, mais les Français tentèrent eux aussi leur chance. Dans la jeunesse de Montaigne, la France paraissait bien placée dans la nouvelle aventure coloniale. Elle disposait d'une flotte puissante et de ports internationaux bien équipés – Bordeaux étant au premier rang d'entre eux.

Les diverses expéditions françaises lancées au début du siècle se heurtèrent à chaque fois à des difficultés. Les colons français avaient tendance à compromettre leurs entreprises du fait de leurs conflits religieux, qu'ils importaient avec eux. La première colonie française du Brésil, fondée par Nicolas Durand de Villegaignon, près de l'actuelle Rio de Janeiro dans les années 1550, fut tellement affaiblie par les divisions entre catholiques et protestants qu'elle succomba à l'invasion des Portugais. Dans les années 1560, une colonie française majoritairement protestante de Floride fut victime des Espagnols[1]. À cette époque, la guerre civile sévissait sur le territoire français, et il était difficile de trouver de l'argent pour organiser de grands voyages. La France laissa échapper la première grande manne outre-mer, celle qui fit les fortunes de l'Angleterre et de l'Espagne. Quand elle se remit et retenta l'aventure, il était trop tard pour en profiter pleinement.

1. Cf. Knecht, *Rise and Fall,* p. 287, 297-300 (Brésil) et 392-394 (Floride).

Comme souvent, dans sa génération, la fascination de tout ce qui était américain allait de pair, chez Montaigne, avec un certain cynisme envers la conquête coloniale. Il attachait beaucoup de prix au souvenir de sa conversation avec les Tupinamba[1] – venus en France à bord des bateaux de Villegaignon – et recueillit des *memorabilia* sud-américains pour le cabinet de curiosités de sa tour : « Il se voit [...], entre autres chez moi, la forme de leurs lits, de leurs cordons, de leurs épées et bracelets de bois, de quoi ils couvrent leurs poignets au combat, et des grandes cannes ouvertes par un bout, par le son desquelles ils soutiennent la cadence en leur danse[2]. » Tout cela lui venait probablement d'un serviteur qui avait longtemps vécu dans la colonie de Villegaignon. Le même homme présenta Montaigne à des marins et à des marchands à même de nourrir sa curiosité. L'homme était « simple et grossier », mais cela en faisait, aux yeux de Montaigne, un excellent témoin car il n'était pas tenté de broder ni de surinterpréter ce qu'il rapportait[3].

Outre la conversation, Montaigne lut tout ce qu'il put se procurer sur le sujet. Sa bibliothèque comprenait des traductions française de l'*Historia de las Indias* de López de Gómara[4] et de la *Brevisima relación* de Bartolomé de Las Casas[5], ainsi que des œuvres

1. I, 30, p. 221.
2. *Ibid.*, p. 214.
3. *Ibid.*, p. 210-211.
4. Traduite en 1568 par Martin Fumée sous le titre *Histoire generalle des Indes.*
5. Traduite en 1579 sous le titre *Tyrannie et cruautés des Espagnols...*

originales françaises plus récentes, notamment deux grands tableaux rivaux de la colonie de Villegaignon : celui du protestant Jean de Léry et celui du catholique André Thevet[1]. Des deux, il préférait de beaucoup celui de Léry, *Histoire d'un voyage fait en terre du Brésil*[2] (1578), qui observa la société Tupinamba avec sympathie et précision. Ainsi qu'il seyait à un puritain protestant, Léry admirait la préférence des Tupinamba à aller nus plutôt que de se parer de collerettes et de fanfreluches comme faisaient les Français. Observant que fort peu de leurs vieillards avaient les cheveux blancs, il soupçonnait que la raison en était qu'ils ne s'usaient pas « en la défiance, en l'avarice qui en procède, aux procès et brouilleries[3] ». Et il tenait en haute estime leur courage dans la guerre. Les Tupinamba livraient des batailles sanglantes avec de magnifiques épées, mais uniquement pour l'honneur, jamais pour la conquête ou l'avidité[4]. Ces affrontements se terminaient habituellement par un banquet, où le plat principal se composait de prisonniers de guerre[5]. Léry lui-même eut l'occasion d'y assister : cette nuit-là, sur son hamac, il se réveilla et vit un homme penché au-dessus de lui, brandissant un pied « cuit et boucané »

1. *Les Singularitez* [*de la France antarctique, autrement nommée Amérique,* Paris, 1557].

2. La Rochelle, A. Chuppin. Sur Jean de Léry, voir Frank Lestringant, *Jean de Léry ou l'invention du sauvage,* 2e éd., Paris, Champion, 2005.

3. Léry, *Histoire d'un voyage fait en terre du Brésil,* vol. 1, p. 155.

4. *Ibid.,* vol. 2, p. 44 *sq.*

5. *Ibid.,* vol. 2, p. 61-66.

d'une façon qu'il crut menaçante. Effrayé, il se leva d'un bond, au plus grand amusement de la foule. Plus tard, on lui expliqua que l'homme n'était qu'un hôte généreux désireux qu'il y goûtât[1]. Léry retrouva foi en ses amis. Il se sentait plus en sécurité parmi eux, écrit-il, qu'« avec les Français déloyaux et dégénérés[2] ». En vérité, il était destiné à voir des scènes tout aussi macabres dans les guerres civiles françaises, quand il se retrouva dans la ville de Sancerre, au sommet d'une colline, lors du siège de l'hiver 1572, où des citadins en furent réduits à manger de la chair humaine pour survivre[3].

Montaigne dévora Léry et, relatant sa rencontre des Tupinamba dans « Des cannibales », il se conforme à sa pratique consistant à souligner les contrastes avec la France et ce qu'il en découle quant aux prétentions des Européens à la supériorité. Dans un chapitre ultérieur, « Des coches », il observe combien jardins et palais dorés des Incas et des Aztèques font pâlir leurs équivalents européens[4]. Mais le simple Tupinamba séduisait bien davantage Montaigne, qui dresse une liste de leurs « négatifs » désirables :

> C'est une nation [...] en laquelle il n'y a aucune espèce de trafic ; nulle connaissance de lettres ; nulle science de nombres ; nul nom de magistrat, ni de supériorité politique ; nul usage de service [pas d'esclaves], de richesse

1. *Ibid.*, vol. 2, p. 116-119.
2. *Ibid.* , vol. 2, p. 126.
3. Jean de Léry, *Histoire mémorable de la ville de Sancerre,* La Rochelle, 1574.
4. III, 6, p. 953.

ou de pauvreté ; nuls contrats ; nulles successions ; nuls partages ; nulles occupations qu'oisives ; nul respect de parenté que commun ; nuls vêtements ; nulle agriculture ; nul métal, nul usage de vin ou de blé. Les paroles mêmes qui signifient le mensonge, la trahison, la dissimulation, l'avarice, l'envie, la détraction [médisance], le pardon, inouïes[1].

Ce genre d'« énumération négative » était un moyen rhétorique consacré de la littérature antique, bien antérieur à la découverte du Nouveau Monde. On le trouve même dans des textes sumériens en cunéiforme vieux de quatre mille ans :

> Autrefois, il fut un temps où il n'y avait pas de serpent, il n'y avait pas de scorpion ;
> Il n'y avait pas d'hyène, il n'y avait pas de lion ;
> Il n'y avait pas de chien sauvage, ni de loup ;
> Il n'y avait pas de peur, ni de terreur :
> L'homme n'avait pas de rival[2].

Il était tout naturel de voir le procédé resurgir à la Renaissance dans les écrits sur le Nouveau Monde. La tradition devait se poursuivre. Au XIXe siècle, Herman Melville a décrit la vallée heureuse de Taïpi dans les Marquises : un pays où il n'y avait « ni créances hypothécaires, ni traites protestées, ni facture à régler, ni dettes d'honneur […] ; pas de parents pauvres […] ;

1. I, 30, p. 212-213.
2. S. N. Kramer, *History Begins at Sumer,* New York, 1959, p. 222 ; en français, *L'Histoire commence à Sumer,* préface de Jean Bottéro, Paris, Arthaud, 1975, p. 135. Cf. Levin, p. 10.

pas de veuves [...] ; pas de gueux ; pas de prison pour dettes ; pas de nababs arrogants au cœur de pierre, dans Taïpi ; ou, pour résumer tout d'un seul mot, pas *d'Argent*[1] ! » L'idée était que les gens étaient plus heureux quand ils vivaient sans encombre, au plus près de la nature, tels Adam et Ève au jardin d'Éden. Les stoïciens eux-mêmes firent grand cas de cet « Âge d'or » : Sénèque se laissa aller à rêver d'un monde où l'on ne thésauriserait pas les biens, un monde sans armes utilisées pour faire violence et sans conduites d'égout pour polluer les cours d'eau. Sans maisons, les gens dormaient mieux, car il n'y avait pas de craquements de bois pour les réveiller en sursaut au cœur de la nuit[2].

Montaigne comprenait l'attrait de cette fantaisie et le partageait. Comme les fruits sauvages, observe-t-il, les sauvages gardent leur saveur naturelle[3] : aussi sont-ils capables de bravoure, car aucune cupidité ne souille leur conduite à la guerre. Loin d'être dégradants, mêmes les rituels cannibales des Tupinamba montraient les primitifs sous leur meilleur jour. Les victimes faisaient montre d'un courage étonnant en attendant leur destin, ne craignant pas de railler leurs vainqueurs. Le chant d'un condamné mettant ses

1. Herman Melville, *Taïpi, in* H. Melville, *Œuvres I,* éd. Ph. Jaworski, Paris, Gallimard, « Bibliothèque de la Pléiade », 1997, p. 137.

2. Sénèque, *Lettres à Lucilius,* lettre 90. Sur les stoïciens et le primitivisme, voir A. O. Lovejoy et G. Boas, *A Documentary History of Primitivism and Related Ideas,* vol. 1, Baltimore, Johns Hopkins Press, 1934, p. 106-107.

3. I, 30, p. 211.

ennemis au défi d'aller de l'avant et de manger leur prise impressionna beaucoup Montaigne. Ce faisant, chante le prisonnier, n'oubliez point que vous mangez pères et aïeux, qu'il a mangés avant eux : « Savourez-les bien, vous y trouverez le goût de votre propre chair[1]. » On est une fois de plus en présence de ces scènes d'affrontement archétypiques : le vaincu est condamné, mais il affiche une fermeté stoïque face à l'ennemi. Sous-entendu : tous les êtres humains devraient en être capables si seulement ils suivaient leur vraie nature.

Cette chanson du prisonnier est une des deux « chansons cannibales » que l'on trouve dans les *Essais* de Montaigne. L'autre, également des Tupinamba, est une chanson d'amour qu'il a fort bien pu entendre à Rouen en 1562, car il en loue la sonorité, qualifiant le langage Tupinamba de « doux, et qui a le son agréable », ressemblant « aux terminaisons grecques ». Et il en donne une traduction en prose :

> Couleuvre arrête-toi, arrête-toi couleuvre, afin que ma sœur tire sur le patron de ta peinture, la façon et l'ouvrage d'un riche cordon, que je puisse donner à ma mie : ainsi soit en tout temps ta beauté et ta disposition préférée à tous les autres serpents[2].

Montaigne en aimait l'élégance simple, par opposition à l'excès de raffinement caractéristique de la versification européenne de son temps. Dans un

1. *Ibid.*, p. 219.
2. I, 30, p. 220.

autre essai, il ajoute que cette poésie « purement naturelle » – dans laquelle il englobe les villanelles traditionnelles de sa Guyenne aussi bien que les chansons rapportées du Nouveau Monde – supportait la comparaison avec la plus belle qui s'imprime.

La chanson « amoureuse » cannibale de Montaigne continua d'avoir une petite vie posthume propre, indépendante du reste des *Essais*. Chateaubriand la reprit dans ses *Mémoires d'outre-tombe*, où une séduisante indigène d'Amérique du Nord en chante une semblable[1]. Puis elle migra en Allemagne, où elle fleurit sous forme de *Lied* tout au long du XVIIIe siècle – et ce, dans un pays qui autrement ne s'intéressa guère à Montaigne. Les deux chansons de cannibales, avec quelques compliments sur les poêles allemands[2], sont les seuls fragments de *Montaignalia* qui aient eu quelque impact dans cette partie du monde avant les fragments de Nietzsche. Quelques-uns des meilleurs poètes romantiques allemands traduisirent « Couleuvre arrête-toi[3] » : Ewald Christian von Kleist, Johann Gottfried Herder et le grand Johann Wolfgang von Goethe lui-même, qui en donna deux

1. Chateaubriand, *Mémoires d'outre-tombe*, Paris, Gallimard, « Bibliothèque de la Pléiade », 1951, livre VII, chap. 9, p. 247.

2. Cf. F. Moureau, « Le Manuscrit du *Journal de voyage* : découverte, éditions et copies », *in* Michel *et al.* (dir.), *Montaigne et les* Essais *1580-1980*, p. 289-299, ici p. 297 [sur les poêles, cf. *Journal de voyage*, éd. Rigolot, p. 238].

3. Cf. U. Langer, « Montaigne's "coulevre" : notes on the reception of the *Essais* in 18th-century Germany », *Montaigne Studies*, 7, 1995, p. 191-202, et Bouillier, *La Renommée de Montaigne en Allemagne*, p. 30-31.

versions : *Liebeslied eines Amerikanischen Wilden* (« Chant d'amour d'une sauvage d'Amérique ») et *Todeslied eines Gefangenen* (« Chant d'amour d'une détenue[1] »). Les romantiques allemands goûtaient tout particulièrement les chansons d'amour et de mort : qu'ils se soient jetés sur les transcriptions de Montaigne n'est pas pour surprendre. Ce qui frappe, c'est qu'ils les aient extraites du texte en ignorant tout le reste ou presque – mais c'est bien ce que, peu ou prou, font tous les lecteurs.

On pourrait accuser Montaigne, comme Léry, de porter un regard romantique sur les peuples du Nouveau Monde. Mais il ne comprenait que trop la complexité de la psychologie humaine pour souhaiter vraiment en effacer la moitié afin de vivre en fruit sauvage. Il reconnaissait également que les cultures américaines pouvaient être tout aussi stupides et cruelles que les européennes. La cruauté étant le vice qu'il déplorait le plus, il est significatif qu'il n'ait pas essayé de passer sur son rôle dans les religions du Nouveau Monde, pour certaines réellement sanguinaires. « On les brûle vifs, et demi-rôtis on les retire du brasier, pour leur arracher le cœur et les entrailles. À d'autres, voire aux femmes, on les écorche vives, et de leur peau ainsi sanglante en revêt-on et masque d'autres[2]. »

Tout en décrivant ces atrocités, il fait valoir qu'elles paraissent excessives surtout parce qu'elles sont peu

1. Voir V. Bouillier, « Montaigne et Goethe », *Revue de littérature comparée,* 5, 1925, p. 572-593.

2. I, 29, p. 207.

familières aux Européens. Des pratiques tout aussi terribles sont acceptées plus près de chez nous, par la force de l'habitude : « Je ne suis pas marri que nous remarquons l'horreur barbaresque qu'il y a en une telle action, avoue-t-il à propos des sacrifices du Nouveau Monde, mais oui bien de quoi jugeant à point de leurs fautes, nous soyons si aveuglés aux nôtres[1]. » Montaigne voulait que ses lecteurs ouvrissent les yeux et *vissent.* Les peuples d'Amérique du Sud n'étaient pas simplement fascinants en eux-mêmes. Ils tendaient un miroir idéal où Montaigne et ses compatriotes pouvaient se « connaître de bon biais » et qui les arrache à leur rêve autosatisfait.

Nobles sauvages

Si les lecteurs allemands du XVIIIe siècle ne prêtèrent pas grand intérêt à Montaigne en dehors de ses *Volkslieder,* une nouvelle génération de lecteurs français le redécouvrant à la même époque firent plus de cas de ses cannibales et miroirs que Montaigne lui-même n'aurait pu l'imaginer.

Une édition moderne soignée parue en 1724 les y encouragea[2]. Les *Essais* restaient hors la loi en France – un demi-siècle avait passé depuis l'interdiction –, mais le pays commença alors à voir affluer les textes de Montaigne en contrebande depuis l'Angleterre,

1. I, 30, p. 216.

2. Montaigne, *Essais*, éd. P. Coste, Londres, 1724, et La Haye, 1727. Sur Coste, voir M. E. Rumbold, *Traducteur huguenot : Pierre Coste,* New York, Peter Lang, 1991.

où l'exilé protestant français Pierre Coste avait composé une édition pour le nouveau siècle. Coste fit délibérément ressortir le côté subversif de Montaigne, non pas en intervenant dans le texte, mais en ajoutant des *paraphernalia,* avant tout et surtout la *Servitude volontaire* de La Boétie, qui figure intégralement dans l'édition de 1727. C'était la première publication de l'ouvrage depuis les libelles protestants du XVIe siècle, et certainement la première fois qu'il était joint aux *Essais.* Cette édition eut pour effet d'altérer Montaigne par association, et lui donna une aura de rebelle politique et personnelle : le genre d'auteur dont la philosophie paisible pouvait dissimuler des intentions plus turbulentes. Coste contribua à créer une version de Montaigne encore populaire de nos jours : un esprit secrètement radical, qui se dissimule sous un voile de discrétion. En particulier, l'édition Coste lui donna des allures de philosophe des Lumières libre-penseur, né deux siècles trop tôt. Les lecteurs du XVIIIe siècle se reconnurent en lui, comme beaucoup aujourd'hui, et s'ébahirent qu'il ait fallu attendre si longtemps avant de voir une génération réellement capable de le comprendre[1].

Cette nouvelle race de lecteur « éclairé » réagit passionnément à son portrait des courageux Tupinamba. Les stoïques cannibales de Montaigne correspondaient

1. Nicolas Bricaire de la Dixmerie, *Éloge historique et analytique de Michel Montagne suivi [...] d'un dialogue entre Montagne, Bayle & J. J. Rousseau,* Paris/Amsterdam, Valleyre l'aîné, 1781, p. 2. Voir Fr. Moureau, « Réception de Montaigne (XVIIIe siècle) », *in* Desan, *Dictionnaire*, p. 1002-1004.

à merveille à la nouvelle fantaisie du noble sauvage, d'une impossible perfection unissant simplicité primitive et héroïsme antique, et qui devint alors un objet de culte. Ses adeptes s'emparèrent du sentiment de Montaigne que les cannibales avaient leur sens de l'honneur et qu'ils tendaient un miroir à la civilisation européenne, tout en perdant de vue que, pour lui, ils étaient aussi imparfaits, cruels et barbares que tout le monde.

Le premier de ces auteurs à faire ses délices des Tupinamba de Montaigne fut Denis Diderot, qui se rendit célèbre par ses contributions à l'*Encyclopédie,* monumentale contribution du savoir de l'époque, ainsi que par d'innombrables romans et dialogues philosophiques. Diderot lut Montaigne au début de sa carrière, l'aima et lui fit le compliment de citer les *Essais* dans ses propres écrits – habituellement, pas toujours, en lui rendant son dû. Dans son bref *Supplément au voyage de Bougainville* de 1796, Diderot parle avec ferveur des peuples du Pacifique Sud que les Européens venaient de découvrir et qui étaient donc l'équivalent en son temps des indigènes d'Amérique à l'époque de Montaigne. Comme les Tupinamba, les insulaires du Pacifique paraissaient mener une vie simple, presque dans un état de grâce. Il était facile d'ignorer les aspects moins plaisants de leur culture, parce que l'Europe n'en savait pas grand-chose. Cela leur laissait tout le loisir de combler les vides, notamment avec l'idée qu'ils avaient une sexualité hédoniste au gré de leurs désirs. Dans le *Supplément,* un de ses personnages tahitiens donne un conseil aux Européens : il suffit de suivre la nature pour être heureux, car aucune autre loi n'a cours[1]. C'est exactement ce que ses compatriotes avaient envie d'entendre.

Jean-Jacques Rousseau, lui aussi influencé par Montaigne (son exemplaire annoté des *Essais* nous est parvenu[2]), devait hisser plus haut encore le noble sauvage. À la différence de Diderot, Rousseau croyait la société primitive si parfaite qu'elle ne pouvait réellement exister en aucune partie du monde, pas même dans le Pacifique. Elle ne servait qu'à souligner idéalement le contraste avec le gâchis qu'étaient devenues les sociétés réelles. Par définition, toute civilisation était corrompue.

Dans son *Discours sur l'origine et les fondements de l'inégalité* (1755), il imagine ce que l'homme aurait pu être sans les chaînes de la civilisation : « Je vois un animal [...] se rassasiant sous un chêne, se désaltérant au premier ruisseau, trouvant son lit au pied du même arbre qui lui a fourni son repas[3]. » La terre donne à cet homme naturel tout ce dont il a besoin. Elle ne le dorlote pas, mais il n'en a aucun besoin. Dès sa petite enfance, la rudesse des conditions l'a rendu résistant à la maladie, et il est assez robuste pour repousser

1. Diderot, *Supplément au voyage de Bougainville, in* D. Diderot, *Œuvres,* éd. A. Billy, Paris, Gallimard, « Bibliothèque de la Pléiade », 1953, p. 963-1002, ici p. 979-982. Sur Diderot, voir J. Schwartz, *Diderot et Montaigne, the* Essais, *and the Shaping of Diderot's Humanism,* Genève, Droz, 1966.

2. Il se trouve désormais à l'University of Cambridge Library. Sur Montaigne et Rousseau, voir Fleuret et Dréano.

3. *Discours sur l'origine et les fondements de l'inégalité,* p. 135.

sans armes les bêtes sauvages[1]. Il ne possède ni frondes ni fusils, mais peut lancer une pierre avec assez de force pour abattre n'importe quelle proie. Il n'a que faire de chevaux et court aussi vite qu'eux. Ce n'est que lorsque la civilisation le rend «sociable et esclave» que l'homme perd sa virilité, apprenant à être faible et à craindre tout ce qui l'entoure[2]. Il apprend aussi le désespoir : nul n'a jamais entendu parler d'un «sauvage en liberté» qui se soit donné la mort, assure Rousseau[3]. Si quelqu'un tranche la gorge d'un homme sous la fenêtre d'un philosophe, ce dernier a toute chance de se couvrir les oreilles et feindra n'avoir rien entendu; jamais un sauvage ne ferait une chose pareille[4]. Un homme naturel ne manquerait pas d'entendre une voix intérieure qui l'identifie à ses semblables : une voix qui ressemble fort à celle qui appelle Montaigne à compatir aux souffrances de ses semblables.

Renversons la chronologie et imaginons Montaigne s'installant sans son fauteuil pour lire Rousseau : on est curieux de savoir jusqu'où il l'aurait suivi avant d'écarter le livre. Sans doute les premières pages l'auraient-elles enchanté; voici un auteur avec qui il se sentirait en parfaite harmonie. Quelques paragraphes plus loin, on l'imagine hésitant et fronçant les sourcils. «Encore ne sais-je», pourrait-il murmurer alors que la vague de la rhétorique de Rousseau va s'amplifiant.

---

1. *Ibid,* p. 135-136.
2. *Ibid.,* p. 139.
3. *Ibid,* p. 152.
4. *Ibid,* p. 156.

Montaigne voudrait s'arrêter et examiner la question sous d'autres angles. La société nous rend-elle réellement insensibles ? Ne sommes-nous pas mieux en compagnie ? L'homme est-il réellement né libre ? N'est-il pas dès l'origine plein de faiblesses et d'imperfections ? Sociabilité et esclavage vont-ils de pair ? Et, à propos, qui, sans fronde, pourrait lancer une pierre avec assez de force pour tuer qui que ce soit à distance ?

Jamais Rousseau ne s'arrête ni ne retourne en arrière. Il va de l'avant, et emporte maints lecteurs avec lui : il devint l'auteur le plus populaire de son temps. Il suffit de lire quelques pages de Rousseau pour mesurer à quel point il diffère de Montaigne, même quand celui-ci a été une source d'inspiration. Sa tendance à s'écarter de ce qu'il dit au moment même où il le dit préserve Montaigne des envolées primitivistes. Son « encore ne sais-je » s'interpose toujours. De plus, son dessein général diffère de celui de Rousseau. Il n'entend pas montrer que la civilisation moderne est corrompue, mais que toutes les *perspectives* humaines sur le monde sont corrompues et naturellement partielles. Cela vaut pour les visiteurs Tupinamba, considérant les Français à Rouen, tout comme pour Léry ou Thevet au Brésil. Le seul espoir de sortir du brouillard des erreurs d'interprétation est de demeurer attentif à son existence : autrement dit, à devenir sage à ses dépens. Encore cela n'apporte-t-il qu'une solution imparfaite. Jamais on n'échappe totalement à ses limites.

Le Montaigne « cannibale » n'était pas le seul à attirer des écrivains comme Diderot et Rousseau, séduits par tous les passages où il était question de modes de vie simples et naturels. Le livre où Rousseau paraît avoir emprunté le plus aux *Essais* est *Émile,* roman pédagogique qui fut un immense succès et changea la vie de toute une génération d'enfants éduqués dans l'air du temps en prônant une éducation «naturelle». Parents et précepteurs, suggérait-il, doivent élever les enfants avec délicatesse, les laisser s'instruire du monde au gré de leur curiosité tout en les entourant, en leur donnant des occasions de voyager, de converser et de faire des expériences. Dans le même temps, en petits stoïciens, ils devaient être aguerris aux rudes conditions matérielles. Une approche que l'on peut à l'évidence rattacher à l'essai de Montaigne sur l'éducation, même si Rousseau ne le cite qu'en passant, habituellement pour l'attaquer[1].

Il insulte à nouveau Montaigne au début des *Confessions,* son autobiographie qu'on pourrait croire redevable au projet d'autoportrait de Montaigne. Dans sa préface originale[2] (souvent omise des éditions ultérieures), il repousse les accusations de ce genre en protestant : «Je mets Montaigne à la tête de ces faux sincères qui veulent tromper en disant vrai. Il se montre avec des défauts, mais il ne s'en donne que d'aimables[3].» Si Montaigne abuse le lecteur, ce n'est pas lui, mais Rousseau qui est le premier dans l'histoire à brosser un tableau de sa personne honnête et complet : «Voici le seul portrait d'homme, peint

1. Cf. Fleuret, p. 83-121.

2. Elle figure dans l'édition de Neuchâtel mais pas dans les éditions modernes fondées sur le manuscrit de Paris.

3. *In* Rousseau, *Confessions,* p. 1149.

exactement d'après nature et dans toute sa vérité, qui existe, et qui probablement existera jamais[1]. »

Les œuvres diffèrent bel et bien, et pas uniquement parce que les *Confessions* sont un récit, qui retrace une vie depuis l'enfance, plutôt qu'il ne saisit tout à la fois comme les *Essais.* Il est aussi une différence de propos. Rousseau écrivit son livre parce qu'il se croyait si exceptionnel, dans son brio et parfois sa méchanceté, qu'il voulait s'en saisir avant que cet assortiment unique de traits ne fût perdu pour le monde :

> Je connais les hommes. Je ne suis fait comme aucun de ceux que j'ai vus ; j'ose croire n'être fait comme aucun de ceux qui existent. [...] Si la nature a bien ou mal fait de briser le moule dans lequel elle m'a jeté, c'est ce dont on ne peut juger qu'après m'avoir lu[2].

Montaigne, en revanche, se prenait pour un homme profondément ordinaire à tous égards, hormis par son habitude peu commune de tout coucher par écrit. Il « porte la forme entière de l'humaine condition[3] », comme tout le monde, et se félicite donc de faire de lui un miroir tendu aux autres – le rôle même qu'il confère aux Tupinamba. Tel est tout le dessein des *Essais.* Si nul ne pouvait se reconnaître en lui, qui le lirait ?

Certains contemporains remarquèrent des similitudes suspectes entre Rousseau et Montaigne. Rousseau se vit ouvertement accusé de vol : dans un libelle

---

1. *Ibid.,* p. 3.
2. *Ibid.,* p. 5.
3. III, 2, p. 845.

carrément intitulé *Plagiats de M. J. J. R[ousseau], de Genève, sur l'éducation*[1], Dom Joseph Cajot tranche que Montaigne s'épanchait moins que Rousseau et était plus concis – assurément la seule et unique fois que Montaigne se vît reconnaître cette qualité. Un autre critique, Nicolas Bricaire de la Dixmerie, inventa un dialogue dans lequel Rousseau admet avoir copié des idées de Montaigne, tout en prétendant n'avoir rien en commun : « On différa froidement ; j'écrivis en inspiré[2]. »

Rousseau vécut à une époque qui admirait les épanchements, l'inspiration et la chaleur. Ils signifiaient, précisément, que vous étiez en contact avec la « Nature », plutôt que l'esclave des froids impératifs de la civilisation. Que vous étiez sauvage et sincère : le vrai chic cannibale.

Les lecteurs du XVIIIe siècle qui embrassèrent Montaigne pour son éloge des Tupinamba, et ses écrits sur la nature, allaient peu à peu s'épanouir en Romantiques : l'espèce allait dominer les dernières années de ce siècle et les premières du suivant. Et après que les Romantiques en eurent fini avec lui, Montaigne ne devait plus jamais être tout à fait le même.

Depuis ses débuts sous la forme d'une réponse ouverte et modérément rebelle à la question du bien vivre, « s'arracher au sommeil de l'habitude » se métamorphosa progressivement en quelque chose de

1. La Haye, 1766, p. 125-126.

2. Nicolas Bricaire de la Dixmerie, *Éloge historique et analytique de Michel Montagne suivi [...] d'un dialogue entre Montagne, Bayle & J. J. Rousseau*, p. 259.

plus turbulent, voire révolutionnaire. Après le romantisme, il ne devait plus être aussi facile de voir en Montaigne une source fraîche et gracieuse de sagesse hellénistique. Dès lors, les lecteurs allaient persister à essayer de le réchauffer. Il devait posséder à jamais un côté sauvage.

11

Q. Comment vivre ?
R. Vivre avec tempérance

Faire monter et baisser la température

À bien des égards, les lecteurs de la fin du XVIIIe et du début du XIXe siècle n'eurent aucun mal à aimer le Montaigne qu'ils se fabriquèrent. Tout en appréciant son éloge des Américains, ils réagirent à sa franchise, à son propos, à son empressement à explorer les contradictions de son tempérament, son mépris des conventions et son désir de rompre avec des habitudes fossilisées. Ils aimèrent son intérêt pour la psychologie, surtout son sentiment que des élans différents pouvaient cohabiter dans un même esprit. De plus – et ce fut la première génération de lecteurs à percevoir les choses ainsi en nombre –, ils goûtèrent sa manière d'écrire, dans son désordre et son exubérance. Ils aimaient sa façon de lâcher ce qui lui passait par la tête, sans prendre la peine d'y mettre bon ordre.

Les lecteurs romantiques furent particulièrement séduits par l'intensité des sentiments de Montaigne pour La Boétie, parce que c'était la seule occasion où il laissât paraître des émotions fortes. La fin tragique de l'histoire d'amour, avec la mort de La Boétie, la rendait plus belle. La réponse toute simple de Montaigne à la question du pourquoi ils s'aimaient – « parce que c'était lui, parce que c'était moi » – devint une rengaine, dénotant le mystère transcendant de toute attirance humaine[1].

Dans son autobiographie, la romantique George Sand raconte comment, dans sa jeunesse, Montaigne et La Boétie devinrent une obsession, le prototype de l'amitié spirituelle qu'elle brûlait de trouver[2]. et qu'elle trouva, plus tard, avec des amis écrivains comme Flaubert et Balzac. Le poète Alphonse de Lamartine éprouva la même chose. Dans une lettre, il écrit à propos de Montaigne : « Tout ce que j'admire en lui, c'est son amitié pour La Boétie. » Dans une lettre antérieure au même ami, il avait déjà emprunté à Montaigne sa formule pour définir ses sentiments : « Parce que c'est toi, parce que c'est moi. » Et lui même embrassa Montaigne en compagnon au point de parler de « l'ami Montaigne, oui, l'ami[3] ».

La ferveur et la chaleur nouvelles de ces réactions à Montaigne se mesurent aussi, à cette époque, à la

---

1. Cf. Frame, *Montaigne in France,* p. 17-23.

2. George Sand, *Histoire de ma vie*, Paris, M. Lévy, 1856, vol. 8, p. 230-231.

3. Lettres à Aymon de Virieu des 21 mai 1811, 26 juillet 1810 et 9 novembre 1809, *in* Lamartine, vol. I, p. 290, 235 et 178.

multiplication des pèlerinages jusqu'à sa tour[1]. Par curiosité, les visiteurs se rendaient sur la propriété de Montaigne, mais sitôt sur place ils perdaient la tête, ravis par la méditation, avec la sensation que l'esprit de Montaigne rôdait autour d'eux telle une présence vivante. Souvent l'espace de quelques instants, ils avaient presque le sentiment de *devenir* lui.

Cela s'était vu assez peu au cours des siècles précédents. Les descendants de Montaigne occupèrent les lieux jusqu'en 1881, et le plus clair du temps nul ne trouva rien à redire quand ils transformèrent le rez-de-chaussée de la tour en entrepôt de pommes de terre et la chambre du premier tantôt en chenil, tantôt en poulailler[2]. Cela ne changea que lorsque le filet des premiers visiteurs romantiques enfla en un flot régulier, jusqu'au jour où pommes de terre et poulets finirent par céder la place à une reconstitution organisée de son cadre de travail.

Pour les Romantiques, tout cela allait de soi. Naturellement, si l'on était sensible à l'écriture de Montaigne, on ne pouvait que désirer se rendre sur place : regarder par sa fenêtre la vue qui avait été la sienne chaque jour, rôder autour de l'endroit où il s'asseyait pour écrire, avant de baisser le regard et de voir presque surgir sous ses yeux ses mots spectraux. Sans prendre garde au vacarme qui devait continuer dans la cour, et probablement aussi dans sa chambre, le visiteur était libre d'imaginer la tour comme une

1. Voir Legros.
2. Cf. Willett, p. 221 sur l'état du château au XIXe siècle.

cellule de moine, que Montaigne habitait en ermite. « Hâtons-nous de franchir le seuil », écrit Charles Compan, un des premiers visiteurs, à propos de la tour-bibliothèque :

> Si votre cœur bat comme le mien d'une émotion ineffable ; si le souvenir du *grand homme* vous inspire cette profonde vénération qu'on ne peut refuser aux bienfaiteurs de l'humanité, entrez[1].

La tradition du pèlerinage survécut à la période romantique proprement dite. Quand le marquis de Gaillon raconta sa visite à la tour en 1862, il évoqua la douleur du partir dans le langage d'un amant :

> Mais il faut quitter cette librairie, cette chambre, cette chère tour enfin. Adieu Montaigne ! car quitter ces lieux il semble que ce soit se séparer de toi[2].

Le problème de toutes ses pâmoisons dans les bras de Montaigne a toujours été Montaigne lui-même. Fantasmer ainsi, c'est se mettre en décalage par rapport à sa façon de faire. Exclure des *Essais* les passages qui contrarient l'interprétation de notre choix est une activité intemporelle, mais la tâche fut plus rude pour les Romantiques au sang chaud que pour la plupart. Ils butaient sans cesse sur des propos du style :

1. Cité *in* Legros, p. 65.
2. [Marquis de Gaillon, « Nouvelle visite au château de Montaigne en 1862 », *Bulletin du Bibliophile et du bibliothécaire*, Paris, 1863, p. 160.]

> Je n'ai point grande expérience de ces agitations véhémentes, étant d'une complexion molle et pesante[1].

> J'aime des natures tempérées et moyennes[2].

> Mes débauches ne m'emportent pas fort loin : il n'y a rien d'extrême et d'étrange[3].

> Les plus belles vies sont, à mon gré, celles qui se rangent au modèle commun et humain avec ordre, mais sans miracle, sans extravagance[4].

Alphonse de Lamartine fut au nombre de ces lecteurs frustrés. La première fois qu'il tomba sur Montaigne, il le vénéra comme un héros. Il avait toujours un volume des *Essais* dans sa poche ou sur sa table, à portée de main, chaque fois qu'il en éprouvait le besoin. Plus tard, cependant, il se retourna contre son idole avec une égale véhémence : Montaigne, conclut-il, ne connaissait rien aux vraies misères de la vie. Il expliqua à un correspondant qu'il n'avait pu aimer les *Essais* que jeune – soit environ neuf mois plus tôt, quand il commença à s'enthousiasmer pour le livre dans ses lettres. Maintenant, à vingt et un ans, la souffrance l'avait mûri, et Montaigne lui semblait trop froid et mesuré. Peut-être, se demandait-il, reviendrait-il à Montaigne de longues années plus tard, dans le grand âge, quand d'autres souffrances

1. II, 12, p. 602-603.
2. I, 29, p. 203.
3. III, 2, p. 852.
4. III, 13, p. 1166.

encore auraient asséché son cœur. Pour l'heure, la modération de l'essayiste le rendait positivement malade[1].

George Sand écrivit, elle aussi, qu'elle n'était « pas le disciple de Montaigne[2] » quand elle tomba sur son « indifférence » stoïque ou sceptique : son équilibre, son ataraxie – objectif alors passé de mode. Elle avait aimé son amitié avec La Boétie, y voyant un signe de chaleur, mais ce n'était pas suffisant, et elle se lassa de lui.

Pour les lecteurs romantiques, le pire point de friction était le passage où Montaigne rapportait sa visite à Torquato Tasso, fameux poète de Ferrare, lors de ses voyages de 1580 en Italie. L'œuvre la plus célèbre du Tasse, l'épopée *Gerusalemme liberata,* connut un immense succès lors de sa publication cette même année, mais le poète avait perdu la tête et était interné dans un asile, vivant dans des conditions atroces au milieu de déments miséreux. Passant par Ferrare, Montaigne lui rendit visite : l'entrevue l'horrifia. Tout en éprouvant de la sympathie, il soupçonna le Tasse de s'être mis dans cet état en se laissant trop longtemps aller à ses extases poétiques. Le rayonnement de son inspiration l'avait conduit à la déraison : la « clarté l'a aveuglé[3] ». Voir un génie réduit à l'idiotie affligea Montaigne. Pire, il s'en irrita. Quel gaspillage que de

1. Lamartine à Aymon de Virieu, 21 mai 1811, *in* Lamartine, vol. I, p. 290.

2. George Sand à Guillaume Guizot, 12 juillet 1868, *in* G. Sand, *Correspondance,* Paris, Garnier, 1964-1969, vol. 5, p. 268-269.

3. II, 12, p. 428.

se détruire ainsi ! Il avait bien conscience que l'écriture poétique n'allait pas sans « fureur[1] », mais à quoi bon devenir maniaque au point de ne plus pouvoir écrire ? L'archer qui dépasse la cible, rate son coup, « comme celui qui n'y arrive pas[2] ».

Considérant deux auteurs aussi différents que Montaigne et le Tasse, et admirant les deux, les Romantiques étaient enclins à donner raison à Montaigne quand il pensait que le Tasse avait ruiné sa raison par la poésie. Ils comprenaient la tristesse de Montaigne. Ce qu'ils ne pouvaient ni comprendre ni pardonner, c'était son irritation. Ils concevaient l'éclat aveuglant, la mélancolie, l'intensité de l'identification fondée sur l'imagination, pas le courroux.

Montaigne, à l'évidence, « n'est pas poète », trancha un de ces lecteurs, Philarète Charles[3]. Jules Lefèvre-Deumier déplora ce qu'il tenait pour l'« indifférence stoïque » de Montaigne[4] aux souffrances d'autrui – ce qui a tout l'air d'une méprise concernant le passage de Montaigne sur le Tasse. Le vrai problème était que les Romantiques prissent partie. En l'occurrence, ils s'identifiaient au Tasse, non pas à Montaigne, lequel représentait ce monde incompréhensif qui, dans leur idée, leur était toujours hostile. Nietzsche aurait pu mettre Montaigne en garde :

1. II, 2, p. 367.
2. II, 29, p. 203.
3. Ph. Charles, *Études sur le seizième siècle en France,* Paris, Amyot, 1848, p. XLIX.
4. Jules Lefèvre-Deumier, *Critique littéraire,* Paris, Firmin-Didot, 1825-1845, p. 344. Sur ces deux auteurs, voir Frame, *Montaigne in France,* p. 15-16.

La mesure se voit elle-même belle : ce n'est pas de sa faute si, aux yeux de la démesure, elle paraît grossière et terne, et par conséquent laide[1].

En vérité, dans cette situation, c'est Montaigne qui jouait les rebelles. Chantant les louanges de la modération et de l'équanimité, tout en doutant de la valeur des débordements poétiques, Montaigne allait à contre-courant de son temps et des Romantiques. Les lecteurs de la Renaissance fétichisaient les états extrêmes : l'extase était le seul état dans lequel écrire de la poésie[2], tout comme c'était la seule façon de livrer bataille et l'unique manière de s'énamourer. Dans ces trois quêtes, Montaigne semblait pourvu d'un thermostat intérieur qui l'arrêtait sitôt que la température dépassait un certain point. De là vient qu'il admirait Épaminondas, l'unique guerrier antique qui gardât toute sa tête au timbre des croisements de fer, et qu'il prisait l'amitié plus que la passion. Les « humeurs transcendantes m'effraient[3] », dit-il. Les qualités qu'il appréciait étaient la curiosité, la sociabilité, la bonté, la compassion, la capacité d'adaptation, la réflexion intelligente, l'aptitude à faire sien le point de vue d'autrui et la « bienveillance » – toutes incompatibles avec le feu ardent de l'inspiration.

Montaigne alla même jusqu'à prétendre que la vraie grandeur d'âme est à chercher dans la « médiocrité[4] » :

1. Nietzsche, *Aurore,* livre IV, aphorisme 361, p. 213.
2. Voir Screech, p. 10 et trad. p. 17.
3. III, 13, p. 1166.
4. III, 2, p. 850.

remarque choquante et même, paradoxalement, extrême. La plupart des modernes ont été tellement habitués à tenir la médiocrité pour une condition piètre, limitée, qu'il est difficile de savoir que penser quand il tient ce langage. Joue-t-il encore avec le lecteur, comme d'aucuns le soupçonnent quand il prétend avoir la mémoire défaillante et l'esprit lent ? Peut-être, jusqu'à un certain point, mais il semble dire le fond de sa pensée. Montaigne se défie des ambitions divines : pour lui, les gens qui essaient de s'élever au-dessus de l'humain ne réussissent qu'à sombrer dans le sous-humain[1]. À l'instar du Tasse, ils cherchent à dépasser les limites, au lieu de quoi ils perdent leurs facultés humaines ordinaires. Être réellement humain, c'est se conduire d'une façon qui n'est pas simplement ordinaire, mais aussi « ordonnée », au sens de « réglée », « modérée ». Vivre « à propos », en sorte qu'on estime les choses à leur juste valeur et qu'on se conduit de façon appropriée à chaque occasion. C'est pourquoi, ajoute Montaigne, vivre à propos est « le glorieux chef-d'œuvre de l'homme[2] » : langage grandiose, mais ici employé pour décrire une qualité qui est tout sauf grandiose. La médiocrité, pour Montaigne, n'a rien à voir avec la lourdeur d'esprit de qui ne se donne pas la peine de retourner les choses dans tous les sens, ou manque d'imagination pour voir au-delà de son point de vue. Elle signifie accepter qu'on est pareil à tous les autres, et que l'on porte la forme entière de la condition humaine. On ne saurait être plus éloigné de

1. III, 13, p. 1166.
2. *Ibid.*, p. 1158.

Rousseau et de son sentiment d'être à part de l'humanité. Pour Montaigne,

> il n'est rien si beau et légitime, que de faire bien l'homme et dûment. Ni science si ardue que de bien savoir vivre cette vie. Et de nos maladies la plus sauvage, c'est mépriser notre être[1].

Il savait, tout de même, que la nature humaine ne se conforme pas toujours à cette sagesse. Outre le désir d'être heureux, émotionnellement en paix et pleinement maître de ses facultés, autre chose pousse périodiquement les gens à mettre en pièces ce qu'ils ont réalisé. C'est ce que Freud a appelé le principe de *thanatos* : la pulsion de mort et de chaos. Rebecca West, au XXe siècle, en a donné cette description :

> Il n'y a qu'une partie de nous qui est saine; il n'y a qu'une partie de nous qui aime le plaisir et goûte le bonheur, qui désire atteindre quatre-vingt-dix ans passés et mourir en paix dans une maison que nous avons construite et qui abritera ceux qui viendront après nous. L'autre moitié est presque folle. Elle préfère ce qui est désagréable à ce qui ne l'est pas, aime la souffrance, se complaît dans son désespoir nocturne le plus noir, désire périr au sein d'une catastrophe qui ramènera la vie à ses commencements et ne laissera rien de notre maison que ses fondations noircies[2].

---

1. *Ibid.,* p. 1160.
2. R. West, *Black Lamb and Gray Falcon,* Londres, Macmillan, 1941, vol. 2, p. 496-497 ; en français, *Agneau noir et faucon gris. Un voyage à travers la Yougoslavie,* trad. G. Joulié, Lausanne, L'Âge d'Homme, 2000, p. 854 (trad. ici légèrement modifiée).

West et Freud partageaient l'expérience de la guerre avec Montaigne : ce côté de l'humanité ne pouvait guère lui échapper. Il faut lire ses passages sur la modération et la médiocrité sans perdre de vue les guerres civiles en France, où l'extrémisme transcendantal produisit des cruautés indignes des hommes sur une échelle effroyable. Les troisièmes « troubles » cessèrent en août 1570 : s'ensuivit une paix de deux ans au cours desquels Montaigne vécut sur ses terres et mit en chantier les *Essais.* Bien avant qu'il les eût terminés, la paix connut une fin brutale et choquante, par un épisode qui ne pouvait laisser le moindre doute sur la face cachée de la nature humaine.

12

Q. Comment vivre ?
R. Garder son humanité

Terreur

Comme les accords de paix antérieurs, le traité de Saint-Germain de 1570 déplut à tout le monde. Les protestants, qui en voulaient toujours plus, estimèrent qu'il n'allait pas assez loin, car il ne leur accordait qu'une liberté de culte limitée. Les catholiques trouvaient au contraire qu'il allait trop loin : ils redoutaient que les protestants ne poussent à une révolution générale contre le monarque catholique légitime et ne lancent une autre guerre. Ils avaient raison de craindre une autre guerre, mais se trompaient quant à ses responsables.

Les tensions ne cessèrent de monter pour atteindre leur comble au cours des célébrations organisées à Paris en août 1572 pour marquer l'union dynastique de la catholique Marguerite de Valois et du protestant Henri de Navarre. Les dirigeants des trois grandes factions arrivèrent à la cérémonie d'humeur sombre : le roi catholique Charles IX ; le chef radical des protestants, l'amiral Gaspard de Coligny ; et le duc de Guise, catholique extrémiste. Chaque faction était hantée par la peur des autres. Des prédicateurs incendiaires échauffaient les esprits des Parisiens ordinaires, les appelant à se soulever pour empêcher le mariage et à saisir l'occasion pour éliminer les chefs hérétiques.

Le mariage eut lieu le 18 août, suivi de quatre jours de festivités officielles. Nul doute que beaucoup aient poussé un soupir de soulagement quand elles prirent fin. Mais dans la nuit du 22 août 1572, quelqu'un tira à l'arquebuse sur Coligny, le blessant au bras, au moment où il quittait le Palais du Louvre.

Le bruit de l'incident se propagea en ville. Le lendemain matin, les Huguenots affluèrent pour voir Coligny, jurant vengeance. Beaucoup crurent (comme la plupart des historiens aujourd'hui) que le roi lui-même était derrière la tentative d'assassinat[1], avec sa mère, Catherine de Médicis – dans l'idée de tuer dans l'œuf toute éventuelle rébellion protestante en éliminant son chef. En ce cas, ce fut une erreur de calcul de la part de Charles. L'attaque visant Coligny excita la colère des protestants. De manière plus dangereuse encore, elle apeura les catholiques. Imaginant que les protestants allaient se soulever en réponse à ce qui venait de se passer, ils se rassemblèrent autour de la ville, s'apprêtant à se défendre. Probablement le roi était-il démonté lui aussi, et il se dit sans doute qu'un chef rebelle mort était moins dangereux que blessé. Apparemment sur

1. Sur cette question, voir Holt, p. 81-85.

ses ordres, un détachement de la garde royale fit irruption dans la maison de Coligny et acheva le travail en tuant le blessé dans son lit. Cela se passa en début de matinée le samedi 24 août, la Saint-Barthélemy[1].

Les tueurs tranchèrent la tête de Coligny et la portèrent au palais royal ; elle devait être finalement embaumée et envoyée à Rome, que le pape pût l'admirer. Pendant ce temps, le reste de son corps fut jeté à la rue par la fenêtre ; la foule des catholiques y mit le feu et le traîna dans le quartier. Le corps tomba en lambeaux à mesure qu'il se consumait, mais d'aucuns se saisirent de diverses parties pour les brandir et continuer de les mutiler au cours des jours suivants.

Le remue-ménage dans la maison de Coligny ne fit que paniquer davantage encore les Parisiens, catholiques aussi bien que protestants. Des bandes de catholiques descendirent dans les rues, trucidèrent tous les protestants qui leur tombaient sous la main et firent irruption dans les maisons notoirement habitées par des protestants – et où beaucoup dormaient paisiblement, n'ayant aucune idée de ce qui se passait en ville. La populace les traîna dehors, leur trancha la gorge ou les tailla en pièces avant de mettre le feu à leurs corps

1. Sur les massacres, voir Diefendorf et N. M. Sutherland, *The Massacre of Saint Bartholomew and the European Conflict 1559-1572,* Londres, Macmillan, 1972. Montaigne ne dit mot des massacres dans les *Essais,* mais il est possible qu'il en ait parlé dans son journal, les « Éphémérides » de Beuther ; des pages manquent pour le 24 août et le 3 octobre, dates des massacres de Paris et de Bordeaux. Peut-être regretta-t-il ce qu'il avait écrit au point de retirer les pages, à moins que ce ne soient ses descendants. Cf. Nakam, *Montaigne et son temps,* p. 192.

ou de les jeter dans la Seine. Le grabuge attira des foules toujours plus nombreuses et ne fit que produire de nouvelles atrocités. Pour ne citer qu'un incident, un dénommé Mathurin Lussault fut tué pour avoir commis l'erreur de répondre à sa porte ; son fils descendit voir de quoi il retournait et fut à son tour poignardé. La femme de Lussault, Françoise, tenta de fuir en sautant de la fenêtre de l'étage dans la cour d'un voisin : elle se brisa les deux jambes. Le voisin la secourut, mais les assaillants firent irruption et la traînèrent par les cheveux dans la rue. Ils lui tranchèrent les mains pour s'emparer de ses bracelets d'or, l'empalèrent sur une broche, puis larguèrent son corps dans la Seine. Quelques jours plus tard, ses mains, mâchonnées par des chiens, se trouvaient encore devant le bâtiment[1]. Des scènes semblables se déroulèrent dans toute la ville. Tant de cadavres furent jetés à l'eau que la Seine, dit-on, en devint rouge de sang.

Quel que fût le but original de l'assassinat, Charles, s'il en est bien responsable, n'avait guère pu vouloir cela. Il ordonna alors à ses soldats de mettre fin à la violence, mais il était trop tard. La tuerie se poursuivit près d'une semaine à travers les quartiers de Paris, avant de se propager au reste du pays. Rien qu'à Paris, les massacres, toujours plus attachés au nom de saint Barthélemy, firent près de cinq mille morts. À la fin, le bilan devait tourner autour de dix mille pour la

---

1. Voir Diefendorf, p. 100-102. Sur la purification par le feu, voir N. Zemon Davis, « The rites of violence », in *Society and Culture*, p. 152-187, surtout p. 187 ; « Rites de violence », in *Les Cultures du peuple*, p. 251-307, notamment p. 289-290.

France entière[1]. Les villes furent aspirées par le vent de violence comme des bateaux de pêche dans une tornade : Orléans, Lyon, Rouen, Toulouse, Bordeaux et d'innombrables petites villes.

C'est le genre de *furor* que Montaigne détestait même sur un champ de bataille traditionnel. Or, ici, les victimes étaient civiles. Dans l'ensemble, les tueurs aussi ; soldats et officiels ne se trouvèrent impliqués que dans quelques localités. Bordeaux fut de celles-là. Il ne s'y passa rien avant le 3 octobre, mais lorsque le massacre commença, il fut apparemment organisé et approuvé par le maire catholique fanatique, Charles de Montferrand, qui dressa une liste officielle de cibles à attaquer[2]. Le plus souvent, les bains de sang se déroulèrent de façon plus chaotique et furent l'œuvre de gens qui eussent été raisonnables en d'autres temps. À Orléans, la populace s'arrêtait dans les tavernes entre les tueries pour célébrer le massacre, « accompagnée de chants, de luths et de guitares », précise un historien[3]. Certains groupes se composaient essentiellement de femmes ou d'enfants. Les catholiques virent dans la présence de ces derniers le signe que Dieu lui-même était favorable aux massacres. Il avait même poussé des innocents à y prendre part. D'une manière générale, beaucoup estimèrent que les tueries ayant outrepassé l'échelle humaine ordinaire, c'est que Dieu les avait approuvées. Loin d'être le fruit

---

1. Cf. Holt, p. 94, et U. Langer, « Montaigne's political and religious context », *in* Langer (dir.), *Cambridge Companion*, p. 14.
2. Cf. Holt, p. 92-94.
3. *Ibid.*, p. 93.

de décisions humaines, elles étaient des messages de Dieu à l'humanité, augurant d'une destruction cosmique au même titre que la nielle ou une comète dans le ciel. Une médaille frappée à Rome pour commémorer les massacres montre les Huguenots frappés, non pas par de simples mortels, mais par un ange armé brillant du saint courroux. Dans l'ensemble, le nouveau pape, Grégoire XIII, semble avoir été satisfait des événements en France. Outre la médaille, il chargea Giorgio Vasari de peindre des fresques commémoratives dans la Sala Regia du Vatican[1]. En France, le roi lui-même participa aux processions d'action de grâce et fit frapper deux médailles : l'une le représentant en Hercule affrontant l'Hydre, l'autre le montrant assis sur son trône entouré de cadavres et tenant une branche de palme « dénotant la victoire[2] ».

Sitôt que les Huguenots se furent ressaisis et eurent assemblé des armées pour riposter, ce fut à nouveau la guerre générale. Elle devait se poursuivre tout au long des années 1570, avec juste des trêves épisodiques. Les événements de la Saint-Barthélemy sont une ligne de partage : par la suite, les guerres furent plus anarchiques, et le fanatisme y tint plus de place. Les batailles ordinaires mises à part, les bandes de soldats incontrôlés provoquèrent beaucoup de misères par leurs saccages, y compris durant les prétendus interludes de paix, quand ils n'avaient ni maîtres ni soldes. Parfois, des paysans prirent la fuite pour la vie sauvage des forêts plutôt que d'attendre d'être assaillis,

1. D. Crouzet, vol. 2, p. 95-98.
2. *Ibid.*, p. 122-123.

voire torturés pour le plaisir. C'était un état de nature superlatif. En 1579, le lieutenant du prévôt des maréchaux Jean La Rouvière écrivit au roi, l'implorant de venir au secours des pauvres rustres de sa région – « pauvres misérables, martyrisés et désolés hommes » qui vivaient de la terre du mieux qu'ils pouvaient après avoir tout perdu. Entre autres horreurs qu'il avait vues ou dont il avait entendu parler, raconte-t-il, il y avait des histoires de gens

> enterrés vifs et dans la fange [...]. Les autres ont été jetés vifs dedans des citernes et fosses basses, et là laissés comme chiens, criant et hurlant misérablement. Les autres ont été serrés dans des coffres pour éprouver combien ils pourraient vivre sans avoir air [...] ; mis dans des clochers [...] sans être nourris et alimentés [...], liés et garrottés sur des bancs et aux pieds de leurs lits ou aux arbres, au meilleur et au plus profond des forêts et montagnes. Et aux autres fricassés leurs pieds avec graisses, dont les uns sont décédés et les autres demeurés impotents. Les femmes et les filles ont enduré toutes les violences, injures, indignités et opprobres qu'on peut exercer envers leur sexe [...], honteusement et vilainement forcées, violées et déshonorées [...]. [Quant aux enfants], les uns mis à grosses rançons [...], les autres mis à la broche et rôtis, présents leurs pères et mères[1].

1. [Lettre de Jean La Rouvière publiée *in* Dr Francus (Albin Mazon), *Notes et documents historiques sur les huguenots du Vivarais. Dernières guerres civiles du* XVIe *siècle jusqu'à la mort d'Henri III*, vol. 3, 1903, p. 54-67, ici p. 55-56.] Cf. J. H. M. Salmon, « Peasant revolt in Vivarais, 1575-1580 », in *Renaissance and Revolt*, Cambridge, Cambridge University Press, 1987, p. 221-222 sur l'auteur réel de la lettre ; et Holt, p. 112-114.

Si les guerres s'alimentèrent de la ferveur religieuse, les souffrances qu'elles produisirent nourrirent à leur tour l'imaginaire apocalyptique. Catholiques et protestants se dirent que les événements approchaient d'un point au-delà duquel il ne pouvait plus y avoir d'histoire normale, car il ne restait en tout et pour tout que l'affrontement final de Dieu et du Diable. C'est bien pourquoi les catholiques célébrèrent si joyeusement les massacres de la Saint-Barthélemy, y voyant une authentique victoire sur le mal, et une façon de ramener une multitude d'égarés à la vraie Église avant qu'il ne fût trop tard pour sauver leurs âmes.

Tout cela était de la plus haute importance, car le temps était compté. Aux Derniers Jours, le Christ reviendrait, le monde serait oblitéré, et chacun devrait justifier ses actions devant Dieu. Dans une telle situation, il ne pouvait y avoir de compromis, pas plus qu'il ne pouvait être question de prendre le point de vue de l'autre ou, à plus forte raison, de compréhension mutuelle entre confessions rivales. Avec son éloge de la vie ordinaire et de la médiocrité, Montaigne vendait une chose qui n'avait pas de marché dans un monde condamné.

Les signes d'imminence de l'Apocalypse abondaient. Une série de famines, de récoltes gâtées et d'hivers glaciaux, dans les années 1570 et 1580, indiquaient que Dieu lui-même retirait Sa chaleur de la terre. Petite vérole, typhus et coqueluche balayaient le pays, sans compter la pire de toutes les maladies : la peste. Les quatre Cavaliers de l'Apocalypse semblaient lâchés : peste, guerre, famine et mort[1]. Un loup-garou écumait le pays, des jumeaux attachés étaient nés à Paris, et une nouvelle étoile – une nova – explosa dans le ciel[2]. Même ceux qui ne se laissaient pas aller à l'extrémisme religieux avaient le sentiment que tout filait vers une fin indéfinissable. Marie de Gournay, l'éditrice de Montaigne, rapporta plus tard que la France de sa jeunesse était un pays si livré au chaos qu'« il fallait plutôt attendre une finale ruine qu'une restauration de l'État[3] ». D'aucuns pensaient que la fin était en vérité proche : le linguiste et théologien Guillaume Postel écrivit dans une lettre de 1573 qu'« en dedans huit jours le peuple périrait[4] ».

Le Diable, aussi, savait que le temps de son influence sur terre touchait à sa fin, au point qu'il envoya des armées de démons pour gagner les dernières âmes vulnérables[5]. Il s'agissait bel et bien d'armées : Jean Wier, dans son *De praestigis daemonum* (1564), avait calculé qu'au moins 7 409 127 démons travaillaient pour Lucifer, sous la houlette de soixante-dix-neuf princes-démons[6]. À leurs côtés, il y avait les sorciers : la hausse spectaculaire des procès en sorcellerie après les années 1560 était une preuve supplémentaire que l'Apocalypse

1. Cf. Cunningham et Grell, p. 19-91, qui analyse aussi tour à tour chaque « cavalier ».

2. D. Crouzet, vol. 2, p. 88-91.

3. Marie de Gournay, « Seconde partie de l'Apologie », *Œuvres complètes,* vol. 2, p. 1409-1410.

4. D. Crouzet, vol. 2, p. 335.

5. Voir Clark, p. 321-326.

6. Jean Wier, *De praestigis daemonum,* Bâle, J. Oporinus, 1564, cité *in* Delumeau, p. 251.

approchait. À peine les sorciers repérés, la justice les brûlait, mais le Diable les remplaçait plus vite encore.

Le démonologue contemporain Jean Bodin fit valoir que dans des conditions de crise de ce type, les exigences en matière de preuve devaient être réduites. La sorcellerie était si grave, et si dure à détecter avec les méthodes habituelles, que la société ne pouvait se permettre de s'en tenir à l'« ordre de droit et procédures ordinaires ». On pouvait croire la rumeur publique « presque infaillible[1] » : si tout le village assurait qu'une femme était une sorcière, cela justifiait qu'on la mît à la torture. Les techniques médiévales furent ressuscitées précisément pour les cas de ce genre[2] : par exemple, on mettait les suspects à l'eau pour voir s'ils flottaient ou on les marquait au fer rouge. Le nombre de sorciers condamnés ne cessa d'augmenter à mesure que les exigences diminuaient en matière de preuves, l'augmentation confirmant à son tour que la crise était bien réelle et qu'un nouvel ajustement du droit s'imposait[3]. L'histoire l'a maintes fois suggéré : rien ne détruit plus efficacement les protections juridiques traditionnelles que l'allégation qu'un crime est singulièrement dangereux et que les hommes qui se cachent derrière ont des pouvoirs de résistance exceptionnels. Tout cela était accepté pour ainsi dire sans murmure, exception faite de quelques

---

1. J. Bodin, *De la Démonomanie des sorciers,* Paris, 1582, livre 4, chap. 4, p. 191 et 190.

2. Clark, p. 590-591.

3. La peur panique des sorciers resta au plus haut jusque vers 1640, culminant à des périodes différentes dans différentes parties de l'Europe, et se soldant par des dizaines de milliers de morts.

écrivains comme Montaigne, qui firent valoir que la torture était inutile pour savoir la vérité[1], puisque les malheureux diront tout pour arrêter la douleur – et que, en outre, « c'est mettre ses conjectures à bien haut prix, que d'en faire cuire un homme tout vif[2] ».

Les théologiens prévenaient de l'arrivée imminente de l'Antéchrist. Les signes devaient abonder dans les années à venir : en 1583, dans un pays africain, une vieille femme donna naissance à un enfant aux dents de chat qui annonça, d'une voix d'adulte, qu'il était le Messie. Simultanément, à Babylone, une montagne explosa, révélant une colonne ensevelie où l'on pouvait lire en hébreu : « L'heure est venue de ma nativité[3]. » Le principal spécialiste français de ces histoires d'Antéchrist était le successeur de Montaigne au parlement de Bordeaux, Florimond de Ræmond, lui aussi fervent brûleur de sorcières. Dans *L'Antichrist,* il analyse les augures dans le ciel, le dépérissement de la végétation et des récoltes, les mouvements de population ainsi que les cas d'atrocité et de cannibalisme dans les guerres pour démontrer que tout cela prouvait que le Diable était en route[4].

En de telles circonstances, se joindre à la violence de masse, c'était faire savoir à Dieu qu'on était avec Lui. Extrémistes protestants et catholiques firent du zèle saint un véritable culte, qui équivalait à un don total de soi à Dieu et à un rejet des choses

1. II, 5, p. 387.

2. III, 11, p. 1079.

3. D. Crouzet, vol. 2, p. 370, citant Jean de Nury, *Nouvelles admirables d'un enfant monstre,* 1587.

4. Cf. C. Magnien-Simonin, « Ræmond, Florimond de », *in* Desan, *Dictionnaire,* p. 993-994.

d'ici-bas[1]. Quiconque payait encore attention aux affaires quotidiennes à cette époque pouvait être suspecté au mieux de faiblesse morale, au pire d'allégeance au Diable.

En réalité, beaucoup continuèrent de vivre en se tenant autant que possible à l'écart des troubles, demeurant fidèles à cet ordinaire qui, pour Montaigne, était l'essence de la sagesse. Quand bien même ils y croyaient, l'affrontement prochain entre Satan et Dieu ne les intéressait pas davantage que les scandales et la diplomatie de la cour royale. Beaucoup de protestants renoncèrent tranquillement à leur foi après 1572, ou tout au moins la dissimulèrent – aveu implicite qu'ils jugeaient la vie de ce monde plus importante que leur croyance en l'au-delà. Une minorité passa cependant à l'extrême opposé. Radicalisés au-delà de toute mesure, ils appelèrent à une guerre totale contre le catholicisme et à la mort du roi : le « tyran » responsable des morts de Coligny et de toutes les autres victimes. C'est dans ce contexte que les Huguenots radicaux se saisirent soudain du *Discours de la servitude volontaire* et le publièrent, le réinventant en outil de propagande au service d'une cause que La Boétie lui-même n'eût jamais approuvée[2].

En fait, le régicide ne fut pas nécessaire. Charles IX mourut de causes naturelles un an et demi plus tard,

1. D. Crouzet, vol. 2, p. 437-440.

2. Parmi les publications protestantes radicales de cette période, cf. François Hotman, *Francogallia* (écrit pour l'essentiel plus tôt, mais publié en 1573 et très populaire à la suite du massacre) ; Théodore de Bèze, *Du droit des magistrats sur leurs subiets* (1574), et Hubert Languet, *Vindiciae contra tyrannos* de 1579 (d'aucuns l'attribuent à Philippe Duplessis-Mornay). Voir Holt, p. 100-101.

le 30 mai 1574, et c'est un autre fils de Catherine de Médicis, Henri III, qui hérita du trône et se révéla plus impopulaire encore. Même beaucoup de catholiques ne l'aimaient pas. Tout au long des années 1570, les catholiques extrémistes connus sous le nom de Ligueurs gagnèrent du terrain et, dans les années suivantes, devaient causer à la monarchie au moins autant d'ennuis que les Huguenots sous la direction du puissant et ambitieux duc de Guise. Dès lors, les guerres en France allaient compter trois protagonistes, la monarchie se trouvant prise dans la position la plus faible. Henri tenta à l'occasion de prendre la tête des Ligues, afin d'en neutraliser la menace, mais elles le rejetèrent, le présentant souvent en agent satanique masqué.

Peut-être était-il trop modéré pour les Ligues, mais Henri III était extrémiste à d'autres égards, se montrant totalement fermé au sens montaignien de la modération. Montaigne, qui le rencontra à plusieurs reprises, ne l'aimait pas beaucoup. D'un côté, Henri III truffa sa cour de dandys et en fit le royaume de la corruption, entre luxe et points d'étiquette absurdes. Il sortait danser tous les soirs et, dans sa jeunesse, portait robes et pourpoints de satin couleur de mûre, avec bracelets de corail et capes à crevés enrubannés. Il lança la mode des chemises à quatre manches, deux utiles, et deux autres ballant derrière comme des ailes[1]. D'autres affectations

1. Les anecdotes sur les excès vestimentaires et de conduite d'Henri III sont tirées pour la plupart de Pierre de l'Estoile, *Registre-journal du règne de Henri III,* édition établie par Madeleine Lazard et Gilbert Schrenck, Genève, Droz, 1992-2003, 6 volumes.

paraissaient plus étranges encore : il se servait de fourchettes à table, plutôt que de couteaux et de ses doigts ; portait des habits de nuit au lit et se lavait les cheveux de temps à autre[1]. D'un autre côté, Henri se laissait aller à des manifestations outrancières de mysticisme et de pénitence. Plus les problèmes du royaume le laissaient perplexe, plus il prenait part à des processions de flagellants, se traînant nus pieds sur des rues pavées en se flagellant tout en chantant des psaumes.

Pour Montaigne, l'idée même que la solution de la crise politique pût se trouver dans la prière et des exercices spirituels extrêmes n'avait aucun sens. Ses processions lui inspiraient un mouvement de recul, et il n'accordait pas la moindre créance aux comètes, aux averses de grêle, aux naissances monstrueuses ni à aucun autre signe de malheur[2]. Il observa que ceux qui se hasardaient à prédire des phénomènes de ce genre restaient habituellement dans le vague, en sorte qu'ils pouvaient prétendre avoir vu juste quoi qu'il advînt[3]. Quant à la plupart des histoires de sorcellerie, Montaigne n'y voyait qu'effets de l'imagination humaine[4]. En général, il préférait s'en tenir à sa devise : « Je suspends mon jugement. »

Son scepticisme lui valut des critiques clémentes : deux contemporains de Bordeaux, Martin-Antoine

1. Cf. Knecht, *Rise and Fall,* p. 489.
2. I, 25, p. 163.
3. I, 11, p. 65-66.
4. III, 13, p. 1073-1075.

del Rio et Pierre de Lancre[1], l'avertirent qu'il était théologiquement dangereux d'expliquer des événements apocalyptiques par l'imagination humaine, parce que cela détournait l'attention de la menace véritable. Dans l'ensemble, il parvint à éviter des suspicions sérieuses, mais Montaigne risqua sa réputation en se prononçant contre la torture et les procès. Dans l'esprit de beaucoup de gens, il était déjà associé à une catégorie de penseurs connus de leurs ennemis comme les « politiques » – lesquels se distinguaient par leur conviction que les problèmes du Royaume n'avaient rien à voir avec l'Antéchrist ou la Fin des Temps, mais étaient purement politiques[2]. Ils en déduisaient que la solution devait être politique elle aussi, d'où leur appellation. En théorie, ils soutenaient le roi, pensant que le seul espoir de la France était l'unité sous un monarque légitime, même si la plupart d'entre eux espéraient secrètement que viendrait un jour un roi qui inspirât et *unifiât* davantage qu'Henri III. Tout en demeurant loyaux, ils travaillèrent à trouver des points d'entente entre les autres partis, dans l'espoir d'arrêter les guerres et de jeter les fondements du futur de la France.

Malheureusement, le seul point d'entente qui rapprochât vraiment les catholiques extrémistes des extrémistes protestants était la haine des « politiques ».

---

1. M. Del Rio, *Disquisitonum magicarum libri sex,* 1599, et P. de Lancre, *De l'incrédulité et mescreance du sortilège,* 1622, cité *in* Villey, *Montaigne devant la postérité,* p. 360 et 367-371. Voir D. de Courcelles, « Del Rio, Martin », et « Lancre, Pierre Rostegui de », *in* Desan, *Dictionnaire,* p. 281-282, 651-652.

2. D. Crouzet, vol. 2, p. 250-252.

Le mot lui-même était une accusation d'athéisme. C'étaient des gens qui ne prêtaient attention qu'aux solutions politiques, non pas à l'état de leur âme. Des hommes masqués : des dupeurs, comme Satan lui-même. Il « est habillé sous la peau de l'agneau et néanmoins est un loup enragé », écrivit un contemporain d'un « politique » typique[1]. À la différence des vrais protestants, ils essayaient de se faire passer pour ce qu'ils n'étaient pas et, étant si malins et intellectuels, ils n'avaient pas l'excuse d'être les victimes innocentes de la tromperie du Diable. L'association de Montaigne aux « politiques » lui donna une bonne raison de souligner son ouverture et son honnêteté, aussi bien que son orthodoxie catholique (même si un loup habillé en agneau ne manquerait pas de protester de son honnêteté).

Les Ligueurs accusaient les « politiques » de n'être point fiables, mais les « politiques », à leur tour, accusaient leurs adversaires de s'abandonner à leurs passions jusqu'à perdre leur jugement[2]. Qu'il est étrange, songeait Montaigne, que le christianisme conduise si souvent à des excès de violence et donc à des destructions et des souffrances :

> Notre zèle fait merveilles, quand il va secondant notre pente vers la haine, la cruauté, l'ambition, l'avarice, la détraction, la rébellion. À contrepoil, vers la bonté,

1. R. de Dieudonné, *La Vie et conditions des politiques et athéistes de ce temps,* Paris, R. Le Fizelier, 1589, p. 17.

2. Pour les accusations des « politiques » contre les Ligueurs, voir, par exemple, *Lettre missive aux Parisiens d'un Gentilhomme serviteur du Roy*... (1591), p. 4-5, cité *in* D. Crouzet, vol. 2, p. 561.

la bénignité, la tempérance, si, comme par miracle, quelque rare complexion ne l'y porte, il ne va ni de pied, ni d'aile[1].

« Il n'est point d'hostilité excellente comme la chrétienne », écrivit-il même[2]. Au lieu de la figure du zélote chrétien aux yeux de braise, il préférait contempler celle du sage stoïque : une personne qui se conduit moralement, modère ses émotions, exerce un bon jugement et sait vivre.

La philosophie stoïcienne occupait en vérité une large place chez les « politiques ». Ils ne prônaient ni révolution ni régicide, mais recommandaient d'accepter la vie telle qu'elle est, suivant le principe stoïcien d'*amor fati,* d'amour du destin. Ils encourageaient également le sentiment stoïcien de continuité : l'idée que le monde continuerait probablement à connaître des cycles, des épisodes de décomposition et de renaissance, plutôt que d'aller en accélérant dans une seule et même direction, vers la Fin. Tandis que les partis religieux imaginaient les armées de l'Armageddon assemblées dans le ciel, les « politiques » pensaient que, tôt ou tard, tout finirait par se calmer et que les gens retrouveraient leurs esprits[3]. En des temps millénaristes, ils étaient les seuls à changer systématiquement de perspectives et à envisager un temps où les

1. II, 12, p. 464.
2. *Ibid.*
3. Cf. Loys Le Caron, *De la Tranquillité de l'esprit* (1588) ; Saint-Germain d'Apchon, *L'Irenophile discours de la paix* (1584) ; et Guillaume du Vair, *La Constance et consolation ès calamitez publiques* (1594-1595), cités *in* D. Crouzet, vol. 2, p. 555-557.

« troubles » feraient partie de l'histoire... et à penser à la construction du monde futur.

Son côté stoïcien amena Montaigne à minimiser les guerres à un degré étonnant dans ses écrits. Les biographes ont invariablement fait grand cas de son expérience de la guerre, et non sans bonnes raisons : elle affecta sa vie en profondeur. Certains critiques ont appuyé toute leur lecture de Montaigne sur la guerre[1]. Mais après s'être plongé dans ces livres, on peut s'étonner de tomber dans les *Essais* sur des passages où, évoquant les guerres civiles, Montaigne tient des propos du genre : j'« admire de les voir si douces et molles[2] » et « ce sera beaucoup si d'ici à cent ans on se souvient en gros que, de notre temps, il y a eu des guerres civiles en France[3] ».

Qui vit le temps présent suppose que les choses sont pires qu'elles ne sont, dit-il, parce qu'il est incapable de se soustraire à sa perspective locale :

> Mais qui se présente comme dans un tableau cette grande image de notre mère nature, en son entière majesté, qui lit en son visage une si générale et constante variété, qui se remarque là-dedans, et non soi, mais tout un royaume, comme un trait d'une pointe délicate, celui-là seul estime les choses suivant leur juste grandeur[4].

---

1. Pour l'idée que toute l'expérience de Montaigne est dominée par la guerre, voir surtout Frieda Brown, *Religious and Political Conservatism in the* Essais *of Montaigne,* Genève, Droz, 1964. Sur cette question, voir J. Coleman, « Montaigne and the Wars of Religion », *in* Cameron (dir), *Montaigne and his Age,* p. 107.

2. I, 25, p. 163.

3. II, 16, p. 666.

4. I, 25, p. 163-164.

Montaigne rappela à ses contemporains la vieille leçon stoïcienne : pour éviter de se sentir submergé par une situation difficile, il faut essayer d'imaginer le monde sous des angles différents, à d'autres échelles de sens. C'est ce que faisaient les Anciens quand ils considéraient leurs ennuis d'en haut comme l'agitation dans une colonie de fourmis. « Les astrologues ont beau jeu à nous avertir, comme ils font, de grandes altérations et mutations prochaines », observe Montaigne, ils oublient un fait simple : si mauvaises que soient les choses, la vie, pour l'essentiel, suit son cours. « Pour moi, je n'en entre point au désespoir », ajoute-t-il d'un ton léger[1].

Il faut reconnaître que Montaigne eut de la chance. Les guerres ruinèrent ses récoltes, lui firent craindre d'être tué dans son lit et le forcèrent à prendre part à des activités politiques qu'il eût préféré éviter. Elles devaient le plonger dans des troubles plus grands encore dans les années 1580, quand la guerre entra dans sa dernière phase. Mais nul ne saurait prétendre que ces expériences lui laissèrent de profondes balafres ; et, si jamais il prit lui-même les armes, il n'en dit mot dans les *Essais*. Bref, il fit une bonne guerre. Pour autant, cela n'eût pas empêché la plupart de se répandre en lamentations.

Et Montaigne avait raison. La vie continua. Si terribles qu'ils fussent, les massacres de la Saint-Barthélemy laissèrent place à des années de souffrances individuelles peu concluantes, plutôt qu'elles n'annoncèrent la fin du monde. L'Antéchrist ne vint pas. Les générations se suivirent jusqu'au jour où, comme le prévoyait Mon-

1. III, 9, p. 1105-1106.

taigne, beaucoup n'eurent plus qu'une très vague idée que les guerres de son siècle eussent jamais eu lieu. Et cela, pour une part, en raison du travail que lui-même et ses compères « politiques » firent pour rétablir la santé. Affectant l'aise et le confort, Montaigne contribua plus à sauver son pays que ses contemporains zélés. Pour une part, son travail fut directement politique, mais sa plus grande contribution consista simplement à se tenir à l'écart et à rédiger les *Essais.* C'est ce qui, aux yeux de beaucoup, fait de lui un héros.

HÉROS

Ceux qui ont adopté Montaigne dans ce rôle font habituellement de lui un héros d'une espèce inhabituelle : le genre de héros qui résiste à toute prétention à l'héroïsme. Peu le vénèrent pour de grands actes publics dont il serait l'auteur, même si, dans la suite de sa vie, il accomplit des choses mémorables. Plus souvent, on l'admire pour son insistance obstinée à maintenir la normalité dans des circonstances extraordinaires, et son refus de compromettre son indépendance.

Beaucoup de contemporains le virent dans cette lumière ; le grand penseur politique stoïcien Juste Lipse l'incita à continuer à écrire parce que les gens avaient besoin de son exemple à suivre[1]. Longtemps après que le Montaigne stoïcien du XVIe siècle eut été

1. Juste Lipse à Montaigne, 30 août 1588 et 18 septembre 1589, cité *in* M. P. O. Morford, *Stoics and Neostoics : Rubens and the Circle of Lipsius,* Princeton, N. J., Princeton University Press, 1991, p. 160.

oublié, les lecteurs de temps troublés continuèrent à voir en lui un modèle de rôle. Ses *Essais* étaient une source de sagesse pratique sur des questions telles que comment faire face à l'intimidation ou comment concilier des exigences contradictoires d'ouverture et de sécurité. Il apportait aussi quelque chose de plus nébuleux : une idée du moyen de survivre à une catastrophe publique sans perdre son amour-propre. De même qu'on peut implorer carrément la merci d'un ennemi, sans se compromettre, ou défendre ses biens en choisissant de les laisser sans défense, de même peut-on traverser une guerre inhumaine en restant humain. Ce message de Montaigne devait avoir un attrait particulier pour les lecteurs du XXe siècle qui vécurent des guerres ou connurent des dictatures fascistes ou communistes. Dans ces temps-là, on pouvait croire que la structure de la société civilisée s'était effondrée et que plus rien ne serait jamais pareil. Montaigne n'était jamais plus rassurant que lorsqu'il montrait le moins de sympathie pour ce sentiment, qu'il rappelait au lecteur que la normalité finit par revenir et que les perspectives changent à nouveau.

Parmi les nombreux lecteurs qui ont réagi à cet aspect des *Essais,* l'un est bien représentatif de tous : l'écrivain juif autrichien Stefan Zweig qui, vivant en exil forcé en Amérique du Sud, au cours de la Seconde Guerre mondiale, trouva apaisement et distraction en composant un long essai personnel sur Montaigne, son héros non héroïque.

Quand le jeune Zweig découvrit les *Essais* dans la Vienne fin-de-siècle, le livre, avoue-t-il, lui fit peu d'impression. Comme Lamartine et Sand avant lui, il le trouva trop détaché. Il lui manquait « l'arc électrique qui unit deux âmes » ; il ne lui voyait pas d'intérêt au regard de sa vie. « En quoi me concernaient, moi jeune homme du XXᵉ siècle, les amples digressions du sieur de Montaigne sur la “Cérémonie de l'entrevue des rois” ou ses “Considérations sur Cicéron”[1] ? » Même quand Montaigne abordait des thèmes qui auraient dû être plus engageants, tels le sexe ou la politique, sa sagesse « douce et tempérée » et son sentiment qu'il était plus sage de ne pas s'impliquer trop dans le monde repoussait Zweig. « C'est le propre de la jeunesse que de ne pas souhaiter recevoir des conseils de douceur, de scepticisme. Le doute lui devient obstacle. » Les jeunes gens ont terriblement soif de croire ; ils veulent être excités.

De surcroît, en 1900, la liberté de l'individu n'avait apparemment guère besoin d'être défendue. « Tout cela n'était-il pas depuis longtemps devenu une évidence, n'était-ce pas le bien, garanti par la loi et la coutume, d'une humanité depuis longtemps libérée de la dictature et de la servitude ? » La génération de Zweig – il était né en 1881 – supposait que la prospérité et la liberté personnelle ne cesseraient de progresser. Pourquoi les choses régresseraient-elles ? Nul n'avait le sentiment que la civilisation fût en danger ; nul n'était obligé de se réfugier dans son moi privé pour préserver sa liberté spirituelle. « Il semblait donc à notre génération que Montaigne secouait des chaînes que nous pensions depuis longtemps rompues[2]. »

---

1. Zweig, *Montaigne,* p. 14-15.
2. *Ibid.,* p. 15-16.

Bien entendu, l'histoire donna tort à la génération de Zweig. Tout comme Montaigne avait grandi dans un monde plein d'espoir à seule fin de le voir dégénérer, Zweig était né dans les plus heureux des pays et des siècles, et il avait vu tout s'effondrer autour de lui. Des chaînes avaient été reforgées, plus fortes et plus pesantes que jamais.

Zweig survécut à la Première Guerre mondiale, qui fut cependant suivie de l'ascension de Hitler. Il fuit l'Autriche, contraint à des années d'errance en tant que réfugié, d'abord en Grande-Bretagne, puis aux États-Unis et enfin au Brésil. Son exil le rendit « sans défense comme une mouche, impuissant comme un escargot[1] », observe-t-il dans son autobiographie. Il eut le sentiment d'être un condamné attendant son exécution dans sa cellule, et toujours moins capable de s'engager dans le monde de ses hôtes. Il garda la santé mentale en se plongeant dans le travail. Dans son exil, il produisit une biographie de Balzac, une série de nouvelles et d'histoires courtes, une autobiographie et, pour finir, l'essai sur Montaigne – le tout sans sources ni notes, puisqu'il était coupé de ses biens. Jamais il n'acquit la nonchalance de Montaigne, mais il est vrai que sa situation était bien pire :

> C'est ainsi que je n'ai plus de lien nulle part, étranger partout, hôte tout au plus là où le sort m'est le moins hostile ; même la vraie patrie que mon cœur a élue, l'Europe, est perdue pour moi depuis que pour la seconde fois, prise de la fièvre du suicide, elle se déchire dans une

1. S. Zweig, *Le Monde d'hier,* p. 496.

guerre fratricide. Contre ma volonté j'ai été le témoin de la plus effroyable défaite de la raison et du plus sauvage triomphe de la brutalité qu'atteste la chronique des temps[1].

Même quand il arriva au Brésil, en 1941, il était infiniment éloigné de quelque foyer que ce soit et, s'il sut gré au pays de l'accueillir, il eut du mal à garder espoir. Trouvant un volume des *Essais* dans la maison où il séjournait, il les relut : ils étaient devenus méconnaissables. Le livre qui lui avait paru autrefois vieillot et de peu d'intérêt le toucha désormais directement au plus intime, comme écrit pour lui seul, ou peut-être pour toute sa génération. Il pensa tout de suite écrire sur Montaigne. Dans une lettre à un ami, il écrivit « la similitude de son époque et de sa situation avec la nôtre est surprenante : je n'écris pas une biographie, je me propose simplement de donner en exemple son combat pour la liberté intérieure[2] ». Dans l'essai lui-même, il admit : « Ce n'est que quand le destin nous rendit frères que Montaigne m'apporta son aide, sa consolation, son amitié irremplaçables[3]. »

Son essai sur Montaigne devait être une sorte de biographie, mais une biographie éminemment personnelle, dénuée d'esprit apologétique quand elle souligne les similitudes entre l'expérience de Montaigne

---

1. *Ibid.*, p. 10.

2. Zweig à Jules Romains, 22 janvier 1942, cité *in* G. Bravo Unda, « Analogies de la pensée entre Montaigne et Stefan Zweig », *Bulletin de la Société des Amis de Montaigne,* n° 11-12, 1988, p. 95-106, ici p. 104.

3. Zweig, *Montaigne,* p. 17.

et la sienne. En un temps comme celui de la Seconde Guerre mondiale, ou de la France de la guerre civile, la vie des gens ordinaires est sacrifiée aux obsessions des fanatiques, en sorte que, pour toute personne intègre[1], la question ne devient pas tant « Comment survivre ? » que « Comment rester pleinement humain ? ». La question admet de multiples variantes : Comment puis-je préserver mon vrai moi ? Comment être sûr de ne pas aller, en parole ou dans mes actions, plus loin que je ne le crois juste ? Comment puis-je éviter de perdre mon âme ? Par-dessus tout, comment rester libre ? Montaigne n'était pas un combattant de la liberté au sens habituel du mot, reconnaît Zweig. « Il n'a rien des amples tirades et des beaux élans d'un Schiller ou d'un lord Byron, rien de l'agressivité d'un Voltaire[2]. » Son insistance à se dire paresseux, sans cervelle et irresponsable fait de lui un piètre héros, mais ce ne sont pas réellement des tares. Ce sont autant de traits essentiels à sa bataille pour conserver son moi particulier tel qu'il est.

Montaigne n'aimait pas les prêches, Zweig le savait, mais il réussit à extraire des *Essais* une série de règles générales. Il ne les lista pas en tant que telles, mais les paraphrasa de manière à en tirer huit commandements séparés, qu'on pourrait aussi appeler les huit libertés :

> être libre de la vanité et de l'orgueil [...],
>
> être libre de la croyance et de la superstition, libre des convictions et des partis,
>
> être libre des habitudes [...],

1. *Ibid.*, p. 23.
2. *Ibid.*, p. 25.

> être libre des ambitions et de toute forme d'avidité […],
> être libre de la famille et des amitiés, libre du fanatisme […],
> être libre devant le destin : nous sommes ses maîtres.
> Et la dernière liberté : devant la mort. La vie dépend de la volonté des autres, la mort de notre volonté propre[1].

Zweig choisissait un Montaigne très stoïcien, revenant ainsi à une façon de le lire propre au XVIe siècle. Au bout du compte, la liberté que Zweig prit le plus à cœur fut la dernière de la liste, qui vient tout droit de Sénèque. Ayant sombré dans la dépression, Zweig choisit la forme ultime de l'émigration intérieure. Il se tua le 23 février 1942 en absorbant du Vironal ; sa femme choisit de le suivre dans la mort. Dans son billet d'adieu, Zweig exprima sa gratitude au Brésil, « ce merveilleux pays » qui s'était montré si hospitalier et conclut : « Je salue tous mes amis ! Puissent-ils voir encore l'aurore après la longue nuit ! Moi qui suis trop impatient, je m'en vais avant eux[2]. »

Il semblait – c'est ainsi que Zweig voyait les choses – que la vraie valeur de Montaigne ne fût perceptible que s'il l'on en était aux dernières extrémités. Il faut en arriver à un état où l'on n'a plus à défendre que son « moi nu », sa simple existence[3].

> Seul celui qui, dans le bouleversement de son âme, est contraint de vivre une époque où la guerre, la violence,

1. Zweig, *Montaigne*, p. 89-90.
2. Zweig, « Declaração », *in* Stefan Zweig, *Correspondance, 1932-1942,* trad. L. Bernardi, Paris, Grasset, 2008, p. 435.
3. Zweig, *Montaigne,* p. 17.

la tyrannie des idéologies menacent la vie même de chacun et, dans cette vie, sa substance la plus précieuse, la liberté de l'âme, peut savoir combien il faut de courage, de droiture, d'énergie, pour rester fidèle à son moi le plus profond, en ces temps où la folie s'empare des masses[1].

Il eût donné raison à Leonard Woolf quand ce dernier disait que la vision montaignienne des « moi » liés les uns aux autres était l'essence de la civilisation[2]. C'était la base sur laquelle on pourrait bâtir un avenir sitôt la terreur passée et la guerre terminée, mais Zweig ne put attendre aussi longtemps.

La vision montaignienne d'intégrité privée et d'espoir politique possède-t-elle aujourd'hui la même autorité morale ? D'aucuns pensent que oui. Des livres ont été écrits pour faire de Montaigne un héros du XXIe siècle : le journaliste Joseph Macé-Scaron invite précisément à adopter Montaigne en antidote des nouvelles guerres de religion. D'autres pourraient penser que la dernière chose dont on ait besoin est bien un homme qui nous encourage à nous détendre et à nous retirer dans notre sphère privée. Les gens s'isolent déjà bien assez aux dépens des responsabilités civiles.

Ceux qui font de Montaigne un héros, ou un compagnon et un soutien, protesteraient qu'il n'a rien d'un avocat du « fais ce qu'il te plaît » en matière de devoir social. Il pensait plutôt que la solution à un monde disloqué était que chacun retrouve sa

---

1. *Ibid.*, p. 13-14.
2. L. Woolf, p. 18-19.

place : apprenne «à vivre», à commencer par l'art de garder les pieds sur terre. On peut effectivement trouver chez Montaigne un message d'inactivité, de paresse et de désengagement, et probablement aussi une justification pour ne rien faire quand la tyrannie triomphe, plutôt que de résister. Maints passages des *Essais* paraissent plutôt suggérer qu'il faut affronter l'avenir; plus précisément, qu'on ne saurait tourner le dos au monde historique réel pour rêver de paradis et de transcendance religieuse. Montaigne prodigue tous les encouragements dont on peut avoir besoin pour respecter autrui, s'abstenir de tuer sous prétexte de plaire à Dieu et résister à la pulsion qui, périodiquement, pousse les êtres humains à détruire tout ce qui les entoure et à «ramener la vie à ses commencements». Comme Flaubert le conseillait à ses amis, «Lisez Montaigne [...]. *Il vous calmera.* [...] Lisez *pour vivre*[1].»

1. Gustave Flaubert à Mlle Leroyer de Chantepie, 6 juin 1857, *in* G. Flaubert, *Correspondance*, Paris, Gallimard, «Bibliothèque de la Pléiade», 1980, vol. 2, p. 731. Cf. Frame, *Montaigne in France,* p. 61.

13

Q. Comment vivre ?
R. Faire une chose que nul n'a encore faite

Best-seller baroque

Tout au long des années 1570, avec les épisodes de paix et de guerre en alternance, Montaigne poursuivit sa vie, et son livre. Il passa une bonne partie de la décennie à écrire et remanier sa première moisson d'essais, avant des les confier en 1580 aux presses de Simon Millanges, éditeur à Bordeaux[1].

Millanges était un choix intéressant. Il était établi en ville depuis quelques années à peine, à peu près depuis aussi longtemps que Montaigne écrivait. Montaigne aurait eu peu de mal à trouver un éditeur parisien : il avait déjà eu affaire à eux, et la valeur d'un ouvrage comme les *Essais* ne leur eût pas échappé. Même dans sa première édition, il était unique et trouvait parfaitement sa place dans un genre qui s'était imposé sur le

1. Voir Hoffmann, p. 66-83.

marché : celui des miscellanées antiques et des recueils de faits notables. Il possédait ce mélange commercial parfait : originalité éblouissante et classification aisée. Mais Montaigne tint à travailler avec un homme du pays, soit par lien personnel, soit au nom de quelque principe gascon[1].

Cette première version du livre de Montaigne était très différente de celle qu'on lit habituellement de nos jours. Elle n'emplissait que deux volumes assez petits et, bien que l'« Apologie » fût déjà démesurée, la plupart des chapitres demeuraient relativement simples. Ils oscillaient souvent entre points de vue rivaux mais ne débordaient pas en grands fleuves turbulents ni ne s'élargissaient en deltas, comme les essais ultérieurs. Certains s'en tenaient même à leur objet supposé. En revanche, ils étaient déjà pénétrés de la personnalité curieuse, questionneuse et remuante de Montaigne, et ils abordaient souvent des énigmes ou des bizarreries du comportement humain. L'œuvre trouva aussitôt un public enthousiaste.

Le tirage de la première édition de Millanges fut probablement modeste, autour de cinq à six cents exemplaires, peut-être, et vite épuisé[2]. Deux ans plus tard, il publia une autre édition avec quelques changements[3]. Cinq ans après, cette édition fut à nouveau révisée et

---

1. On trouvera les détails des premières éditions des *Essais* dans les « Sources » ; voir également Sayce et Maskell.

2. Voir P. Desan, « Édition de 1580 », *in* Desan, *Dictionnaire,* p. 343-346, ici p. 346.

3. Sur ces deux éditions de 1580 et 1582, voir C. Blum, « Dans l'atelier de Millanges », *in* Blum et Tournon (dir.), *Éditer les Essais de Montaigne,* p. 79-97.

republiée à Paris par Jean Richer. C'était alors devenue la lecture à la mode pour la noblesse française du début des années 1580. En 1584, le bibliographe La Croix du Maine présenta Montaigne comme le seul auteur contemporain qui méritât une place aux côtés des anciens – quatre ans seulement après sa publication par de modestes presses de Bordeaux[1]. Montaigne lui-même écrivit que les *Essais* eurent plus de succès qu'il ne l'avait espéré[2], et que c'était devenu une sorte de présence obligée, très prisée des dames : « Je m'ennuie que mes Essais servent les dames de meuble commun seulement, et de meuble de sale[3]. »

Henri III lui-même comptait au nombre de ses admirateurs. Quand, fin 1580, Montaigne se rendit à Paris, il en offrit au roi un exemplaire, comme il était d'usage. Le roi lui disant aimer le livre, Montaigne aurait répondu : « il faut donc nécessairement que je plaise à votre majesté[4] » – parce que, ainsi qu'il le prétendit toujours, lui et son livre ne faisaient qu'un[5].

En fait, cela aurait dû faire obstacle à son succès. Évoquant si franchement ses observations quotidiennes et sa vie intérieure, Montaigne brisait un tabou. On n'était pas censé se livrer dans un livre, juste rapporter ses hauts faits, le cas échéant. Les rares

1. La Croix du Maine, p. 329.
2. III, 9, p. 1008-1009.
3. III, 5, p. 889.
4. La Croix du Maine, p. 329. Cf. aussi Antoine Du Verdier, *La Bibliothèque d'Antoine Du Verdier, seigneur de Vauprivas,* Lyon, 1585, entrée sur « Michel de Montaigne », p. 872-881.
5. II, 18, p. 703, où Montaigne parle de « livre consubstantiel à son auteur ».

autobiographies de la Renaissance écrites jusqu'ici, comme la *Vita sua* de Benvenuto Cellini et le *De vita propria* de Jérôme Cardan étaient demeurées largement inédites précisément pour cette raison. Saint Augustin avait parlé de lui, mais sous la forme d'un exercice spirituel et pour étayer sa quête de Dieu, non pas pour célébrer le prodige d'être Augustin.

C'est Montaigne lui-même que célébra Montaigne. Ce qui perturba certains lecteurs. L'érudit Joseph Juste Scaliger s'avoua particulièrement contrarié que Montaigne, dans sa dernière édition de 1588, eût révélé sa préférence pour le vin blanc plutôt que le rouge. (En vérité, Scaliger simplifiait : Montaigne dit avoir changé de goût, du rouge au blanc, puis au rouge et de nouveau au blanc.) Pierre du Puy, autre savant, demanda : « Que diable a-t-on à faire de savoir ce qu'il aime[1] ? » Naturellement, Pascal et Malebranche s'en agacèrent eux aussi : le second parla d'« effronterie[2] » quand le premier pensait qu'il aurait fallu sommer Montaigne d'arrêter[3].

Il fallut attendre l'avènement du Romantisme pour que la franchise de Montaigne ne fût pas simplement appréciée, mais aimée. Le critique anglais Mark Pattison écrivit en 1856 que l'égotisme supposé de Montaigne l'avait rendu aussi vivant sur la page qu'un personnage de roman[4]. Et Bayle St John observa

1. Cité *in* Villey, *Montaigne devant la postérité,* p. 73.

2. Malebranche, *La Recherche de la vérité* (1674), p. 369, cité *in* Marchi, p. 48.

3. Pascal, *Pensées,* n° 649, éd. Lafuma.

4. Recension parue dans la *Quarterly Review,* 198, septembre 1856, p. 396-415, ici p. 395.

que les vrais « amateurs de Montaigne » aimaient ses « fadaises » sans conséquence, parce qu'elles rendaient son personnage réel et permettaient aux lecteurs de se retrouver en lui[1]. Le critique écossais John Sterling opposa la manière qu'avait Montaigne d'écrire sur lui-même à la tradition socialement plus acceptable des Mémoires de personnages publics qui ne s'intéressent qu'au « vacarme et tourbillon » fastidieux des événements extérieurs. Montaigne nous donnait « l'homme même », le « noyau[2] ». Dans les *Essais,* « l'intérieur est ce qui est le plus clair ».

Même dans sa version de 1580, Montaigne se montre fasciné par son univers intérieur ; ce n'est pas dans quelque chapitre tardif aventureux, mais dans la première édition qu'il écrivit :

> Chacun regarde devant soi, moi je regarde dedans moi : je n'ai affaire qu'à moi, je me considère sans cesse, je me contrôle, je me goûte [...]. Je me roule en moi-même[3].

L'image est profondément physique : on voit Montaigne rouler en soi, comme un chiot dans l'herbe haute. Quand il ne roule pas, dit-il, « je replie ma vue au dedans ». Il paraît sans cesse se retourner sur lui, épaississant et approfondissant, pli sur pli. Le résultat en est une sorte de drapé baroque, tout en volutes

1. B. St. John, *Montaigne the Essayist,* Londres, Chapman & Hall, 1858, vol. I, p. 316-317.

2. Sterling, p. 323-324.

3. II, 17, p. 697. Sur ce passage, voir Starobinski, p. 269-273, et Coleman, p. 114-115.

et turbulences. Pas étonnant qu'on ait parfois décrit Montaigne comme le premier auteur de la période baroque, quand bien même il l'a précédée[1]; de manière moins anachronique, on l'a qualifié d'écrivain maniériste[2]. Fleurissant juste avant le baroque, l'art maniériste était plus élaboré et anarchique encore, se plaisant aux illusions d'optique, aux difformités, au fouillis et aux angles bizarres de toutes sortes, dans un rejet violent des idéaux d'équilibre et de proportion qui avaient dominé la Renaissance. Montaigne, qui décrivit ses *Essais* comme des « grotesques » et des « corps monstrueux [...] sans certaine figure, n'ayant ordre, suite, ni proportion que fortuite[3] », apparaît comme le type même du maniériste. Suivant les principes classiques énoncés par Horace, on ne devrait même pas faire état des monstres dans l'art tant ils sont mal formés[4]. Montaigne ne craint pas de comparer tout son livre à un monstre.

Conservateur en politique, Montaigne fut d'emblée un révolutionnaire littéraire, écrivant comme nul autre, laissant sa plume suivre les rythmes naturels de la conversation[5] plutôt que les lignes formelles de construction, omettant des liens, sautant des étapes

---

1. Voir Buffum; Butor; et R. A. Sayce, « Baroque elements in Montaigne », *French Studies,* 8, 1954, p. 1-15.

2. G. Nakam, « Montaigne maniériste », *in* Nakam, *Le Dernier Montaigne,* 195-228; et Fr. Rigolot, « Montaigne's anti-Mannerist Mannerism », *in* Cameron et Willett (dir.), *Le Visage changeant,* p. 207-230.

3. I, 27, p. 189.

4. Horace, *Ars poetica,* 1-23.

5. II, 17, p. 675.

du raisonnement et laissant son matériau à l'état de morceaux solides, « coupés[1] », comme des steaks qu'on viendrait de débiter. « Car je ne vois le tout de rien », précise-t-il :

> De cent membres et visages qu'a chaque chose, j'en prends un, tantôt à lécher seulement, tantôt à effleurer, et parfois à pincer jusqu'à l'os. J'y donne une pointe, non pas le plus largement, mais le plus profondément que je sais. Et aime plus souvent à les saisir par quelque lustre inusité[2].

Cette dernière partie est d'une vérité incontestable. Dès ses premiers chapitres, il suit des directions obliques, et la tendance devient plus extrême encore avec les essais des années 1580. « Des coches » commence par parler des auteurs, passe à l'éternuement et en arrive deux pages plus tard à son sujet supposé, les coches, pour reprendre sa course presque aussitôt et passer le reste du temps à parler du Nouveau Monde[3]. « De la physionomie » en arrive à son sujet sous la forme d'une soudaine observation sur la laideur de Socrate qui occupe plus des trois quarts du chapitre[4]. L'écrivain anglais Thackeray plaisantait que Montaigne

1. Il parle de « langage coupé » dans ses instructions à son imprimeur de Bordeaux ; voir Sayce, p. 283.

2. I, 50, p. 321.

3. III, 6, p. 941-960. Sur le titre, voir A. Tournon, « Fonction et sens d'un titre énigmatique », *Bulletin de la société des amis de Montaigne,* 109-20, 1984, p. 59-68, et « Des coches », *in* Desan, *Dictionnaire,* p. 205-207.

4. III, 12, p. 1082-1111.

aurait pu donner à chacun de ses essais le titre d'un autre, ou appeler l'un « De la lune » et l'autre « Du fromage frais » : cela n'eût pas changé grand-chose[1]. Montaigne avouait que ses titres étaient sans lien évident avec leur matière : « Souvent ils la dénotent seulement, par quelque marque. » Pourtant, ajoute-t-il, si le titre paraît aléatoire, ou si le fil de la logique paraît perdu, « il s'en trouvera toujours en un coin quelque mot, qui ne laisse pas d'être bâtant [suffisant][2] ». Les mots « en un coin » cachent souvent ses thèmes les plus intéressants. Il les place dans les parties du texte qui paraissent le plus briser le flux, en détruire la cohérence, brouiller les eaux et rendre ses raisonnements impossibles à suivre.

Les *Essais* se présentaient au départ comme un ouvrage assez conventionnel : un bouquet de fleurs cueillies dans le jardin des grands auteurs anciens, avec des considérations nouvelles sur la diplomatie et l'éthique du champ de bataille. Sitôt les premières pages ouvertes, cependant, ils se métamorphosèrent, telle une créature d'Ovide, en un monstre dont la cohérence ne tient qu'à une chose : la figure de Montaigne. On ne pouvait guère défier la convention plus complètement. Non seulement le livre était monstrueux, mais son seul point d'unité était la chose qui aurait dû passer modestement au second plan. Montaigne est le centre de gravité massif du livre ; et ce cœur prend

1. Cf. Dédéyan, vol. 1, p. 288.

2. III, 9, p. 1040-1041. Voir M. B. McKinley, *Words in a Corner : Studies in Montaigne's Latin Quotations,* Lexington, Ky, French Forum, 1981.

de la force au fil des variantes successives, alors même qu'il ne cesse de se charger de membres supplémentaires, d'ornements, de bagages et de morceaux de corps enchevêtrés.

Les années 1570 furent la première grande décennie d'écriture de Montaigne, mais les années 1580 allaient être sa grande décennie d'auteur. Les dix années suivantes doublèrent le volume des *Essais* et, d'un néant, firent de Montaigne une vedette. Dans le même temps, les années 1580 l'arrachèrent au calme de sa Guyenne rurale, l'entraînèrent dans un long voyage en Suisse, en Allemagne et en Italie, en tant que célébrité fêtée, avant de faire de lui le maire de Bordeaux. Elles rehaussèrent sa stature de personnage public et d'homme de lettres. Elles ruinèrent sa santé, l'épuisèrent, et firent de lui un homme dont on devait se souvenir.

14

Q. Comment vivre ?
R. Voir le monde

Voyages

Le succès de la première édition des *Essais,* en 1580, dut changer la façon dont Montaigne envisageait la vie. L'acclamation le sortit de sa routine, et peut-être lui donna le sentiment qu'il était temps de s'impliquer à nouveau dans le monde. Bien qu'il n'en dise pas grand-chose dans les *Essais,* il put lui venir alors à l'esprit qu'une intéressante carrière diplomatique s'ouvrait à lui et que la meilleure voie était de se créer un réseau international. Il avait aussi hâte de s'éloigner des contraintes domestiques de la propriété, qu'il pouvait laisser entre les mains expertes de son épouse. Montaigne avait toujours eu envie de voyager de manière à découvrir la « perpétuelle variété de formes de notre nature[1] ». Enfant, déjà, il avait éprouvé une

1. III, 9, p. 1019.

«honnête curiosité» du monde : «un bâtiment, une fontaine, un homme, le lieu d'une bataille ancienne, le passage de César ou de Charlemagne[1] » – pour tout. Maintenant, il s'imaginait marchant sur les brisées de ses héros antiques[2] tout en explorant la diversité du présent, où il pourrait «frotter et limer [sa] cervelle» au contact des étrangers[3].

Il avait aussi une autre raison, moins brillante, de voyager. De son père, Montaigne avait hérité une propension aux crises de calculs rénaux. Pour avoir vu Pierre littéralement s'évanouir de douleur, il avait plus peur de cette maladie que d'aucune autre. À près de quarante-cinq ans, il découvrit lui-même à quoi ressemblait cette forme de torture.

Les calculs rénaux se forment quand du calcium ou d'autres minéraux s'accumulent dans le système et créent des blocs et des cristaux qui empêchent l'évacuation de l'urine. Souvent, ils se brisent, créant des esquilles dentelées. Entiers ou éclatés, ils doivent bien passer et, ce faisant, donnent la sensation au sujet d'être découpé de l'intérieur. Ils provoquent aussi généralement une grande gêne autour des reins, des douleurs perçantes à l'abdomen et dans le dos, voire de la nausée et de la fièvre. Une fois passés, ce n'est toujours pas la fin, car la chose se répète souvent au cours de la vie. Du temps de Montaigne, ils représentaient à chaque fois un réel danger de mort, par simple blocage ou par infection.

1. I, 25, p. 161.
2. III, 9, p. 1043.
3. I, 25, p. 158.

Aujourd'hui, il est possible de détruire les calculs par ondes acoustiques afin de faciliter leur passage, mais du temps de Montaigne on en était réduit à espérer que sphères, piques, aiguilles et crampons sortissent tout seuls. Lui-même essayait de s'en débarrasser en se retenant d'uriner le plus longtemps possible afin d'augmenter la pression ; la chose était douloureuse et dangereuse, mais elle marchait parfois[1]. Il essaya d'autres remèdes, bien qu'il se méfiât habituellement de toutes les formes de médicaments[2]. Un jour, il « prit de la térébenthine de Venise, qui vient, disent-ils, des montagnes de Tyrol, deux gros morceaux enveloppées dans une oublie [pâtisserie en forme de cornet], sur une cuiller d'argent, arrosé d'une ou deux gouttes de certain sirop de bon goût ». Le seul effet fut de donner à ses urines une odeur de violette[3]. Le sang d'un bouc nourri d'herbes spéciales et de vin blanc était censé être efficace. Montaigne essaya, élevant une bête sur sa propriété, mais il abandonna l'idée quand il aperçut des calculs très semblables aux siens après qu'on l'eut abattu. Il ne voyait pas comment un système urinaire défaillant pouvait en soigner un autre[4].

Le remède le plus courant pour les calculs rénaux consistait à aller prendre les eaux dans des stations thermales. Montaigne le fit lui aussi : au moins était-ce une méthode naturelle, peu susceptible de faire du tort[5]. Il

1. *Journal de voyage de Montaigne,* éd. Fr. Rigolot, p. 272.
2. II, 37, p. 802.
3. *Journal de voyage de Montaigne*, éd. Fr. Rigolot, p. 93.
4. II, 37, p. 819-820.
5. *Ibid.,* p. 815-816.

essaya deux fois en France, à la fin des années 1570 ; la maladie revint après chaque visite, mais il voulait réessayer. Ce lui fut donc une raison supplémentaire de voyager, car les stations de Suisse et d'Italie étaient réputées. Et c'était le genre de raison qu'il pouvait aisément donner à sa femme et à ses amis.

Ainsi, dans le courant de l'été 1580, l'auteur renommé de quarante-sept ans quitta ses vignes pour s'en aller guérir son mal et voir le monde, ou tout au moins des régions bien choisies du monde européen. Le voyage devait l'éloigner jusqu'en novembre 1581 : dix-sept mois. Il commença par voyager en France, apparemment pour affaires et, peut-être, recueillir des instructions pour des missions politiques au cours de son périple. C'est alors qu'il fut reçu en audience auprès d'Henri III et qu'il lui remit ses *Essais*. Après quoi il se dirigea vers l'est et pénétra en territoire allemand, en direction des Alpes et de la Suisse pour se rendre finalement en Italie. Eût-il eu toute liberté, le voyage eût sans doute été plus long et aurait pu aboutir n'importe où. Un moment, il imagina même aller en Pologne. Au lieu de quoi, il se contenta de l'objectif plus commun de Rome : grand lieu de pèlerinage pour tout bon catholique et intellectuel de la Renaissance[1].

Montaigne n'eut pas le luxe de voyager seul, au gré de ses caprices personnels. De condition noble, il était censé entretenir un lourd entourage de serviteurs, connaissances et parasites, auquel il essayait de

1. Sur l'itinéraire et le calendrier, voir *Journal de voyage de Montaigne,* éd. Fr. Rigolot, p. 325-333.

se soustraire aussi souvent que possible. Le groupe comptait quatre jeunes venus parfaire leur éducation. L'un était son plus jeune frère, Bertrand de Mattecoulon, qui n'avait encore que vingt ans ; les autres étaient le jeune mari de l'une de ses sœurs ainsi qu'un adolescent du voisinage avec un ami. Au fil du voyage, chacun devait se détacher du groupe et suivre sa voie. L'expérience la plus fatidique fut celle de Mattecoulon, qui resta à Rome pour étudier l'escrime et y tua un homme dans un duel ; Montaigne dut le faire sortir de prison.

Voyager était une sorte de sport extrême à cette époque, à peine moins dangereux que le duel[1]. Les routes de pèlerinages consacrées pouvaient être bonnes, mais d'autres étaient rudes. Il fallait toujours être prêt à changer de plans quand on avait vent de la peste ou de bandits de grand chemin. Montaigne changea une fois de route pour Rome après avoir été prévenu de la présence de bandits en armes sur la route qu'il avait l'intention de prendre[2].

Il y eut d'autres contrariétés. Il fallait soudoyer les officiels, surtout en Italie, réputée pour sa corruption et la lourdeur de sa bureaucratie. À travers l'Europe entière, les portes des villes étaient lourdement gardées ; il fallait être muni des bons passeports, de permis pour le voyage et les bagages, ainsi que de lettres dûment attestées certifiant qu'on n'avait pas traversé

1. Sur les conditions de voyage, cf. M. Heath, « Montaigne and travel », *in* Cameron (dir.), *Montaigne and His Age*, p. 121-132 ; Hale, p. 145-148 et trad. p. 149-152.

2. *Journal de voyage de Montaigne*, éd. Fr. Rigolot, p. 77.

dernièrement une région de peste. Dans les villes, les points de contrôle délivraient souvent un laisser-passer pour séjourner dans une auberge donnée, que le propriétaire devait contresigner. Cela devait ressembler aux voyages dans le monde communiste au faîte de la guerre froide, mais avec plus d'anarchie et de danger.

Il y avait aussi les inconforts du voyage proprement dit. L'essentiel se faisait à cheval. On pouvait utiliser un coche, mais les sièges étaient généralement plus durs aux fesses que les selles. Montaigne préférait assurément monter à cheval : il achèterait et vendrait des chevaux en cours de route, ou en louerait pour de courtes distances[1]. Le transport fluvial était une autre option[2], mais Montaigne avait le mal de mer et l'évitait[3]. D'une manière générale, monter à cheval lui donnait la liberté à laquelle il aspirait ; chose étonnante, au cours d'une crise de calculs, il n'était nulle part plus à l'aise que sur une selle.

Ce qu'il aimait par-dessus tout dans les voyages, c'était la sensation de suivre le mouvement[4]. Il évitait les plans bien arrêtés. « S'il fait laid à droite, je prends à gauche ; si je me trouve mal propre à monter à cheval, je m'arrête[5]. » Comme il lisait et écrivait, il voyageait : en suivant les instigations du plaisir. Trois siècles plus tard, écumant l'Europe avec sa femme,

1. III, 6, p. 943-944.
2. *Ibid.*, p. 944. *Journal de voyage de Montaigne,* éd. Fr. Rigolot, p. 37 et 57.
3. *Ibid.*, p. 70.
4. III, 9, p. 1019.
5. *Ibid.*, p. 1031.

Leonard Woolf raconta aussi comment Virginia croisait telle une baleine à l'affût du plancton dans l'océan, cultivant une « vigilance passive » qui la mettait dans un étrange mélange d'« ivresse et de détente[1] ». Montaigne faisait de même, une manière de prolonger le plaisir quotidien qu'il trouvait à se « laisse[r] mollement rouler après le roulement céleste », comme il le dit en bon sybarite[2], mais avec le plaisir supplémentaire de tout voir d'un œil neuf et avec une attention totale, tel un enfant.

Il n'aimait pas dresser des plans, mais il n'aimait pas non plus passer à côté des choses. Son secrétaire, qui l'accompagna et (un temps) tint son journal pour lui, observa que les gens du groupe déploraient l'habitude qu'avait Montaigne de changer de route chaque fois qu'il entendait parler de choses qu'il avait envie de voir. Mais Montaigne assurait qu'il était impossible de s'écarter du chemin : il n'y avait point de chemin[3]. Le seul plan auquel il se fût jamais tenu était celui de voyager en contrées inconnues. Du moment qu'il ne répétait pas une route, il suivait le plan à la lettre.

La seule limite à son énergie tenait à ce qu'il n'eut jamais le goût de prendre la route trop tôt : « La paresse à me lever donne loisir à ceux qui me suivent de dîner à leur aise avant de partir[4]. » Cela s'accordait avec ses habitudes, car il avait toujours eu du mal le matin[5].

1. L. Woolf, *Downhill all the Way,* Londres, Hogarth, 1968, p. 178-179.

2. II, 17, p. 695.

3. *Journal de voyage de Montaigne,* éd. Fr. Rigolot, p. 61.

4. III, 9, p. 1019.

5. III, 13, p. 1144-1145.

Dans l'ensemble, toutefois, il tâchait de se défaire de ses habitudes en voyage. À la différence d'autres voyageurs, il mangeait la nourriture locale et se faisait servir dans le style du pays. À un moment du voyage, il regretta de n'avoir pas fait venir son cuisinier avec lui : non que sa cuisine lui manquât, mais parce qu'il eût aimé qu'il apprît des recettes étrangères[1].

Il rougissait de voir d'autres Français exulter de joie quand ils rencontraient un compatriote à l'étranger. Ils tombaient dans les bras l'un de l'autre, formaient un groupe tapageur et passaient des soirées entières à déplorer la barbarie des gens du crû. Ils étaient les rares à remarquer vraiment que les gens du pays faisaient les choses différemment. D'autres se débrouillaient à voyager « couverts et resserrés, d'une prudence taciturne et incommunicable, se défendant de la contagion d'un air inconnu[2] » au point qu'ils ne remarquaient rien. Dans le journal, le secrétaire observe jusqu'où Montaigne allait dans l'autre direction, prodiguant des louanges excessives à tous les pays qu'ils traversaient sans avoir un seul mot bon à dire sur le sien. « Il mêlait, à la vérité, à son jugement, un peu de passion du mépris de son pays », observe son secrétaire tout en ajoutant que l'aversion de Montaigne pour ce qui était français s'expliquait par d'« autres considérations[3] » – peut-être une allusion aux guerres.

1. *Journal de voyage de Montaigne,* éd. Fr. Rigolot, p. 22-23 et 31-32.

2. III, 9, p. 1031-1032.

3. *Journal de voyage de Montaigne,* éd. Fr. Rigolot, p. 32.

Sa capacité d'adaptation s'étendait aux langues. En Italie, il parlait italien et en fit même la langue de son journal, le reprenant à son secrétaire[1]. Il imitait le caméléon ou le poulpe, tâchant chaque fois que possible de passer *incognito* – du moins ce qu'il imaginait tel. À Augsbourg, écrit le secrétaire, « M. de Montaigne, pour aucunes raisons, avait voulu qu'on s'y contrefit, et qu'on ne dit pas leurs conditions, et se promena seul tout le long du jour par la ville ». Cela ne marcha pas. Assis, par un froid glacial, sur un banc de l'église d'Augsbourg, son nez se mit à couler ; sans y réfléchir, Montaigne sortit un mouchoir. Or on n'utilisait pas de mouchoirs dans cette région, si bien qu'il se démasqua en se mouchant. Y avait-il donc une mauvaise odeur dans les parages ? se demandèrent les habitants. Ou avait-il peur d'attraper quelque chose ? En tout état de cause, ils avaient déjà deviné qu'il était étranger : sa manière de se vêtir le trahissait. Montaigne trouva cela fâcheux : « Enfin il encourut le vice qu'il fuyait le plus, de se rendre remarquable par quelque façon ennemie du goût de ceux qui les voyaient[2]. »

Les églises tiennent une place importante dans le tour de Montaigne, non qu'il s'adonnât à la prière, mais parce qu'il était curieux de leurs pratiques. Il observa les églises protestantes d'Allemagne avec autant d'intérêt que les églises catholiques d'Italie. À

1. III, 5, p. 916. Son italien était bon, sans être irréprochable, et les premières éditions publiées du Journal le « toilettèrent » un peu. Voir F. Garavini, « Montaigne : écrivain italien ? », *in* Blum et Moreau (dir.), *Études montaigniennes,* p. 117-129, et C. Cavallini, « Italianismes », *in* Desan, *Dictionnaire,* p. 602-603.

2. *Journal de voyage de Montaigne,* éd. Fr. Rigolot, p. 42.

Augsbourg, il vit le baptême d'un enfant ; déjà démasqué comme étranger, il posa maintes questions sur la façon de procéder[1]. En Italie, il visita des synagogues « et les entretint fort de leurs cérémonies[2] ». Il observa aussi une circoncision dans une maison privée[3].

Des curiosités et des récits en tous genres le séduisirent. Aux premières étapes de son voyage, à Plombières-les-Bains en Lorraine, il rencontra un soldat qui avait une barbe à moitié blanche et un sourcil blanc : l'homme lui expliqua que tous deux avaient changé de couleur en un seul jour, à la mort de son frère, parce qu'il avait pleuré des heures durant, se couvrant d'une main une partie du visage[4]. Non loin de là, à Vitry-le-François, on le régala d'histoires de fillettes de sept-huit ans qui avaient « comploté » de se vêtir en mâles. L'une d'elles épousa une femme et vécut avec elle plusieurs mois « à son consentement, à ce qu'on dit » – avant d'être dénoncée aux autorités et d'être pendue. Une autre histoire de la même région était celle d'un dénommé Germain qui avait été fille jusqu'à l'âge de vingt-deux ans, quand, faisant un effort, « ses outils virils se produisirent ». Une chanson populaire se répandit en ville pour avertir les filles de « ne faire plus de grandes enjambées » de peur de connaître le même sort[5].

Point de comparaison culturelle évident pour tout voyageur, les différences d'habitudes alimentaires fascinaient Montaigne. En Suisse, on remplissait les

1. *Ibid.,* p. 40.
2. *Ibid.,* p. 65.
3. *Ibid,* p. 102-103.
4. *Ibid.,* p. 10.
5. *Ibid.* p. 6-7.

verres de vin à distance en se servant d'un récipient «à long bec» tandis que, le repas fini, chacun lançait son assiette dans un panier au milieu de la table. Les gens mangeaient avec des couteaux, «ne mett[ai]ent guère la main au plat», et ne se servaient que de toutes petites serviettes d'un demi-pied de long malgré leur goût des sauces et des potages salissants. Plus étranges encore étaient les chambres suisses : «Leurs lits sont élevés si hauts que communément on y monte par degrés; et quasi partout des petits lits au-dessous des grands[1].»

Tout retenait l'attention de Montaigne ou celle de son secrétaire, qui écrivait suivant ses consignes. Dans une auberge de Lindau, une cage pleine d'oiseaux couvrait tout un mur de la salle à manger, avec des allées et des fils de laiton pour que les oiseaux puissent sautiller d'une extrémité à l'autre de la pièce[2]. À Augsbourg, ils croisèrent un groupe conduisant deux autruches en laisse pour les offrir au duc de Saxe[3]. Dans cette même ville, Montaigne remarqua qu'«ils nettoient les verres à tout une espoussette de poil emmanchée d'un long bâton[4]». Et il fut intrigué par les multiples portes contrôlées à distance de la cité, fermant les chambres à tour de rôle, telles les écluses d'un canal, en sorte que les agresseurs ne puissent se forcer un chemin[5].

Partout où ils allaient, ils visitaient fontaines et jardins aquatiques à la mode – l'assurance de longues heures de divertissement sadique. Dans les jardins de

1. *Ibid.* p. 17-18 et 23.
2. *Ibid.* p. 31.
3. *Ibid.* p. 44.
4. *Ibid.* p. 41.
5. *Ibid.*, p. 44.

la famille Fugger en Allemagne, un passage de bois menant d'un étang à poissons à l'autre dissimulait des jets d'eau prêts à arroser sur leur passage les dames et les messieurs qui ne soupçonnaient rien. Ailleurs, dans le même jardin, il suffisait de presser un bouton pour envoyer un jet d'eau au visage de qui examinait telle ou telle fontaine. Une inscription en latin indiquait : « Tu cherchais des divertissements ; en voici : réjouis-toi. » Visiblement, le groupe de Montaigne en usa[1].

Montaigne paraît moins impressionné par le grand art, ou tout au moins il n'en dit pas grand-chose, si ce n'est pour commenter à l'occasion des œuvres comme les « très belles statues, excellentes, de l'ouvrage de Michel-Ange » à Florence[2]. Les *Essais* sont aussi peu diserts sur les arts plastiques. Montaigne ayant couvert sa tour de fresques, sans doute avait-il le goût des tableaux, mais il eut visiblement peu le désir d'écrire sur eux – alors même que la peinture d'une bonne partie de la Renaissance italienne avait à peine eu le temps de sécher.

Les lecteurs ultérieurs du journal devaient retenir cette omission à charge contre lui, notamment les Romantiques, qui furent son premier public, car le manuscrit ne resurgit dans une malle du château qu'en 1772. Les lecteurs se jetèrent sur la découverte, tout excités, mais ce qu'ils y découvrirent les déçut[3]. En même temps qu'une meilleure appréciation de l'art, les lecteurs du XVIIIe siècle eussent aimé des envolées

1. *Ibid.*, p. 43

2. *Ibid.*, p. 81.

3. Après sa découverte et sa publication, le Journal fut déposé à la Bibliothèque royale et devrait se trouver aujourd'hui à la

sublimes sur la beauté des Alpes, et des méditations mélancoliques sur les ruines de Rome. Au lieu de quoi ils trouvèrent un registre des blocages urinaires de Montaigne parsemés de détails piquants, bien sentis, mais aucunement sublimes sur les auberges, la nourriture, les techniques, les usages et les pratiques sociales à chaque étape. Apprendre du secrétaire que « l'eau que M. de Montaigne avait bue le mardi lui avait faire trois selles » et que celle qu'il but deux jours plus tard dans une autre ville d'eau « fit opération et par devant et par derrière » n'était pas fait pour les mettre en transe[1]. Ils ne furent pas plus heureux que Montaigne, ayant repris son journal, leur apprît qu'il avait éjecté une pierre « de la grandeur et longueur d'une petite pomme ou noix de pin, mais grosse d'un côté comme une fève, et elle avait exactement la forme du membre masculin[2] ». La seule chose dont les lecteurs suisses et allemands, au moins, purent se réjouir fut que le journal ne tarissait pas de compliments sur leurs pays, notamment les poêles bien conçus des Suisses[3].

Bibliothèque nationale, mais, à un moment ou à un autre, on a perdu sa trace. Nous ne possédons aujourd'hui que la version publiée de 1774, ainsi qu'une copie manuscrite avec un texte différent. Voir F. Moureau, « La Copie Leydet du *Journal de Voyage* », *in* F. Moureau et R. Bernouilli (dir.), *Autour du Journal de Voyage de Montaigne*, Genève et Paris, Slatkine, 1982, p. 107-185 ; et « Le manuscrit du *Journal de Voyage* : découverte, édition et copies », *in* Michel *et al.* (dir.), *Montaigne et les* Essais *1580-1980*, p. 289-299 ; ainsi que Fr. Rigolot, « *Journal de Voyage* », *in* Desan, *Dictionnaire*, p. 621-625.

1. *Journal de voyage de Montaigne,* éd. Fr. Rigolot, p. 23-24.
2. *Ibid.,* p. 272.
3. *Ibid.,* p. 24-25.

La réponse mitigée du premier public semble avoir donné le ton à la réception du *Journal* depuis lors : on y a toujours vu le cousin pauvre des *Essais.* Pourtant, il se lit mieux que la masse des récits de voyage romantiques boursouflés, précisément parce qu'il s'attache au détail, avec ses petits lits sous les grands, les sauces suisses qui tachent, les cages à oiseaux de la taille d'une piève, les circoncisions, les changements de sexe et les autruches : n'est-ce pas charmant ?

La séduction du journal tient aussi à ce qu'il permet au secrétaire de nous donner un portrait de Montaigne de l'extérieur[1] : un portrait qui se révèle remarquablement conforme à l'image de Montaigne qui ressort des *Essais.* Le lecteur observe Montaigne – tel qu'on pouvait s'y attendre – qui cherche à se défaire des préjugés nationaux. Il paraît enthousiaste et plein de curiosité, mais parfois aussi égoïste, traînant son entourage qui grommelle en des lieux qu'il ne voyait pas l'intérêt de visiter. Il y a même l'étrange insinuation qu'il se laissait aller outre mesure à des discours formels, malgré le peu d'intérêt qu'il avait pour eux (ou à cause de ce désintérêt). À Bâle, après avoir eu droit à une « longue harangue » à table, le secrétaire écrit que Montaigne « répondit fort longtemps[2] ». Et à Schaffhausen, Montaigne se vit offrir du vin, non

1. Sur le secrétaire, voir C. B. Brush, « The secretary, again », *Montaigne Studies,* 5, 1991, p. 113-138, surtout p. 136-138. Probablement le secrétaire venait-il de la maison même de Montaigne car il apparaît familier des villes proches de la propriété : *Journal de voyage de Montaigne,* éd. Fr. Rigolot, p. 33-34.

2. *Ibid.,* p. 15.

« sans plusieurs harangues cérémonieuses » de part et d'autre[1].

Sitôt arrivé en Italie, le 28 octobre 1580, Montaigne eut moins à faire montre de ses talents oratoires. Mais plus il approcha, plus il se demanda s'il avait réellement envie d'y aller. C'était la grande destination, le centre de la culture européenne : Venise et Rome l'avaient toujours attiré. Mais il découvrit alors qu'il préférait les lieux moins connus. Montaigne eût-il eu gain de cause, observe son secrétaire au moment d'atteindre les Alpes, il aurait bien pu se diriger vers la Pologne ou la Grèce, à seule fin peut-être de faire durer le voyage. Mais, se heurtant à une opposition, il consentit finalement à suivre la route de l'Italie comme tout le monde. Il s'en remit bientôt : « Je ne le vis jamais moins las ni moins se plaignant de ses douleurs, écrivit alors le secrétaire, ayant l'esprit, et par chemin et en logis, si tendu à ce qu'il rencontrait et recherchant toutes occasions d'entretenir les étrangers, que je crois que cela amusait, son mal[2]. »

Venise, une de leurs premières grandes haltes en Italie, confirma ses peurs quant aux destinations touristiques trop populaires. Suivant les mots de son secrétaire, il trouva la cité un peu moins merveilleuse qu'on ne voulait bien le dire. Ce qui ne l'empêcha point de l'explorer avec entrain, louant une gondole et rencontrant tous les gens intéressants qu'il put trouver, jusqu'à être conquis par la bizarre géographie de la cité, sa population cosmopolite et

1. *Ibid.*, p. 27.
2. *Ibid.* , p. 61.

son gouvernement de république indépendante. Elle semblait pourvue de quelque magie politique singulière qui manquait aux autres, ne s'engageant dans des conflits que quand elle avait quelque chose à y gagner, et maintenant un gouvernement juste au sein de ses frontières. Montaigne fut aussi impressionné par la dignité et le luxe des courtisanes, entretenues au grand jour par les nobles et respectées de tous[1]. Il rencontra l'une des plus célèbres, Veronica Franco, dernièrement réchappée d'un procès entre les mains de l'Inquisition et qui venait de publier un petit livre, les *Lettere familiari e diversi,* qu'elle offrit personnellement à Montaigne[2].

Après Venise, ils poussèrent jusqu'à Ferrare[3], où Montaigne rencontra Le Tasse[4], puis Bologne, où ils virent une démonstration d'épée[5], et enfin Florence, où ils visitèrent des jardins piégés avec des sièges qui faisaient gicler l'eau sous les fesses de qui s'y asseyait. Dans un autre jardin, ils firent la «très plaisante expérience» d'être aspergés d'eau par d'«infinis petits trous», créant une douche si fine qu'on aurait dit du crachin[6].

Ils poursuivirent, se rapprochant toujours plus de Rome. La veille de leur arrivée en ville, le 3 novembre 1580, Montaigne était tellement excité que, pour une fois, il fit se lever tout son monde trois heures

1. *Ibid.,* p. 68-69.
2. Voir Fr. Rigolot, «Franco, Veronica», *in* Desan, *Dictionnaire*, p. 482.
3. *Journal de voyage de Montaigne,* éd. Fr. Rigolot, p. 75-76.
4. II, 12, p. 518.
5. *Journal de voyage de Montaigne,* éd. Fr. Rigolot, p. 77-78.
6. *Ibid.*, p. 83-84.

avant l'aube pour parcourir les derniers kilomètres. La route à travers les faubourgs n'était guère prometteuse, toute en bosses, crevasses et ornières, mais continuant leur chemin ils aperçurent les premières ruines éparses et, enfin, la grande ville elle-même.

La bureaucratie à laquelle ils se heurtèrent à la porte fit retomber un peu leur excitation : leurs bagages furent « fouillés jusqu'aux plus petites pièces ». Les officiels passèrent un temps démesuré à examiner les livres de Montaigne. Rome était le domaine du pape : on y prenait très au sérieux les crimes de pensée. Ils confisquèrent un livre d'heures, pour la simple raison qu'il était publié à Paris plutôt qu'à Rome, et quelques ouvrages de théologie catholique que Montaigne avait trouvés en Allemagne. Il s'estima chanceux de n'avoir rien emporté de plus compromettant. N'étant pas préparé à une inspection aussi rigoureuse, il aurait pu aisément s'encombrer d'ouvrages hérétiques puisque, observe son secrétaire, il était de nature curieuse[1].

Un exemplaire de ses *Essais* lui fut même retiré pour examen. Il ne devait lui être restitué qu'en mars, quatre mois plus tard, avec des suggestions d'amendements. Le mot « fortune » avait été pointé à plusieurs reprises avec d'autres petites choses. Mais un dignitaire de l'Église lui avoua plus tard que les objections n'étaient pas bien graves, et que le frère qui les avait faites n'était pas particulièrement compétent. « Il me sembla les laisser fort contents de moi », écrit Montaigne dans son journal[2]. Il ne tint aucun compte des

1. *Ibid.*, p. 90-93.
2. *Ibid.*, p. 119.

suggestions. Certains auteurs ont fait grand cas de la défiance de Montaigne envers l'Inquisition, mais nul n'était besoin d'être un Galilée pour camper sur ses positions.

Du fait de ces rencontres, la première impression que Montaigne eut de Rome fut mauvaise : il eut le sentiment d'une atmosphère intolérante. Mais elle était aussi cosmopolite[1]. Être romain, c'était être citoyen du monde – ce que voulait être Montaigne. Il sollicita en conséquence la qualité de citoyen de Rome, qui lui fut accordée à la fin de son séjour de quatre mois et demi. Il en fut tellement heureux qu'il recopia le document en totalité dans son chapitre des *Essais* sur la vanité[2]. Il comprit que « vanité » était la catégorie juste, mais peu lui chalait. En tout cas, il « reçu[t] beaucoup de plaisir de l'avoir obtenu[3] ».

Rome était si vaste et diverse qu'il semblait n'y avoir point de limite aux choses qu'on pouvait y faire. Montaigne put entendre des sermons ou des disputes théologiques. Il put visiter la bibliothèque du Vatican et, étant autorisé à accéder à des zones fermées même à l'ambassadeur de France, voir de précieux manuscrits d'œuvres de ses héros, Sénèque et Plutarque[4]. Il put voir une circoncision[5], visiter des jardins et des vignobles, s'entretenir avec des prostituées. Il tâcha de percer les secrets du métier de ces dernières, mais

1. *Ibid*, p. 92 et 127.
2. III, 9, p. 1045-1046.
3. *Journal de voyage de Montaigne,* éd. Fr. Rigolot, p. 127.
4. *Ibid*, p. 111-113.
5. *Ibid*, p. 102-103.

apprit seulement qu'elles demandaient un prix fort, même pour la conversation, ce qui était probablement un de leurs secrets[1].

Outre les courtisanes, Montaigne obtint une audience auprès du pape octogénaire, Grégoire XIII. Son secrétaire rapporta le rituel en détail. Montaigne et un de ses jeunes compagnons de voyage pénétrèrent dans la salle où le pape était assis et s'agenouillèrent pour recevoir sa bénédiction. Puis ils se rangèrent le long du mur, « tranchant le travers de la chambre » vers lui ; à mi-chemin, ils s'arrêtèrent à nouveau, pour une nouvelle bénédiction. Après quoi ils se dirigèrent jusqu'à un « tapis velu », aux pieds du pape. L'ambassadeur s'agenouilla lui aussi « et retroussa la robe du pape sur son pied droit », chaussé d'une pantoufle rouge avec une croix blanche dessus. Chacune des personnes présentes se baissa vers ce pied pour le baiser ; Montaigne observa que le pape « avait haussé un peu le bout de son pied » pour leur faciliter la tâche. Après ce spectacle presque érotique, l'ambassadeur recouvrit le pied du pape et se releva pour parler des visiteurs. Le pape les bénit et prononça quelques mots, pressant Montaigne de « continuer à la dévotion qu'il avait toujours portée à l'Église ». Puis il se leva pour leur donner congé. Le spectacle prit fin lorsqu'ils eurent franchi la porte. Plus tard, Montaigne demanda à son secrétaire de noter que le langage du pape sentait « son ramage bolonais, qui est le pire idiome d'Italie ». Et d'ajouter : « C'est un très beau vieillard, d'une moyenne taille et droite, le visage

1. *Ibid,* p. 120-121.

plein de majesté, une longue barbe blanche, âgé lors de plus de quatre-vingts ans, le plus sain pour cet âge et vigoureux qu'il est possible de désirer, sans goutte, sans colique, sans mal d'estomac » : rien à voir avec les souffrances du malheureux Montaigne. Il aurait plutôt un air de famille avec Dieu lui-même. Il semblait d'« une nature douce, peu se passionnant des affaires du monde », ce qui le rend soit très proche, soit très différent de Dieu, suivant l'idée qu'on s'en fait[1]. Doux ou non, c'est ce même pape qui avait fait frapper des médailles et commandé des peintures pour commémorer le massacre de la Saint-Barthélemy.

Impossible d'oublier que Rome était la ville du pape. Montaigne le vit souvent conduire des cérémonies et prendre part à des processions. Au cours de la Semaine sainte, il vit des milliers de fidèles affluer vers Saint-Pierre, portant des torches et se flagellant avec des cordes – pour certains tout juste âgés de douze ou treize ans. Ils étaient accompagnés d'hommes portant du vin, qu'ils « mettent en la bouche » et soufflent sur l'extrémité de leurs fouets, histoire de mouiller les cordes qui « se caillent et se collent de sang » : « C'est une énigme que je n'entends pas bien encore », avoue Montaigne. Les pénitents étaient cruellement blessés, mais ils ne semblaient pas ressentir la douleur ni être totalement sérieux dans leurs agissements. Ils buvaient beaucoup de vin eux-mêmes et accomplissaient le rite « avec telle nonchalance que vous les voyez s'entretenir d'autres choses, rire, criailler en la rue, courir, sauter ». Suivant sa déduction, la plupart

1. *Ibid.*, p. 94-95.

le faisaient pour l'argent : les riches pieux les avaient payés pour s'infliger cette pénitence à leur place. Sa perplexité n'en était que plus grande : « Et puis ceux qui les louent, à quoi faire si ce n'était qu'une singerie[1] ? »

Montaigne fut aussi témoin d'un exorcisme. Le possédé, qui paraissait presque comateux, fut retenu au pied de l'autel tandis que le prêtre le frappait de ses poings, lui crachait au visage et lui criait après[2]. Un autre jour, il vit une pendaison : un bandit célèbre, du nom de Catena, dont les victimes comprenaient deux moines capucins. Apparemment, il avait promis de les épargner s'ils reniaient Dieu – ce qu'ils firent, risquant ainsi de perdre leurs âmes éternelles, mais Catena les tua quand même. De toutes les ruses que Montaigne avait rencontrées dans le genre de scène qui le fascinait – le vaincu qui implore miséricorde, le vainqueur qui décide de l'accorder –, probablement était-ce la plus déplaisante. Au moins Catena lui-même mourut-il en brave. Il ne laissa échapper le moindre son quand on se saisit de lui pour l'étrangler avant de tailler son corps en pièces à coups d'épées[3]. La foule fut plus agitée par la violence faite au corps mort, hurlant à chaque coup d'épée, que par l'exécution elle-même : autre phénomène qui intriguait Montaigne, qui jugeait la cruauté sur un vivant plus troublante que tout ce qu'on pouvait infliger à un cadavre[4].

---

1. *Ibid.,* p. 123-124.
2. *Ibid.* , p. 109.
3. *Ibid.,* p. 97.
4. Voir II, 11, p. 453.

Voilà pour les merveilles de Rome, mais ce n'était pas pour cela que la plupart des touristes du XVIe siècle de penchant humaniste s'y rendaient. Ils venaient absorber l'aura des Anciens, et nul n'y était plus sensible que Montaigne, qui était presque un autochtone lui-même. Après tout, le latin était sa première langue : Rome était son pays natal.

La ville antique était très présente autour d'eux, même si, pour l'essentiel, Montaigne et son secrétaire ne marchèrent pas tant dans les pas des Romains qu'au-dessus. Tant de terre et de décombres s'étaient accumulés au fil des siècles que le niveau du sol s'était élevé de plusieurs mètres : ce qu'il restait des bâtiments anciens était enfoui, telles des bottes dans la boue. Montaigne s'étonnait de se retrouver souvent au faîte de murs anciens[1] – chose qui ne devenait patente que dans les coins où l'érosion pluvieuse ou les ornières permettaient de les entrevoir. « Il est souvent advenu, observe Montaigne avec un soupçon de jubilation, qu'après avoir fouillé bien avant sa terre on ne venait qu'à rencontrer la tête d'une fort haute colonne qui était encore en pied au-dessous[2]. »

C'est beaucoup moins vrai de nos jours. Les fouilles ont depuis dégagé la plupart des ruines jusqu'à leur base, et d'aucunes ont même été reconstituées. Aujourd'hui, l'Arc de Septime-Sévère s'élève dans l'air ; au temps de Montaigne, seule en émergeait la partie supérieure. Le Colisée était un enchevêtrement de pierres envahies d'herbes sauvages. Les bâtiments

1. *Journal de voyage de Montaigne,* éd. Fr. Rigolot, p. 92.
2. *Ibid.,* p. 101.

médiévaux et de l'aube des temps modernes avaient aussi poussé partout : les gens construisaient au sommet des ruines ou recyclaient les matériaux anciens dans de nouvelles constructions. On ne cessait de repositionner des dalles de pierre aux niveaux supérieurs, pour réparer des murs ou aménager des abris. Certaines zones avaient été entièrement déblayées pour laisser place à des projets triomphalistes tels que la nouvelle église Saint-Pierre. L'histoire de Rome n'était pas faite de strates bien nettes : elle avait été maintes fois chamboulée et réorganisée comme par un tremblement de terre.

D'où cet effet atmosphérique, mais l'impression de la Rome antique qu'on en retirait était un peu comparable à l'idée qu'un œuf brouillé peut donner d'un œuf qui vient d'être pondu. En réalité, la Rome moderne s'était formée suivant un processus analogue à celui qu'avait observé Montaigne dans l'écriture des *Essais.* Ajoutant inlassablement allusions et citations, il recycla sa lecture des Anciens comme les Romains recyclaient leurs pierres. La similitude semble l'avoir frappé, au point qu'il lui arriva une fois de comparer son livre à un édifice construit avec les dépouilles de Sénèque et de Plutarque[1]. Dans la cité, comme dans son livre, il estimait le bricolage créateur et l'imperfection préférables à un ordre stérile, et prenait plaisir à en contempler le résultat. Cela exigeait aussi un certain effort mental, qui lui procurait un surcroît de satisfaction[2]. L'expérience de Rome qui en résulta fut essentiellement le

1. II, 32, p. 757.
2. *Journal de voyage de Montaigne,* éd. Fr. Rigolot, p. 99-100.

produit de son imagination. On pourrait presque aussi bien rester à Rome : *presque,* car être sur place n'allait jamais sans quelque chose d'unique.

Ce sentiment d'étrangeté hallucinatoire frappe souvent les visiteurs de Rome, en partie parce que tout ce qu'on y trouve est déjà familier par l'imagination bien avant qu'on le voie. Deux siècles après, Goethe allait trouver cette impression à la fois grisante et troublante : « Tous les rêves de ma jeunesse, je les vois vivants aujourd'hui, écrit-il à son arrivée ; les premières estampes dont je me souvienne (mon père avait placées les vues de Rome dans un vestibule), je les vois maintenant en réalité, et tout ce que je connaissais depuis longtemps en tableaux et en dessins, en gravures sur cuivre et sur bois, en plâtre et en liège, est réuni devant moi[1]. » Freud éprouva un sentiment analogue à Athènes, quand il vit l'Acropole : « Ainsi donc tout cela existe vraiment comme nous l'avons appris à l'école », s'exclama-t-il, et presque aussitôt après il en eut la conviction : « ce que je vois là n'est pas effectivement réel[2] ». Montaigne trouva lui aussi bien étrange cette rencontre des versions intérieure et extérieure, au point de parler de « Rome et Paris, que j'ai en l'âme [...] sans grandeur et sans lieu, sans pierre, sans plâtre, et sans bois[3] ».

---

1. Goethe, *Voyage en Italie*, éd. Jean Lacoste, Paris, Bartillat, 2003, 1er novembre 1786, p. 144.

2. S. Freud, « Un trouble du souvenir sur l'Acropole », *in* H. Vermorel et M. Vermorel, éd., *Sigmund Freud et Romain Rolland. Correspondance, 1923-1936,* Paris, PUF, 1993, p. 404-410, ici p. 405 et 408.

3. II, 12, p. 506-507.

Il s'agissait d'images oniriques qu'il compara au lièvre du rêve traqué par son chien.

Rome devait procurer à Goethe une paix presque mystique : « Ici, ma vie se passe dans un calme, une sérénité, que je n'avais pas sentis depuis longtemps[1]. » Montaigne éprouva la même chose ; malgré ses frustrations touristiques, l'Italie en général eut cet effet sur lui : « Mon esprit était [...] tranquille », écrivit-il un peu plus tard, à Lucques. Mais il ajouta : « Je sentais seulement un peu le défaut de compagnie, telle que je l'aurais désirée, étant forcé de jouir seul et sans communication des plaisirs que je goûtais[2]. »

Quittant finalement Rome le 19 avril 1581, Montaigne franchit les Apennins et se dirigea vers le grand lieu de pèlerinage de Lorette, se joignant à la foule qui formait une procession derrière des étendards et des crucifix. Il déposa à l'église un tableau votif avec figures, pour lui-même ainsi que pour sa femme et sa fille[3]. Puis il continua, remontant la côte de l'Adriatique et retraversant les montagnes pour rejoindre La Villa, où il séjourna plus d'un mois pour en essayer les eaux. Comme on l'attendait d'un noble en visite, il donna des fêtes pour les gens du pays et les autres hôtes, y compris un « bal de paysannes », auquel il participa lui-même « pour ne pas paraître trop réservé[4] ». Il retourna à La Villa après un détour par Florence et Lucques et y séjourna au plus fort de l'été, du 14 août

1. Goethe, *Voyage en Italie,* 10 novembre 1786, p. 154.
2. *Journal de voyage de Montaigne,* éd. Fr. Rigolot, p. 268.
3. *Ibid.,* p. 139-140.
4. *Ibid.,* p. 237.

au 12 septembre 1581. À la souffrance de ses calculs s'ajouta une rage de dents, une lourdeur dans la tête et des yeux qui lui faisaient mal. Il soupçonna que c'était la faute des eaux, qui ravageaient sa moitié supérieure alors même qu'elles faisaient du bien à sa moitié inférieure, à supposer même qu'elles eussent cet effet. « Je commençai à me trouver incommodé de ces bains[1]. »

Puis, contre toute attente, il fut rappelé. Montaigne, qui prétendait aspirer à une vie paisible et à la possibilité de cultiver son « honnête curiosité » à travers l'Europe, reçut de loin une invitation qu'il ne pouvait refuser.

1. *Ibid.*, p. 270-276, et 274 pour la citation.

15

Q. Comment vivre ?
R. Faire du bon boulot sans trop

Maire

La lettre parvint à Montaigne aux bains de La Villa, portant tout le poids d'une lointaine autorité. Signée de tous les jurats de Bordeaux – les six hommes qui en assuraient le gouvernement aux cotés du maire –, elle l'informait qu'il avait été élu en son absence pour être le prochain maire de la ville. Il devait rentrer sur-le-champ pour s'acquitter de ses devoirs.

C'était flatteur, mais, à en croire Montaigne, c'était bien la dernière chose qu'il eût envie d'entendre. Les responsabilités seraient plus lourdes que celles de magistrat. Ses obligations lui mangeraient son temps ; il y aurait les discours et les cérémonies : tout ce qui lui avait le moins plu lors de sa progression à travers l'Italie. Il aurait besoin de ses talents de diplomate, car sa tâche de maire l'amènerait à gérer les différentes factions politiques et religieuses de la ville tout en assurant la liaison entre Bordeaux et un roi impopulaire. Mais cela l'obligeait aussi à écourter son voyage.

Même s'il avait perdu ses illusions sur les villes d'eau, il n'avait aucun désir de rentrer. Voilà maintenant quinze mois qu'il s'était absenté : un long moment, mais pas assez long pour le satisfaire. Il semble qu'il ait alors essayé de profiter le plus possible des semaines restantes. S'il ne repoussa point la sollicitation des jurats, il n'était pas non plus pressé de rentrer les voir. Il commença par regagner Rome, en prenant tout son temps, s'arrêtant un moment à Lucques et essayant d'autres bains en cours de route. On se demande pourquoi il retourna à Rome, puisque c'était parcourir plus de trois cents kilomètres dans la mauvaise direction. Peut-être espérait-il des conseils quant aux moyens de se soustraire à la tâche. En ce cas, la réponse fut décourageante. Arrivant à Rome le 1er octobre, il y trouva une seconde lettre des jurats de Bordeaux, cette fois plus péremptoire, le « priant avec instance » de rentrer[1].

Dans l'édition suivante des *Essais,* il souligna qu'il avait fort peu cherché cette nomination, et qu'il avait même tout fait pour l'éviter : « Je m'en excusai », écrit-il, mais on lui rétorqua cette fois que cela ne changeait rien à l'affaire, « le commandement du Roi s'y interposant aussi[2] ». Le roi lui adressa même une lettre personnelle, manifestement destinée à lui être remise à l'étranger, même si Montaigne ne la reçut qu'une fois de retour sur ses terres :

1. *Journal de voyage de Montaigne,* éd. Fr. Rigolot, p. 275-284.
2. III, 10, p. 1050.

> Monsieur de Montaigne, pour ce que j'ai en estime grande votre fidélité et zélée dévotion à mon service, ce m'a été plaisir d'entendre que vous avez été élu maior [maire] de ma ville de Bordeaux, ayant eu très agréable et confirmé ladite élection et d'autant plus volontiers qu'elle a été faite sans brigue et en votre lointaine absence. À l'occasion de quoi mon intention est, et vous ordonne, et enjoins bien expressément que sans délai ni excuse revenez au plus tôt que la présente vous sera rendue, faire le dû et service de la charge que vous avez été si légitimement appelé. Et vous ferez chose qui me sera très agréable, et le contraire me déplairait grandement[1].

Cela avait presque l'air d'un châtiment pour un homme qui avait si peu le goût des ambitions politiques, à supposer que les protestations de répugnance de la part de Montaigne fussent sincères.

Son peu de hâte à rentrer ne suggère assurément pas une soif de pouvoir. Continuant de prendre son temps, il multiplia les détours, passant par Lucques, Sienne, Plaisance, Milan et Turin, prenant près de six semaines pour accomplir le voyage. Quand il entra en territoire français, il délaissa l'italien pour reprendre son journal en français, et quand il eut atteint son domaine, il consigna son arrivée dans une note précisant que son voyage avait duré « dix-sept mois 8 jours[2] » – une des rares fois où il donne un bon chiffre. Dans ses « Éphémérides » de Beuther, il écrivit aussi quelques mots à la date du 30 novembre 1581 :

1. Frame, *Montaigne,* p. 224 et trad. p. 238.
2. *Journal de voyage de Montaigne,* éd. Fr. Rigolot, p. 232.

«J'arrivai en ma maison[1].» Après quoi il se présenta aux officiels de Bordeaux, docile et prêt à assumer ses devoirs.

Montaigne allait être maire quatre années durant, de 1581 à 1585. La tâche était prenante, mais pas totalement ingrate. Elle s'accompagnait d'honneurs et d'apparats en tous genres : il avait ses bureaux, une garde spéciale, des robes et une chaîne de maire, et une place d'honneur dans les cérémonies publiques. Ne manquait qu'une seule chose : un salaire. Il était pourtant plus qu'une figure de proue. Avec les jurats, il devait choisir et nommer d'autres officiels de la ville, décider des lois civiques et trancher les affaires de justice – une tâche que Montaigne jugeait particulièrement difficile s'il voulait être à la hauteur de ses exigences en matière de preuve. Par-dessus tout, il lui fallait jouer le jeu politique, avec prudence. Il lui revenait de parler pour Bordeaux devant les autorités royales, tout en faisant passer la politique royale auprès des jurats et des autres notables de la ville, dont beaucoup faisaient de la résistance[2].

Le précédent maire, Arnauld de Gontault, baron de Biron, en avait fâché plus d'un, en sorte qu'une autre des premières tâches de Montaigne fut de réparer les dégâts. Le gouvernement de Biron avait été strict, mais irresponsable ; il avait laissé la rancœur se

1. Montaigne, *Œuvres complètes,* éd. A. Thibaudet et M. Rat, p. 1409.

2. Sur ses fonctions de maire et les difficultés de l'époque, cf. Lazard, p. 282-283 ; Lacouture, p. 227-228 ; A.-M. Cocula, *Montaigne, maire de Bordeaux,* Bordeaux, Horizons chimériques, 1992.

développer entre diverses factions, et avait indisposé Henri de Navarre, le puissant prince du Béarn voisin : un personnage avec qui il importait d'entretenir de bonnes relations. Henri III lui-même avait pris ombrage de l'évidente sympathie de Biron pour les Ligueurs catholiques, qui continuaient de se rebeller contre l'autorité royale. Dès lors, on comprend que la ville ait choisi Montaigne pour lui succéder : voilà un nouveau maire connu pour sa modération et ses talents de diplomate, les qualités mêmes dont Biron manquait. En particulier, bien que Montaigne fût affilié aux « politiques » si décriés, il savait s'entendre avec tout le monde. Il avait la réputation d'un homme sachant écouter attentivement toutes les parties, dont le principe pyrrhonien était de prêter l'oreille à tous et l'esprit à personne, en maintenant tout du long son intégrité[1].

Que ses années de mayorat aient été aussi, techniquement, des années de paix lui facilita la tâche. Les guerres cessèrent de 1580 à 1585 : la période couvre ses années de voyage aussi bien que son mandat de maire. Mais cette paix ne fut pas facile non plus et, comme d'habitude, tout le monde fut malheureux du degré de tolérance limitée accordée au culte protestant. Bordeaux était une ville divisée : sa minorité protestante représentait autour d'un septième de la population, et elle était entourée de terres protestantes, mais elle possédait aussi une puissante faction de Ligueurs. Dans les temps les meilleurs, c'était donc une cité difficile à gérer. Or, ces temps n'étaient point

1. III, 8, p. 966-967.

les meilleurs, même s'ils n'étaient aucunement les pires, ainsi que Montaigne se fût empressé de le faire valoir.

Il partageait la responsabilité du maintien de la paix et de la loyauté avec le lieutenant-général du roi dans la région, le dénommé Jacques de Goyon, comte de Matignon. Diplomate chevronné, de huit ans plus âgé que Montaigne, Matignon lui rappela peut-être un peu La Boétie. S'ils ne devinrent pas intimes, les deux hommes s'entendirent bien. Tous deux avaient le talent de traiter délicatement avec les extrémistes, et ils étaient hommes de principe. Au cours des massacres de la Saint-Barthélemy, Matignon s'était distingué en étant l'un des officiels à protéger les Huguenots vivant dans les régions de son ressort, Saint-Lô et Alençon. Posé et ferme, il était la personnalité qui convenait à la situation de Guyenne à cette heure[1]. De même en allait-il de Montaigne, même s'il lui manquait deux choses cruciales : expérience et enthousiasme.

Montaigne était soucieux de prévenir toute idée qu'il pût être la copie de son père, lequel s'était ruiné la santé au travail. Il se souvenait de Pierre usé par ses voyages d'affaires, « l'âme cruellement agitée de cette tracasserie publique, oubliant le doux air de sa maison[2] ». Le goût de Montaigne pour les voyages déclina maintenant que, comme son père, il était censé les accom-

1. Sur Matignon, voir R. Cooper, « Montaigne dans l'entourage du maréchal de Matignon », *Montaigne Studies,* 13, 2001, p. 99-140; et son « Matignon, maréchal de », *in* Desan, *Dictionnaire,* p. 736-740.

2. III, 10, p. 1051.

plir pour ses devoirs. Mais il ne pouvait l'éviter, et il effectua plusieurs séjours à Paris, notamment en août 1582, quand il alla chercher confirmation des privilèges enfin pleinement restitués à Bordeaux à la suite des vieilles émeutes de la gabelle[1]. Vers la fin de son second mandat, il se fit encore plus péripatéticien : des documents le montrent à Mont-de-Marsan, Pau, Bergerac, Le Fleix et Nérac. Il effectuait aussi régulièrement le trajet entre Bordeaux et son château où, par bonheur, il pouvait faire une bonne partie de son travail[2]. Là-bas, il put aussi poursuivre ses propres projets, et la deuxième édition, corrigée, de ses *Essais* sortit en 1582, l'année qui suivit son entrée en fonctions.

Même s'il ne s'y consacra pas comme à une tâche à plein temps, Montaigne dut s'acquitter correctement de son premier mandat car il fut réélu le 1er août 1583. Il ne put se défendre d'une certaine fierté, car il était inhabituel d'être élu pour une deuxième charge : « Elle le fut à moi, et ne l'avait été que deux fois auparavant[3]. » Ce ne fut pas sans opposition, notamment de la part d'un rival qui convoitait la place : Jacques d'Escars, sieur de Merville, gouverneur du Fort du Hâ, à Bordeaux. Montaigne refusa de s'effacer, suggérant qu'il était plus attaché à sa fonction qu'il ne l'avait initialement professé[4].

Peut-être avait-il changé d'état d'esprit pour avoir découvert à quel point il était apte au travail politique.

---

1. Frame, *Montaigne*, p. 230 et trad. p. 248.
2. Nakam, *Montaigne et son temps*, p. 311.
3. III, 10, 1050.
4. Frame, *Montaigne*, p. 230 et trad. p. 248.

Avec Matignon, il était désormais responsable de la communication entre les officiels du roi, les Ligueurs rebelles de Bordeaux et le protestant Henri de Navarre, plus puissant que jamais dans la région. Au cours de son second mandat, Montaigne fut de plus en plus amené à jouer les intermédiaires[1]. Il noua des relations particulièrement bonnes avec les agents du roi et avec le camp de Navarre. Les Ligueurs devinrent plus difficiles, rejetant toute espèce de compromis et paraissant encore déterminés à écarter Montaigne pour s'emparer eux-mêmes des rênes de Bordeaux.

La rébellion la plus spectaculaire fut le fait du baron de Vaillac, Ligueur et Gouverneur du Château Trompette. En avril 1585, Montaigne et Matignon eurent vent de la préparation d'un coup de force de grande ampleur. Ils durent débattre des façons de parer la menace : par la manière forte ou moyennant des ouvertures, pour essayer de rallier Vaillac. Une fois de plus, la situation était à couteaux tirés. En l'occurrence, ils décidèrent qu'une opposition hardie accompagnée d'un empressement à la miséricorde était la meilleure réponse. Vraisemblablement avec la collaboration active de Montaigne, Matignon invita Vaillac et ses hommes au parlement : à peine les conjurés entrés, il fit bloquer les sorties. Puis il offrit à Vaillac, pris au piège, le choix entre l'arrestation, avec une probable condamnation à mort, et le renoncement à ses droits, fût-ce sur le Château Trompette, et le départ définitif de Bordeaux. Vaillac choisit la seconde solution. Il s'exila, tout en réunissant les forces de la Ligue au

1. *Ibid*, p. 232-234 et trad. p. 250-252.

pied des murs de la ville pour monter une attaque. Se montrer clément envers un ennemi, c'était toujours prendre un risque[1].

Suivirent plusieurs jours d'angoisse. Le 22 mai 1585, Montaigne écrivit à Matignon, lui expliquant que d'autres officiels de la ville surveillaient les portes avec lui, sachant que des hommes s'étaient assemblés à l'extérieur. Pas un jour ne passait sans cinquante alarmes :

> J'ai passé toutes les nuits ou par la ville en armes ou hors la ville sur le port, et avant votre avertissement y avais déjà veillé une nuit sur la nouvelle d'un bateau chargé d'hommes armés qui devait passer. Nous n'avons rien vu[2] [...].

Finalement, il n'y eut pas d'attaque. Voyant les préparatifs de la défense, peut-être, Vaillac s'éclipsa, prouvant que le mélange d'agression et de sympathie montré par Montaigne et Matignon pouvait tout compte fait triompher. La marche à la guerre se poursuivit néanmoins dans la région comme à travers la France, et la Ligue continua de contrarier les efforts de Montaigne pour trouver un moyen terme.

Nombre de ceux qui connurent Montaigne au cours de cette période admirèrent son travail. Le magistrat et historien Jacques-Auguste de Thou écrivit avoir

1. *Ibid,* p. 238-240 et trad. p. 256-258.

2. Lettre de Montaigne au maréchal de Matignon, datée du 27 mai 1585, *in* Montaigne, *Œuvres complètes,* éd. A. Thibaudet et M. Rat, p. 1392-1393 ; lettre du 22 mai, p. 1390-1392.

tiré « bien des lumières de Michel de Montaigne [...], homme franc, ennemi de toute contrainte, et qui n'était entré dans aucune cabale, d'ailleurs fort instruit de nos affaires, principalement celles de la Guyenne ». Le responsable politique Philippe Duplessis-Mornay loua le calme de Montaigne, homme « ni remuant, ni remué pour peu de chose[1] ».

Comme c'est souvent le cas, lorsque des contemporains ont noté leurs impressions de Montaigne, elles concordent étonnamment bien avec l'image qu'il avait de lui. Lui-même dit de ses mandats qu'ils se caractérisèrent par « l'ordre, la douce et muette tranquillité[2] ». S'il eut des ennemis, il eut aussi de bons amis. Et la solution à la crise de Vaillac laisse penser qu'il était capable d'action décisive quand c'était nécessaire, à moins que cet esprit de décision ne fût du seul fait de Matignon.

D'aucuns eurent apparemment le sentiment que Montaigne était trop coulant et détaché, car on voit affleurer sur ce point dans les *Essais* un ton défensif. Montaigne y admet avoir été accusé de s'émouvoir « trop lâchement[3] ». Pour certains, il était le type même du « politique », d'une personne qui refusait de s'engager dans quelque direction que ce soit. C'était de toute évidence vrai, et Montaigne le revendiquait ; la seule différence est que ses adversaires y voyaient

1. J.-A. de Thou, *Mémoires* (1714), et Duplessis-Mornay à Montaigne, lettre du 25 novembre 1583, cités *in* Frame, *Montaigne,* p. 229, 233 et trad. p. 247 et 251.

2. III, 10, p. 1070.

3. *Ibid.,* p. 1066.

une mauvaise chose. Pour les stoïques et sceptiques modernes de son espèce, ce n'était pas mal du tout. Le stoïcisme encourageait la sagesse du détachement, alors que les sceptiques se tenaient par principe sur la réserve. Toute la politique de Montaigne procédait de sa philosophie. D'aucuns déploraient que ses deux mandats eussent laissé peu de traces, observe-t-il : «Il est bon. On accuse ma cessation [inaction], en un temps où quasi tout le monde était convaincu de trop faire[1].» L'«innovation» (le protestantisme) ayant causé de tels tumultes, sûrement était-il louable d'avoir gardé si longtemps la ville en pareil calme[2]. Et Montaigne avait de longue date appris qu'une bonne partie de ce qui passait pour engagement public passionné était pure parade. Les gens s'impliquent parce qu'ils peuvent se donner des airs conséquents, ou servir leurs intérêts privés, voire simplement s'occuper pour ne point s'interroger sur la vie[3].

Un des problèmes de Montaigne tenait précisément à sa franchise quant à ses choix. De biens moins scrupuleux que lui étaient loués parce qu'ils feignaient l'engagement et l'énergie. Montaigne en prévint ses patrons : qu'ils n'attendent rien de tel de sa part. Il donnerait à Bordeaux ce que le devoir commandait, ni plus ni moins, et il ne ferait pas de simagrées[4].

En l'occurrence, Montaigne ressemble étonnamment à une autre grande diseuse de vérité de la

1. *Ibid.,* p. 1067.
2. *Ibid.,* p. 1070.
3. *Ibid.,* p. 1068-1069.
4. *Ibid.,* p. 1070.

littérature de la Renaissance : Cordelia, la fille du *Roi Lear* de Shakespeare[1], qui refuse de feindre l'amour pour son père à l'instar de ses sœurs cupides en quête d'une faveur. Comme elle, Montaigne reste honnête et se fait donc une réputation de bourru indifférent. Cordelia aurait fort bien pu protester, comme Montaigne :

> Je hais à mort de sentir le flatteur. Qui fait que je me mette naturellement à un parler sec, rond et cru [...]. J'honore le plus ceux que j'honore le moins [...] et m'offre maigrement et fièrement à ceux à qui je suis, et me présente moins à qui je me suis le plus donné. Il me semble qu'ils le doivent lire en mon cœur, et que l'expression de mes paroles fait tort à ma conception[2].

Une position qui semble celle d'un rebelle, mais Montaigne et Cordelia n'étaient pas vraiment en porte-à-faux à cet égard avec la fin de la Renaissance. La sincérité et le naturel étaient vertus fort prisées. De même, soulignant son franc-parler, Montaigne prenait utilement ses distances avec l'accusation sans cesse portée contre les « politiques » : celle d'être des hommes masqués à la langue d'argent auxquels on ne pouvait se fier. Parfois, dans les *Essais*, Montaigne semble incarner cette vision cauchemardesque du « politique » : équivoque, hyper-raffiné, profane et insaisissable. Être de temps à autre brutal ne lui fit aucun mal.

Et par le même genre de tour qui faisait de l'absence de verrous aux portes une bonne mesure de

1. La pièce a été écrite autour de 1603-1606.
2. I, 39, p. 257.

sécurité, l'honnêteté carrée de Montaigne devait être un formidable talent diplomatique. Elle ouvrit plus de portes que ne le purent jamais les tromperies labyrinthiques de ses collègues. Même quand il traitait avec les princes les plus puissants du pays – peut-être surtout alors –, il les regardait en face : « Je leur dis franchement mes bornes. » Sa franchise aidant, les autres s'ouvraient aussi : « Un parler ouvert, ouvre un autre parler, et le tire hors, comme fait le vin et l'amour[1]. »

Quant aux difficultés politiques liées au fait d'être pris entre deux camps, Montaigne en faisait typiquement peu de cas. Il n'est pas réellement difficile de s'en tirer quand on est pris entre deux partis hostiles, écrit-il : il suffit de se conduire avec une affection tempérée avec les deux, en sorte qu'aucun ne pense qu'il vous possède. Il ne faut ni trop attendre d'eux, ni leur trop offrir. On pourrait résumer la politique de Montaigne en disant qu'il faut faire du bon boulot, sans *trop*. Suivant cette règle, il se tint à l'écart des ennuis et resta pleinement humain. Il fit seulement ce qui était son devoir ; et ainsi, à la différence de presque tout le monde, il fit bel et bien son devoir.

Il s'aperçut que tout le monde ne comprenait pas sa façon de se conduire[2]. Où son attitude créa réellement des problèmes, ce ne fut pas avec ses contemporains, mais avec la postérité. Le choix de Cordelia se trouve justifié dans la suite de la pièce : l'amour sincère qu'elle porte à son père ne fait le moindre doute. Montaigne, en revanche, eut toujours à souf-

1. III, 1, p. 834.
2. *Ibid.*, p. 835.

frir depuis de problèmes d'image liés à son mayorat. Il savait les dangers qu'il y avait à écrire trop modestement sur ses actions dans les *Essais* : « Mais quand tout est compté, on ne parle jamais de soi sans perte : les propres condamnations sont toujours accrues, les louanges mécrues[1]. » Peut-être la vieille règle qui déconseillait d'écrire sur soi n'était-elle pas sans valeur, tout compte fait.

Objections Morales

Le sens bien circonscrit que Montaigne avait de son devoir apparut clairement en juin 1585, quand Bordeaux souffrit d'une vague de chaleur, rapidement suivie d'une épidémie de peste : mélange particulièrement destructeur. L'épidémie dura jusqu'en décembre et, en l'espace de ces quelques mois, fit plus de quatorze mille morts en ville, soit près du tiers de la population. Plus que toutes les victimes des massacres de la Saint-Barthélemy à travers le pays tout entier, même si, comme cela arrive souvent avec les épidémies qui se produisent en temps de guerre, elle laissa peu de traces dans la mémoire historique. En tout état de cause, la peste était courante. Les épidémies furent si fréquentes au XVIe siècle qu'on oublie aisément à quel point elles étaient catastrophiques, à chaque fois, pour ceux qui avaient le malheur de s'y laisser prendre.

Comme d'habitude, sitôt que commencèrent les premières rumeurs de peste à Bordeaux cette année-là,

---

1. III, 8, p. 966.

tous ceux qui le purent fuirent la cité. Personne ou presque ne demeurait sur place par choix, même si une poignée d'officiels restèrent à leurs postes. La plupart des hommes liés au parlement s'en allèrent, y compris quatre des six jurats. Le 30 juin, Matignon écrivit au roi : « La peste augmente de telle façon en cette ville qu'il n'y a personne qui n'aie moyen de vivre ailleurs qui ne l'ait abandonnée. » On n'en était encore qu'aux premières étapes. Un mois plus tard, Matignon dit à Montaigne que « chacun des habitants a abandonné la ville, j'entends ceux qui peuvent y apporter quelque remède, car quant au menu peuple qui est demeuré, cela meurt comme des mouches[1] ».

Visiblement, Matignon resta en ville, mais Montaigne n'y était pas. Quand l'épidémie commença, il était chez lui, s'apprêtant à s'y rendre pour la cérémonie de passation des pouvoirs : son mandat s'achevait, et Matignon devait lui succéder. Le 1er août 1585 était son dernier jour de mandat en sorte que le 30 juillet, quand Matignon écrivit sa lettre, Montaigne avait encore deux jours devant lui. Sa seule tâche, ces jours-là, était apparemment d'assister à la cérémonie marquant l'élection de Matignon. Dans les conditions présentes, cependant, presque personne ne devait y assister, si tant est qu'elle eût lieu.

Il appartenait à Montaigne de décider de se rendre à Bordeaux pour l'occasion ou non. Son domaine était épargné par la maladie : aller maintenant à Bordeaux, c'était se rendre dans une zone contagieuse pour la seule forme. Qu'exigeait réellement le devoir ? Ne

1. Frame, *Montaigne,* p. 240 et trad. p. 258-259.

sachant trop que faire, il poussa jusqu'à Libourne, au plus près de la ville, mais hors la zone de dangers. De là, il écrivit aux quelques jurats restés en ville, leur demandant conseil : « Je n'épargnerai ni vie ni autre chose pour votre service » – mais il ajoute – « et vous laisserai à juger si celui que je vous puis faire par ma présence à la prochaine élection vaut que je me hasarde d'aller en la ville vu le mauvais état en quoi elle est[1] ». D'ici là, il attendrait au château de Feuillas, juste sur l'autre rive du fleuve, en face de la ville. De Feuillas, il écrivit à nouveau le lendemain, répétant sa question : que recommandaient-ils[2] ?

La réponse des jurats, s'il y en eut une – s'il en était demeuré sur place – ne nous est pas parvenue. La seule certitude est que Montaigne n'alla pas à Bordeaux. Il semble qu'ils lui aient dit de rester à l'écart, ou qu'ils n'aient pas répondu. Quelqu'un devait bien travailler au parlement, car à la même époque entra en vigueur un nouvel ordre interdisant à quiconque n'était pas déjà dans la cité d'y entrer[3]. Montaigne eût-il insisté pour venir, il aurait contrevenu à cet ordre. Manifestement en paix avec sa conscience, il regagna son domaine. Les deux jours étant passés, il n'était plus maire. Au lieu de se terminer par une cérémonie gratifiante et des discours de remerciements, son mandat finit dans la confusion.

1. Montaigne, *Œuvres complètes,* éd. A. Thibaudet et M. Rat, p. 1393-1394.

2. *Ibid.,* p. 1394.

3. Voir P. Bonnet, « Montaigne et la peste de Bordeaux », *in* Blum et Moreau (dir.), *Études montaigniennes,* p. 59-67, ici p. 64.

Au siècle de Montaigne, nul ne semble avoir commenté sévèrement sa décision. Les ennuis véritables commencèrent deux cent soixante-dix ans plus tard, quand les antiquaires du XIXe siècle redécouvrirent les lettres en question dans les archives municipales de Bordeaux, les publièrent et livrèrent Montaigne au jugement d'un monde très différent : un monde d'idées nouvelles, tranchées en matière d'héroïsme et d'abnégation.

Le chercheur responsable de la découverte, Arnaud Detcheverry[1], observa que les lettres de Montaigne trahissaient sa propension bien connue au « nonchalant épicurisme », donnant ainsi le ton aux commentaires d'autres critiques. Alphonse Grün, un des premiers biographes, estima que Montaigne avait manqué de courage en restant à l'abri du fleuve. Dans un cours sur le livre de Grün, Léon Feugère ajouta que Montaigne « eut le malheur d'oublier ses devoirs en la circonstance la plus grave ». Dans son idée, l'épisode discréditait les *Essais.* Si l'auteur du livre avait failli en pareil instant, comment se fier à lui quand il nous disait comment vivre ? L'incident révélait la faille philosophique la plus profonde des *Essais* : « l'absence absolue de décision ». D'autres auteurs acquiescèrent. Le chroniqueur Jules Lecomte ne trouva qu'un seul mot – « lâche » – pour disposer de Montaigne et de toute sa philosophie[2].

1. C'est lui qui les publia pour la première fois dans son *Histoire des Israélites de Bordeaux,* Bordeaux, Balzac jeune, 1850.

2. Cf. P. Bonnet, « Montaigne et la peste de Bordeaux », p. 59-62.

Ce que tous semblaient trouver intolérable, ce n'était pas seulement le manque de courage personnel – après tout, Montaigne était resté plus d'une semaine au chevet d'un homme qui se mourait de la peste –, mais le fait qu'il n'ait pas accompli ses devoirs *publics*. Les froids calculs de Montaigne et ses questions écrites parurent odieux à une génération dont la nouvelle rigueur morale conservait encore le fumet persistant du romantisme. Celui-ci leur donnait le sentiment qu'il fallait se préparer à tout sacrifice, si absurde fût-il, quand celle-là leur eût fait espérer un Montaigne se sacrifiant au nom du travail.

La source du problème, exactement comme au XVIIe siècle, était l'aversion pour son scepticisme, qui troubla les lecteurs du XIXe siècle comme peu l'avaient été depuis Pascal. Peu leur importait que Montaigne eût douté des faits : ils n'aimaient pas le voir appliquer le scepticisme à la vie quotidienne et afficher un détachement émotionnel par rapport aux normes convenues. L'*epekhô* sceptique, ce « je soutiens, je ne bouge[1] », paraissait révéler dans sa nature quelque chose à quoi on ne pouvait se fier. Une chose qui ressemblait fort au grand croquemitaine de l'ère nouvelle : le nihilisme.

Nihilisme, à la fin du XIXe siècle, voulait dire athée, absurde, dénué de sens[2]. Le mot pouvait être un code pour désigner l'athéisme, mais il suggérait quelque chose de pire : l'abandon de toutes les

1. II, 12, p. 533.
2. Voir M. A. Gillespie, *Nihilism before Nietzsche*, Chicago, University of Chicago Press, 1995.

normes morales. Finalement, « nihiliste » devint presque synonyme de « terroriste ». Les nihilistes étaient des gens qui, n'ayant pas de Dieu, lançaient des bombes et prônaient la destruction de l'ordre social établi. Ils étaient une sorte d'aile révolutionnaire du parti sceptique, ou des sceptiques qui avaient mal tourné. S'ils avaient le dessus, rien ne serait préservé, rien n'irait plus de soi.

Face à cette menace, il devint urgent, pour ses derniers défenseurs, de prouver, non seulement que Montaigne avait agi raisonnablement lors de l'épidémie de peste, mais que, somme toute, il n'avait rien d'un grand sceptique, et qu'il était plutôt un moraliste conservateur doublé d'un bon chrétien. Un critique influent, Émile Faguet, consacra une série d'articles à montrer combien le rôle du scepticisme était négligeable dans les *Essais*[1]. Un autre, Edme Champion, estima que l'on pouvait y détecter des éléments sceptiques, mais pas ce genre destructeur de « scepticisme qui anéantit tout[2] ».

Le débat prit d'autant plus d'ampleur que les *Essais* venaient d'être retirés de l'Index en France. Cela se fit en 1854, juste une année ou deux avant la découverte de la première lettre sur la peste, mais certainement pas de son fait. La décision avait longtemps tardé. Malgré la condamnation de l'Église, Montaigne occupait maintenant une place dans le canon

1. Cf. Faguet, *Autour de Montaigne.*

2. Voir Edme Champion, *Introduction aux Essais de Montaigne,* Paris, 1900, cité *in* A. Compagnon, préface à Faguet, *Autour de Montaigne,* p. 16.

et était devenu l'objet d'une nouvelle industrie de la recherche littéraire et biographique. La levée de l'interdit rehaussa son profil et ouvrit la voie à un lectorat plus large tout en intensifiant la question de son acceptabilité morale.

Et pour beaucoup il devint, une fois encore, ce qu'il avait été pour Pascal et Malebranche : un arnaqueur. Guillaume Guizot, qui, en 1866, traita Montaigne de grand « séducteur », fit de son mieux pour armer ses lecteurs contre ce genre de séduction. Tombé jadis sous le charme de Montaigne, il écrivit alors en vue d'arracher les victimes à sa toile, tel un ancien membre de secte déprogrammé qui consacre sa vie à essayer d'aider les autres à s'y soustraire[1].

Il dressa une liste des dangers de Montaigne, chacun d'eux correspondant à un défaut de caractère spécifique. Montaigne était velléitaire. Égotiste. Il n'était pas aussi chrétien qu'il prétendait l'être. Il se retira de la vie publique pour des raisons purement égoïstes, pour consacrer plus de temps à la contemplation – et pas même la contemplation religieuse, ce qui eût été pardonnable. Lorsque cette introspection mettait en lumière des défauts, il ne tentait point de les corriger : il s'accepta tel qu'il était. Il était athée et irresponsable. Il n'était pas le genre d'auteur qu'il nous fallait : « Ce n'est pas lui qui fera de nous les hommes dont notre temps a besoin[2]. »

---

1. Guizot travailla vingt-cinq ans à une édition des *Essais* et à une étude de la vie de Montaigne, sans parvenir à les achever ni l'une ni l'autre. Ses amis publièrent après sa mort un recueil de fragments.

2. Guizot, *Montaigne : études et fragments,* p. 269.

L'historien Jules Michelet, un des plus rudes critiques que Montaigne ait jamais trouvés, pensait que la faute en était que Montaigne avait reçu une éducation trop libre, destinée à produire un «idéal faible et négatif» de l'être humain, plutôt qu'un héros ou un bon citoyen. Les réveils en musique retentissants de son enfance avaient une lourde responsabilité. Michelet brossa le portrait d'un Montaigne adulte en invalide qui s'isolait dans sa tour pour «se regarder rêver» – conséquence inévitable d'une éducation décadente, indisciplinée[1]. En Angleterre, le théologien Richard William Church conclut une étude par ailleurs admirative en estimant que Montaigne avait un sens trop écrasant du «néant de l'homme, de la petitesse de ses plus grands desseins et de la vacuité de ses plus grandes réalisations» : autant de signes clairs de son nihilisme. Dès lors, il lui était impossible de croire à «l'idée du devoir, au désir du bon, à la pensée de l'immortalité». D'une manière générale, il laissait paraître «indolence et manque de sens moral[2]».

Un problème moral moins grave troubla aussi les lecteurs de Montaigne au XIXe siècle : sa franchise en matière de sexualité. (Au moins paraît-il moins grave aujourd'hui à nombre d'entre nous.) Ce n'était pas entièrement nouveau, mais le point prit une

1. Michelet, *Histoire de France,* 1861, vol. VIII, p. 429, et vol. X, p. 397-398, cités *in* Frame, *Montaigne en France,* p. 42-43.

2. R. W. Church, «The Essays of Montaigne», in *Oxford Essays contributed by Members of the University, 1857,* Londres, John Parker, 1857, p. 239-282, ici p. 265 et 280. Voir Dédéyan, vol. 1, p. 295-308.

importance centrale en rapport avec la question de son autorité d'écrivain. Même dans les générations antérieures, sa façon de parler de fesses, de fentes et d'instruments avait parfois gêné. Dédicataire d'une traduction anglaise au XVIIe siècle, lord Halifax remarqua : « Je ne supporte pas que, après avoir discouru de la vie exemplaire d'un saint homme, il enchaîne aussitôt sur le cocufiage, les parties et autres choses de cette nature. [...] J'eusse préféré qu'il laissât ces choses de côté, que les dames n'eussent point à rougir, quand ses Essais se trouvent dans les bibliothèques[1]. » La dernière observation paraît ironique, Montaigne lui-même ayant plaisanté que les parties risquées de son volume, sous sa forme définitive, vaudraient à son livre d'être retiré des bibliothèques pour finir dans le boudoir des dames, où il préférerait le voir.

Une façon d'éviter aux femmes de piquer un fard consista à publier des éditions expurgées suivant un usage populaire au XIXe siècle. Il existait de longue date des versions abrégées des *Essais,* mais l'objectif habituel était d'en remanier la matière pour qu'on y repérât plus facilement les pépites de sagesse. Le sentiment était, désormais, qu'il fallait intervenir dans le texte pour des raisons de goût et de morale.

Une édition aseptisée typique des *Essais* parut en 1800 en Angleterre, refondue pour un public féminin par une éditrice qui se cacha sous le nom d'« Honoria ». Ses *Essays, Selected from Montaigne with a Sketch of the Life of the Author,* partirent de la

1. Cité dans l'édition Hazlitt de Montaigne, *The Complete Works,* 1842, p. XXXV.

traduction anglaise de référence à cette époque, celle de Charles Cotton, et l'amputèrent pour produire le Montaigne parfait du siècle suivant, purgé de tout ce qui pouvait affliger ou semer la confusion[1].

« Si, en séparant le minerai pur des scories, ces Essais se prêtent à la lecture attentive de mon sexe, écrit Honoria, j'en serai comblée. » Elle omet de préciser que, à cette fin, elle dut elle-même se pencher sur des « allusions grossières et indélicates[2] ». Elle aide aussi Montaigne par des techniques d'écriture élémentaires. « Il est également si souvent décousu dans ses sujets, et si variable dans ses opinions, qu'on ne saurait toujours développer le sens de son propos. » Honoria lui permet de devenir plus clair, ajoutant des notes en bas de page, tantôt pour le rembarrer (par exemple, pour n'avoir pas parlé des massacres de la Saint-Barthélemy[3]), tantôt pour prévenir les lecteurs de ne pas essayer eux-mêmes ses idées les plus dangereuses. En particulier, réveiller les enfants délicatement, en musique, est une « forme d'éducation excentrique », qui n'est « en aucune façon présentée ici comme une méthode recommandable[4] ».

Sa préface donne l'image d'un Montaigne tellement sérieux et digne qu'il en devient insupportable. « Il était désireux que sa philosophie fût plus que

1. Honoria, éd., *Essays,* 1800. Ce projet s'inscrivait dans la lignée de celui d'Henrietta Maria Bowdler, *The Family Shakespeare,* 1807, qui introduisit dans la langue anglaise le mot *bowdlerise,* « expurger ».

2. Honoria, éd., *Essays,* p. XIX.

3. *Ibid.,* p. 104, note.

4. *Ibid.,* p. 157, note.

spéculation, car il désirait régler non seulement son grand âge, mais sa vie entière en accord avec ses préceptes. » Elle insiste sur son conformisme politique, et attire l'attention sur les « maints excellents sentiments religieux qui parsèment ses *Essais*[1] ». De nos jours, les considérations de cette espèce ne susciteraient guère une ruée en librairie. Mais Honoria était au diapason du marché de l'aube du XIXe siècle et elle contribua à créer pour celui-ci un nouveau Montaigne, sombre et pensif dans un col empesé.

Bien entendu, beaucoup de lecteurs du XIXe siècle continuèrent d'aimer la version subversive et individualiste d'un Montaigne libre comme le vent. Reste que les efforts d'Honoria et d'autres allaient de plus en plus le rendre acceptable aux lecteurs en tous genres, tous en quête d'un Montaigne de leur invention. Cela permit de lire Montaigne non seulement au boudoir, au sommet d'une montagne romantique ou dans la bibliothèque d'un homme du monde, mais aussi au jardin, un jour d'été, où l'on pouvait voir une jeune dame toute en innocence et délicatesse morales plongée dans l'édition *in-octavo* expurgée de Montaigne. Et si elle voulait prendre connaissance des vilains passages, elle pouvait toujours se faufiler ensuite dans la bibliothèque paternelle.

MISSIONS ET ASSASSINATS

De fait, Montaigne est souvent choquant, mais pas toujours où on l'attendrait. C'est quand il semble le

1. *Ibid.*, p. XVIII (introduction d'Honoria).

plus anodin qu'il peut troubler le plus le lecteur. Ainsi quand il écrit : « Je doute si je puis assez honnêtement avouer à combien vil prix du repos et tranquillité de ma vie, je l'ai plus de moitié passée en la ruine de mon pays[1]. » Il faut quelques instants de réflexion pour mesurer à quel point il est inhabituel de trouver quelqu'un qui évoque sa vie en pareils termes, en aucune période de l'histoire. On pourrait balayer ces remarques d'un revers de main si, en vérité, il était toujours demeuré passif et tranquille. Or, dans les années 1580, Montaigne devait être toujours plus accablé par des responsabilités liées à la guerre qui, même s'il les minimise dans son livre, nuisirent certainement beaucoup à la paix de son esprit.

Officiellement, le pays était demeuré en paix tout au long de son mandat de maire. Quand il se retira sur sa propriété, cependant, les Ligues catholiques faisaient leur possible pour provoquer une nouvelle guerre. Le conflit, alors, était au moins autant politique que religieux. La grande question politique de l'heure était de savoir qui monterait sur le trône après Henri III. Aucun successeur ne s'imposait, car il n'avait ni fils ni proche parent qui fît l'affaire. La monarchie était à prendre à une époque d'instabilité nationale extrême. Un mélange explosif.

La plupart des protestants, ainsi qu'une poignée de catholiques, étaient partisans d'Henri de Navarre, le prince protestant du Béarn qui avait tant d'influence dans la région de Bordeaux et qui, techniquement, était le premier de la lignée royale – même si beaucoup

1. III, 12, p. 1092-1093.

pensaient que sa religion le disqualifiaient. Son grand rival était son oncle, Charles, cardinal de Bourbon, dont les titres étaient soutenus par les Ligueurs et leur puissant chef Henri, duc de Guise. Pour l'instant, le roi lui-même était encore bien vivant, et visiblement incertain du successeur qu'il devait épauler. L'étape suivante de la guerre devait être connue sous le nom de Guerre des Trois Henri, opposant dans une spirale toujours plus rapide Henri III, Henri de Navarre et Henri de Guise.

Les « politiques », dont Montaigne, étaient attachés au principe consistant à soutenir le roi en place, quoi qu'il fît. Pour lui succéder, cependant, la plupart préféraient Navarre[1], et ce choix leur valait un surcroît de haine de la part des Ligueurs. Autant mettre le Diable sur le trône qu'avoir un roi protestant, pensaient les catholiques extrémistes.

En tant que maire, Montaigne avait essayé d'arranger un accord entre les deux parties. À titre politique, en tant que maire d'une ville catholique près du territoire de Navarre, aussi bien qu'à titre personnel, ce fin diplomate était bien placé pour ce faire. Il rencontra et reçut Navarre de temps à autre et se lia d'amitié avec son influente maîtresse, Diane d'Andouins, « Corisande ». En décembre 1584, Navarre séjourna plusieurs jours sur les terres de Montaigne, à une époque où le roi lui-même essayait de le persuader d'abjurer le protestantisme pour hériter du trône. Navarre refusa. Il semblait donc que l'une des rares lueurs d'espoir pour la France pût être de persuader

1. Cf. Nakam, *Montaigne et son temps,* p. 329-332.

Navarre de reconsidérer son refus. C'est précisément ce que Montaigne essaya de faire.

Sur un plan personnel, la visite fut une réussite. Navarre avait suffisamment confiance en son hôte pour s'en remettre aux serviteurs de Montaigne plutôt qu'aux siens, et pour manger sans faire goûter les mets au préalable pour voir s'ils avaient été empoisonnés. C'est ce qu'explique Montaigne dans ses « Éphémérides » de Beuther :

> Décembre 19, 1584
>
> Le roi de Navarre me vint voir à Montaigne où il n'avait jamais été et y fut deux jours servi de mes gens sans aucun de ses officiers. Il n'y souffrit ni essai [l'essai des aliments et des boissons] ni couvert, et dormit dans mon lit.

La responsabilité était grande, et les hôtes de ce calibre attendaient d'être royalement reçus. Montaigne organisa une chasse : « Au partir de céans, je lui fis élancer un cerf en ma forêt qui le promena 2 jours[1]. » Les divertissements se déroulèrent fort bien (pas forcément du point de vue du cerf), mais pas le projet diplomatique. Une lettre de Montaigne à Matignon, un mois plus tard, indique qu'il y travaillait encore[2]. Dans le même temps, Henri III subit les pressions des Ligueurs – désormais très puissants, surtout à Paris –

---

1. Livre de raison, 19 décembre 1584, *in* Montaigne, *Œuvres complètes,* éd. A. Thibaudet et M. Rat, p. 1409. Voir Frame, p. 235 et trad. p. 253.

2. Lettre du 18 janvier 1585, *in* Montaigne, *Œuvres complètes,* éd. A. Thibaudet et M. Rat, p. 1383-1384.

pour l'amener à adopter une législation antiprotestante qui écarterait définitivement Navarre du trône. Sentant bien qu'il manquait de soutien dans sa propre ville, Henri III leur céda et, en octobre 1585, promulgua un édit donnant aux Huguenots trois mois pour abjurer leur foi ou partir en exil.

S'il voulait ainsi éviter la guerre, sa décision eut l'effet contraire. Navarre appela ses partisans à se soulever et à résister à la nouvelle oppression. Henri III fit passer au printemps de nouvelles lois antiprotestantes, achevant d'indisposer Navarre. Catherine de Médicis, la mère du roi, sillonna le pays pour tenter, comme Montaigne, d'arranger un accord de dernière minute avec Navarre, mais elle échoua, elle aussi. Finalement, ce fut la guerre ouverte.

Ce devait être la dernière, mais aussi de loin la plus longue et la pire, puisqu'elle dura jusqu'en 1598 : autrement dit, mort en 1592, Montaigne ne devait plus jamais voir la paix. Plus que jamais, au cours de ces « troubles », les pires souffrances furent causées au niveau local, dans le chaos provoqué par les détachements de soldats anarchiques et les bandes de réfugiés faméliques écumant la campagne, sans oublier la famine et la peste.

Menacé par l'anarchie des campagnes, mais aussi par ses vieux ennemis bordelais, Montaigne était dans une position dangereuse. Il semblait avoir beaucoup trop d'amis protestants pour un bon catholique ; il était connu pour avoir reçu Navarre, et avait un frère qui combattait dans les rangs de ce dernier. « Au Gibelin j'étais Guelfe et au Guelfe Gibelin », écrit-il dans une allusion aux deux factions qui avaient divisé l'Italie des siècles durant. « Il ne s'en faisait point des accusations formées, car il n'y avait où mordre », mais des « suspicions muettes » ne cessaient de planer[1]. Il n'en continua pas moins de laisser sa propriété sans défense, s'en tenant à ses principes d'ouverture. En juillet 1586, une armée de Ligueurs de vingt-mille hommes assiégea Castillon, en Dordogne, à quelque huit kilomètres de là, et les combats débordèrent sur les terres de Montaigne. Une partie de l'armée y campa. Les soldats pillèrent ses récoltes et détroussèrent ses métayers[2].

À cette époque, Montaigne avait essayé de se remettre à son livre, commençant un troisième volume et insérant des ajouts dans les chapitres existants. C'est au milieu de ce travail que, écrit-il, « une forte charge de nos troubles se croupit de plusieurs mois de tout son poids, droit sur moi. J'avais d'une part les ennemis à ma porte, d'autre part les picoreurs [pillards], pires ennemis [...] et essayais [subissais] toutes sortes d'injures militaires à la fois[3] ». Fin août, la peste se déclara parmi l'armée assiégeante et se propagea à la population locale, infectant la propriété de Montaigne[4].

De nouveau, il lui fallut décider que faire face à la menace. Une conception facile de l'héroïsme lui eût dicté sans doute de partager le sort de ses métayers pour souffrir et, le cas échéant, mourir avec eux, avec

1. III, 12, p. 1090.
2. Voir Frame, *Montaigne,* p. 256 et trad. p. 265-266.
3. III, 12, p. 1087.
4. *Ibid.,* p. 1093.

sa famille. Comme naguère, cependant, la situation était plus compliquée. Qui pouvait éviter de rester dans une zone de contagion ne manquait pas de s'en aller. Très rares étaient les paysans qui avaient cette option. Montaigne l'avait, et il partit. Il interrompit l'essai auquel il travaillait à l'époque, « De la physionomie », et prit la route avec les siens.

On pourrait dire que, ce faisant, il déserta ses métayers. Leur sort devait déjà être sinistre avant son départ, car il écrit dans les *Essais* avoir vu ses gens creuser leurs tombes et s'y allonger en attendant la mort[1]. Ce stade atteint, plus rien ne les pouvait tirer d'affaire. Nul doute que Montaigne eût emmené avec lui ses valets et serviteurs, mais il n'aurait pu partir avec la totalité des ouvriers agricoles.

Désormais condamnés à errer sans toit, ils allaient être obligés de rester à l'écart six mois durant, jusqu'en mars 1587, où ils apprirent le reflux de l'épidémie. Il n'était pas facile de trouver hospitalité pour six mois. Montaigne avait d'anciens collègues, de ses années de vie publique, et sa femme et lui avaient des relations familiales. Ils durent jouer de toutes ces relations. Mais peu avaient assez de place pour les héberger tous et, parmi ceux qui le firent, la plupart regardaient avec horreur les réfugiés pestiférés. « Moi qui suis si hospitalier, avoue Montaigne, fus en très pénible quête de retraite, pour ma famille. Une famille égarée, faisant peur à ses amis, et à soi-même, et horreur où qu'elle cherchât à se placer : ayant à changer de demeure, soudain qu'un de la

1. *Ibid,* p. 1095.

troupe commençait à se douloir [souffrir] du bout du doigt[1]. »

Au cours de ces mois d'errance, Montaigne reprit aussi son activité politique[2]. Peut-être, dans certains cas, était-ce le prix à payer pour être reçu. Il joua un rôle croissant dans les menées des « politiques » et autres pour désamorcer la crise et assurer l'avenir de la France. En 1570, l'abandon de ses fonctions publiques lui avait ménagé un espace pour méditer sur la vie ; cette fois, ce fut différent. Ses années d'après-mayorat l'entraînèrent toujours plus haut dans la pyramide du pouvoir, vers un royaume où l'air était éthéré, et où la chute pouvait être dangereuse. Il assura la liaison avec quelques-uns des acteurs les plus éminents de l'époque : d'abord avec Henri de Navarre, puis avec Catherine de Médicis, la mère du roi inquiet.

Catherine de Médicis avait toujours cru que, si seulement tout le monde pouvait s'asseoir autour d'une table pour discuter, les problèmes se règleraient. Plus que quiconque, elle œuvra en ce sens, et elle trouva en Montaigne un allié naturel dans ce projet. Elle le fit venir à au moins une série d'entrevues qu'elle eut avec Navarre au château de Saint-Brice, près de Cognac, entre décembre 1586 et début mars 1587. Montaigne vint avec sa femme, et le couple en fut récompensé par une allocation spéciale couvrant les frais de voyage et des habits sur place[3]. Ainsi eurent-ils un gîte, mais la

1. *Ibid,* p. 1094.

2. Voir Frame, *Montaigne,* p. 247 et trad. p. 262-263.

3. Cf. la lettre de Catherine de Médicis à son trésorier, 31 décembre 1586 ; voir Frame, *Montaigne*, p. 267 et trad. p. 289-290.

pression dut être forte. Catherine espérait obtenir un traité de ces rencontres ; par malheur, comme souvent, les discussions ne suffirent pas.

Dans le même temps, l'épidémie du Périgord régressa, en sorte que Montaigne et sa famille purent s'en retourner, retrouvant le château intact, mais les champs et les vignes dévastés. Il se remit à l'essai délaissé à son départ, reprenant la plume pour prolonger ses remarques sur le poids des troubles, sans pour autant relâcher ses efforts politiques. Le même automne, il rencontra Corisande puis, séparément, Navarre, qui vint au château en octobre. Montaigne le pressa apparemment de rechercher un compromis avec le roi. Quand Navarre se rendit ensuite chez Corisande, elle plaida dans le même sens. Il semble que Montaigne et elle aient concocté cette stratégie ensemble : une attaque suivant deux axes[1]. Navarre donna des signes de fléchissement.

Début 1588, Montaigne retrouva Navarre : peu après, ce dernier l'envoya en mission secrète à Paris, auprès du roi. Soudain, tout le monde dans la capitale parut parler de cette mission et de son mystérieux héros : ce devait certainement être une mission importante[2]. L'écrivain protestant Philippe Duplessis-Mornay en traita dans une lettre à sa femme. Sir Edward Stafford, l'ambassadeur anglais en France, parla dans ses rapports d'un certain « Montigny », le décrivant comme l'« émissaire du roi de Navarre », puis ajoutant

1. *Ibid.,* p. 269-270 et trad. p. 292-293.

2. *Ibid.,* p. 270-273 et trad. p. 293-296 pour cette mission et la correspondance citée.

que « tous les agents ici du roi de Navarre sont jaloux à cause de sa venue ». L'entourage habituel de Navarre devait se sentir hors circuit. L'ambassadeur d'Espagne, Don Bernardino de Mendoza, écrivit à son roi, Philippe II, que les hommes du Béarnais « ignorent pourquoi il est venu » : « on soupçonne qu'il est chargé de quelque mission secrète ». Quelques jours plus tard, le 28 février, il fit lui aussi allusion à la rumeur de l'influence de Montaigne sur Corisande : Montaigne « est tenu pour un homme intelligent, encore qu'un peu brouillon ». Stafford fit également état des liens avec Corisande. Montaigne, dit-il, était le « grand favori », mais c'était un *very sufficient man,* ce qui dans la langue de l'époque signifiait qu'il était « très capable ». Il semble que Montaigne et Corisande eussent réussi à manœuvrer Navarre, le poussant à une sorte de compromis, peut-être un accord préliminaire pour renoncer, si nécessaire, au protestantisme, et que Montaigne fût là pour transmettre le message au roi.

L'affaire était si sensible que les Ligueurs aussi bien que les partisans protestants de Navarre avaient toute raison de vouloir empêcher Montaigne d'arriver à Paris. En vérité, cette mission de réconciliation et de modération paraissait déplaire à tout le monde ou presque. Même l'ambassadeur anglais la craignait, car l'Angleterre espérait conserver son influence sur Navarre et ne voulait pas qu'il se reconvertît au catholicisme[1]. Les seuls qui eussent pu s'en réjouir étaient le roi, Catherine de Médicis et quelques « politiques » épars, continuant d'espérer en l'avenir d'une France unie.

---

1. *Ibid.*, p. 276 et trad. p. 296-298.

Dès lors, il n'est pas étonnant que le voyage de Montaigne ne se soit pas déroulé sans ennuis. Peu après son départ, alors qu'il traversait la forêt de Villebois, au sud-est d'Angoulême, son groupe tomba dans une embuscade tendue par des bandits en armes. Ce n'est pas à cette occasion que son visage honnête lui valut d'être libéré : l'attaque, de toute évidence, devait plus au hasard. Cette fois, le mobile était politique – du moins le crut-il. Dans une lettre ultérieure à Matignon, il avoua soupçonner des Ligueurs qui voulaient déjouer tout accord entre leurs deux ennemis[1]. Sous la menace de la violence, au cœur de la forêt, il fut contraint de remettre son argent, les beaux habits qu'il avait dans ses coffres (vraisemblablement destinés à sa comparution à la cour du roi) et ses papiers – dont, sans doute, des documents secrets du camp de Navarre. Par chance, ils n'achevèrent pas le travail en le trucidant. Il survécut et, présume-t-on, porta le message à bon port. Une fois encore, pourtant, malgré les risques pris par Montaigne et tout l'émoi qu'il suscita, il n'en sortit rien. La situation était sur le point d'empirer.

Les troubles commencèrent en mai 1588 quand le duc de Guise, encore le plus dangereux des ennemis du roi, arriva dans la capitale, peu après Montaigne. Henri III l'avait proscrit de la ville : sa venue était donc une manière de défier ouvertement son autorité royale, mais Guise avait l'appui des parlementaires rebelles de la ville, il le savait[2]. Le roi aurait dû réagir

1. Lettre du 16 février [1588 ?], *in* Montaigne, *Œuvres complètes,* éd. A. Thibaudet et M. Rat, p. 1395-1396.

2. Voir Knecht, *Rise and Fall,* p. 523-524.

en le faisant arrêter, au lieu de quoi il ne fit rien quand Guise en personne lui rendit visite. Le nouveau pape, Sixte V, aurait observé plus tard à propos de cette entrevue : « Ô l'imprudent, ô le téméraire ! » s'écria-t-il, quand il sut que le duc de Guise était venu à Paris se mettre entre les mains du roi qu'il avait si vivement offensé. « Ô le faible prince ! » s'écria-t-il, quand il sut que le roi l'avait laissé repartir sans l'inquiéter[1]. C'était encore un de ces équilibres délicats : ici, un parti fort devait décider jusqu'où pousser le défi, tandis que le plus faible devait choisir entre courber l'échine ou opposer une résistance.

Par trois fois, Henri III prit la mauvaise décision. Pour commencer, il ne fit rien, quand il aurait dû faire quelque chose. Puis, pour se rattraper, il sur-réagit. Dans la nuit du 11 mai, il posta des troupes royales dans toute la ville comme pour se préparer à une bataille rangée, voire au massacre des partisans de Guise. Partagées entre la crainte et la fureur, les foules de Ligueurs sortirent dans la rue et dressèrent des barricades, prêtes à se défendre : la suite fut connue sous le nom de « Journée des barricades ».

C'est alors qu'Henri III commit sa troisième erreur. Paniqué, il battit en retraite, montrant le mélange même de faiblesse et d'excès que Montaigne jugeait désastreux, surtout face à la populace. Le roi implora Guise de calmer ses partisans ; Guise parcourut les rues, feignant d'obtempérer mais excitant en fait la

1. Voir J. E. Neale, *The Age of Catherine of Medicis,* nouvelle éd., Londres, Jonathan Cape, 1957, p. 96. [En français, voir Anquetil, *Histoire de France,* Paris, Jubin, 1829, vol. 6, p. 165.]

foule. Des émeutes s'ensuivirent. « Jamais ne fut si furieuse débauche du peuple », écrivit par la suite un ami de Montaigne, Étienne Pasquier. On aurait cru à une nouvelle Saint-Barthélemy, mais il y eut moins de tueries et, cette fois, le but spécifique fut atteint rapidement. Le lendemain, en fin de journée, ajouta Pasquier, « toutes choses se trouvèrent si calmes, que vous eussiez dit que c'était un songe[1] ». Ce n'en était pas un : quand Paris se réveilla, la réalité avait changé. Le roi avait fui sa ville. S'éclipsant si tranquillement que personne ne s'en était aperçu, il avait fui à Chartres, livrant Paris à Guise.

Ayant abandonné sa ville sans combattre, Henri III était désormais un roi en exil. Il avait quasiment abdiqué, même si ses partisans reconnaissaient encore en lui leur monarque. Guise lui ordonna d'accepter pour successeur le cardinal de Bourbon : Henri n'avait d'autre choix que de consentir. Il ne manquait pas de gens disposés à lui montrer comment le désastre s'était produit. Il avait laissé passer sa seule chance d'éliminer Guise, en l'arrêtant ou, de manière plus concluante, en le faisant tuer. Toujours monarchiste loyal, Montaigne rejoignit le roi à Chartres ; quand Henri se rendit plus tard à Rouen, Montaigne l'y suivit. Ce n'est guère surprenant : la solution de rechange eût été de rester avec les Ligueurs à Paris ou de se désengager totalement et de rentrer chez lui. Il ne fit ni l'un ni l'autre, mais finit par céder compagnie au roi pour regagner Paris en juillet 1588. Il était encore

1. Pasquier à Sainte-Marthe, mai 1588, *in* Pasquier, *Lettres historiques,* p. 286-297.

mal en point à l'époque, souffrant de la goutte ou de rhumatismes : une crise si violente qu'il fut cloué au lit une partie de son séjour.

Sans doute pensait-il n'avoir rien à craindre, n'ayant rien fait de plus séditieux que de voir ses éditeurs : il venait de mettre la dernière main à son troisième livre. Mais Paris n'était pas la ville idoine pour un homme associé au roi. Un après-midi que Montaigne se reposait dans sa couche, encore mal en point, des hommes en armes firent irruption et se saisirent de lui sur ordres de la Ligue. Peut-être voulaient-ils se venger d'un incident récent survenu à Rouen, quand Henri III avait ordonné l'arrestation d'un Ligueur dans des circonstances analogues : telle est du moins la théorie de Montaigne, ainsi qu'il l'a formulée dans les « Éphémérides » de Beuther. Ils l'emmenèrent, le firent monter sur son cheval et le conduisirent à la Bastille pour l'y enfermer[1].

Dans les *Essais,* Montaigne dit son horreur de la captivité :

> Nulle prison m'a reçue, non pas seulement pour m'y promener. L'imagination m'en rend la vue même du dehors déplaisante. Je suis si affadi après la liberté, que

1. Entrées des 10 et 20 juillet, *in* Montaigne, *Œuvres complètes,* éd. A. Thibaudet et M. Rat, p. 1410-1411. Comme d'habitude, Montaigne s'embrouilla dans les dates : il nota la première entrée sur la page du 20 juillet, puis s'aperçut de son erreur, et la reprit sur la page du 10 juillet. La seconde version est plus brève, soit qu'il ait été paresseux pour la reprendre intégralement, soit que la révision l'ait rendu plus concis.

qui me défendrait l'accès de quelque coin des Indes, j'en vivrais aucunement plus mal à mon aise[1].

Être embastillé, surtout malade, fut un choc. Mais Montaigne avait toute raison d'espérer ne pas y croupir trop longtemps. De fait, cinq heures après, Catherine de Médicis vola à son secours. Elle se trouvait alors à Paris, espérant comme d'habitude aplanir la crise en amenant tout le monde à se parler, à commencer par Guise, avec qui elle était en conversation quand arriva la nouvelle de l'arrestation de Montaigne. Aussitôt elle pria Guise d'arranger son élargissement. Avec une répugnance évidente, il y consentit.

L'ordre de Guise fut remis au commandant de la Bastille mais, dans un premier temps, cela ne suffit pas. Ce dernier exigea confirmation du prévôt des marchands, Michel Marteau, sieur de La Chapelle, qui à son tour fit tenir son approbation par le truchement d'un autre puissant, Nicolas de Neufville, sieur de Villeroy. Finalement, il fallut l'intervention de quatre puissants pour que Montaigne retrouvât la liberté, non sans « beaucoup d'instance » de la part de Catherine de Médicis et au prix « d'une faveur inouïe[2] ». Catherine de Médicis devait l'apprécier, le duc de Guise probablement pas, mais lui-même put voir que Montaigne méritait une considération spéciale.

Après cet épisode, Montaigne effectua un court séjour à Paris. Ses douleurs articulaires se calmèrent,

1. III, 13, p. 1118-1119.

2. Voir Montaigne, *Œuvres complètes,* éd. A. Thibaudet et M. Rat, p. 1411.

mais une autre maladie le frappa peu après. Probablement une crise de calculs rénaux : un mal qui ne lui laissa guère de répit et dont il crut souvent qu'il allait en mourir. À cette occasion, il faillit y passer. Quelques années plus tard, son ami Pierre de Brach rapporta l'épisode dans une lettre à Juste Lipse à forte coloration stoïcienne :

> Étant ensemble à Paris, il y a quelques années, les médecins désespérant de sa vie et lui n'espérant que sa fin, je le vis, lors que la mort l'avisagea de plus près, repousser bien loin en la méprisant la frayeur qu'elle apporte. Quels beaux discours pour contenter l'oreille, quels beaux enseignements pour assagir l'âme, quelle résolue fermeté de courage pour assurer les plus peureux, déploya lors cet homme ! Je n'ouïs jamais mieux dire, si mieux résolu à faire ce que sur ce point les philosophes ont dit, sans que la faiblesse de son corps eut rien rabattu de la vigueur de son âme[1].

Si conventionnel que soit ce récit de Brach, il suggère que Montaigne avait, dans une certaine mesure, accepté sa condition de mortel depuis les jours lointains de son accident de cheval. Il avait parcouru un long chemin depuis, et ses crises de calculs l'avaient contraint à affronter la mort de près de façon régulière. Là aussi, il s'agissait de confrontations sur un champ de bataille. La mort était vouée finalement à l'emporter, mais, pour l'heure, Montaigne fit bonne figure.

1. Lettre de Pierre de Brach à Juste Lipse, 4 février 1593, *in* Frame, *Montaigne,* p. 282 et trad. p. 304. Sur Brach, voir M. Magnien, « Brach, Pierre de », *in* Desan, *Dictionnaire,* p. 146-147.

Tout en récupérant, Montaigne alla voir une nouvelle amie qu'il avait connue l'année précédente à Paris : Marie de Gournay, une lectrice enthousiaste de son œuvre qui l'avait invité à séjourner dans son château familial de Picardie[1]. Ce fut un repos salutaire. Entre-temps, la nouvelle édition des *Essais* était sortie ; déjà, il pensait aux nouveaux ajouts qu'il aimerait y faire, peut-être à la lumière de ses expériences récentes. Il commença par ajouter des notes à la copie sortie des presses, tantôt seul, tantôt avec le concours de Gournay et d'autres.

Sitôt pleinement rétabli, vers novembre, Montaigne se rendit à Blois, où le roi assistait à la réunion des états-généraux avec Guise. Le dessein prétendu était de faire avancer les négociations, mais Henri III était allé au-delà. Roi sans royaume, il était au désespoir. Et il avait passé six mois à écouter ses conseillers lui rappeler que tout aurait pu être bien différent si seulement il avait éliminé Guise quand il en avait eu l'occasion.

Maintenant que Guise était au château avec lui, l'occasion se présenta à nouveau, et Henri décida de corriger son erreur. Le 23 décembre, il invita Guise dans sa chambre privée pour discuter. Guise consentit, alors que ses conseillers le prévinrent que c'était dangereux. Comme il entrait dans la chambre privée, à côté de la chambre à coucher d'Henri III, plusieurs gardes royaux sortirent de leur cachette, claquèrent la porte derrière lui et le poignardèrent à mort. De nouveau, au risque même de choquer cette fois ses

1. Voir *infra,* chapitre 18.

propres partisans, le roi était passé d'un extrême à l'autre, court-circuitant au passage l'espace de modération cher à Montaigne.

Alors même que Montaigne était venu à Blois dans l'entourage du roi, rien n'indique qu'il ait su quoi que ce soit du projet de meurtre. Dans les jours précédents, il s'était diverti, retrouvant de vieux amis comme Jacques de Thou et Étienne Pasquier, bien que ce dernier eût la fâcheuse habitude d'entraîner Montaigne dans sa chambre pour lui indiquer les erreurs stylistiques de sa toute dernière édition des *Essais.* Montaigne écoutait poliment, mais ne tenait aucun compte de ce que disait Pasquier[1], pas plus qu'il n'avait écouté les officiels de l'Inquisition.

Plus fragile que Montaigne, Pasquier[2] sombra quand il sut l'assassinat du duc de Guise : « Ô Misérable spectacle ! il y a longtemps que je ronge je ne sais quelle humeur mélancolique dans moi, qu'il faut maintenant que je vomisse en votre sein. Je crains, je crois, je vois présentement la fin de notre République. » Le roi « est sur le point ou de perdre sa couronne, ou de voir son royaume tout renversé[3] ». Si Montaigne n'adopta pas un ton aussi dramatique, lui aussi dut être choqué. Le pire, pour un « politique », était que ce meurtre de sang-froid et à contretemps jetât de sérieux doute sur le statut moral du roi, en qui

1. Pasquier à M. de Pelgé, 1619, *in* Pasquier, *Choix de lettres*, p. 45-46 ; Frame, *Montaigne,* p. 283 et trad. p. 305-306.

2. Sur Pasquier, voir C. Magnien, « Estienne Pasquier "familier" de Montaigne », *Montaigne Studies,* 13, 2001, p. 277-301.

3. Pasquier, *Lettres historiques,* p. 306.

les « politiques » voyaient le foyer de tous les espoirs de stabilité.

Henri III avait apparemment pensé qu'une frappe chirurgicale marquerait la fin de ses soucis, un peu comme Charles IX, dans la course aux massacres de la Saint-Barthélemy. Au lieu de quoi, la mort de Guise radicalisa davantage encore les Ligueurs, et à Paris une nouvelle instance révolutionnaire, le Conseil des quarante, qualifia Henri III de tyrannique. La Sorbonne interrogea le pape, voulant savoir s'il était théologiquement admissible de tuer un roi qui avait sacrifié sa légitimité. Le pape répondit que non, mais les prédicateurs et avocats de la Ligue prétendirent que tout particulier qui se sentait pénétré du zèle et appelé par Dieu pouvait de toute manière accomplir cet acte. Le mot « tyran » était toujours dans l'air, mais à la différence de La Boétie dans son *Discours de la servitude volontaire,* les prédicateurs n'appelaient pas à la résistance passive et à un refus de consentir pacifique. Ils lancèrent une *fatwa.* Si Henri était l'agent du Diable ici-bas, ainsi que le proclamait désormais un flux de propagande, le tuer était un devoir sacré[1].

En 1589, l'agitation parisienne touchait tous les domaines. Le chroniqueur protestant Pierre de l'Estoile parle d'une ville devenue folle :

> Car aujourd'hui, brigander son prochain, massacrer ses plus proches, voler les autels, profaner les églises, violer femmes et filles, rançonner tout le monde, c'est

1. Voir, par exemple, J. Boucher, *De justa Henrici tertii abdicatione,* août 1589. Voir Holt, p. 132.

l'exercice ordinaire d'un ligueur et la marque infaillible d'un catholique zélé, d'avoir toujours la messe et la religion en la bouche, l'athéisme et le brigandage au cœur, et le meurtre et le sang aux mains[1].

Signes et augures jaillissaient de tous côtés : même l'ami de Montaigne Jacques Auguste de Thou, généralement pondéré, vit un serpent à deux têtes surgir d'un tas de bois et y lut des augures. Alors qu'il semblait que la situation ne pouvait être pire, Catherine de Médicis mourut le 5 janvier 1589. Sa mère disparue, Henri III était seul, protégé de la haine qui l'entourait par ses seules troupes mal payées et les « politiques », qui se croyaient obligés de rester à ses côtés par principe.

Comme toujours, ce sont les « politiques » qui suscitèrent la méfiance de tout le monde. Que sur un ton froid et mesuré un homme comme Montaigne fît valoir que la Ligue et les Huguenots enragés étaient devenus quasi impossibles à distinguer n'arrangeait aucunement les choses :

> Cette proposition si solennelle : s'il est permis au sujet de se rebeller et armer contre son Prince pour la défense de la religion : souvienne vous en quelles bouches cette année passée l'affirmation d'icelle était l'arc-boutant d'un parti ; la négative, de quel autre parti c'était l'arc-boutant. Et oyez à présent de quel quartier vient la voix et instruction de l'une et de l'autre ; et si les armes bruissent moins pour cette cause que pour celle-là[2].

1. Nakam, *Montaigne et son temps,* p. 341-342, de même que pour de Thou.

2. II, 12, p. 463-464.

Quant à l'idée d'un saint assassinat, comment imaginer qu'en tuant un roi on pouvait aller au ciel ? Comment tirer « vers son salut par les plus expresses causes que nous ayons de très certaine damnation[1] » ? Au cours de cette période, Montaigne finit par perdre le goût qu'il pouvait avoir de la politique. Il quitta Blois au début de 1589. Fin janvier, il avait retrouvé ses terres et sa « librairie ». Il demeura actif, en lien avec Matignon – encore lieutenant-général de la région et nouveau maire de Bordeaux –, mais il semble qu'il ait alors juré de s'abstenir de tout voyage diplomatique. Ironiquement, à peine avait-il renoncé, qu'Henri III et Navarre consentirent enfin au « rapprochement » tant attendu. Unissant leurs forces, ils s'apprêtèrent à assiéger la capitale au cours de l'été de 1589.

Ce faisant, cependant, le roi commit de nouveau une erreur. Les Ligueurs de la ville comprirent que, avec les armées rassemblées dans des camps à leurs portes, Henri III était à leur portée. Un dominicain du nom de Jacques Clément reçut de Dieu le commandement d'agir. Feignant de porter un message de partisans secrets, en ville, il se présenta au camp le 1er août et fut admis en présence du roi, alors assis aux toilettes, suivant l'usage royal pour recevoir les visiteurs. Clément tira sa dague et eut juste le temps de l'enfoncer dans l'abdomen du roi avant d'être tué par les gardes. Lentement, plusieurs heures durant, Henri se vida de son sang. Un de ses derniers actes fut de confirmer Navarre comme héritier, même s'il répéta sa condition : qu'il revînt dans le giron de l'Église catholique.

1. III, 12, p. 1089.

Paris accueillit dans la joie la nouvelle de la mort du roi. À Rome, Sixte V lui-même loua le geste de Clément. Navarre accepta, enfin, de revenir au catholicisme. Au départ, certains catholiques refusèrent encore de le reconnaître, surtout les membres du parlement de Paris, qui protestaient que leur roi était un Bourbon. Pendant un temps, il y eut deux réalités différentes, suivant le camp auquel on appartenait. Mais lentement, patiemment, Navarre s'imposa. Il devint le roi de France incontesté sous le nom d'Henri IV : le monarque qui allait finalement trouver le moyen de mettre fin aux guerres civiles et d'imposer l'unité, essentiellement par la seule force de sa personnalité. Il fut le roi que les « politiques » avaient toujours espéré.

Ayant toujours entretenu des relations amicales avec Navarre, Montaigne devait se trouver à nouveau aspiré dans un rôle semi-officiel de conseiller d'Henri IV : un conseiller, en vérité, étonnant de franchise. Montaigne écrivit à Henri pour lui offrir ses services, ainsi que l'exigeait l'étiquette. Henri lui répondit le 30 novembre 1589 en appelant Montaigne à Tours, siège temporaire de sa cour. Soit que la lettre eût voyagé trop lentement, soit que Montaigne l'eût laissée traîner sur la cheminée, il répondit le 18 janvier 1590 – trop tard pour obéir au commandement. L'allégeance était bonne chose en théorie, mais Montaigne était résolu à ne plus voyager, d'autant que sa santé n'avait jamais été si mauvaise. Il expliqua au roi que, hélas, la lettre avait été retardée, répéta ses félicitations et se dit impatient de voir le roi gagner de nouveaux soutiens.

Cette partie de la lettre était assez conventionnelle, mais Montaigne y ajouta ensuite des conseils plus rudes. Sans se départir de sa déférence formelle, il dit au nouveau roi qu'il aurait dû montrer moins d'indulgence, dernièrement, envers les soldats de son armée. Il devait asseoir son autorité mais, en même temps, faire des conquêtes par « clémence et magnificence », puisque ce sont pour gagner le peuple de meilleures incitations que les menaces. Le roi doit être fort, mais il doit aussi montrer sa confiance dans le peuple, et se faire aimer plutôt que craindre[1].

Il écrivit une nouvelle lettre le 2 septembre, après qu'Henri lui eut à nouveau demandé de voyager, cette fois pour aller voir Matignon. Il offrit de payer les frais du voyage. Là encore, Montaigne attendit six longues semaines avant de répondre, avant de prétendre qu'il venait de recevoir la missive. En fait, il avait déjà écrit par trois fois à Matignon, proposant de venir le voir, assure-t-il, mais Matignon n'avait pas répondu. Peut-être, suggérait Montaigne, Matignon voulait-il lui épargner les peines du voyage vu « la longueur et [le] hasard des chemins ». L'allusion est transparente : qu'Henri IV fasse montre de la même considération. Montaigne prit aussi ombrage de l'offre pécuniaire :

> Je n'ai jamais reçu bien quelconque de la libéralité des rois non plus que demandé ni mérité et n'ai reçu nul paiement des pas que j'ai employés à leur service desquels Votre Majesté a eu en partie connaissance [...] Ce que j'ai fait pour ses prédécesseurs je le ferai encore beaucoup plus volontiers pour elle. Je suis Sire

1. De Montaigne au roi, le 18 janvier 1590 [?], *in* Montaigne, *Œuvres complètes,* éd. A. Thibaudet et M. Rat, p. 1397-1399, ici p. 398.

aussi riche que je me souhaite. Quand j'aurai épuisé ma bourse auprès de Votre Majesté à Paris, je prendrai la hardiesse de le lui dire [...][1].

La manière de s'adresser au roi peut paraître étonnamment péremptoire, mais Montaigne vieillissait ; il était malade (il avait parfois de la fièvre), et il était proche du roi depuis assez longtemps pour lui parler franchement : « Je regarde nos rois d'une affection simplement légitime et civile, ni émue ni démue [ni provoquée ni détournée] par intérêt privé. [...]. C'est ce qui me fait marcher partout, la tête haute, le visage, et le cœur ouvert[2]. » Sa lettre à Henri IV le révèle au naturel. De fait, il apparaît dans les lettres exactement tel qu'il est dans les *Essais* : bourru, peu impressionné par le pouvoir et résolu à préserver sa liberté.

Peut-être Montaigne avait-il détecté les premiers signes de ce qui allait devenir un trait du règne d'Henri IV ; la tendance du roi à orchestrer un culte autour de sa personne. Fort, il était le roi dont le pays avait besoin après une série de rois faibles et complaisants, mais manquait de subtilité. Son style était fait de discours rapides et d'actions promptes et décisives. Au lieu de se laver régulièrement et de manger avec une fourchette, comme Henri III, il était sale, comme devait l'être un homme et empestait, dit-on, comme viande avariée. Il avait du charisme[3].

1. De Montaigne au roi, le 2 septembre 1590 [?], *ibid.*, p. 1399-1400.
2. III, 1, p. 831-832.
3. Knecht, *Rise and Fall*, p. 559-561.

Montaigne aimait l'idée d'un roi fort. Dans les *Essais* il parle d'Henri IV d'un ton approbateur et judicieux plutôt qu'avec une sotte dévotion ; de semblables réserves affleurent dans ses lettres. Et c'est une bataille qu'il gagna, car il ne prit jamais la route pour rejoindre Henri IV.

Début 1595, trop tard pour que Montaigne le sût, Henri IV se débrouilla pour lancer une guerre contre un ennemi extérieur, l'Espagne, et commencer ainsi d'épuiser les énergies des guerres civiles, qui se terminèrent enfin en 1598. La France entreprit de construire une véritable identité collective, encore fragile certes, essentiellement centrée sur la personne du roi. Beaucoup lui étaient passionnément loyaux, mais d'autres lui vouaient une haine tout aussi passionnée. Lui aussi finit par être assassiné en 1610, poignardé à mort par un catholique fanatique, François Ravaillac.

Parmi ses contributions à l'histoire, il y eut l'Édit de Nantes, proclamé le 13 avril 1598, garantissant la liberté de conscience et une certaine liberté de culte aux deux camps. À la différence des traités de conciliation antérieurs, celui-ci réussit… un certain temps. De pays le plus affligé par les différends religieux, la France devint le premier pays d'Europe occidentale à reconnaître officiellement deux formes de christianisme. Dans un discours au parlement du 7 février 1599, Henri affirma clairement que l'édit ne venait pas de la faiblesse du désir de plaire, comme les précédents, et qu'on ne devait pas le prendre pour une licence de fomenter des troubles : «Je couperai la racine à toutes les factions et à toutes les prédications séditieuses, faisant accourcir tous ceux qui les suscitent[1]. »

Imposé avec une telle vigueur, avec le genre d'assurance carrée que Montaigne eût appréciée, l'Édit de Nantes dura près d'un siècle, jusqu'en 1685, quand sa révocation poussa une vague de Huguenots à chercher refuge en Angleterre et ailleurs. Parmi eux se trouvaient beaucoup de lecteurs de Montaigne, dont Pierre Coste, l'homme dont l'édition des *Essais* en samizdat allait finalement retraverser la Manche en catimini et présenter à ses compatriotes déchirés un nouveau Montaigne révolutionnaire.

1. [Version tirée de A. Chabrier et E. Jacoulet, *Les Orateurs politiques de la France des origines à 1830,* Paris, Hachette, 1905, p. 151.] Voir Knecht, *Rise and Fall,* p. 545-547.

16

Q. Comment vivre ?
R. Ne philosopher que par accident

Quinze Anglais et un Irlandais

Assez étrangement, tout au long du siècle qui aboutit à la relance de Montaigne par Coste en 1724 – période où les *Essais* connurent une période difficile en France –, les Anglais ne cessèrent de l'admirer. Ils furent les premiers, hors de France, à adopter Montaigne, au point de le considérer presque comme l'un des leurs. Quelque chose, dans la mentalité anglaise, les mit instantanément sur la même longueur d'onde, et ils persistèrent plus que jamais à carillonner harmonieusement sur cette longueur d'onde dans une apparente indifférence aux changements intellectuels qui se produisaient ailleurs.

Il vaut la peine de s'arrêter un instant sur la « vie posthume » de Montaigne (parallèle à l'histoire de sa vie, et en fait suspendue au milieu du XIXe siècle, un chapitre plus tôt) afin de parcourir rapidement plusieurs siècles de ses fortunes outre-Manche : un pays où il semble n'avoir jamais songé à aller, et où il eût été très surpris de s'y trouver considéré en réfugié, d'autant qu'il s'agissait d'un pays protestant.

La religion est une des raisons pour lesquelles, à compter de la fin du XVIIe siècle, beaucoup d'Anglais se sentirent si libres de goûter Montaigne. Que l'Église mît son livre à l'Index n'était pas fait pour troubler les protestants anglais. Cette décision leur procurait au contraire le sentiment plaisant de marquer un point contre les catholiques, et chose plus gratifiante encore, contre les Français. On pouvait présenter ceux-ci comme un peuple incapable de reconnaître leurs meilleurs écrivains, surtout après que l'Académie française eut commencé à imposer à toute sa littérature de rigoureuses normes d'élégance classique. Un écrivain au « parler informe et sans règle[1] » – ainsi que se définit Montaigne – n'avait pas sa place dans la nouvelle esthétique française, mais la langue anglaise allait l'accueillir tel un enfant prodigue. Foyer exubérant et anarchique de Chaucer et de Shakespeare, l'anglais semblait être la langue idoine pour un tel auteur. Dédicataire d'une édition du XVIIe siècle, lord Halifax observa que traduire Montaigne « n'est pas seulement pour nous une précieuse acquisition, mais une juste censure de l'impertinence critique de ces scribouillards français qui se sont donné la peine d'ergoter et de multiplier les petites exceptions pour rabaisser la réputation de ce grand homme, que la nature a fait trop grand pour se confiner à l'exacti-

1. II, 17, p. 675.

tude d'un style étudié[1] ». Et l'essayiste William Hazlitt essaya de faire entrer Montaigne, aussi bien que Rabelais, dans une étude sur le vieil anglais écrit et parlé : « On Old English writers and speakers. » Et il se justifia ainsi : « Nous les considérons dans une grande mesure anglais, ou ce à quoi l'ancien caractère français était enclin, avant d'être corrompu par les cours et académies de critique[2]. »

S'ils aimaient le style des *Essais,* les lecteurs anglais étaient plus charmés encore par leur contenu. La préférence de Montaigne pour les détails, plutôt que les abstractions, les séduisait, tout comme sa méfiance envers les doctes, sa prédilection pour la modération et le confort, son désir d'intimité – « l'arrière-boutique ». Par ailleurs, les Anglais avaient le goût du voyage et de l'exotisme ; Montaigne également. Il pouvait se laisser aller à des explosions de radicalisme au beau milieu d'un conservatisme tranquille ; eux aussi. Le plus clair du temps, il prenait plus de plaisir à observer sa chatte jouer au coin du feu… les Anglais aussi.

Puis il y avait sa philosophie, si on peut l'appeler ainsi. Les Anglais n'étaient pas nés philosophes ; ils n'aimaient pas spéculer sur l'être, la vérité et l'univers. Quand ils prenaient un livre, ils réclamaient des anecdotes, des personnages curieux, des saillies spirituelles et une touche de fantaisie. Comme le dit

1. Lettre figurant dans l'édition originale de la traduction Cotton (16851686) et reprise dans l'édition Hazlitt de 1842, feuillet préliminaire non numéroté.

2. W. Hazlitt, « On Old English writers and speakers », Essay X, in *The Plain Speaker,* Londres, H. Colburn, 1826, vol. II, p. 277-307, ici p. 305.

Virginia Woolf à propos de Thomas Browne, un des nombreux auteurs anglais qui ait écrit dans la veine de Montaigne, « l'esprit anglais est naturellement incliné à prendre ses aises et son plaisir dans les élucubrations et les lubies les plus débridées[1] ». C'est bien pourquoi William Hazlitt loua Montaigne en des termes assurés de plaire à une nation étrangère à la philosophie :

> Prenant la plume, il ne se mit pas en tête d'être philosophe, homme d'esprit, orateur ou moraliste, mais il devint tout cela à la fois en ayant simplement l'audace de nous dire ce qu'il lui passait par la tête, dans sa simplicité et sa force nues[2].

Une des rares occasions où Montaigne parle de lui comme d'un philosophe, c'est pour l'imputer au hasard : il était un « philosophe imprémédité et fortuit[3] ». Il consacra tant de pages à se promener parmi ses pensées qu'il ne pouvait que buter ici et là sur quelque grande théorie classique. La philosophie pratique du « comment vivre » l'intéressait, mais c'était une autre affaire. Tout cela, dans l'ensemble, valait tout autant pour les Anglais.

Une bonne partie de son succès en Angleterre fut cependant peut-être l'affaire d'un heureux hasard plutôt qu'une affinité profonde, ainsi qu'il sied à un

1. V. Woolf, « Reading », in *Essays,* éd. A. McNeillie, Londres, Hogarth, 1986 et *sq,* vol. III, p. 141-161, ici p. 154 ; en français, « De la lecture », *in* V. Woolf, *De la lecture et de la critique. Essais,* trad. S. Durastanti, Paris, Des Femmes, 1988, p. 17-77, ici p. 60.
2. Hazlitt, p. 180.
3. II, 12, p. 578.

homme accidentel. Les *Essais* devaient d'emblée trouver un excellent traducteur anglais en la personne de John Florio[1] : cela fit toute la différence.

Que Florio ait été le premier à faire ressortir l'Anglais caché en Montaigne est d'autant plus remarquable que lui-même était un vagabond multiculturel d'une sensibilité fort peu anglaise. On le présente habituellement comme un Italien, bien que sa mère fût anglaise et qu'il fût né à Londres en 1553, en sorte qu'il était plus anglais que tout autre chose. En revanche, il avait un père italien, Michele Agnolo Florio, professeur de langue et écrivain protestant réfugié en Angleterre des années plus tôt. Quand la catholique Mary Tudor monta sur le trône, la famille Florio s'exila de nouveau et dériva à travers l'Europe – et c'est ainsi que le jeune John apprit maintes langues. Retourné en Angleterre à l'âge adulte, il se fit un nom en enseignant le français et l'italien et en publiant une série de manuels de conversation ainsi qu'un dictionnaire anglais-italien appelé à un vif succès[2].

Il traduisit les *Essais* à la demande pressante d'une riche protectrice, la comtesse de Bedford, qui mit aussi à sa disposition une horde d'amis et de collaborateurs pour l'aider à retrouver la trace des citations et

1. Voir Yates, *Florio* ; M. Pfister, « Inglese italianato – Italiano anglizzato : John Florio », *in* A. Höfele et W. von Koppenfels (dir.), *Renaissance Go-Betweens : Cultural Exchange in Early Modern Europe,* Berlin et New York, Walter de Gruyter, 2005, p. 31-54.

2. J. Florio, *Firste Fruites* et *Second Fruites,* Londres, T. Woodcock, 1578 et 1591 ; *A Worlde of Wordes,* Londres, E. Blount, 1598.

à promouvoir le livre[1]. Florio remercia de l'aide reçue par des dédicaces fleuries, parfois si élaborées que les dédicataires eux-mêmes n'y voyaient ni queue ni tête. En voici un exemple tiré de sa lettre dédicatoire à la comtesse de Bedford :

> Ainsi donc ses attributs s'accordent à vos démérites ; de quoi mener une carrière au long cours, un champ à la fois si beau et si vaste pourrait m'inviter et mes esprits ardents m'inciter, n'étais-je retenu par votre douce main souveraine *(qui a toujours retenu ce désir, plutôt excéder la pensée qu'on se fait de vous, que penser ce que vous n'êtes point),* ou ne devrais-je point préjuger par prémonstration votre avantage assuré, *Quand viendra l'heure de la pesée pour votre valeur*[2].

Une phrase typique de ce qui arrivait quand on laissait faire Florio sans le brider. Comme Montaigne, il écrivait en sécrétant des pensées toujours plus complexes comme une araignée sécrète de la soie. Mais alors que Montaigne va toujours de l'avant, Florio ne cesse de s'enrouler sur lui-même et écrase ses phrases en spirales baroques toujours plus serrées jusqu'à ce que leur sens disparaisse en fumée syntaxique. La vraie magie se produit quand les deux auteurs se rencontrent. Le prosaïsme de Montaigne tient en échec les circonvolutions de Florio, tandis que ce dernier donne à Montaigne un ton anglais élisabéthain, et beaucoup de drôlerie. Où Montaigne écrit « nos Alle-

1. Sa traduction, fondée sur l'édition de Marie de Gournay (1595), parut en 1603 sous le titre d'*Essayes.*

2. Montaigne, *Essayes* (1915-1921), vol. I, p. 2.

mands noyés dans le vin[1] », Florio écrit : *Our carowsing tospot German souldiers, when they are most plunged in their Cups, and as drunke as Rats*[2] (« nos soldats allemands en ribote et titubant, quand ils sont plus que jamais plongés dans leurs coupes et ivres comme des rats »). Quand Montaigne parle de loups-garous, lutins et chimères[3], le traducteur moderne Donald Frame traduit posément par *werewolves, goblins, and chimeras,* mais la « floriation » donne *Larves, Hobgoblins, Robbin-good-Fellowes, and other such Bug-beares and Chimeraes*[4] (« Larves, gobelins, farfadets et autres croquemitaines et chimères ») : du pur Shakespeare du *Songe d'une nuit d'été.*

Shakespeare et Florio se connaissaient, et Shakespeare fut parmi les premiers lecteurs des *Essayes* en traduction. Peut-être même lut-il des parties du manuscrit avant qu'il ne fût donné à l'imprimeur ; on discerne vaguement des échos de Montaigne dans *Hamlet,* qui est antérieur à l'édition de Florio. Une pièce bien plus tardive, *La Tempête,* contient un passage si proche de Florio qu'il n'est pas permis de douter qu'il l'ait lu. Vantant sa vision d'une société parfaite dans l'état de nature, le Gonzalo de Shakespeare dit :

> *I'th' commonwealth I would, by contraries,*
> *Execute all things; for no kind of traffic*
> *Would I admit; no name of magistrate;*

1. II, 2, p. 360.
2. Montaigne, *Essayes* (1915-1921), vol. II, 2, p. 17.
3. I, 17, p. 77.
4. Montaigne, *Essayes* (1915-1921), vol. I, 17, p. 67.

Letters should not be known; riches, poverty,
And use of service, none; contract, succession,
Bourn, bound of land, tilth, vineyard, none;
No use of metal, corn, or wine, or oil;
No occupation, all men idle, all[1].

En ma république je règlerais tout à rebours
Et n'admettrais aucune espèce de trafic
J'interdirais jusqu'au nom de magistrat;
les lettres y seraient inconnues; ni richesse, ni pauvreté
ni servitude, ni contrats ni successions,
ni limites ni bornes aux champs ni labours ni vignes
Je décrète hors d'usage métal, blé, vin ou huile
Nulle activité, je veux tous les hommes oisifs, tous.

Ce qui ressemble étonnamment à ce que Montaigne dit des Tupinamba dans la traduction de Florio :

It's a nation [...] that hath no kind of traffike, no knowledge of Letters, no intelligence of numbers, no name of magistrate, not of politike superioritie; no use of service, of riches or of povertie; no contracts, no successions, no partitions, no occupation but idle; no respect of kindred, but common, no apparell but naturall, no manuring of lands, no use of wine, corne, or mettle.

C'est une nation [...] en laquelle il n'y a aucune espèce de trafic; nulle connaissance de lettres; nulle science de nombres; nul nom de magistrat, ni de supériorité politique; nul usage de service [pas d'esclaves], de richesse

1. *The Tempest,* II, 1, 145-152.

> ou de pauvreté ; nuls contrats ; nulles successions ; nuls partages ; nulles occupations qu'oisives ; nul respect de parenté que commun ; nuls vêtements ; nulle agriculture ; nul métal, nul usage de vin ou de blé[1].

Depuis qu'Edward Capell a repéré ce parallèle évident à la fin du XVIIIe siècle, il est devenu de bon ton de traquer les signes d'influence dans d'autres pièces de Shakespeare. La pièce la plus prometteuse est certainement *Hamlet,* car son héros a souvent des airs de Montaigne qui aurait un dilemme dramatique à résoudre sur scène. Quand Montaigne écrit « nous sommes, je ne sais comment, doubles en nous-mêmes[2] » ou se décrit par un torrent d'adjectifs incohérents, « honteux, insolent, chaste, luxurieux, bavard, taciturne, laborieux, délicat, ingénieux, hébété, chagrin, débonnaire, menteur, véritable, savant, ignorant, et libéral [généreux] et avare et prodigue[3] », il pourrait prononcer un monologue de la pièce. Il observe également que qui réfléchit trop aux circonstances et conséquences d'une action devient incapable de faire quoi que ce soit[4] : un parfait résumé du principal problème de Hamlet dans la vie.

---

1. I, 30, p. 212-213 (« Des cannibales »). La similitude a été signalée pour la première fois par Edward Capell dans ses *Notes and Various Readings to Shakespeare,* Londres, H. Hughs, 1775, vol. II, p. 63.
2. II, 16, p. 657.
3. II, 1, p. 355.
4. II, 20, p. 713.

Les similitudes peuvent s'expliquer par le simple fait que les deux auteurs étaient accordés à l'atmosphère de leur monde de la Renaissance finissante, avec sa confusion et son irrésolution[1]. Montaigne et Shakespeare ont tous deux été tenus pour les premiers écrivains réellement *modernes*, saisissant le sentiment proprement moderne de ne jamais vraiment savoir où l'on est, qui l'on est et ce qu'on est censé faire. Le shakespearien J. M. Robertson pensait que toute la littérature depuis ces deux auteurs pouvait s'interpréter comme une élaboration de leur thème conjoint : la découverte d'une conscience divisée[2].

On ne saurait pousser les parallèles trop loin. Pour commencer, Shakespeare était un dramaturge, plutôt

---

1. Sur toute cette question, voir W. Boutcher, « Marginal Commentaries : the cultural transmission of Montaigne's *Essais* in Shakespeare's England », *in* Kapitaniak et Maguin (dir.), *Shakespeare et Montaigne,* p. 13-27, et son « "Learning mingled with Nobilitie" : directions for reading Montaigne's *Essais* in their institutional context », *in* Cameron et Willett (dir.), *Le Visage changeant de Montaigne,* p. 337-362, notamment p. 337-339 ; sans oublier Peter Mack, *Reading and Rhetoric in Montaigne and Shakespeare*, Londres, 2010. Beaucoup de recherches ont porté dernièrement sur la datation de Hamlet : on pense aujourd'hui que la pièce serait de la fin 1599 ou du début 1600, ce qui crée un problème si Shakespeare est censé avoir lu la traduction de Florio. Mais nous savons que des copies manuscrites de celle-ci circulaient bien avant la date de publication : William Cornwallis, contemporain de Shakespeare, indique qu'elle « passait de main en main » en 1599.

2. J. M. Robertson, *Montaigne and Shakespeare,* Londres, The University Press, 1891, cité *in* Marchi, p. 193. Voir aussi Sterling, p. 321-322 à propos de l'atmosphère partagée.

qu'un essayiste. Il peut diviser ses contradictions entre plusieurs personnages et les mettre en conflit sur scène, quand Montaigne doit contenir toutes les contradictions en lui. Une autre différence est que Montaigne ne trône pas seul au sommet du canon de son pays natal, comme Shakespeare en Angleterre. Il a donc suscité moins de jalousies, et il n'y a pas eu d'iconoclastes pour chercher à le faire chuter de son piédestal en assurant qu'il n'a pas écrit ses *Essais,* comme cela est souvent arrivé avec Shakespeare.

Ou presque personne. Parmi les rares exceptions se trouve un des grands « anti-stratfordiens » du XIXe siècle, de ceux qui émirent des doutes sur Shakespeare : Ignatius Donnelly. À la fin d'un gros opus où il attribue les pièces de Shakespeare à Francis Bacon, il ajoute des chapitres pour prouver que le même Bacon est aussi l'auteur des *Essais* de Montaigne[1], de l'*Anatomie de la mélancolie* et de toute l'œuvre de Christopher Marlowe. Il en trouve des indices tout au long des *Essais.* Ainsi quand Montaigne écrit : « Qui ôte à un enfant certaine particulière et obstinée affection au pain bis, et au lard [*bacon,* en anglais], ou à l'ail, il lui ôte la friandise[2]. » Le nom de Francis apparaît plusieurs fois dans les *Essais,* il est vrai sous la forme française de François et généralement pour désigner François Ier. Qu'importe : voilà un indice de plus.

1. I. Donnelly, *The Great Cryptogram : Francis Bacon's Cipher in the So-called Shakespeare Plays,* Londres, Sampson, Low, Marston, Searle & Rivington, II, p. 955-965, 971-974.

2. III, 13, p. 1148. Cf. Donnelly, *The Great Cryptogram,* II, p. 971.

Pour étayer son dossier, Donnelly cite la découverte d'une certaine Mrs Pott, qui l'alerta sur la mention fréquente, dans les pièces de Shakespeare, du mot *montagnes* ou *Mountaines,* en anglais.[1] Puisque c'est Bacon qui écrivit Shakespeare, toute allusion à Montaigne dans les pièces doit suggérer qu'il est aussi l'auteur des *Essais* : « Qui peut croire que tout cela est le fruit du hasard ? » demande Donnelly[2].

Il s'avoue lui-même dérouté par certaines sections des *Essais,* qui paraissent truffées d'indices, mais demeurent difficiles à interpréter, notamment l'histoire de la jeune femme qui frappe sa blanche poitrine après que son frère a été tué[3]. Donnelly renonce :

> Qui est la jeune dame ? Il n'est rien de plus dans le texte sur elle. Et est-ce la blanche poitrine qui a tué son frère ? [...] Et d'où venait la balle ? De la blanche poitrine ? Tout cela est absurde. [...] Et il est des centaines de passages pareils[4].

Que les *Essais* fussent en français pourrait sembler poser problème... pas pour Donnelly. Son explication est que Bacon voulait publier un livre d'opinions sceptiques, religieusement hétérodoxes, mais n'osa pas le faire en Angleterre et s'arrangea pour qu'il parût sous la guise d'une traduction. Par chance, le frère de Francis Bacon, Anthony, se trouvait alors en France

1. *Ibid,* p. 973.
2. *Ibid,* p. 974.
3. I, 4, p. 46.
4. Donnelly, *The Great Cryptogram,* II, p. 971.

et connaissait Montaigne. Il persuada ce dernier de prêter son nom à la ruse[1], tandis qu'un autre convainquit John Florio de jouer le rôle du traducteur. Ainsi est-ce Bacon qui écrivit, Montaigne qui signa ; et Florio, vraisemblablement, qui traduisit, mais de l'anglais en français. « Montaigne » était en vérité anglais, en un sens plus littéral encore que lord Halifax ou William Hazlitt n'en avait jamais rêvé.

Un aspect de cette histoire a une base factuelle : Anthony Bacon connut bel et bien Montaigne, et lui rendit visite par deux fois, une fois au début des années 1580, et une autre en 1590. Il aurait pu aisément rapporter un exemplaire des *Essais* à son frère, ce qui signifie que Francis aurait pu le lire (en français) avant de publier son propre recueil d'*Essays* en 1597[2]. Cela expliquerait un point qui n'a pas laissé d'intriguer : comment Bacon et Montaigne donnèrent-ils chacun un livre sous le même titre à quelques années de distance ?

Il faut dire, cependant, que le titre est presque le seul point de ressemblance. Toutes les qualités qui suggèrent une « anglicité » de Montaigne brillent par leur absence chez son homologue anglais. Bacon écrit avec bien plus de rigueur intellectuelle que Montaigne.

1. *Ibid.*, p. 955.

2. Sur les frères Bacon, voir G. Banderier, « Bacon, Anthony », et T. Gontier, « Bacon, Francis », *in* Desan, *Dictionnaire,* p. 106-108. Francis Bacon mentionne bel et bien Montaigne dans ses *Essays,* mais pas dans la première édition. [Cf. Bacon, « De la vérité », *Essais/Essays,* trad. M. Castelain, Paris, Aubier, 1979, p. 6-7, à propos du mensonge ; Montaigne, II, 18, p. 705, cite en fait Plutarque, *Vie de Lysandre,* XIII.]

Il est plus incisif, plus philosophe et bien plus ennuyeux. Quand il traite de sujets comme la lecture ou le voyage, il donne des ordres. *Voici* ce que vous devez lire, et *voilà* ce qu'il faut voir en voyage. Si jamais sujet admettait une subdivision en thèmes secondaires, il le divisait, et annonçait chaque subdivision à l'avance avant de suivre son chemin jusqu'au terme. S'il est une chose dont on peut être sûr avec Montaigne, c'est que jamais il ne le fera.

Une fois la glace brisée par Florio et Bacon, innombrables sont les livres anglais qui parurent sous le titre *Essays*. D'aucuns s'inspiraient ouvertement du Montaigne de Florio, d'autres de Bacon, mais presque à chaque fois c'est chez Montaigne que les auteurs trouvèrent leur style d'écriture et de réflexion. Après le début du XVIIe siècle, fort peu d'essais anglais furent des coups d'estoc philosophiquement rigoureux sur des sujets importants ; presque tous sont de délicieuses promenades sur rien en particulier. Typiques sont les œuvres de William Cornwallis, qui lut Florio dans une première mouture manuscrite et publia une suite d'*Essays*, en 1600, 1601, 1616 et 1617, explorant toutes sortes de sujet comme « Du sommeil », « Des mécontentements », « Du fantastique », « Des brasseries » et « De l'observation et de l'usage des choses[1] ».

Même ceux qui ne reprirent pas le titre écrivirent souvent d'une manière personnelle, digressive, bien reconnaissable. Tandis que la littérature française devint toujours plus équilibrée et formelle, l'Angleterre

1. W. Cornwallis, *Essays,* éd. D. C. Allen, Baltimore, Johns Hopkins University Press, 1946.

produisit une série d'excentriques comme Robert Burton, qui, dans l'*Anatomie de la mélancolie,* compara sa manière d'écrire à « un épagneul capricieux » qui aboie « à chaque oiseau qu'il aperçoit[1] ». Plus étrange encore est le cas de sir Thomas Browne qui consacra des études en forme d'essai à la médecine, aux jardins, aux méthodes funéraires, aux bibliothèques imaginaires – et ce, dans un style baroque, avec plus de circonvolutions qu'aucun autre auteur (Florio compris), en sorte que chacune de ses phrases est aussitôt reconnaissable[2].

Au faîte de cette phase excentrique en diable de la réception anglaise de Montaigne, un nouveau traducteur entreprit de redresser un peu la barre : Charles Cotton, dont la nouvelle version parut en 1685 et 1686, peu de temps après la mise à l'Index des *Essais* en France. Plus exact que Florio, Cotton fit naître une nouvelle génération de lecteurs anglais des *Essays*[3]. Curieusement, l'auteur de cette traduction plus

1. R. Burton, *The Anatomy of Melancholy*, New York, NYRB Classics, 2001, vol. I, p. 17 ; *Anatomie de la mélancolie,* trad. B. Hoepffner et C. Goffaux, Paris, José Corti, 2000, vol. 1, p. 19.

2. Thomas Browne, *The Major Works,* Harmondsworth, Penguin, 1977. Voir J. Texte, « La descendance de Montaigne : Sir Thomas Browne », dans ses *Études de littérature européenne*, Paris, A. Colin, 1898, p. 51-93.

3. Montaigne, *Essays,* trad. Cotton (1685-1686). Sur Cotton, voir N. Nelson, « Montaigne with a Restoration voice : Charles Cotton's translation of the *Essais* », *Language and Style,* 24, n° 2, 1991, p. 131-144 ; et P. Hartle, « Cotton, Charles », in *Oxford Dictionary of National Biography,* d'où ce poème est tiré (http://dx.doi.org/10.1093/ref:odnb/6410).

retenue était un tempérament plus rétif et dilettante que Florio. Son principal titre de gloire, aujourd'hui, ce sont ses poèmes scatologiques burlesques. Il se décrivit un jour comme un « balourd du Nord », dont l'occupation favorite était de boire de la bière au *pub* toute la soirée avant de se retirer dans sa bibliothèque pour

Write lewd epistles, and sometimes translate
Old Tales of Tubs, of Guyen[n]e, and Provence,
And keep a clutter with th'old Blades of France.

Écrire des lettres lascives, et parfois traduire
De Vieux Contes de Tonneaux, de Guyenne et de Provence
Et s'encombrer de vieilles lames de France.

Après sa mort, la réputation posthume de Charles Cotton connut des transformations aussi étranges que celles de Montaigne ou de Shakespeare, quoique sur une moindre échelle. Le XIXe siècle jugea ses vers comiques odieux et l'admira plutôt pour la poésie de la nature lyrique que ses contemporains avaient méconnue. On le célébra plutôt pour un chapitre sur la pêche à la truite qu'il avait donné à l'ouvrage d'Isaac Walton, *The Compleat Angler (Le Parfait pêcheur à la ligne)* – ouvrage en soi profondément montaignien. Cette relique de Cotton est largement oubliée de nos jours, quoique pas parmi les pêcheurs de truite, et on se souvient surtout de lui pour son Montaigne.

La traduction de Cotton resta la traduction classique des *Essays* pendant plus de deux siècles, et mit

Montaigne à la portée d'une nouvelle race d'écrivains moins baroques, plus soucieux de saisir les réalités psychologiques de la vie quotidienne que de tisser des toiles de fantaisie. Le poète Alexander Pope nota ainsi dans son exemplaire de Cotton : « C'est (à mon opinion) le tout meilleur Livre d'Information sur les Mœurs qui ait été écrit. Cet auteur ne dit que ce que tout-un-chacun sent au cœur[1]. » Un magazine littéraire, *The Spectator,* loua l'habitude qu'avait Montaigne de mêler à son livre expériences et qualités personnelles : une pratique qui pouvait être complaisante, mais qui était divertissante[2]. Comme l'observe le critique français Charles Dédéyan, les Anglais étaient heureux de laisser un auteur suivre sa voie, « pourvu qu'on le fasse avec agrément[3] ».

Dès lors, il ne devait pas manquer d'essayistes personnels anglais à suivre cette voie. Ils formèrent ce que le critique Walter Pater appela « la vraie famille de Montaigne » : ils montrèrent « cette intimité, cette subjectivité moderne qu'on peut appeler l'élément *montaignesque* de la littérature[4] ». Parmi eux, il faut citer l'essayiste populaire Leigh Hunt, qui souligna copieusement son exemplaire des *Essays* et le truffa de commentaires en marge, souvent assez sots. Quand Montaigne raconte l'histoire d'un garçon sans mains qui maniait une grosse épée « et

1. Cité *in* Coleman, p. 167.
2. *Spectator,* n° 562, 2 juillet 1714, cité *in* Dédéyan, vol. 1, p. 28.
3. *Ibid.,* p. 29.
4. W. Pater, « Charles Lamb », in *Appreciations,* Londres, Macmillan, 1890, p. 105-123, ici p. 116-117.

faisait craqueter un fouet aussi bien que charretier de France[1] », Hunt écrit soigneusement en marge : « Avec ses bras, bien entendu. Ça n'en reste pas moins très étonnant[2]. »

William Hazlitt, qui loua Montaigne de ne pas se vouloir philosophe, fut un admirateur intellectuellement plus incisif. Son évaluation de ce qui fait un bon essayiste illustre ce que les Anglais avaient tendance à chercher en Montaigne. Ces écrivains, observe Hazlitt, collectent les curiosités de la vie humaine, comme les fervents d'histoire naturelle ramassent coquillages, fossiles et scarabées lorsqu'ils se promènent sur un sentier forestier ou sur le rivage. Ils saisissent les choses telles qu'elles sont réellement, non pas comme elles devraient être. Montaigne fut le plus fin d'entre eux, parce qu'il laissait chaque chose être ce qu'elle était, à commencer par lui, et qu'il savait observer. Un essai idéal, selon Hazlitt,

> s'intéresse aux détails de notre habillement, de nos airs et de nos regards, de nos mots, de nos pensées et de nos actes ; nous montre ce qu'ils sont, et ce qu'ils ne sont pas ; joue tout le jeu de la vie humaine devant nous, et faisant de nous les spectateurs éclairés de ses scènes multicolores, nous permet (si possible) de devenir des agents passablement raisonnables dans celle où nous avons un rôle à jouer[3].

Autrement dit, l'essai est, plus que tout roman ou n'importe quelle biographie, le genre qui nous aide à apprendre à vivre.

---

1. I, 22, p. 113-114.
2. Hunt, *Complete Works,* 1842, p. 41. Exemplaire de la British Library (C.6t.h.5).
3. Hazlitt, p. 178-180.

Le fils d'Hazlitt, qui s'appelait lui aussi William Hazlitt, allait éditer la traduction de Cotton avec des copies de lettres de Montaigne, son journal de voyage en Italie et une courte biographie pour donner en 1842 des *Complete Works*[1], qui devinrent l'édition de référence au fil des années suivantes ; *son* fils la révisa à nouveau en 1877, donnant le Montaigne de Cotton de Hazlitt édité par Hazlitt. Ainsi les Hazlitt définirent-ils le Montaigne anglais plus durablement que Florio[2]. Ce nouveau Montaigne fut surtout goûté pour ses vertus « hazlittesques » : sa sensibilité à la vie quotidienne telle qu'elle était vraiment, et sa capacité de l'évoquer plaisamment en s'émancipant des contraintes littéraires formelles.

Du XIXe au XXe siècle, la tradition s'est poursuivie et paraît vouloir continuer au XXIe. Chaque époque a produit son lot de nouveaux montaigniens anglais : la tradition se perpétue aujourd'hui à travers d'innombrables essayistes éphémères et les chroniqueurs de la presse du week-end qui, à leur insu ou non, gardent en vie l'« élément montaignesque de la littérature ».

De tous les héritiers de Montaigne outre-Manche, celui qui mérite le dernier mot est un Anglo-Irlandais du XVIIIe siècle : Laurence Sterne, l'auteur de *Tristram Shandy*[3]. Son grand roman, si tant est qu'on

1. Montaigne, *Essays,* trad. Ch. Cotton, sous la direction de W. Hazlitt et W. C. Hazlitt, Londres, Reeves & Turner, 1877.

2. Voir Dedeyan, vol. I, p. 257-258.

3. Laurence Sterne, *Tristram Shandy,* éd. I. Campbell Ross, Oxford, Oxford Paperbacks, 1998 ; en français, *La Vie et les opinions de Tristram Shandy,* trad. G. Jouvet, Auch, Tristram, 2004.

puisse lui trouver une catégorie, est une promenade montaignienne, contenant plusieurs clins d'œil explicites à son prédécesseur français[1], et truffée de jeux, de paradoxes et de digressions. Dédicaces et prologues, qui devraient être au commencement, apparaissent systématiquement dans le désordre : la « Préface de l'auteur » est reléguée au chapitre 20 du volume 3. Le moment venu, le lecteur tombe sur une page blanche, libre à lui d'y brosser le portrait d'un personnage au gré de son imagination[2]. Une autre page présente une série de diagrammes censés représenter la trame des digressions du livre jusque-là[3].

Le livre ne cesse de vaciller, au bord de la dissolution. L'intrigue qui paraissait se profiler au début s'évapore ; les ruptures et les détours du récit dominent tout. « N'ai-je pas en effet promis au monde, excusez du peu, un chapitre de nœuds ? demande Sterne, deux chapitres sur le bon et le mauvais bout des femmes ? un chapitre sur les moustaches ? un chapitre sur les souhaits ? – un chapitre sur les nez ? – correction ! celui-là je l'ai déjà fait – un chapitre sur la chasteté de mon oncle *Tobie* ; sans parler de ce chapitre sur les chapitres qu'il me faut terminer avant de m'endormir[4]. »

---

1. Vol. 1, chap. IV ; vol. 3, chap. IV et vol. 4, chap. XV, p. 38, 174, 289-290 et trad. p. 25, 141-142, 246 et 429.

2. *Ibid.,* vol. 6, chapitre XXXVIII, trad. p. 453-454.

3. *Ibid.,* vol. 6, chapitre XL, p. 656 et trad. p. 653.

4. *Ibid.,* vol. 4, chapitre IX, p. 281 et trad. p. 415-416.

Mais bien entendu, ajoute Sterne, aucune histoire réellement attentive au monde ne pourrait aller autrement. Elle ne saurait filer droit, de son point de départ à sa destination. La vie est compliquée ; il n'est pas de piste à suivre :

> Si l'historiographe pouvait faire avancer son histoire – comme un muletier poussant sa mule –, – tout droit devant soi, – disons… de *Rome* à *Loretto* sans la moindre halte, sans même jeter un regard à droite ou à gauche, – peut-être pourrait-il se risquer à vous annoncer, à une heure près, combien de temps il lui faudra pour arriver au terme de son voyage ; – mais la chose est moralement impossible : car, pour peu qu'il y soit moindrement porté, il trouvera en route cinquante occasions de gauchir, et fera chaque fois le détour[1] […].

Comme Montaigne dans son voyage en Italie, on ne saurait accuser Sterne de s'écarter de son chemin, car son chemin, ce sont les digressions. Sa route est, par définition, la direction dans laquelle il s'égare.

Tristram Shandy inaugura une tradition irlandaise qui devait atteindre son point extrême avec le *Finnegans Wake* de James Joyce, un roman qui se ramifie en rejetons et flots d'associations sur des centaines de page avant, *in fine,* de se replier en boucle sur lui-même : la dernière demi-phrase se raccroche à la demi-phrase par laquelle le livre commence. C'est beaucoup trop rangé pour Sterne, ou pour Montaigne, qui évitaient les aboutissements bien ordonnés. Pour

1. *Ibid.,* vol. 1, chap. XIV, p. 64-65 et trad. p. 65.

l'un comme pour l'autre, il fallait laisser l'écriture et la vie suivre leur cours, quand bien même cela signifiait bifurquer sans cesse en digressions sans jamais en arriver à la moindre résolution. Sterne et Montaigne sont constamment aux prises avec un monde qui engendre toujours plus de choses sur lesquelles à écrire… alors pourquoi s'arrêter ? Ce qui fait de tous deux des philosophes par accident, des naturalistes en vadrouille sur le terrain de l'âme humaine, sans cartes ni plans, et sans idée aucune de leur point de chute, ni de ce qu'ils y feront une fois arrivés.

17

Q. Comment vivre ?
R. Réfléchir à tout et ne rien regretter

Je ne regrette rien

Certains auteurs ne font qu'*écrire* leurs livres. D'autres les pétrissent telle l'argile, ou les construisent par accumulation. James Joyce est de ceux-là : son *Finnegans Wake* passa par toute une série de versions et d'éditions publiées, jusqu'à ce que les phrases parfaitement normales de la première version :

> *Who was the first that ever burst ?*
> Qui fut le premier à flancher ?

fassent place à d'étranges mutants :

> *Waiwhou was the first thurever burst ?*
> Tais-tu le premier qui flanchis[1] ?

---

1. Exemples donnés *in* A. Burgess, *Re Joyce. Here Comes Everybody,* éd. revue, Londres, Arena, 1987, p. 189-190; en français, *Au sujet de James Joyce : une introduction pour le lecteur ordinaire,* trad. H. Esquié, Paris, Le Rocher/ Serpent à Plumes, 2008, p. 282. Cf. J. Joyce, *Finnegans Wake,* trad. Ph. Lavergne, Paris, Gallimard, Folio, 1982, p. 313 : « Es-tu le premier à en être frappé ? »

Montaigne ne triturait pas ses mots à la façon de Joyce, mais travaillait en revenant sur ses pas, par élaborations et accrétions. Même s'il remettait sans cesse son ouvrage sur le métier, il ne semblait guère éprouver le besoin de biffer, juste celui d'ajouter encore. L'esprit de repentir lui était étranger dans l'écriture, tout comme dans la vie, où il demeura fermement attaché à l'*amor fati* : l'acceptation allègre de ce qui arrive.

Cela s'accordait mal avec les doctrines chrétiennes, qui invitaient à se repentir constamment de ses méfaits passés, afin d'effacer l'ardoise et de prendre un nouveau départ. Certaines choses qu'il avait faites dans le passé n'avaient plus de sens pour lui, Montaigne en avait conscience, mais il voulait croire qu'il était un autre homme à l'époque, un point c'est tout[1]. Ses « moi » passés étaient aussi divers qu'un groupe de convives dans une réception. De même qu'il ne lui venait pas l'idée de porter un jugement sur une salle pleine de connaissances, où tous avaient leurs raisons et points de vue pour expliquer ce qu'ils avaient fait, il ne lui serait pas venu à l'idée de juger les précédentes versions de Montaigne. « Nous sommes tous de lopins, et d'une contexture si informe et diverse que chaque pièce, chaque moment, fait son jeu[2]. » Il n'existait aucun point de vue général d'où se retourner et construire le Montaigne unique et cohérent qu'il eût aimé être. De même qu'il n'essayait pas d'effacer ses précédents moi au vaporisateur, il n'avait aucune raison non plus de vouloir le faire dans son livre. Les

1. III, 2, p. 853-854.
2. II, 1, p. 357.

Essais avaient grandi avec lui vingt années durant ; ils étaient ce qu'ils étaient, et il était heureux de les laisser en l'état.

Son refus du repentir ne l'empêchait pas de se relire, et souvent d'ajouter à son livre. Jamais il n'arriva au point de poser la plume et d'annoncer : « Moi, Montaigne, j'ai dit tout ce que j'avais à dire. Je me suis couché sur le papier. » Aussi longtemps qu'il vécut, il dut continuer d'écrire. Le processus aurait pu se poursuivre indéfiniment :

> Qui ne voit que j'ai pris une route par laquelle, sans cesse et sans travail, j'irai autant qu'il y aura d'encre et de papier au monde[1] ?

La seule chose qui finit par l'arrêter, ce fut la mort. Suivant le mot de Virginia Woolf, les *Essais* prirent fin non pour avoir atteint « leur terme », mais « suspendus en pleine course[2] ».

Ce labeur continu s'explique peut-être, en partie, par les encouragements des éditeurs. Les premières éditions s'étaient si bien vendues que le marché pour de nouveaux volumes, plus épais et meilleurs, était évident. Et Montaigne avait beaucoup de choses à ajouter en 1588, après son Grand Tour et son expérience de maire. Il écrivit plus encore dans les années suivantes, quand de nouvelles pensées durent lui venir à l'esprit après ses expériences troublantes à la cour

1. III, 9, p. 989.
2. V. Woolf, « Montaigne », p. 77 et trad. (ici légèrement modifiée) p. 86.

du roi réfugié : non pas nécessairement des réflexions en rapport avec les affaires courantes de la France, mais portant sur la modération, le bon jugement, les imperfections terrestres et nombre de ses autres thèmes favoris.

La page de titre de l'édition de 1588, publiée à Paris par la prestigieuse maison Abel L'Angelier plutôt que chez son éditeur bordelais, indique que cette « cinquième édition » est « augmentée d'un troisième livre et de six cents additions aux deux premiers ». C'est à peu près exact, même si cette mention minimise la véritable ampleur de l'augmentation : les *Essais* de 1588 sont presque deux fois plus longs que la version de 1580. Le livre III ajoutait treize longs chapitres et quasiment aucun des chapitres des deux premiers livres n'était resté en l'état.

Le nouveau Montaigne de 1588, qui frappa le monde, alors que le vrai Montaigne se traînait après Henri III et pensait aller récupérer en Picardie auprès de sa nouvelle amie, Marie de Gournay, montrait un degré d'assurance aussi inédit qu'étonnant. Comme il seyait à un homme rejetant l'idée de se repentir de ses péchés, il assumait en toute impénitence la nature digressive et personnelle du livre. Pas davantage, il ne modérait ses exigences envers qui voulait entrer dans son monde. « C'est l'indiligent lecteur qui perd mon sujet, non pas moi[1] », écrit-il maintenant à propos de sa tendance à divaguer. Il cessa de feindre d'écrire pour ses seuls familiers et amis : il savait ce qu'il avait,

1. III, 9, p. 1041.

et méprisait toute idée de le diluer, de le cacher ou de le plier au gré des conventions.

Une autre sorte de doute, plus privé, propre à l'écrivain, l'affectait tout de même parfois. Il ne pouvait prendre le livre sans être plongé dans une confusion créatrice : « Pour moi, je ne juge la valeur d'autre besogne plus obscurément que la mienne, et loge les Essais tantôt bas, tantôt haut, fort inconstamment et douteusement[1]. » Chaque fois qu'il lisait ses mots, ce mélange d'émotions l'assaillait, et de nouvelles pensées jaillissaient, le poussant à reprendre la plume.

L'éditeur devait s'y attendre : les *Essais* de 1588 trouvèrent un marché avide, même si certains lecteurs qui avaient dévoré l'édition de 1580, tel un abrégé de sagesse stoïcienne, furent consternés par ce qu'ils y découvrirent. Des voix dissidentes commencèrent à se faire entendre. Montaigne n'avait-il point un goût excessif des digressions, n'était-il pas trop personnel ? Ne nous entretenait-il pas trop de ses habitudes quotidiennes ? Y avait-il la moindre relation entre les titres de ses chapitres et le matériau qu'ils contenaient ? Ses révélations sur sa vie sexuelle étaient-elles bien nécessaires ? Et comme son ami Estienne Pasquier le suggéra quand ils étaient à Blois, n'aurait-il pas perdu sa maîtrise du langage ? Ne voyait-il donc pas que son écriture était truffée de mots bizarres, de néologismes et de gasconismes ?

Quels que fussent ses incertitudes, rien de tout cela ne toucha beaucoup Montaigne. Si jamais ces critiques l'amenèrent à réviser quoi que ce soit, ce fut

1. III, 9, p. 985.

habituellement pour rendre son propos plus digressif, plus personnel et, sur un plan stylistique, plus exubérant. Au cours des quatre années qu'il lui restait à vivre après la publication de 1588, il poursuivit ainsi, ajoutant pli sur pli, à-pic sur à-pic.

S'étant libéré de sa bride dans son édition de 1588, il se lança alors au galop. Il n'ajouta plus de chapitres, mais glissa près d'un millier de nouveaux passages, dont certains assez longs pour faire tout un essai de la première édition. Déjà deux fois plus épais que l'édition originale, le livre augmenta encore d'un tiers. Malgré tout, Montaigne avait le sentiment de se contenter d'allusions à beaucoup de choses, n'ayant ni le temps ni l'inclination d'être systématique. « Pour en ranger davantage, je n'en entasse que les têtes. Que j'y attache leur suite, je multiplierai plusieurs fois ce volume[1]. » Et, comme il l'avait dit de Plutarque, « il guigne seulement du doigt par où nous irons, s'il nous plaît[2] ». La liberté est l'unique règle, et la digression le seul chemin.

Sur la page de titre de l'un de ses exemplaires de travail, Montaigne écrivit des mots latins, *viresque acquirit eundo*[3], tirés de Virgile : « Il prend les forces en marchant[4]. » Peut-être était-ce une manière d'évoquer le succès commercial du livre ; plus probablement est-ce une manière de décrire comment

---

1. I, 39, p. 255.
2. I, 25, p. 162.
3. Exemplaire de Bordeaux : *Montaigne : Essais ; Reproduction en fac-similé.*
4. Virgile, *Énéide,* IV, 169-177.

le matériau s'était accumulé, telle une boule de neige dévalant la pente d'une colline. Quand il donna à son ami Antoine Loisel un exemplaire de l'édition de 1588, il y joignit un mot pour lui demander ce qu'il en pensait, « car je crains d'aller en empirant[1] ».

Il est vrai que les *Essais* commençaient de toucher aux limites de la compréhension. On distingue parfois le squelette de la première édition à travers l'écheveau, surtout dans les éditions modernes qui indiquent les trois étapes par des petites lettres : A pour l'édition de 1580, B pour celle de 1588 et C pour la suite. L'effet est comparable à celui d'un temple khmer dont on entrevoit les grandes lignes à travers la masse du feuillage tropical. Montaigne eût-il vécu encore trente ans, aurait-il continué d'y ajouter, jusqu'à le rendre réellement invisible, comme l'artiste du *Chef-d'œuvre inconnu* de Balzac qui travaille sa peinture au point d'aboutir à un tableau noir qui n'a plus de sens ? Ou aurait-il su exactement où s'arrêter ?

Il n'y a pas moyen d'y répondre mais il semble que, à l'heure de sa mort, il ne pensait pas avoir encore atteint cette limite. Ses dernières années de travail se soldèrent par au moins un autre exemplaire fortement annoté qui – une fois passé entre les mains de son éditrice posthume – devint la base de presque toutes les éditions ultérieures des *Essais*. Cette éditrice ne fut autre que la jeune femme peu commune qui était entrée dans sa vie à Paris alors qu'il achevait son édition de 1588 : Marie de Gournay.

---

1. [*In* Montaigne, *Œuvres complètes,* éd. A. Thibaudet et M. Rat, p. 13961397.]

18

Q. Comment vivre ?
R. Lâcher prise

Fille et disciple

Marie Le Jars de Gournay, la première grande éditrice et publiciste de Montaigne – ce que saint Paul fut à Jésus, ou Lénine à Marx –, était une femme d'enthousiasmes et d'émotions extrêmes, auxquels elle céda sans inhibition dès leur première rencontre à Paris. Elle devint de loin la femme la plus importante de sa vie, plus importante encore que son épouse, sa mère et sa fille, cette redoutable triade de la maison de Montaigne. Comme elles toutes, elle devait lui survivre. Rien d'étonnant, dans son cas : elle était de trente-deux ans sa cadette. Quand elle connut Montaigne, il avait cinquante-cinq ans, elle en avait vingt-trois[1].

1. Sur Marie de Gournay, cf. Fogel ; Ilsley ; Tetel (dir.), *Montaigne et Marie de Gournay* ; G. Nakam, « Marie le Jars de Gournay, "fille d'alliance" de Montaigne (1565-1645) », *in* Arnould (dir.), *Marie de Gournay et l'édition de 1595 des Essais de Montaigne,* p. 11-21.

La vie de Marie de Gournay commença en 1565, accusant maintes similitudes avec celle de Montaigne, et deux différences cruciales : elle était femme et avait moins d'argent. Sa famille, des nobliaux de province, partageait sa vie entre Paris et son château Picard de Gournay-sur-Aronde, que son père acquit en 1568. À l'âge adulte, Marie prit le nom de sa propriété. Pareil droit était normalement réservé aux fils, mais faire fi de cette règle était typique de sa part. Elle se montra toujours déterminée à demander à la vie plus que son sexe et son rang ne l'auraient permis.

Son père mourut en 1577. Ce fut un coup dur pour elle, et une catastrophe pour sa famille. Sans son revenu et sa houlette, leurs vies allèrent à vau-l'eau. Vivre à Paris était plus onéreux encore qu'en Picardie, si bien qu'ils renoncèrent totalement à la vie urbaine. En 1580, Marie vivait confinée dans un univers provincial, qui ne lui convenait guère. Mais, adolescente obstinée, elle fit son possible pour s'instruire en puisant dans les livres de la bibliothèque familiale. Lisant les ouvrages latins en parallèle avec les traductions françaises, elle se donna les meilleures bases classiques possibles. Le résultat en fut un savoir parcellaire, peu systématique, mais profondément motivé.

Sans doute Montaigne aurait-il approuvé cette éducation anarchique… en théorie. En pratique, on l'imagine mal se contenter de ce qu'avait Marie de Gournay. Sa confiance en lui eût été bien moindre. Montaigne pouvait se permettre d'être désinvolte avec le savoir et de montrer une ironie désabusée sur l'effroi que les livres inspiraient à son père. Gournay s'enorgueillissait de ses acquis parce qu'elle avait dû se battre pour eux, et il était toujours facile de la mettre sur la défensive. Elle avait souvent le sentiment qu'on se riait d'elle. Évidemment, avouait-elle, les gens trouvaient drôle de rencontrer

> une savante prétendue, sans grammaire, pour s'être instruite soi-même au latin par routine, aidée de la confrontation des versions aux originaux, et qui partant n'oserait parler cette langue par crainte de se déferrer [faire un faux pas] : savante qui ne peut cautionner nettement la mesure d'un vers latin, savante sans grec, sans hébreu, sans faculté d'illustration sur les auteurs [de faire des commentaires savants][1].

Gournay garda ce ton courroucé et troublé sa vie durant. Dans sa *Peinture de mœurs,* autoportrait en vers, elle se décrit comme un mélange d'intelligence et d'émotion[2], incapable de dissimuler ses sentiments : ses écrits en portent la marque.

On retrouve le même assortiment dans ce qu'elle nous dit de ses premières rencontres avec Montaigne, d'abord sur la page, puis en personne. À la fin de l'adolescence, visiblement par hasard, elle tomba sur une édition des *Essais*. L'expérience la secoua si fort que sa mère la crut devenue folle : elle était sur le point de donner à sa fille de l'hellébore[3] – traitement

1. Marie de Gournay, *Apologie pour celle qui écrit* (version de 1641), in *Œuvres complètes,* vol. 2, p. 1394.

2. In *L'Ombre de la demoiselle de Gournay* (1626), cité *in* Ilsley, p. 129.

3. « Préface de Marie de Gournay », *in* Montaigne, les *Essais,* « Bibliothèque de la Pléiade », p. 4.

traditionnel pour la démence : c'est du moins ce que raconte sa fille, forçant peut-être le trait exprès. Gournay eut l'impression d'avoir trouvé en Montaigne son autre moi, la seule personne avec qui elle eût une réelle affinité, et la seule qui la pût comprendre. Telle fut l'expérience de tant de lecteurs au fil des ans :

> «Comment a-t-il su tout cela de moi?» (Bernard Levin[1]).
>
> «Il me semble que c'est moi-même» (André Gide[2]).
>
> «Ici est un Toi, dans lequel mon Moi se reflète, ici est abolie la distance qui sépare une époque de l'autre» (Stefan Zweig[3]).

Gournay brûlait de rencontrer Montaigne en personne, mais lorsqu'elle chercha à s'informer, la rumeur lui revint qu'il était mort. Puis quelques années plus tard, en 1588, alors qu'elle se trouvait avec sa mère à Paris, elle apprit que, tout compte fait, il était vivant. Et ce n'était pas tout ; tout le monde parlait de lui, car c'était l'époque de sa mission secrète entre Navarre et le roi. Au faîte de ce drame, Marie de Gournay eut la hardiesse de l'inviter à rendre visite à sa famille ; démarche peu orthodoxe de la part d'une jeune femme dans sa position, s'adressant à un homme d'une classe et d'un âge supérieurs, dont toute la ville bruissait. Visiblement charmé par son toupet, et

1. *The Times,* 2 décembre 1991, p. 14.
2. A. Gide, «Suivant Montaigne», *La Nouvelle Revue française,* 189, 1929, p. 752 ; repris in *Essais critiques,* Paris, Gallimard, «Bibliothèque de la Pléiade», 1999, p. 684-703, ici p. 691.
3. S. Zweig, *Montaigne,* p. 27-28.

n'étant pas homme à résister à la flatterie d'une jeune femme, Montaigne accepta l'invitation et lui rendit visite le lendemain[1]. À en croire Marie de Gournay, ce dut être une rencontre riche en émotions intimes, quoique probablement pas sur le plan physique, car à l'issue de l'entrevue il l'invita chastement à devenir sa « fille d'alliance » : elle sauta sur l'offre. Elle s'en tient là, si bien qu'on en est réduit à imaginer la conversation qui en fut le prélude. Divagua-t-elle en évoquant son sentiment d'« affinité » ? Lui parla-t-elle de l'hellébore ? Il eût été dans son tempérament de se répandre en un torrent incohérent. Dans un ajout tardif aux *Essais,* Montaigne rapporte un curieux épisode qui se produisit apparemment lors d'une entrevue ultérieure. Il vit une fille – et les remarques ajoutées indiquent clairement que c'était Gournay –,

> pour témoigner l'ardeur de ses promesses et aussi sa constance, se donner du pinçon qu'elle portait en son poil [ses cheveux], quatre ou cinq bons coups dans le bras, qui lui faisaient craqueter la peau, et la saignaient bien en bon escient[2].

Que l'intensité de ses scarifications ait caractérisé ou non leur première rencontre, on soupçonne à tout le moins que c'est surtout Marie de Gournay qui parla.

---

1. « Préface de Marie de Gournay », *in* Montaigne, les *Essais,* « Bibliothèque de la Pléiade », p. 4-5.

2. Montaigne, les *Essais*, I, 14, *in* Montaigne, *Œuvres complètes*, éd. A. Thibaudet et M. Rat, p. 60 ; dans son édition, I, 40, p. 269, Gournay précise « une fille en Picardie » (il la vit juste avant d'aller à Blois).

L'idée du père et de sa fille était probablement davantage son idée à elle que la sienne. Peut-être essaya-t-il même de profiter sexuellement de son enthousiasme et se laissa-t-il persuader plutôt d'accepter cette « alliance ». Dès l'instant où elle lut les *Essais,* Gournay eut l'impression qu'ils étaient spirituellement de la même famille ; désormais, ce fut officiel. Montaigne allait remplacer son père perdu ; et elle devait être bien accueillie dans son petit entourage féminin qu'il ne comprenait pas tout à fait.

Même s'il consentit à jouer le rôle de « père d'alliance » essentiellement pour lui faire plaisir, il ne l'envoya pas promener. L'invitation de Marie à séjourner chez sa mère et elle, dans la campagne picarde, lui donna une occasion salutaire de récupérer de sa maladie, loin des exigences politiques parisiennes et des risques d'être à nouveau arrêté. Sa nouvelle fille et lui s'attelèrent aussitôt à la tâche, ajoutant des révisions aux *Essais* de 1588. Elle devait être en transe : jamais elle n'avait imaginé envelopper Montaigne d'un châle pour l'entourer de ses soins dans son grand âge. Elle voulait qu'il écrivît, en sorte qu'elle pût être son apprentie[1]. Probablement sa présence l'aida-t-il à ce que cela advienne : avoir une femme si enthousiaste à ses côtés aurait encouragé Montaigne à revenir aux *Essais* presque aussitôt après leur publication et à persister même après avoir quitté la Picardie. L'épisode donna le ton à ses dernières années d'écriture.

1. En réalité, trois seulement des nouvelles additions sont de sa main à elle : *Montaigne : Essais; Reproduction en fac-similé,* fol. 42v, 47r et 290v. Voir G. Hoffmann et A. Legros, « Secrétaire(s) », *in* Desan, *Dictionnaire,* p. 1051-1054, ici p. 1051.

En revanche, on ne saurait accuser Marie de Gournay d'avoir jamais minimisé son « alliance ». Quand l'heure vint pour elle d'écrire la préface aux *Essais* posthumes, elle se présenta en fille adoptive de Montaigne et le décrivit comme un homme « que ce m'est tant de gloire d'appeler Père ». Puis ajouta : « Et ne puis, lecteur, l'appeler autrement : car je ne suis moi-même que par où je suis sa fille[1]. » Dans un autre de ses ouvrages, elle écrivit :

> Certes, si quelqu'un s'ébahit, de quoi n'étant père et fille que de titre, cette bienveillance-là qui nous allie ensemble surpasse néanmoins celle des vrais pères et enfants, bien qu'elle soit la première et la plus étroite de toutes les naturelles : que cet homme essaie un jour de loger la vertu chez lui-même, et la rencontrer en autrui, lors il ne s'émerveillera point, qu'elle ait eu plus de force et de puissance à concilier des âmes, que la nature n'en a[2].

Ce que Léonor, la vraie fille de Montaigne, pensa de cette prétention de « surpasser » les liens de famille biologique est affaire de conjecture. Se sentit-elle exclue, on ne saurait l'en blâmer, mais il ne semble pas. Elle et Marie de Gournay devinrent bonnes amies par la suite, Gournay l'appelant sa « sœur[3] », comme il était logique si elles avaient le même père.

1. « Préface de Marie de Gournay », *in* Montaigne, les *Essais*, « Bibliothèque de la Pléiade », p. 4-5.
2. « Epistre sur le Proumenoir de Monsieur de Montaigne », *in* Marie de Gournay, *Œuvres complètes,* vol. 2, p. 1283.
3. Voir Ilsley, p. 34.

Quand Marie de Gournay employa le mot « surpasser », probablement pensait-elle à l'intensité de sa communion avec Montaigne, plutôt qu'à snober une rivale. La seule personne avec qui elle semble s'être sentie en compétition est La Boétie, disparu de longue date, et avec lequel elle n'hésita pas à se comparer. Elle termine sa dédicace par une citation [en latin] de La Boétie : « Nulle crainte que nos descendants, si les destins le permettent, nous envient la gloire de joindre nos noms à ceux des amis célèbres[1]. » Et dans la préface des *Essais,* elle écrit : « Il ne m'a duré que quatre ans, non plus qu'à lui La Boétie[2]. »

Le même passage contient également une remarque étrange, peut-être révélatrice, à propos de Montaigne : « Lors qu'il me louait, je le possédais[3]. » De toute évidence, il la louait. Son édition des *Essais* compte quelques lignes où Montaigne parle d'elle comme de sa « fille d'alliance » bien aimée qu'il aime « beaucoup plus que paternellement » (quelque sens qu'on donne à ces mots) et chérit, dans sa retraite, comme une partie de son être. Il continue :

> Je ne regarde plus qu'elle au monde. Si l'adolescence peut donner présage, cette âme sera quelque jour capable des plus belles choses, et entre autres de la perfection de cette très sainte amitié, où nous ne lisons point que son sexe ait pu monter encore : la sincérité

1. *Ibid.,* p. 1287.
2. « Préface de Marie de Gournay », *in* Montaigne, les *Essais,* « Bibliothèque de la Pléiade », p. 23.
3. *Ibid.*

et la solidité de ses mœurs y sont déjà bastantes [suffisantes], son affection vers moi plus que surabondante, et telle en somme qu'il n'y a rien à souhaiter, sinon que l'appréhension qu'elle a de ma fin, par les cinquante et cinq ans auxquels elle m'a rencontré, la travaillait moins cruellement.

Pour finir, il parle avec chaleur de son jugement sain sur les *Essais* – «et femme, et en ce siècle, et si jeune, et seule en son quartier [dans sa province]» – mais aussi de la «véhémence fameuse dont elle m'aima et me désira longtemps[1]».

Ces phrases devaient éveiller le soupçon au fil des ans, puisqu'elles ne figurent que dans l'édition de Gournay, non pas dans l'autre version, personnellement annotée, de ses *Essais* définitifs, connue sous le nom d'Exemplaire de Bordeaux[2]. Le ton semble plus celui de Gournay que de Montaigne et, chose intrigante, elle-même supprima des sections de ce passage dans des éditions ultérieures[3]. Par ailleurs, l'Exemplaire de Bordeaux porte des traces d'adhésif à l'endroit où ces lignes trouvent place, ainsi qu'une petite croix de la main de Montaigne : son symbole habituel pour indiquer une insertion. Un feuillet collé aurait pu se détacher lorsque l'exemplaire fut donné à relier

1. II, 17, p. 701.

2. Les soupçons remontent à Arthur-Antoine Armaingaud, qui s'interrogea dans un discours publié dans le premier *Bulletin de la Société des Amis de Montaigne* en 1913. Voir Keffer, p. 129.

3. Passage supprimé de l'édition de 1635 des *Essais* [voir aussi p. 1654, note 2 à II, 17, p. 701].

aux XVIIe et XVIIIe siècles[1]. Que le passage soit authentique ou non, il semble n'y avoir aucune raison de douter de l'affection de Montaigne pour sa disciple, ses épingles à cheveux, son hellébore, etc.

Après cette première année, cependant, et l'excès de travail en Picardie, Gournay et lui ne restèrent en contact que par lettre. En avril 1593, Gournay dit à un autre de ses amis lettrés, Juste Lipse, qu'elle n'avait pas revu Montaigne depuis près de cinq ans[2]. Mais ils correspondaient régulièrement, car à l'époque de sa lettre à Lipse, elle s'inquiétait que Montaigne n'eût pas écrit depuis six mois. Elle avait raison d'être préoccupée : Montaigne était mort, et un dernier message qui lui était adressé par le truchement de l'un de ses frères n'était pas arrivé. Lipse dut lui apprendre la nouvelle dans sa réponse. Il le fit en douceur, ajoutant : « Puisque celui que vous appeliez père n'est plus de ce monde, acceptez-moi comme frère[3]. » Elle répondit, sous le choc : « Monsieur, comme les autres méconnaissent à cette heure mon visage, je crains que vous méconnaissiez mon style, tant ce malheur de la perte de mon père m'a transformée entièrement !

---

1. Voir l'édition Frame des *Complete Works,* I, 18, p. 63 note et I, 21, p. 624 note. Sur la nouvelle reliure de l'Exemplaire de Bordeaux, voir Desan, « Exemplaire de Bordeaux », *in* Desan, *Dictionnaire*, p. 421-427, ici p. 425.

2. Lettre du 25 avril 1593, *in* Marie de Gournay, *Œuvres complètes,* vol. 2, p. 1933-1936 ; cf. Ilsley, p. 40-41.

3. Lettre en latin du 24 mai 1593, *in* Marie de Gournay, *Œuvres complètes,* vol. 2, p. 1937. Voir J. Lipsius, *Epistolarum Selectarum centuria prima ad Belgas,* Anvers, Moret, 1602, vol. I, p. 15 ; cf. Ilsley, p. 42.

J'étais sa fille, je suis son sépulcre ; j'étais son second être, je suis ses cendres[1]. »

Désormais, elle allait traverser des temps difficiles à d'autres égards également. Sa mère mourut en 1591, et Marie hérita de lourdes dettes familiales ainsi que de la responsabilité de ses frère et sœurs plus jeunes. Résolue à ne pas faire un mariage de raison sans amour, elle décida de vivre de ses seuls écrits : rude chemin, presque sans précédent de la part d'une femme. Pour le restant de ses jours, elle écrivit sur tous les sujets qu'elle imaginait vendeurs – analyses poétiques et stylistiques, féminisme, controverse religieuse, histoire de sa vie – et usa de toutes les relations littéraires qu'elle pût trouver. Juste Lipse est un des auteurs dont elle sollicita le concours pour l'aider à promouvoir son œuvre. Mais aucun ne fut plus important que le mentor auquel son nom devait rester à jamais attaché : Montaigne.

L'habile exploitation de sa réputation lui valut sa première grande percée en 1594, avec la publication d'un roman intitulé, *Le Proumenoir de Monsieur de Montaigne*[2], dont le contenu n'avait rien à voir avec lui, si ce n'est, ainsi qu'elle l'écrit dans l'épître dédicatoire, qu'il était inspiré par une histoire qu'elle lui avait raconté un jour qu'ils se promenaient dans son jardin familial[3]. En réalité, le récit des gambades exo-

---

1. Lettre du 2 mai 1596, *in* Marie de Gournay, *Œuvres complètes,* vol. 2, p. 1937 ; cf. Ilsley, p. 79-80.
2. Paris, Abel L'Angelier, 1594.
3. Marie de Gournay, *Le Promenoir de Monsieur de Montaigne,* Paris, Champion, 1996, p. 47.

tiques du *Promenoir* a été presque entièrement repris du livre d'un autre. Ce fut un grand succès, qui ouvrit la voie au livre qui allait réellement lancer sa carrière : sa grande édition définitive des *Essais,* parue en 1595.

L'idée de devenir l'éditrice et l'exécutrice littéraire de Montaigne ne lui vint apparemment qu'après sa mort, quand sa veuve et sa fille trouvèrent dans ses papiers un de ses exemplaires annotés de l'édition de 1588. Elles l'adressèrent à Gournay, à Paris, afin qu'elle pût le publier. Peut-être voulaient-elles seulement qu'elle le donnât à un imprimeur qui fît l'affaire, mais elle y vit une grande commande éditoriale et se mit à l'ouvrage. En fait, la tâche était immense, si difficile qu'elle terrasse encore des éditeurs plus chevronnés et mieux armés qu'elle. À ce jour, nul ne peut se mettre d'accord, tant les variantes sont nombreuses, le texte complexe, et lourd le travail consistant à identifier toutes les références et allusions de Montaigne. Mais Gournay s'acquitta de sa tâche brillamment. Peut-être céda-t-elle à la tentation d'ajouter ces lignes suspectes sur son compte, à moins qu'elles ne fussent authentiques, mais dans l'ensemble elle fut d'une exactitude plus méticuleuse que la plupart des éditeurs de son temps. Les exemplaires survivants du premier tirage montrent qu'elle continua de faire des corrections de dernière minute à l'encre[1], alors

1. Sayce et Maskell, p. 28 (entrée 7A) ; et J. Céard, « Montaigne et ses lecteurs : l'édition de 1595 », étude présentée lors d'un débat sur l'édition de 1595 organisé en 2002 à la Bibliothèque nationale, p. 1-2, http://www.amisdemontaigne.net/cearded1595.pdf. [*Bulletin de la Société des Amis de Montaigne,* 8, 29-30, 2003, p. 93-106.]

même que les feuilles sortaient des presses, aussi bien qu'après la publication – signe du soin qu'elle mettait pour que tout fût en ordre.

Dès lors, elle serait moins la fille de Montaigne que la mère adoptive de ses *Essais.* « Ayant perdu leur père, a-t-on pu écrire, les *Essais* revendiquent un protecteur[1]. » C'est elle qui assembla le livre, mais qui s'en fit également la championne, le défendit, le promut et – dans sa première édition – le pourvut d'une longue préface combative, qui entreprit de défaire à l'avance tout soupçon de critique. La plupart de ses arguments étaient rationnels et rigoureusement construits, mais elle les assortit d'une bonne dose d'émotion. Contre ceux qui jugeaient son style vulgaire ou impur, écrivit-elle, « quand je le défends de telles charges, je me moque[2] ». Et à propos de l'allégation suivant laquelle son écriture était décousue : « On ne peut traiter les grandes choses selon l'intelligence des petits [...]. Ce n'est pas ici le rudiment des apprentis, c'est l'Alcoran [le Coran] des maîtres : la quintessence de la philosophie[3]. »

Les louanges timides des *Essais* la laissaient sur sa faim. « Quiconque dit de Scipion que c'est un gentil

1. [Ph. Desan, *Les Commerces de Montaigne. Le discours économique des essais,* Paris, Nizet, 1992, p. 172. Cf. Marie de Gournay, « Épître à Richelieu » (1635), *in* Marie de Gournay, *Œuvres complètes,* vol. 1, p. 343, où elle parle de texte « orphelin » et appelle le cardinal de Richelieu à « lui tenir lieu de Tuteur et Protecteur ».]

2. « Préface de Marie de Gournay », *in* Montaigne, les *Essais,* « Bibliothèque de la Pléiade », p. 8.

3. *Ibid.,* p. 10.

capitaine, et de Socrate, un galant homme, leur fait plus de tort que tel qui totalement ne parle point d'eux. » Le ton mesuré n'est pas de mise quand il est question de Montaigne : « L'excellence fuit toutes limites[1] » (au temps pour l'idée montaignienne de modération). Il fallait être « ravi » comme elle l'avait été[2], mais aussi dire *pourquoi* on l'était : le comparer point par point aux Anciens et montrer exactement où il leur était égal et où il les dépassait. Les *Essais* semblèrent toujours à Marie de Gournay le test parfait de l'intelligence. Demandant aux gens ce qu'ils pensaient du livre, elle en déduisait ce qu'il fallait penser d'eux[3]. Un siècle plus tard, Diderot devait faire pratiquement la même observation : « L'ouvrage de Montaigne est la pierre de touche d'un bon esprit. Prononcez de celui à qui cette lecture déplaît, qu'il a quelque vice de cœur ou d'entendement[4]. »

Marie de Gournay avait cependant le droit d'attendre beaucoup de ses lecteurs, car elle-même était une excellente lectrice de Montaigne. Malgré ses excès, elle avait une fine intelligence des raisons pour lesquelles les *Essais* avaient leur place parmi les classiques. À une époque où beaucoup persistaient à y voir surtout un recueil de maximes stoïciennes – interprétation recevable jusqu'à un certain point – elle l'admirait pour des aspects moins ordinaires : son style, sa

1. *Ibid.,* p. 17.
2. *Ibid.* , p. 18.
3. *Ibid.,* p. 5.
4. Diderot, article « Pyrrhonienne ou Sceptique Philosophie », *Encyclopédie,* Paris, Panckoucke, vol. 3, partie 2, 1794, p. 481 ; cf. Tilley, p. 269.

structure décousue, son empressement à tout révéler. Tel était en partie le sentiment de Gournay : tout le monde autour d'elle passait à côté du point qui créa le mythe durable d'un Montaigne d'une certaine façon né de son temps, d'un auteur qui dut attendre pour trouver des lecteurs capables de reconnaître sa valeur. D'un auteur qui s'était rendu populaire en paraissant simplement s'exercer, elle fit un génie incompris.

Gournay était heureuse de reconnaître qu'elle demeurait dans l'ombre de Montaigne : «Je ne puis faire un pas, soit écrivant, ou parlant, que je ne me trouve sur ses traces[1].» En réalité, sa personnalité se détache, haut et fort, souvent de manières qui tranchent avec les siennes[2]. Vante-t-elle des vertus montaigniennes comme la modération, elle le fait de manière terriblement immodérée. Prônant le détachement stoïcien et l'art de traverser discrètement la vie, elle le fait avec émotion, sur un ton abrasif. Tout cela fait de son édition une fascinante lutte entre deux auteurs, comme pour Montaigne et Florio, voire Montaigne et La Boétie, dans les premiers frémissements de la conversation qui déboucha sur les *Essais*.

À bien des égards c'était une sorte d'association littéraire, d'autant plus compliquée que Marie de Gournay était femme. Elle était contrariée que ce partenariat n'eût jamais été pris aussi au sérieux que

---

1. «Préface de Marie de Gournay», *in* Montaigne, les *Essais*, «Bibliothèque de la Pléiade», p. 19.

2. Voir C. M. Bauschatz, «Imitation, writing, and self-study in Marie de Gournay's 1585 Preface to Montaigne *Essais*», *in* M. R. Logan et P. L. Rudnytsky (dir.), *Contending Kingdoms*, Detroit, Wayne State University Press, 1991, p. 346-364, ici p. 346.

d'autres relations de cette nature – et c'est vrai. Le ridicule s'attacha à elle toute sa vie ; jamais elle ne trouva le moyen de s'en défaire d'un haussement d'épaules. Elle enrageait plutôt. Et cette rage transparaît dans la préface des *Essais* : « Bienheureux es-tu, lecteur, si tu n'es pas d'un sexe qu'on ait interdit de tous les biens, l'interdisant de la liberté, et encore interdit de toutes les vertus[1]. » On écoute respectueusement les hommes les plus sots : ils portent la barbe, mais s'aventure-t-elle à faire une contribution, tout le monde sourit avec condescendance – manière de dire : « C'est une femme qui parle. » Montaigne eût-il été soumis à un traitement de ce genre, sans doute eût-il répondu lui aussi par un sourire, mais Gournay ne possédait pas ce don. Plus elle laissait paraître sa colère, plus on riait. Mais ce sentiment de tension et d'angoisse fait d'elle un auteur irrésistible. La « Préface » n'est pas seulement la toute première introduction jamais publiée à l'ouvrage canonique de Montaigne, elle est aussi l'un des premiers et des plus éloquents traités féministes du monde.

Cela peut paraître curieux pour une introduction à Montaigne, qui lui-même n'était pas vraiment féministe. Mais le féminisme de Gournay resta étroitement lié à son « montaignisme ». Sa conviction qu'hommes et femmes étaient égaux – non pas supérieurs, mais différents par l'expérience et leur situation – s'accordait avec son relativisme. Elle puisa son inspiration dans son insistance à contester les conventions

1. « Préface de Marie de Gournay », *in* Montaigne, les *Essais*, « Bibliothèque de la Pléiade », p. 6.

sociales et son empressement à passer d'un point de vue à l'autre. Pour Gournay, si seulement les hommes pouvaient exercer leur imagination et voir le monde comme le voit une femme, ne fût-ce que quelques minutes, ils apprendraient de quoi changer à jamais de conduite. Mais ce saut de perspective est apparemment une chose qu'ils ne surent jamais accomplir.

Peu après sa publication, Gournay eut des doutes sur sa préface cinglante. À cette date, elle séjournait sur les terres de Montaigne, en qualité d'hôte de sa veuve, de sa mère et de sa fille, qui l'avaient visiblement accueillie par amitié, loyauté et sympathie. C'est de là qu'elle écrivit le 2 mai 1596 à Juste Lipse pour lui dire qu'elle n'avait composé ce texte que terrassée par le chagrin de la disparition de Montaigne et qu'elle souhaitait maintenant le retirer[1]. Son ton excessif, confia-t-elle alors, était l'effet « d'une violente fièvre d'âme[2] ». Peu après, envoyant des copies aux éditeurs de Bâle, Strasbourg et Anvers, elle coupa la préface pour lui substituer une courte note austère de dix lignes. L'original demeura au fond d'un tiroir de Gournay avant de refaire surface sous une forme différente, en 1599, dans une édition du *Proumenoir*. Plus tard encore, elle se repentit carrément de sa repentance, pour en arriver peut-être à un sentiment

1. Lettre du 2 mai 1596, *in* Marie de Gournay, *Œuvres complètes,* vol. 2, p. 1938. Voir M. McKinley, « An editorial revival : Gournay's 1617 Preface to the *Essais* », *Montaigne Studies,* 7, 1996, p. 193.

2. Marie de Gournay, Préface « courte », in *Œuvres complètes,* vol. 1, p. 273.

montaignien tardif de défiance : les dernières éditions des *Essais* parues de son vivant rétablirent la Préface dans sa gloire et ses excès[1].

Ces éditions successives des *Essais,* avec une suite d'œuvres de moindre importance, et souvent moins sujettes à polémique, aidèrent Gournay à vivre. D'une certaine façon, elle fit ce qu'elle avait choisi de faire : elle vécut de sa plume. Rentrée à Paris, elle y occupa une mansarde avec une seule fidèle servante, Nicole Jamyn. Il lui arriva de tenir salon et elle se lia d'amitié avec quelques-uns des hommes les plus intéressants de son temps, y compris des Libertins comme François le Poulchre de la Motte-Messemé et François de La Mothe Le Vayer. Beaucoup la soupçonnèrent d'être elle-même libertine et adepte de la libre-pensée en religion[2]. Dans sa *Pincture de mœurs* autobiographique, elle se dit dépourvue de la piété profonde qu'elle aurait aimée avoir, peut-être une manière d'insinuer qu'elle était profondément incroyante[3].

Les livres de Gournay se vendirent, mais la publicité qui les entoura prit souvent la forme du scandale ou de la moquerie publique. Celle-ci ne se focalisa jamais sur

---

1. Les dix lignes de la préface « courte » furent reprises dans toutes les éditions du XVIIe siècle jusqu'en 1617, date à laquelle la plus longue fut reprise sous une forme révisée : Montaigne, *Essais*, éd. Gournay, Paris, Petit-pas, 1617. Entre-temps, une autre version avait paru *in* Gournay, *Le Proumenoir* (1599).

2. Voir G. Dotoli, « Montaigne et les libertins via Mlle de Gournay », *in* Tetel (dir), *Montaigne et Marie de Gournay,* p. 105-141.

3. Marie de Gournay, « Pincture de mœurs », in *L'Ombre* (1626) ; repris in *Œuvres complètes,* vol. 2, p. 1783-1788, ici p. 1784. Voir Ilsley, p. 129.

les *Essais*, du moins pas de son vivant, ni même sur ses divers écrits féministes. Le plus souvent, on la ridiculisa pour son mode de vie peu orthodoxe et ses œuvres polémiques de moindre importance. Parfois, elle y gagna un respect accordé à contrecœur. En 1634, elle fut l'une des fondatrices de l'influente Académie française, mais son rôle est entouré de deux grands paradoxes. La première est que, en tant que femme, elle ne fut jamais admise à siéger à aucune de ses réunions[1]. L'autre est que, des siècles durant, l'Académie s'associa exactement au style d'écriture aride et perfectionniste que Gournay elle-même détestait[2]. Elle ne soutint ni ses vues sur la langue littéraire ni sur son cher Montaigne.

Gournay mourut le 13 juillet 1645, à la veille de son quatre-vingtième anniversaire. Son épitaphe gravée la décrit telle qu'elle aurait aimé l'être : écrivain et fille de Montaigne[3]. Les caprices de la mode devaient imprimer des formes bizarres à sa réputation posthume, comme ce fut le cas pour Montaigne[4]. Le style d'écriture exubérant qui avait ses préférences fut longtemps rejeté. Un commentateur du XVIIIe siècle écrivit : « Rien ne peut égaler les éloges qu'elle a reçus pendant sa vie [...]. Mais on est bien revenu de toutes ces louanges, et quelque mérite qu'elle pût avoir par elle-même, ses

1. Sur l'Académie, voir Ilsley, p. 217-242.

2. *Ibid.*, p. 200-216; P. P. Holmes, « Mlle de Gournay's defence of Baroque imagery », *French Studies*, 8, 1954, p. 122-131, ici p. 122-129.

3. Ilsley, p. 262. [Pour le texte latin et sa traduction : Fogel, p. 10.]

4. Ilsley, p. 266-277.

ouvrages ne sont plus lus de personne, et sont tombés dans un oubli dont ils ne sortiront jamais[1]. »

La seule chose qui continua de se vendre fut son édition de Montaigne. Or, elle finit par susciter à son tour la jalousie, et les XVIIIe et XIXe siècles commencèrent à voir en elle une sangsue dans le dos de Montaigne[2]. Cette interprétation avait un fond de vérité, puisqu'elle se servit de Montaigne pour survivre, mais elle faisait fi de tous ses efforts pour le promouvoir et le défendre. L'intensité même de ce dévouement était de nature à éveiller la méfiance. Au XXe siècle, un éditeur de Montaigne, Maurice Rat, devait encore la décrire sous les traits d'une « vieille pédante » « qui eut le tort de vivre trop longtemps » et dont l'« attitude agressive et grognon » fit plus de tort que de bien[3]. Même le judicieux Pierre Villey, qui prit généralement son parti, ne put s'empêcher parfois de plaisanter et s'offusqua de ses velléités de hisser son amitié avec Montaigne au même niveau que celle de Montaigne avec La Boétie[4]. D'une manière générale, on persista à juger l'amitié Gournay/Montaigne avec d'autres critères que l'amitié Montaigne/La Boétie. On loue, déconstruit, théorise, analyse, érotise et psychanalyse

1. J.-P. Niceron, *Mémoires pour servir à l'histoire des hommes illustres dans la République des lettres,* Paris, 1727-1745, vol. XVI, 1733, p. 231. Cf. Ilsley, p. 270.

2. L'accusation fut notamment portée par Chapelain, associé à un projet d'édition rivale chez Elzévir ; voir Boase, *Fortunes,* p. 54, et Ilsley, p. 255.

3. Maurice Rat, « Introduction » (1962), *in* Montaigne, les *Essais,* « Bibliothèque de la Pléiade », p. 3.

4. Villey, *Montaigne devant la postérité,* p. 44.

celle-ci jusque dans ses moindres détails, alors que l'« adoption » de Gournay a longtemps suscité à peine plus qu'un de ces sourires condescendants qui la fâchaient tant.

Si la situation a changé au cours des dernières années, c'est essentiellement du fait de la naissance du féminisme, qui reconnaît en elle une pionnière. Son premier grand champion moderne fut un homme, Mario Schiff, qui lui consacra en 1910 une première étude biographique fouillée[1] et publia de nouvelles éditions de ses œuvres féministes. Depuis lors, le mouvement s'est poursuivi. En 1963, Marjorie Henry Ilsley acheva sa biographie d'une *Fille de la Renaissance* par un chapitre consacré à la « fortune ascendante de Marie de Gournay » ; depuis lors, elle n'a cessé de grimper, avec la sortie régulière de nouvelles biographies et d'éditions savantes[2], mais aussi de romans[3].

Plus près de nous encore, on observe un changement d'attitudes envers son édition de 1595 des *Essais,* qui avait été délaissée près d'une centaine d'années, après trois siècles de domination incontestée. Après avoir sombré au fond des océans au XXe siècle, au point de n'avoir plus droit qu'à quelques notes en bas de page, la voici qui refait surface. Elle semble

1. Mario Schiff, *La Fille d'alliance de Montaigne : Marie de Gournay,* Paris, Champion, 1910.

2. Voir l'édition de ses *Œuvres complètes* (2002) en deux volumes.

3. Cf. Martine Mairal, *L'Obèle,* Paris, Flammarion, 2003 ; et Jenny Diski, *Apology for the Woman Writing,* Londres, Virago, 2008.

posséder la même formidable résilience que Marie de Gournay.

Guerres éditoriales

Jamais le rejet de l'édition de Gournay ne fut plus sévère qu'au moment même où commença à se réveiller sa réputation. Ce fait étrange s'explique simplement. Jusque-là, son texte n'avait point de rival ; ce que les lecteurs pensaient de sa personnalité manquait de base matérielle. À la fin du XVIIIe siècle, cependant, un autre texte apparut dans les archives de Bordeaux : un exemplaire de l'édition de 1588, fortement annoté de la main même de Montaigne, mais aussi de celles de ses secrétaires et assistants, dont Marie de Gournay elle-même.

L'« Exemplaire de Bordeaux », comme on devait l'appeler, ne retint guère l'attention avant la fin du XIXe siècle, quand le goût se développa chez les savants de se pencher sur les détails infimes de ce genre de textes. Il apparut alors que si l'Exemplaire de Bordeaux et l'édition de Gournay étaient globalement semblables, ils ne l'étaient pas dans le détail. On dénombra plusieurs milliers de différences, éparpillées comme grains de sable à travers le livre. Parmi elles, une centaine étaient assez significatives pour en changer le sens, et quelques-unes étaient d'une importance capitale, y compris la section louant Marie de Gournay elle-même. En vérité, toutes les différences étaient également importantes, car elles impliquaient que, somme toute, Gournay n'avait pas été une éditrice attentive. Au mieux était-elle incompétente, au pire elle avait fraudé. Cette conclusion provoqua une réaction anti-Gournay, suivie d'une série de guerres éditoriales qui se prolongèrent au début du XXe siècle et qui, après une accalmie, font de nouveau rage aujourd'hui[1].

La bataille suivit les règles de l'art de la guerre classique, se concentrant sur le siège de places fortes clés et l'accès aux vivres. Des armées de transcripteurs et d'éditeurs rivaux s'attaquèrent à l'Exemplaire de Bordeaux, travaillant *grosso modo* au même moment, regardant par-dessus l'épaule de leurs voisins, et faisant tout leur possible pour se bloquer mutuellement l'accès au précieux objet. Chacun élabora sa propre technique pour lire l'encre effacée, mais aussi représenter les divers niveaux d'ajouts et d'augmentation, ainsi que les différentes mains. D'aucuns s'enlisèrent dans les questions de méthodologie au point de n'accomplir aucun progrès. Un des premiers transcripteurs, Albert Cagnieul, écrivit à ses patrons de la Bibliothèque de Bordeaux pour leur expliquer pourquoi il mettait tant de temps à obtenir des résultats :

> La séparation des divers états a été opérée en faisant porter l'observation et l'analyse sur des faits matériels évidents [...]. On a admis que cette séparation était régulièrement effectuée quand on avait rempli cette double condition :

1. Voir Keffer, p. 62-63 ; et Ph. Desan, « Cinq siècles de politiques éditoriales des *Essais* », *in* Desan, *Montaigne dans tous ses états,* p. 121-191.

> de faire état de *tous* les éléments fournis par l'analyse ;
> de ne faire état *que* de ces éléments.
> Les résultats ont démontré l'efficacité de la méthode[1].

Quand, quelques années plus tard, il se fit de nouveau tirer les oreilles – toujours aucun signe d'achèvement de la transcription –, il choisit un autre angle d'attaque :

> Tout ce qui reste à faire, est en grande partie préparé et pourra être terminé dans un temps relativement court, qu'il est difficile cependant d'évaluer à cause des difficultés particulières qui surgissent à tout instant[2].

Si le projet de Cagnieul ne donna rien, d'autres obtinrent de meilleurs résultats. Le début des années 1900 vit la sortie de trois versions différentes, dont une « Édition phototypique », qui se contenta de reproduire les volumes en fac-similé. Les deux autres furent l'Édition municipale, dirigée par le prétentieux Fortunat Strowski, et l'Édition typographique, dirigée par Arthur-Antoine Armaingaud, tout aussi opiniâtre et difficile. Ils devaient tour à tour se dépasser, tels deux chevaux de course très lents engagés dans une longue course. Strowski gagna le premier tour de piste, sortant ses deux premiers volumes en 1906 et 1909. Il s'était vanté[3] qu'aucune autre édition ne serait jamais nécessaire et persuada le dépôt de Bordeaux d'imposer

1. Ken Keffer, p. 62 ; version française p. 65.
2. *Ibid.*, p. 63 ; version française p. 66.
3. Voir A. Compagnon, « Les repentirs de Fortunat Strowski », *in* Tetel (dir.), *Montaigne et Marie de Gournay*, p. 53-77, ici p. 69.

à Armaingaud de nouvelles conditions de travail draconiennes, dont des températures ambiantes si basses qu'il en avait les doigts engourdis, et l'obligation de lire toutes les pages sous d'épaisses plaques de verre rouge ou vert afin de les protéger de la lumière. Armaingaud batailla : son premier volume sortit en 1912, même s'il indiqua la fausse date de 1906 pour faire croire à la postérité que sa version avait paru en même temps que celle de Strowski[1].

Le petit jeu se poursuivit. Pendant un temps, Armaingaud tint la corde, mais ses volumes suivants s'enlisèrent. Il s'isola aussi par sa propension à défendre des opinions inhabituelles sur Montaigne, notamment l'idée que celui-ci était le véritable auteur du *Discours de la servitude volontaire*[2]. Un peu comme Marie de Gournay avant lui, et beaucoup de théoriciens littéraires par la suite, Armaingaud aimait à croire que Montaigne avait des niveaux de sens secrets, que lui seul savait déchiffrer. Ce qui lui valut le sarcasme de l'un de ses ennemis : « Montaigne est sa chose, son bien, seul il le connaît à fond, seul il a surpris son secret, seul il peut parler, en son nom, interpréter sa pensée[3]. » Au moins Armaingaud continua-t-il d'assurer un filet de production, quand Strowski se laissa distraire par d'autres projets sans parvenir à achever le dernier volume de son édition.

---

1. Voir Keffer, p. 18-19.
2. Voir A. Armaingaud, *Montaigne pamphlétaire,* Paris, Hachette, 1910.
3. Émile de Perceval, in *Bulletin de la Société des Bibliophiles de Guyenne* (1936), cité *in* Keffer, p. 162-163.

Les autorités bordelaises qui le finançaient finirent par confier le travail à un autre, François Gébelin, qui sortit le dernier volume en 1919 – un demi-siècle après que l'idée avait été avancée. En 1921 et 1933 suivirent des volumes de commentaire et de concordance, produits par le fin montaigniste qui prit alors en main le projet : Pierre Villey[1], un homme dont l'œuvre est d'autant plus méritoire qu'il était aveugle depuis l'âge de trois ans[2]. Il acheva son travail à temps pour les célébrations bordelaises du quatre centième anniversaire de la naissance de Montaigne, en 1933, mais les organisateurs des festivités oublièrent de l'inviter[3]. Entretemps, Armaingaud avait lui aussi terminé sa version, si bien que le monde disposa enfin de deux bonnes transcriptions des *Essais.* Les deux éditions avaient un point commun crucial : ayant eu beaucoup de mal à accéder physiquement à l'Exemplaire de Bordeaux, leurs maîtres d'œuvre avaient résolu de s'y tenir et de faire fi presque entièrement de la version publiée, aisément accessible, de Marie de Gournay. Elles partageaient aussi une tendance fort peu montaignesque à se considérer comme la source du dernier mot, incontestable, sur toutes les questions de recherche textuelle.

Ces deux éditions donnèrent le ton au reste du siècle. Désormais, la version de 1595 devait être employée

---

1. Voir G. Defaux, « Villey, Pierre », *in* Desan, *Dictionnaire,* p. 1191-1192.

2. P. Villey, « Le travail intellectuel des aveugles », *Revue des deux mondes,* 1er mars 1909, p. 420-443.

3. Keffer, p. 21.

seulement comme source de variantes occasionnelles à signaler en notes. Encore cela n'était-il fait que lorsque les différences paraissaient significatives. Autrement, les variations mineures passaient pour un signe de la médiocre édition de Marie de Gournay et de la corruption du texte de 1595. Gournay était censée avoir procédé exactement comme eux – transcrit l'Exemplaire de Bordeaux –, mais avoir saboté le travail[1].

Dès 1866, cependant, un certain Reinhold Dezeimeris avait avancé une autre explication. Gournay avait bien pu faire un excellent travail d'édition, suggéra-t-il, mais à partir d'un autre exemplaire[2]. L'idée tarda à s'imposer, mais elle vit ensuite ses partisans se multiplier, d'aucuns s'efforçant de préciser comment le passage d'un exemplaire à l'autre avait pu se produire[3].

---

1. Parmi les éditions ultérieures du XXe siècle donnant la priorité à l'Exemplaire de Bordeaux, il faut signaler l'édition A. Thibaudet et M. Rat des *Œuvres complètes* dans la Bibliothèque de la Pléiade (1962), dont D. Frame s'est servi dans sa traduction, et la version révisée de l'édition de Pierre Villey : les *Essais,* éd. P. Villey et V.-L. Saulnier, Paris, PUF, 1965.

2. R. Dezeimeris, *Recherche sur la recension du texte posthume des Essais de Montaigne*, Bordeaux, Gounouihou, 1866.

3. Sur la logistique et cette théorie en général, voir D. Maskell, « Quel est le dernier état authentique des *Essais* de Montaigne ? », *Bibliothèque d'Humanisme et Renaissance,* 40, 1978, p. 85-103 ; et « The Evolution of the *Essais* », *in* McFarlane et Maclean (dir.), *Montaigne : Essays in Memory of Richard Sayce,* p. 13-34 ; P. Desan, « L'*Exemplar* et l'Exemplaire de Bordeaux », *in* Desan, *Montaigne dans tous ses états,* p. 69-120 ; J. Balsamo et C. Blum, « Édition de 1595 », *in* Desan, *Dictionnaire,* p. 350-358 ; J.-C. Arnould (dir.), *Marie de Gournay et l'édition de 1595 des Essais de Montaigne* ; O'Brien.

Si cette théorie est juste, probablement l'histoire commença-t-elle avec Montaigne, lequel travailla plusieurs années sur l'Exemplaire de Bordeaux, ainsi que ses partisans l'ont toujours pensé. À un certain point, cependant, celui-ci fut tellement encombré de notes qu'il devint à peine utilisable. Exaspéré par ce gâchis, Montaigne en fit exécuter une copie propre – qui n'a pas survécu –, mais qu'on appelle aujourd'hui l'« *Exemplar* », par commodité. Il continua d'y faire des additions, pour l'essentiel mineures, car sa vie de travail touchait maintenant à sa fin. À sa mort, c'est l'*Exemplar, non pas* l'Exemplaire de Bordeaux, qui aboutit entre les mains de Marie de Gournay, afin qu'elle l'éditât et le publiât. Ce qui expliquerait qu'il n'ait pas survécu : en cas de nouvelle édition, l'usage était de détruire les manuscrits des auteurs ou les éditions antérieures augmentées. Pendant ce temps, l'Exemplaire de Bordeaux, inutilisé, demeura intact, telle la cuticule demeurant accrochée à un arbre quand la nymphe fait sa mue et devient cigale.

L'hypothèse est claire ; elle explique et la survie de l'Exemplaire de Bordeaux et les divergences textuelles. Elle s'accorde avec ce que l'on sait de la pratique éditoriale de Marie de Gournay : il eût été étrange de la voir prêter une attention soutenue aux corrections de dernière minute, comme elle le fit, alors qu'elle aurait été si négligente dans son travail antérieur. Si on accepte cette théorie, les conséquences en sont spectaculaires. Cela signifie que c'est sa publication de 1595, plutôt que l'Exemplaire de Bordeaux, qui approche au plus près d'une version définitive des *Essais* telle que Montaigne l'aurait souhaitée. En ce cas, la majeure partie des éditions du XXe siècle serait une anomalie de l'histoire, un fourvoiement.

Ce débat a naturellement mis le monde de Montaigne en tumulte et provoqué un conflit à tous égards aussi enflammé que ceux d'il y a un siècle. Certains éditeurs ont spectaculairement bousculé la hiérarchie en ravalant les variantes de l'Exemplaire de Bordeaux à l'humble place de notes que Gournay occupa si longtemps : tel est notamment le cas de l'édition de Jean Balsamo, Michel Magnien et Catherine Magnien-Simonin parue en 2007 dans la « Bibliothèque de la Pléiade ». D'autres spécialistes restent fidèles à l'Exemplaire de Bordeaux, qui triomphe en particulier dans l'édition qu'André Tournon en a donné en 1998, surpassant toutes les éditions antérieures par son attachement aux détails microscopiques du texte. Elle intègre les choix de ponctuation et les signes de Montaigne, précédemment négligés ou modernisés, comme pour souligner la proximité physique de la main de Montaigne et de ses intentions. Comme s'il tenait lui-même la plume, avec l'encre qui goutte[1].

Quand la poussière retombera, si tant est que cela arrive, on disposera d'une norme pour le siècle qui vient. Pour tous les lecteurs de Montaigne, les conséquences seront nombreuses. Les nouvelles éditions sont désormais susceptibles de mettre en avant un texte ou l'autre, plutôt que de les amalgamer,

1. A. Tournon et J. Céard, représentant les deux positions, ont pris part à un débat à la Bibliothèque nationale le 9 février 2002 : « Les deux visages des *Essais* » : voir leurs contributions sur http://www.amisdemontaigne.net. visagesessais.htm.

puisque l'importance des variations est désormais bien appréciée. Si Gournay l'emporte, une page de Montaigne paraîtra sans doute aussi plus simple, car elle pourrait réduire le désir de parsemer le texte de lettres « A », « B » et « C », visuellement troublantes, pour désigner les couches de composition. Elles garderaient leur intérêt, même si elles ont d'abord été introduites par les éditeurs travaillant sur l'Exemplaire de Bordeaux et dont la motivation était en partie de rendre bien visible leur travail difficile. Gournay elle-même ne songea jamais à faire une chose pareille ; Montaigne non plus. Il y aurait aussi des conséquences pour les lecteurs qui lisent les *Essais* dans une autre langue. Une nouvelle traduction anglaise s'imposerait d'urgence, puisque les deux traductions, par ailleurs excellentes, qui dominent aujourd'hui le marché, celles de Donald Frame et de Michael A. Screech, appartiennent clairement à l'époque de l'Exemplaire de Bordeaux. Nous retournerions largement au texte-source employé par John Florio, Charles Cotton et la dynastie Hazlitt.

Quoi qu'il advienne, il est peu probable que cela marque la fin de l'histoire. Les différends continueront, ne fût-ce que sur la position des virgules. Il serait difficile aujourd'hui de justifier l'*hubris* d'un Strowski, convaincu de la possibilité de produire une version définitive parfaite. En vérité, on ne saurait jamais dire vraiment que les *Essais* soient finis. L'homme a bien pu suspendre ses guêtres et délaisser la plume, mais, aussi longtemps que ses lecteurs et éditeurs divergeront sur les résultats, l'auteur n'aura jamais tout à fait apposé un point final sur la page.

Montaigne remixé et embabouiné

Montaigne savait fort bien que, à la minute où l'on publie un livre, on en perd le contrôle. Les autres peuvent en faire ce qu'il leur plaît : l'éditer sous d'étranges formes, lui imposer des interprétations dont on n'aurait jamais rêvé. Même un manuscrit inédit peut vous glisser entre les mains, comme il advint au *Discours de la servitude volontaire* de La Boétie.

Au temps de Montaigne et de La Boétie, l'absence de loi sur le *copyright* et l'admiration pour la copie comme technique littéraire donnait plus de liberté encore qu'on ne le penserait de nos jours. Quiconque s'entichait de certains morceaux des *Essais* pouvait les publier à part ; on pouvait abréger ou augmenter l'ensemble, éliminer les sections qu'on n'aimait pas, choisir un nouvel ordre, ou publier le texte sous un nom différent. Ainsi pouvait-on extraire une douzaine de chapitres pour en faire un mince volume, maniable, rendant un précieux service aux lecteurs dont les biceps ne supportaient pas le tome entier. On pouvait s'offrir à mettre de l'ordre dans la pagaïe : en présence d'une déambulation de vingt pages de Montaigne, un rédacteur hardi comme « Honoria » pouvait le réduire à deux pages qui – notion fort peu montaignesque – semblaient traiter du sujet annoncé en titre[1].

Certains éditeurs ont été plus interventionnistes encore. Au lieu de procéder çà ou là à des coupes choisies, ils retroussèrent leurs manches et plongèrent les mains dans les *Essais* pour les démembrer tel un poulet

1. Voir Montaigne, *Essays,* éd. Honoria, 1800.

et en faire une créature entièrement nouvelle. Le plus éminent représentant de cette pratique est aussi le tout premier et le plus célèbre : l'ami et quasi contemporain de Montaigne Pierre Charron, qui signa un *best-seller* du XVIIe siècle, *De la sagesse*[1]. Montaigne ne s'y serait guère reconnu, mais il s'agit au fond des *Essais* sous un autre nom et dans un format différent. On a parlé de « *remake*[2] » ; on aurait pu aussi bien parler de « *remix* », mais aucun de ces deux mots n'indique à quel point son esprit est éloigné de l'original. Charron créa un Montaigne dépouillé de ses détails idiosyncrasiques, des citations ou des digressions, des arêtes rugueuses, et des révélations personnelles en tous genres. Il donna aux lecteurs matière à discuter, ou à accepter, si le cœur leur en disait : un ensemble d'énoncés qui ne serpentaient plus sous l'effet de l'interprétation ni ne se dissipaient comme le brouillard. Des pensées vagabondes de Montaigne sur un sujet comme le rapport des hommes aux animaux, il assembla le montage suivant :

1. Comparaison utile et difficile en laquelle l'homme est suspect
2. Choses communes
    1. Différences et avantages de l'homme
    2. Des bêtes
        1. Généraux
        2. Particuliers
    3. Avantages disputables[3].

1. Voir E. Gontier, « Charron, Pierre », *in* Desan, *Dictionnaire,* p. 182-185.
2. Bellenger, p. 188.
3. Pierre Charron, *De la sagesse,* édition de 1657, livre I, 2e considération, chap. 8, p. 65-80 ; rééd. Fayard, I, chap. 34, p. 207-229.

C'est impressionnant et insignifiant, tellement insignifiant que *De la sagesse* connut un immense succès. Encouragé par cet accueil, Charron le comprima davantage encore pour produire un *Petit traité de la sagesse*[1], qui se vendit bien lui aussi : les deux volumes connurent de nombreuses éditons. Au fil du XVIIe siècle, de plus en plus de lecteurs rencontrèrent leur Montaigne sous une forme « charronisée », ce qui explique en partie qu'ils aient pu comprendre et aborder son scepticisme pyrrhonien dans un esprit si analytique. (Si Pascal le trouva encore furieusement fuyant, c'est qu'il le lut dans l'original.) Marie de Gournay, en revanche, n'approuvait pas Charron. Dans la préface de son édition de 1635 des *Essais,* elle le traite de « mauvais copiste[2] » et observe que la seule chose de positive que l'on puisse dire pour inviter à le lire est qu'il rappelle le génie du vrai Montaigne.

Les successeurs de Charron aux XVIIe et XVIIIe siècles remixèrent encore Montaigne, voire Charron lui-même. Alors que les *Essais* restaient à l'Index, les *remix* et les *remakes* étaient la seule forme sous laquelle le livre était publiable en France. Le marché fut donc inondé de minces « Montaigne » piratés, ou d'œuvres dont les titres évoquaient des essences purifiées : *L'Esprit des Essais de Montaigne*[3] ou *Pensées de Montaigne, propres à former l'esprit et les mœurs*[4].

1. Paris, 1625.
2. Montaigne, les *Essais,* éd. Gournay, Paris, Jean Camusat, 1635, préface, cité *in* Villey, *Montaigne devant la postérité,* p. 162.
3. Paris, C. de Sercy, 1677.
4. Paris, Anisson, 1700.

Ce dernier le purgea si énergiquement que le livre ne compte que 214 petites pages, introduites par la remarque : « Il est peu de si mauvais livres, qu'il ne s'y trouve quelque chose de bon ; et peu de si bons, qu'il ne s'y trouve quelque chose de mauvais[1]. »

Les auteurs ont toujours été abrégés. Les versions réduites de grandes œuvres continuent de prospérer sur le marché de l'édition aujourd'hui, souvent sous des titres du style *Compact Editions.* Le porte-parole d'une récente collection britannique de ce genre se serait justifié en ces termes : « *Moby Dick* devait être difficile en 1850 ; en 2007, il est presque impossible de s'y frayer un chemin[2]. » À trop tailler dans la graisse de *Moby Dick,* le danger est qu'il ne reste plus rien de la baleine. De même, l'« esprit » de Montaigne réside dans les morceaux mêmes que les éditeurs sont les plus empressés de perdre : ses écarts, ses à-côtés, ses changements d'avis et son mouvement incessant d'une idée à l'autre. Pas étonnant qu'il ait éprouvé le besoin de trancher : « Tout abrégé sur un bon livre est un sot abrégé[3]. »

Mais il savait aussi qu'on ne lit jamais sans sélectionner. Lui-même procédait toujours ainsi quand il prenait un livre, et il le faisait encore plus résolument quand l'ennui le poussait ensuite à s'en défaire. Montaigne ne lisait que ce qui l'intéressait ; ses lecteurs et éditeurs font de même avec lui. Toutes les lectures du

1. *Ibid.,* p. 5.

2. Ben Hoyle, « Publisher makes lite work of the classics », *The Times,* 14 avril 2007.

3. III, 8, p. 985.

livre finissent par devenir un *Esprit des* Essais *de Montaigne,* même les plus savantes.

En vérité, peut-être y sont-elles plus portées que toute autre. Il est frappant de voir à quel point les critiques modernes, à grand renfort de *remix* et de *remakes,* font un Montaigne qui leur ressemble, pas seulement individuellement, mais génériquement. De même que les Romantiques trouvèrent un Montaigne romantique, les Moralistes victoriens un moraliste, et les Anglais en général un Montaigne anglais, les critiques « déconstructionnistes » ou « postmodernistes », qui ont fleuri à la fin du XXe siècle et au début de celui-ci, se délectent de dénicher cela même qu'ils sont prédisposés à voir : un Montaigne déconstructionniste. Ce type de Montaigne est devenu si familier à l'œil critique contemporain qu'il faut consentir un gros effort pour prendre assez de recul et voir de quoi il s'agit réellement : un artefact, ou tout au moins un *remix* créatif.

Les postmodernistes voyant dans le monde un système de sens perpétuellement changeant, ils se concentrent sur un Montaigne qui parle du monde comme d'une « branloire » dansante, ou pour qui les êtres humains sont « divers et ondoyants[1] » et « doubles en [eux]-mêmes[2] ». Ils croient impossible toute connaissance objective, et sont donc attirés par les écrits de Montaigne sur la perspective et le doute. (Étant un produit de son temps, ce livre n'est pas moins enclin qu'un autre à céder à ces tentations.) L'ouvrage est

1. I, 1, p. 33.
2. II, 16, p. 657.

enjôleur et flatteur. On regarde son exemplaire des *Essais* comme la reine de *Blanche-Neige* scrute son miroir. Avant même qu'on ait eu le temps de poser la question du conte de fées, le miroir chantonne : « C'est toi la plus belle ! »

La théorie critique récente est plus que de raison portée à céder à cet effet de « miroir magique » avec son habitude de parler du texte plutôt que de l'auteur. Au lieu de se demander ce que Montaigne voulait « réellement » dire, ou d'enquêter sur le contexte historique, les critiques se sont surtout penchés sur le réseau indépendant d'associations et de sens sur la page : un réseau qu'on peut transformer en un grand filet de pêche pour attraper presque n'importe quoi. Et ce n'est pas seulement un trait caractéristique du postmodernisme. Des critiques psychanalytiques appliquent également leur analyse aux *Essais* eux-mêmes, plutôt qu'à l'homme, à Montaigne. D'aucuns traitent le livre comme une entité douée d'un subconscient. De même qu'un analyste peut lire les rêves du patient pour trouver ce qui s'y cache, un critique peut sonder les étymologies du texte, les sonorités, les lapsus accidentels et même les coquilles d'imprimerie pour découvrir des niveaux de sens cachés. Il est admis que Montaigne n'avait aucunement l'intention de les y mettre, mais qu'importe, puisque le texte possède ses intentions à lui.

De cet axe de réflexion sont sorties des lectures qui, à leur façon, sont aussi baroques et belles que l'écriture de Montaigne. On ne donnera qu'un des exemples les plus séduisants. Dans « A suckling of cities : Montaigne in Paris and Rome » (Un téteur de cités :

Montaigne à Paris et Rome»), Tom Conley s'empare d'une remarque toute simple de Montaigne tirée du chapitre «De la vanité», à savoir qu'il connut Rome avant de connaître le palais royal[1] : or le Louvre fait penser à «louve». Pour Conley, cela révèle le lien subconscient du texte avec la louve qui allaita Romulus et Remus, les jumeaux fondateurs de Rome. Leurs bouches s'ouvraient pour téter; de même ouvrons-nous notre perspective sur des cités comme Rome et Paris en réfléchissant à la manière dont elles ont survécu au fil des siècles. La bouche ouvre cette perspective : elle «l'ouvre». Dès lors, quand Montaigne, d'un même souffle, parle du Louvre et de Rome, son texte révèle une image cachée dans laquelle «les lèvres de l'essayiste se ferment autour d'un téton royal».

L'image de l'allaitement conduit aux seins, démultipliés à travers Rome sous la forme des nombreux dômes et belvédères de la ville. «Des pointes érogènes qui se dressent à l'horizon du panorama urbain sont assimilées en une multiplicité de points d'alimentation.» La vision des lèvres de Montaigne devient plus étrange encore :

> Montaigne tète d'en haut la pointe en érection du temple de Jupiter capitolin sur le mont Saturnien à Rome, de même que d'en bas il plisse ses lèvres autour des mamelons de la louve fondatrice.

Tout cela, dans la note de Montaigne sur le Louvre... mais ce n'est pas tout. Dans le même essai, Montaigne

1. III, 9, p. 1042.

poursuit : « J'ai eu plus *en teste*, les conditions et fortunes de Lucullus, Metellus et Scipion, que je n'ai d'aucuns hommes des nôtres[1]. » Si insignifiante que puisse paraître cette phrase, *tester* ou *teste,* en français moderne, signifie « téter ». On peut visualiser ces trois héros antiques sous la forme de portraits, peut-être gravés sur des pièces de monnaie, que Montaigne met dans sa bouche, « qu'il tète ». Une grande « succion ; dès lors un flot d'espace et de temps » s'écoule à travers ces quelques pages.

Mais ce n'est pas fini. Dans le même essai, Montaigne se dit « embabouyné[2] » par l'histoire romaine : le mot signifie « embobeliné » ou « ensorcelé », mais il peut aussi vouloir dire « allaité », « nourri à la mamelle[3] ». Il devient plus suggestif encore si on lit « en bas bou(e) y n(ais) », soit « en bas dans la boue où je suis né ». Ce qui renvoie, une fois encore, aux enfançons et à la louve, car ils avaient dû plonger dans la boue du Tibre pour la téter par-dessous. La boue étant détrempée et brune, il apparaît alors que le Montaigne embabouiné s'enfonce dans un « monde présymbolique d'arôme et d'excrément ».

L'essai de Conley est lui-même ensorcelant, ou embabouinant, et il ne fait pas que jouer avec des mots comme Remus et Romulus lançant des poignées de

---

1. *Ibid.*

2. *Ibid.*, p. 1043.

3. Conley se réfère à R. Cotgrave, *A Dictionarie of the French and English Tongues,* Londres, A. Islip, 1611 : *embabouyner* signifiait : « duper, rouler, promener, faire entrer dans le Paradis des sots ; donner à sucer ; utiliser comme un enfant ».

boue du Tibre à l'entour. Pas plus qu'il n'affirme que Montaigne avait « réellement » des tétons sur la cervelle quand il écrivit sur Rome. Le propos est de faire ressortir un réseau d'associations : trouver dans les mots apparemment simples d'un texte un sens aussi atmosphérique et révélateur qu'un rêve. Le résultat en est une beauté onirique propre, et il n'y a aucune raison de s'offusquer de son peu de lien apparent avec Montaigne. Comme lui-même le disait de Plutarque, chaque ligne d'un texte aussi riche que les *Essais* est truffé de signes indiquant « par où nous irons, s'il nous plaît[1] ». Les critiques modernes ont pris tout cela très à cœur.

Pendant ce temps, le vrai patient sur le divan de l'analyste – celui dont les rêves réclament une interprétation – ce n'est pas le texte des *Essais,* ni la personne de Montaigne, mais le critique. Traitant le texte de Montaigne comme un trésor d'indices d'une chose inconnue, tout en dissociant ces indices de leur contexte d'origine, ces détectives littéraires se prêtent eux-mêmes à un tour bien connu pour accéder au subconscient. C'est précisément la technique qu'emploie le diseur de bonne aventure quand il sort les feuilles de thé d'une tasse, ou le psychologue quand il applique le test de Rorschach. On dispose un champ aléatoire d'indices, séparés de leur contexte conventionnel, puis on observe ce qui sort de la tête de l'observateur. La réponse, inévitablement, sera quelque chose d'aussi raréfié et fantasque que *L'Esprit des* Essais *de Montaigne.*

1. I, 25, p. 162.

Au grand regret de quiconque a du goût pour ce genre de choses, ce courant de la théorie critique moderne – la dernière des feuilles de nénuphar de ce libre parcours en sauts de grenouille à travers l'histoire des lectures de Montaigne – semble déjà appartenir à l'histoire. Les dernières années ont vu une réaction : un lent changement de climat. Les spécialistes de littérature reviennent de plus en plus nombreux à l'histoire. Une fois encore, ils étudient posément la langue du XVIe siècle, celle de Montaigne, et tâchent de deviner ses intentions et ses motivations. Cela ressemble à la fin d'une époque... et au commencement d'une autre.

Qu'est-ce que Montaigne aurait fait de tout cela ? Il aimait suivre les doigts pointés autour d'une page de Plutarque, tout en s'avouant exaspéré par bien des interprétations littéraires. Plus un critique travaille sur un texte, disait-il, moins on le comprend : « Le centième commentateur le renvoie à son suivant, plus épineux, et plus scabreux, que le premier ne l'avait trouvé[1]. » N'importe quel texte se peut transformer en enchevêtrement de contradictions :

> Voyez démener et agiter Platon, chacun s'honorant de l'appliquer à soi, le couche du côté qu'il veut. On le promène et l'insère à toutes les nouvelles opinions que le monde reçoit[2].

Et Montaigne de se demander si le jour viendrait où les interprètes s'entendraient sur une œuvre

1. III, 13, p. 1114.
2. II, 12, p. 623.

donnée : « Quand est-il convenu entre nous, ce livre en a assez, il n'y a meshuy [désormais] plus que dire[1] ? » Ce temps ne viendrait jamais, bien entendu ; et Montaigne savait que son œuvre devrait passer par la même moulinette aussi longtemps qu'elle aurait des lecteurs. Les gens trouveraient toujours en lui des choses qu'il n'avait jamais eu l'intention de dire. Ce faisant, ils créeraient lesdites choses. « Un suffisant lecteur [lecteur capable] découvre souvent ès écrits d'autrui des perfections autres que celles que l'auteur y a mises et aperçues, et y prête des sens et des visages plus riches[2]. »

> J'ai lu en Tite-Live cent choses que tel n'y a pas lu. Plutarque y en a lu cent, outre ce que j'y ai su lire, et à l'aventure outre ce que l'auteur y avait mis[3].

Au fil des siècles, cette suite d'interprétations et de réinterprétations crée une longue chaîne qui rattache un écrivain à tous ses lecteurs futurs – et qui souvent s'entre-lisent autant qu'ils lisent l'original. Virginia Woolf avait une belle vision de la manière dont les générations étaient liées les unes aux autres, dont nos « cerveaux sont reliés par un fil – dont tout esprit, vivant, aujourd'hui, est fait de la même fibre que celui de Platon ou d'Euripide [...]. C'est cette communauté d'esprit qui fait que le monde entier est retenu par le même lien ; & le monde entier est

1. III, 13, p. 1114.
2. I, 23, p. 132.
3. I, 25, p. 162.

esprit[1] ». Cette capacité de continuer de vivre à travers les mondes intérieurs des lecteurs au cours de longues périodes historiques est ce qui fait d'un livre comme les *Essais* un vrai classique. Alors qu'il renaît différemment dans chaque esprit, il rapproche aussi ces mêmes esprits.

Il ne saurait y avoir d'écriture réellement ambitieuse si l'on n'accepte pas l'idée que d'autres feront de votre travail ce qu'il leur plaira, et le changeront jusqu'à le rendre méconnaissable. Montaigne acceptait ce principe en art comme dans la vie. Il s'en réjouissait même. Les gens se forment de vous d'étranges idées ; ils vous adaptent à leurs fins. Suivez le courant, lâchez prise, et vous y gagnerez tous les bénéfices du vieux truc hellénistique de l'*amor fati* : l'acceptation avec allégresse de tout ce qui arrive. Dans le cas de Montaigne, l'*amor fati* fut une des réponses à la question générale du « comment vivre » et, de fait, ouvrit aussi la voie à son immortalité littéraire. Tant mieux si ce qu'il laissait derrière lui était imparfait, ambigu, insuffisant et vulnérable aux distorsions. On imagine bien Montaigne s'exclamer : « Seigneur, faites que je sois mal compris ! »

1. V. Woolf, *Passionate Apprentice : The Early Journals,* éd. M. A. Leaska, Londres, Hogarth, 1990, p. 178-179 ; *Journal d'adolescence, 1897-1909,* trad. M.-A. Dutartre, Paris, Stock, 1993 ; rééd. 208, p. 246 [juillet 1903]. Voir H. Lee, *Virginia Woolf,* Londres, Vintage, 1997, p. 171.

19

Q. Comment vivre ?
R. Être ordinaire et imparfait

Être ordinaire

Pour une part, ce livre raconte comment Montaigne a parcouru le temps à travers une sorte de réseau de canaux intellectuels. À chaque écluse, on a prélevé des échantillons, parmi

— les premiers lecteurs enthousiastes de Montaigne, qui louaient sa sagesse stoïcienne et son habileté à glaner chez les Anciens de belles pensées ;

— les pareils de Descartes et de Pascal, qui le trouvaient également répugnant et fascinant pour son scepticisme et sa manière de brouiller la frontière entre les humains et les autres animaux ;

— les Libertins du XVIIe siècle, qui aimaient en lui le libre-penseur audacieux ;

— les philosophes des Lumières qui, au XVIIIe siècle, furent de nouveau attirés par son scepticisme et son goût des cultures du Nouveau Monde ;

— les Romantiques, qui saluèrent un Montaigne «naturel» tout en se désolant qu'il ne se fût davantage échauffé ;

— les lecteurs dont la vie a été perturbée par la guerre et les tumultes politiques, et qui firent de Montaigne un héros et un compagnon ;

— les moralistes de la fin du XIXe siècle qui rougissaient de sa paillardise et déploraient son manque de fibre éthique, mais réussirent à le réinventer sous les traits d'un monsieur aussi respectable qu'eux ;

— quatre siècles d'essayistes et philosophes accidentels anglais lecteurs de Montaigne ;

— un philosophe pas vraiment accidentel, en la personne de Friedrich Nietzsche, qui admirait sa légèreté d'esprit et imagina à nouveaux frais ses trucs stoïciens et épicuriens pour vivre dans une ère nouvelle ;

— des modernistes comme Virginia Woolf, qui essaya de saisir le sentiment d'être vivant et conscient ;

— les éditeurs, transcripteurs et remixeurs qui imprimèrent à Montaigne des formes différentes ;

— les interprètes de la fin du XXe siècle, qui, partant d'une poignée de mots de Montaigne, échafaudèrent des constructions extraordinaires.

En cours de route, nous en avons croisé qui estimaient qu'il écrivit trop sur son système urinaire, ceux qui pensaient que son style avait besoin d'être retouché, et ceux qui le trouvaient trop chochotte, sans oublier ceux qui virent en lui un sage, ou un second moi, si proche qu'ils ne savaient plus trop s'ils lisaient les *Essais* ou les écrivaient eux-mêmes.

Nombre de ces lectures disparates sont des transformations des trois grandes traditions hellénistiques telles que Montaigne les a transmises… et altérées.

Rien de plus naturel, puisque ces traditions furent le fondement de sa pensée, et que leurs lignes d'influence courent à travers toute la culture européenne. On ne saurait guère les séparer l'une de l'autre, fût-ce dans leurs plus lointaines origines ; dans la version modernisée de Montaigne, elles devinrent plus enchevêtrées que jamais. Leur association tient avant tout à leur poursuite commune de l'*eudaimonia,* ou épanouissement humain, et à leur conviction que la meilleure façon de l'atteindre passe par l'équanimité et l'équilibre, ou *ataraxia.* Ces principes les lient à Montaigne et, à travers lui, à tous les lecteurs ultérieurs venus aux *Essais* en quête de compagnonnage ou à l'affût d'une sagesse pratique, quotidienne, qu'ils puissent *utiliser.*

Les lecteurs modernes qui abordent Montaigne en demandant ce qu'il peut pour eux posent la même question, qu'il se posa à propos de Sénèque, Sextus Empiricus et Lucrèce, mais aussi la question qu'ils posèrent à *leurs* prédécesseurs. Tel est le vrai sens de la chaîne des esprits dont parle Virginia Woolf : non pas une tradition savante, mais une série d'individus intéressés qui s'interrogent sur l'énigme de leurs vies et le font en coopération. Tous partagent une qualité qu'on peut simplement baptiser du nom d'« humanité » : l'expérience d'un être pensant et sensible qui doit se satisfaire d'une vie humaine ordinaire – même si Montaigne étendait volontiers l'union des esprits à d'autres espèces.

C'est pourquoi, pour Montaigne, même l'existence la plus ordinaire nous dit tout ce que nous avons besoin de savoir :

> Je propose une vie basse et sans lustre : c'est tout un. On attache aussi bien toute la philosophie morale à une vie populaire et privée qu'à une vie de plus riche étoffe[1].

En fait, c'est exactement ce qu'est une vie commune et privée : une vie de la plus riche étoffe qui se puisse imaginer.

Être imparfait

En ses toutes dernières années, Montaigne eut une santé si souvent chancelante qu'on dirait qu'il passa la moitié de son temps aux confins de la vie et de la mort : cette zone qu'il avait brièvement visitée dans la fleur de l'âge, après son accident de cheval. Il n'était pas encore vieux – juste la cinquantaine finissante –, mais il savait que ses crises de calculs rénaux pouvaient le tuer à tout moment. Il lui arriva de le souhaiter, si forte était la douleur. Mais ces jours-ci, « la pierre » ne le saisissait pas au collet comme une brute épaisse pour le rapprocher du visage tyrannique de la mort. Elle le leurrait « artificiellement [habilement] et doucement[2] », lui laissant tout le loisir de réfléchir entre deux attaques. La mort paraissait amicale, telle que les stoïciens la disaient :

> J'ai au moins ce profit de la colique, que ce que je n'avais encore pu sur moi, pour me concilier du tout, et m'accointer à la mort[3].

1. III, 2, p. 845.
2. III, 13, p. 1139-1140.
3. II, 37, p. 798.

Ce qu'il avait compris pour la première fois après avoir perdu connaissance était maintenant amplement confirmé : la nature se charge de tout pour vous ; nul n'est besoin de se tracasser de quoi que ce soit. Elle nous conduit par la main, écrit-il, « d'une douce pente et comme insensible, peu à peu[1] ». Il n'est guère besoin non plus de regarder où nous allons. En le rendant malade, la nature lui donna ce qu'il cherchait depuis si longtemps : l'*ataraxia,* et donc l'*eudaimonia.* Les plus grands moments de bien-être qu'il eût connus dans sa vie avaient suivi aussitôt une crise, après l'évacuation des calculs. Au-delà du soulagement physique, il y avait aussi une légèreté spirituelle libératrice.

> Mais est-il rien doux, au prix de cette soudaine mutation, quand d'une douleur extrême, je viens par la vidange de ma pierre, à recouvrer, comme d'un éclair, la belle lumière de la santé : si libre, et si pleine[2].

Il en vint même à trouver un semblable plaisir au milieu de ces crises. Certes elles étaient douloureuses, mais il apprit à goûter leurs quelques compensations, y compris la lueur de satisfaction qu'il éprouvait à voir l'admiration dans les yeux des gens :

> Il y a plaisir à ouïr de soi : Voilà bien de la force, voilà bien de la patience. On te voit suer d'ahan [sous l'effort], pâlir, rougir, trembler, vomir jusques au sang, souffrir des contradictions et convulsions étranges, dégoutter parfois de grosses larmes des yeux, rendre les urines épaisses,

1. I, 19, p. 92. Voir aussi III, 13, p. 1139 et 1150-1151.
2. III, 13, p. 1141.

noires et effroyables, ou les avoir arrêtées par quelque pierre épineuse et hérissée qui te point et écorche cruellement le col de la verge, entretenant cependant les assistants d'une contenance commune, bouffonnant à pauses avec tes gens [1].

Lui seul savait la vérité : qu'il était plus aisé de plaisanter et de poursuivre des conversations sous l'emprise de la douleur qu'un observateur ne pouvait le deviner. Comme le lui avait fait entrevoir la quasi-mort dont il avait fait l'expérience, l'apparence extérieure n'avait pas forcément de relation avec ce qui se passait dans son monde intérieur. Cette fois, il était réellement au supplice, contrairement aux moments où il avait fendu son pourpoint. Il n'en avait pas moins toujours l'âme insouciante. L'expérience semblait l'effleurer :

J'entre déjà en composition de ce vivre coliqueux : j'y trouve de quoi me consoler, et de quoi espérer[2].

Il tira une leçon analogue du vieillissement en général. Il n'était pas exact que l'âge conférât automatiquement la sagesse. Il pensait au contraire que les vieux étaient plus vulnérables aux vanités et aux imperfections que les jeunes. Ils étaient enclins à une « sotte et caduque fierté, un babil ennuyeux, ces humeurs épineuses et inassociables, et la superstition, et un soin ridicule des richesses[3] ». Mais ce

1. III, 13, p. 1139.
2. II, 37, p. 697.
3. III, 2, p. 858.

n'était là que gauchissement, car c'était précisément dans l'ajustement à ces défauts que résidait la valeur du vieillissement. Le grand âge apporte l'occasion de se reconnaître faillible d'une façon que la jeunesse trouve habituellement ardue. À voir son déclin écrit sur le corps et l'esprit, on s'accepte limité et humain. En comprenant que l'âge n'assagit *pas*, on atteint somme toute une sorte de sagesse.

Finalement, apprendre à vivre, c'est apprendre à vivre ainsi avec l'imperfection, voire à l'embrasser :

> Notre être est cimenté de qualités maladives [...]. Desquelles qualités, qui ôterait les semences en l'homme, détruirait les fondamentales conditions de notre vie[1].

La philosophie elle-même, il faut l'« épaissir et obscurcir » avant de pouvoir l'appliquer à la vraie vie. « Il n'est pas besoin d'éclairer les affaires si profondément et subtilement[2]. » Il n'y a rien à gagner à vivre comme Le Tasse, à s'aveugler par son propre *brio*. Mieux vaut être modéré, modeste et un peu vague. La nature pourvoira au reste.

Au fil de ces dernières années, plus mûr que jamais, Montaigne continua de travailler aux *Essais*. Il demeura chez lui, mais écrivit des lettres, dont encore plusieurs à Henri IV[3]. Et il vit des amis, des écrivains et d'anciens collègues de Bordeaux et d'ailleurs, dont

1. III, 1, p. 830.
2. II, 20, p. 713.
3. Cf. Montaigne, *Œuvres complètes,* éd. A. Thibaudet et M. Rat, p. 1397-1400.

le frère de Francis Bacon, Anthony[1]. Sa fille Léonor, maintenant adulte, épousa François de la Tour le 27 mai 1590 au cours d'une cérémonie dans la propriété de Montaigne. L'année suivante, Montaigne devint grand-père, Léonor donnant naissance à une fille, prénommée Françoise, le 31 mars 1591[2]. Il écrivait encore, ajoutant ses dernières fantaisies et anecdotes, dont ses ultimes réflexions sur l'art de s'accommoder de l'ordinaire et de l'imperfection. Il avait de plus en plus l'air d'un homme qui avait appris à vivre ; ou peut-être était-ce son habituelle nonchalance, portée à un degré plus magistral que jamais.

1. Voir Frame, *Montaigne,* p. 303-304 et trad. p. 325.

2. Françoise mourut au seuil de l'âge adulte : une autre fille, d'un second mariage, Marie de Gamaches, devait hériter de la propriété de Montaigne, laquelle resta dans la famille des siècles durant. Voir Frame, *Montaigne,* p. 303-304 et trad. p. 325-326, et A. Legros, « Gamaches (famille) », *in* Desan, *Dictionnaire*, p. 489-490.

20

Q. Comment vivre ?
R. Laisser la vie répondre d'elle-même

Pas la fin

Début septembre 1592, Montaigne souffrit d'une crise de calculs. Il en avait vu d'autres, et probablement commença-t-il par faire comme si de rien n'était. Mais cette fois – il avait toujours su que ça pouvait arriver – de graves complications s'ensuivirent. Loin de sortir et de lui procurer cette bouffée de soulagement, la pierre resta où elle était. Puis l'infection se déclara.

Tout son corps se mit à enfler. Bientôt l'inflammation gagna la gorge, provoquant un état connu sous le nom de « cynanche », du nom grec désignant une laisse ou un nœud coulant utilisé pour étrangler un chien ou un autre animal – ce qui indique bien à quel point ce devait être désagréable. L'inflammation progressant, la gorge de Montaigne se ferma, devenant toujours plus serrée, jusqu'à ce qu'il eût du mal à respirer.

La cynanche céda ensuite place à une amygdalite purulente, encore jugée mortelle de nos jours si elle n'est pas traitée à temps. Il aurait fallu une batterie d'antibiotiques, inexistants au temps de Montaigne. Dès lors, la gorge enflée, il ne pouvait plus parler, mais il garda tous ses esprits et put communiquer ses souhaits par des billets à ceux qui l'entouraient.

Trois jours passèrent. Montaigne était calé dans son lit ; sa famille et ses gens s'étaient réunis, observant et attendant. Son chevet devint le théâtre du genre de bousculade qu'il avait toujours souhaité éviter. Ces rituels rendaient la mort pire que de raison. Ils ne faisaient que terrifier le mourant et son entourage. Les médecins et les prédicateurs penchés sur le lit ; les visiteurs accablés de chagrin ; les « valets pâles et éplorés, une chambre sans jour, des cierges allumés [...] ; somme tout horreur et tout effroi autour de nous [1] » : tout cela était fort loin de la mort simple, voire distraite qui aurait eu ses préférences. Maintenant qu'il en était arrivé là, il ne fit rien pour chasser la foule[2].

Sitôt qu'il fut évident qu'il ne subsistait aucun espoir de rétablissement, il rédigea son ultime testament et ses dernières volontés. Un écrivain du pays, Bernard Automne, affirme qu'au cours de ces derniers jours, Montaigne « se leva du lit en chemise », appela ses valets et autres petits légataires pour leur remettre personnellement les légats qu'il leur avait

1. I, 19, p. 98.

2. Ce récit de la mort de Montaigne repose essentiellement sur Pasquier, *Choix de lettres,* p. 48-49 ; cf. Frame, *Montaigne*, p. 304-305 et trad. p. 326-327.

laissés[1]. Peut-être est-ce vrai, même si cela cadre mal avec la description d'un homme cloué au lit. Aucun récit de ses dernières heures n'est parfaitement fiable : tous sont de seconde main. Il en est au moins un qui devrait être assez exact : celui de son vieil ami Estienne Pasquier, se fondant sur ce qu'il apprit de Françoise, qui resta tout du long aux côtés de son époux. À la différence de La Boétie, bien des années plus tôt, Montaigne n'éloigna pas sa femme de son chevet de mourant.

Ses dernières volontés réglées, une dernière messe fut dite dans la chambre de Montaigne. Désormais, il pouvait à peine respirer. Si l'on en croit Pasquier, il se redressa dans son lit alors que le prêtre parlait, « comme à corps perdu [...], les mains jointes[2] », afin de recommander son esprit à Dieu. C'était là le dernier acte des conventions catholiques : une brève adresse à Dieu dans la vie de cet homme allègrement profane.

Peu après, sa gorge l'empêcha de respirer. Peut-être fut-il emporté par une attaque d'apoplexie, à moins qu'il ne soit mort tout simplement étouffé[3]. Entouré

1. B. Automne, *Commentaire sur les coustumes générales de la ville de Bordeaux,* Bordeaux, Millanges, 1621, cité *in* Frame, *Montaigne,* p. 305 et trad. p. 326-327.

2. Pasquier, *Choix de lettres,* p. 49.

3. En 1996, la Société des Amis de Montaigne organisa une discussion sur les causes précises de la mort pour conclure qu'il fut sans doute emporté par une attaque d'apoplexie : A. Eyquem *et al.,* « La mort de Montaigne : ses causes rediscutées par la consultation posthume de médecins spécialistes de notre temps », *Bulletin de la société des Amis de Montaigne,* série 8, n° 4, juillet-décembre 1996, p. 7-16.

de sa famille, d'amis et de serviteurs, Michel Eyquem de Montaigne mourut le 13 septembre 1592 : il avait cinquante-neuf ans.

La mort de Montaigne dut être un spectacle affligeant – l'effort désespéré pour respirer, le gonflement hideux – et il parut pleinement conscient de ce qui se passait : encore une chose qu'il avait espéré éviter. Mais peut-être l'expérience ne lui fut-elle pas aussi pénible. Le jour de son accident de cheval, il s'était débattu en vomissant du sang alors que son âme flottait plaisamment ; la même chose a pu se produire alors. Peut-être n'eut-il que la sensation de la vie qui se détachait doucement de ses lèvres, d'un fil ténu enfin coupé.

Estienne Pasquier et un autre ami, Pierre de Brach, composèrent par ouï-dire un récit de la scène pour leurs contemporains, faisant de la mort de Montaigne un exemple de stoïcisme. Ils rendirent à sa mémoire le même service qu'il avait rendu à La Boétie. Montaigne avait « heureusement vécu », écrivit Pierre de Brach dans une lettre à Juste Lipse ; et il était « heureusement mort », et bien[1]. Les seuls à en éprouver de la douleur seraient ses survivants, à jamais privés de son agréable compagnie.

La première tâche de ces derniers fut d'organiser la cérémonie funéraire, de pair avec un démembrement assez macabre du corps de Montaigne. Une note dans les « Éphémérides » de Beuther de la famille indique en effet :

1. Lettre de Pierre de Brach à Juste Lipse, 4 février 1593, citée *in* Villey, *Montaigne devant la postérité,* p. 350-351, et Millet, p. 64-66.

> […] Son cœur fut mis dans l'église Saint-Michel et Françoise de La Chassaigne, dame de Montaigne, sa veuve, fit porter son corps à Bordeaux et le fit enterrer en l'église des Feuillants, où elle lui fit faire un tombeau élevé et acheta pour cela la fondation de l'église[1].

Il n'était pas inhabituel de séparer les parties du corps pour l'inhumation, même si peut paraître étrange le choix de placer uniquement le cœur, plutôt que le corps tout entier, dans la petite église du XIIe siècle de la propriété. C'eût été un lieu de repos paisible : il eût reposé aux côtés de son père et des petits squelettes de tant de ses enfants.

Le reliquat alla à l'église de l'ordre des Feuillants : là encore, la décision est étrange et n'était pas le choix initial. La première idée avait été de l'inhumer à la cathédrale Saint-André de Bordeaux; ses chanoines l'autorisèrent le 15 décembre 1592. Cela l'aurait placé parmi les membres de la famille de Françoise, plutôt que de la sienne. Mais elle changea d'avis, soit qu'elle-même fût attachée aux Feuillants, soit parce que lui l'eût été. Il avait dit son admiration pour eux dans les *Essais*[2]. La décision était certainement bonne pour les moines. En contrepartie de leur accueil de sa dépouille et des messes dites régulièrement pour

1. «Éphémérides» de Beuther, entrée du 13 septembre 1592, *in* Montaigne, *Œuvres complètes,* éd. A. Thibaudet et M. Rat, p. 1415. Sur son enterrement dans l'église, voir A. Legros, «Montaigne, Saint Michel de», et J. Balsamo, «Tombeau de Montaigne», *in* Desan, *Dictionnaire,* p. 786-788 et 1146-1148.

2. I, 36, p. 234, et J. Balsamo, «Tombeau de Montaigne», *in* Desan, *Dictionnaire,* p. 1146-1148.

le repos de son âme, ils reçurent une rente généreuse qui leur servit à financer des travaux de peinture à l'intérieur du bâtiment. Ils lui donnèrent un magnifique tombeau, qui existe toujours : il y est représenté gisant dans une armure de chevalier, ses gants retirés, les mains jointes pour prier. Des épitaphes en grec et en latin couvrent les flancs du tombeau, louant son pyrrhonisme chrétien, son attachement aux lois et à la religion de ses ancêtres, ses « mœurs douces », son jugement, son honnêteté et son courage. La fin du texte latin est touchante :

> Françoise de La Chassaigne, laissée en proie, hélas, à un deuil perpétuel, a fait ériger ce monument à la mémoire de ce mari regrettable et regretté. Il n'eut pas d'autre épouse, elle n'aura pas eu d'autre époux[1].

Son corps, moins le cœur, fut déposé dans le tombeau le 1er mai 1594, un an et demi après sa mort. Il lui avait déjà fallu attendre son repos éternel... qui ne fut pas du tout éternel. Une dizaine d'années plus tard commencèrent des travaux d'agrandissement de l'église, obligeant à en modifier l'agencement. Le tombeau de Montaigne aurait échoué à une longue distance du nouvel autel, en contravention avec l'accord conclu avec Françoise. Elle poursuivit les Feuillants et eut gain de cause : ils furent obligés de déplacer le tombeau, en 1614, pour lui donner une position de choix dans la nouvelle chapelle.

---

1. Frame, *Montaigne,* p. 307-308 et trad. p. 329-330; Millet, p. 192-193.

C'est donc là qu'il reposa, au fil de décennies paisibles, jusqu'à la Révolution française, quelque neuf générations plus tard. Le nouvel État laïque abolit les Feuillants avec les autres ordres religieux, et confisqua leurs biens, y compris l'église et tout ce qui s'y trouvait. Tout cela à une époque où l'on brandissait Montaigne en héros des Lumières : «philosophe» libre-penseur, digne de tous les honneurs du régime révolutionnaire. Il semblait mal de le laisser où il était. Ordre fut donc donné en 1800 de l'exhumer pour le réinhumer dans la salle des monuments du nouveau grand temple séculier de Bordeaux : l'Académie des Sciences, Belles Lettres et Arts. Les précieux restes furent extraits et transportés en grande pompe jusqu'à leur nouvelle demeure, avec une escorte de cavalerie et au son d'une fanfare.

Deux ans et demi plus tard, un antiquaire plongé dans les archives de l'Académie en question fit une découverte embarrassante. Le corps déplacé n'était pas celui de Montaigne, mais celui de l'épouse de son neveu, une dénommée Marie de Brian, inhumée dans le même sépulcre avec d'autres membres de la famille. Discrètement, sans cuivres ni cavalerie, cette fois, on retira ses restes de la salle des monuments pour les rapporter à leur place initiale. Montaigne demeura où il avait toujours été, intact, dans le tombeau d'origine[1]. Tout compte fait, l'homme qui avait une telle aversion pour les chantiers, l'«innovation» idéaliste

---

1. A. Nicolaï, «L'Odyssée des cendres de Montaigne», *Bulletin de la Société des Amis de Montaigne,* série 2, n° 15, 1949-1952, p. 31-45.

et les chambards inutiles, demeura épargné par la Révolution, qui avait déferlé au-dessus de sa tête, telle une vague au-dessus du lit profond de l'océan.

En mai 1871, un incendie détruisit l'église. Le tombeau ne fut guère endommagé, mais se retrouva désormais sans protection, près d'une décennie durant, au milieu des ruines béantes de l'édifice. En décembre 1880, les autorités l'ouvrirent pour évaluer l'état des reliques vénérées et s'aperçurent que la coque de plomb autour des restes de Montaigne s'était émiettée. Elles trièrent les fragments et lui firent un nouveau cercueil de chêne. Le tombeau restauré passa ensuite cinq années, à titre provisoire, au dépôt de la Chartreuse, avant d'être installé le 11 mars 1886 dans le hall d'entrée d'un nouveau bâtiment de l'Université de Bordeaux, réunissant les facultés de théologie, de science et de littérature. De nos jours, il est fièrement exposé au Musée d'Aquitaine de Bordeaux[1].

On n'aurait guère pu imaginer série d'aventures posthumes plus appropriées pour un homme si accordé au flux du monde, et si attentif à la confusion que l'erreur introduit dans toutes les affaires humaines. Même après sa mort, quelque chose parut continuer d'essayer de le ramener dans le cours de la vie, plutôt que de le laisser figé dans la perfection du souvenir. Et son véritable héritage n'a rien à voir avec son tombeau. On le trouve dans les fortunes turbulentes des *Essais,* son second moi en perpétuelle

1. Voir Frame, *Montaigne,* p. 306-307 et trad. p. 328-339, et J. Balsamo, « Tombeau de Montaigne », *in* Desan, *Dictionnaire,* p. 1146-1148.

évolution. Ils restèrent vivants et, pour Montaigne, c'est toujours la vie qui compta. Virginia Woolf aimait tout particulièrement citer cette pensée de son dernier essai. Jamais Montaigne n'avait été aussi près de trouver une réponse définitive ou meilleure à la question du comment vivre :

> Elle [la vie] doit être elle-même à soi, sa visée, son dessein[1].

Soit ce n'est pas du tout une réponse, soit c'est la seule réponse possible. Elle possède cette même qualité que la réponse du maître zen auquel on demandait « Qu'est-ce que l'éveil ? » et qui flanqua un coup de bâton sur la tête du questionneur. L'éveil est une chose qui s'apprend dans son corps : il prend la forme des choses qui vous arrivent. C'est bien pourquoi stoïciens, épicuriens et sceptiques enseignaient des trucs, plutôt que des préceptes. Tout ce que les philosophes ont à offrir, c'est ce coup sur la tête ; une technique utile, une expérience de pensée, ou une expérience : dans le cas de Montaigne, l'expérience de la lecture des *Essais*. La matière qu'il enseigne, ce n'est que lui : un exemple ordinaire d'être vivant.

---

1. III, 12, p. 1098. Virginia Woolf écrit dans son *Journal* : « De plus en plus souvent, je me répète mon interprétation de Montaigne : "C'est la vie qui compte" », *in* V. Woolf, *Diary,* III, p. 8 (entrée du 8 avril 1925) et trad. fr., vol. 3, p. 176. Elle dit à peu près la même chose dans deux autres entrées ; II, p. 301 (entrée du 5 mai 1924) et trad. fr., vol. 3, p. 126 ; et IV, p. 176 (2 septembre 1933) et trad. fr., vol. 5, p. 287 ; voir aussi son essai sur Montaigne : V. Woolf, « Montaigne », in *Essays IV,* p. 71-81 et trad. p. 77-88.

Si les *Essais* présentent une facette différente à chaque œil, tout ce qui s'y trouve est uni dans la seule figure de Montaigne. C'est pourquoi les lecteurs reviennent à lui comme vers peu d'autres auteurs de son siècle ou, à vrai dire, vers la plupart des écrivains de tous les temps. Les *Essais* sont *ses* essais. Ils testent et donnent en exemple un esprit qui est un « Je » pour lui-même, comme le sont tous les esprits.

D'aucuns pourraient se demander quel besoin avons-nous encore d'un essayiste comme Montaigne[1]. Les hommes du XXIe siècle, dans le monde développé, sont déjà excessivement individualistes, mais aussi entrelacés les uns aux autres au-delà des rêves les plus fous d'un vigneron du XVIe siècle. Son sentiment du « Je » en toutes choses peut donner l'impression de prêcher les convertis, voire de fourguer de la drogue aux toxicomanes. Mais Montaigne offre plus qu'une incitation à la complaisance. Notre siècle a tout à gagner à un sentiment montaignien de la vie et, dans les moments les plus troublés qu'il ait connus jusqu'ici, il a tristement manqué d'une politique montaignienne. Il pourrait tirer profit de son sens de la modération, de son amour de la sociabilité et de la courtoisie, de sa suspension du jugement, et de son intelligence subtile des mécanismes psychologiques impliqués dans l'affrontement et le conflit. Il a besoin de sa conviction qu'aucune vision du ciel, nulle Apocalypse imaginaire ni aucune fantaisie perfectionniste

1. Sur une évocation de cette possibilité envisagée dans l'immédiate après-guerre, voir T. Spencer, « Montaigne in America », *The Atlantic,* 177, n° 3, mars 1946, p. 91-97.

ne saurait peser davantage que le plus infime des mois du monde réel. Pour Montaigne, il est impensable de « penser gratifier [plaire] au Ciel et à la nature par notre massacre et homicide », suivant une idée « qui fut universellement embrassée en toutes religions[1] ». Croire que la vie pourrait exiger une chose pareille, c'est oublier ce qu'est en fait l'existence au jour le jour. C'est oublier que, quand vous regardez un chiot suspendu au-dessus d'un seau d'eau, ou même un chat d'humeur à jouer, vous regardez une créature qui vous regarde. Il n'y a là aucun principe abstrait, juste deux individus, face à face, espérant le meilleur l'un de l'autre.

Aussi le crédit de la dernière réponse de Montaigne devrait-il aller peut-être en partie à sa chatte : un individu spécifique du XVIe siècle, qui mena une vie assez plaisante à la campagne, avec un maître gâteux et sans trop de concurrence à son attention. C'est elle qui, ayant envie de jouer avec Montaigne à un moment mal choisi, lui rappela ce qu'être en vie voulait dire. Ils se dévisagèrent et, l'espace d'un instant, il s'engouffra dans la brèche pour se voir à travers ses yeux à elle. De cet instant, et d'innombrables autres du même genre, sortit toute sa philosophie.

Les voici donc dans la « librairie » de Montaigne. Le grattement sur la page attire la chatte, qui risque un timide coup de patte en direction de la plume qui bouge. Il la regarde, peut-être momentanément irrité de cette interruption. Puis il sourit, incline la plume et promène la penne sur le papier pour qu'elle l'attrape.

---

1. I, 29, p. 207.

Elle bondit. Ses pelotes barbouillent d'encre les derniers mots ; quelques feuilles glissent à terre. On peut les quitter là, suspendus au beau milieu de leur vie, sans que les *Essais* aient encore été totalement écrits, pour mener notre vie à nous, sans que nous ayons encore lu la totalité des *Essais*.

REMERCIEMENTS

Mes cinq années de « servitude volontaire » envers Montaigne ont été une extraordinaire demi-décennie, au cours de laquelle j'ai beaucoup appris, notamment sur la bonté des amis, chercheurs et collègues qui m'ont aidé à bien des égards.

Je tiens, en particulier, à remercier Warren Boutcher, Emily Butterworth, Philippe Desan, George Hoffmann, Peter Mack et John O'Brien pour la chaleur de leurs encouragements, la générosité de leur assistance et leur empressement à partager leur temps, leur savoir et leur expérience.

Ma reconnaissance va à Elizabeth Jones, qui m'a fourni de fascinants matériaux de son documentaire, *The Man Who Ate His Archbishop's Liver* (L'homme qui mangea le foie de son archevêque), ainsi qu'à Francis Couturas, du Musée d'art et d'archéologie du Périgord (Périgueux), Anne-Laure Ranoux du Musée du Louvre, Anne-Sophie Marchetto de *Sud-Ouest*. Je suis aussi très reconnaissant à John Stafford, qui m'a permis de reprendre ses photographies.

J'ai beaucoup fréquenté les bibliothèques, dont la Bibliothèque nationale de France, la bibliothèque municipale de Bordeaux, la British Library et la London Library, et je remercie le personnel de tous ces établissements de son expertise. Pour l'édition américaine, je tiens à saluer la générosité des Stanford University Press, qui m'ont si volontiers autorisée à citer la traduction de Donald Frame.

La rédaction de ce livre a bénéficié d'une bourse de l'*Author's Foundation (Society of Authors)* et d'une *London Library Carlyle Membership* ; je les remercie vivement l'une et l'autre.

Comme toujours, je dois de multiples remerciements à mon agent, Zoë Waldie, chez Rogers, Coleridge & White, à mon éditrice Jenny Uglow, ainsi qu'à Alison Samuel, Parisa Ebrahimi, Beth Humphries, Sue Amaradivakara et à tous les autres, chez Chatto & Windus, qui ont cru au livre et l'ont aidé à voir le jour.

Pour avoir lu le manuscrit à divers stades de désarroi, m'avoir prodigué des conseils avisés et m'avoir assuré que tout suivait son cours, si improbable que cela parût, je remercie Tündi Haulik, Julie Wheelwright, Jane et Ray Bakewell et Simonetta Ficai-Veltroni – qui ont vécu si longtemps avec Montaigne et n'ont jamais perdu la foi en lui (ni en moi).

J'ai découvert Montaigne voilà une vingtaine d'années, à Budapest. Désespérant de trouver quelque chose à lire dans le train, je tombai sur une traduction bon marché des *Essais* dans une boutique de livres d'occasion. C'était le seul ouvrage en anglais du rayonnage. Je doutais fort de le trouver à mon goût. Il n'est personne en particulier que je puisse remercier du tour pris par les événements, hormis Fortune, et cette vérité montaignienne suivant laquelle les meilleures choses, dans la vie, surviennent quand on n'obtient pas ce que l'on convoite.

Chronologie

1533 (28 février)	Naissance de Montaigne.
1539 ?-1548	Scolarisé au collège de Guyenne, à Bordeaux.
1548 (août)	Émeutes de la gabelle à Bordeaux : Montaigne est témoin du massacre de Moneins par la populace.
1548-1554	Études, probablement de droit, probablement à Paris et/ou à Toulouse.
1554	Commence à travailler à la Cour des Aides de Périgueux.
1557	Transfert de tous les Périgourdins au parlement de Bordeaux.
1558-1559	Montaigne se lie d'amitié avec Estienne de La Boétie.
1559	Le traité de Cateau-Cambrésis met fin aux guerres étrangères de la France, avec des conséquences désastreuses.
1562	Massacre de Vassy : début des guerres civiles.

	À Rouen, avec Charles IX, Montaigne rencontre trois Tupinamba du Brésil.
1563 (18 août)	Mort de La Boétie, Montaigne est à son chevet.
1565 (23 septembre)	Montaigne épouse Françoise de La Chassaigne.
1568 (18 juin)	Pierre Eyquem meurt ; Montaigne hérite du domaine.
1569	Montaigne publie sa traduction de la *Théologie naturelle* de Raymond Sebond.
	Mort accidentelle de son frère Arnaud au cours d'une partie de jeu de paume.
1569 ou début 1570	Montaigne lui-même frôle la mort dans un accident de cheval.
1570	Montaigne se retire du parlement de Bordeaux. Naissance de son premier bébé, qui meurt deux mois après. Édite les œuvres de La Boétie.
1571 (février)	Montaigne fait l'inscription de son anniversaire dans sa « librairie ».
(9 septembre)	Naissance de Léonor, son seul enfant qui ait survécu.
1572	Montaigne commence probablement à travailler aux *Essais*.
(août)	Massacres de la Saint-Barthélemy.
1574	Mort de Charles IX ; Henri III devient roi.

1576	Montaigne se fait frapper une médaille, avec l'emblème de la balance et sa devise *epekhô*.
1578	Première crise de calculs.
1580	Première édition des *Essais*.
(juin)-1581 (novembre)	Montaigne voyage en Suisse, en Allemagne et en Italie.
1581 (août)	Élu maire de Bordeaux.
1582	Deuxième édition des *Essais*.
1583 (août)	Réélu maire de Bordeaux.
1584 (décembre)	Henri de Navarre séjourne sur la propriété de Montaigne.
1585	Peste sur ses terres ; Montaigne fuit.
1587 (octobre)	Troisième édition des *Essais*. Nouvelle visite d'Henri de Navarre.
1588	Montaigne en mission secrète à Paris, puis suit la cour d'Henri III. Rencontre Marie de Gournay.
(mai)	Journée des Barricades ; Henri III fuit Paris.
(juin)	« Cinquième » édition, largement augmentée, des *Essais* (on n'a jamais retrouvé trace de la quatrième, si elle a jamais existé).
(10 juillet)	Montaigne emprisonné à la Bastille et relâché.
(automne)	Il se remet en Picardie chez Marie de Gournay.
(décembre)	Henri III fait assassiner le duc de Guise.

1588-1592	Montaigne travaille aux dernières additions des *Essais.*
1589 (août)	Assassinat d'Henri III ; Henri IV monte sur le trône, bien que ses titres soient contestés.
1592 (13 septembre)	Montaigne meurt d'une amygdalite purulente.
1595	Marie de Gournay publie son édition des *Essais*, laquelle dominera la lecture de Montaigne trois siècles durant.
1601	Mort de la mère de Montaigne, Antoinette de Louppes de Villeneuve.
	« Remix » de Pierre Charron, *De la sagesse.*
1603	*Essayes,* première traduction anglaise par John Florio.
1616	Mort de Léonor, la fille de Montaigne.
1627	Mort de la veuve de Montaigne, Françoise de La Chassaigne.
1637	*Discours de la méthode,* de Descartes.
1645	Mort de Marie de Gournay.
1662	Mort de Blaise Pascal, laissant des notes inédites : les *Pensées.*
1676	*Essais* mis à l'*Index des livres interdits.*
1685-1686	Traduction anglaise de Charles Cotton.

1724	À Londres, le réfugié Pierre Coste publie les *Essais* en français.
1772	Découverte du Journal de voyage de Montaigne dans une vieille malle.
1789	Révolution française.
1800	Les autorités révolutionnaires décident de réinhumer Montaigne en héros laïque à l'Académie de Bordeaux, mais le projet tourne court.
1850	La publication des lettres de Montaigne « sur la peste » suscite la consternation.
1854	Les *Essais* retirés de l'*Index des livres interdits.*
1880-1886	Rénovation du tombeau de Montaigne et déplacement à l'Université de Bordeaux.
1906	Publication du premier volume de l'édition Strowski, essentiellement fondée sur l'« Exemplaire de Bordeaux ».
1912	Publication du premier volume de l'édition Armaingaud, essentiellement à partir de l'« Exemplaire de Bordeaux ».
2007	Nouvelle édition dans la Bibliothèque de la Pléiade, essentiellement fondée sur la première édition de Marie de Gournay (1595).

Bibliographie

Pour l'édition française, et sauf indication contraire, les citations des *Essais* sont tirées de Montaigne, les *Essais,* éd. J. Balsamo, M. Magnien et C. Magnien-Simonin, Paris, Gallimard, Bibliothèque de la Pléiade, 2007. Seule l'orthographe a été « modernisée », pour les *Essais* comme pour tous les textes des XVIe et XVIIe siècles.

Œuvres écrites, traduites ou éditées par Montaigne

La Boétie, É. de, *La Mesnagerie de Xenophon, les regles de Mariage de Plutarque, lettre de consolation de Plutarque à sa femme* ; éd. M. de Montaigne, Paris, F. Morel, 1572 [en fait, 1570].

Montaigne, *Œuvres complètes,* éd. A. Thibaudet et M. Rat, Paris, Gallimard, Bibliothèque de la Pléiade, 1962.

— *The Complete Works,* trad. J. Cotton, éd. W. Hazlitt, Londres, J. Templeman, 1842.

— *The Complete Works,* trad. et éd. D. Frame, Londres, Everyman, 2005 (1e édition : Palo Alto, Stanford University Press, 1943).

— *Le Livre de raison de Montaigne sur l'Ephemeris historica de Beuther,* éd. J. Marchand, Paris, Compagnie Française des Arts Graphiques, 1948 (édition en fac-similé du journal de famille).

— *Essais,* Bordeaux, S. Millanges, 1580.
2e édition, Bordeaux, S. Millanges, 1582.
3e édition, Paris, J. Richer, 1585.
5e édition, Paris, A. L'Angelier, 1588.
Édition fac-similé de l'« Exemplaire de Bordeaux » annoté de cette édition publiée sous le titre *Montaigne : Essais. Reproduction en fac-similé de l'Exemplaire de Bordeaux de 1588,* éd. R. Bernouilli, Genève, Slatkine, 1987.
Édition Marie de Gournay, Paris, L'Angelier, 1595.
Édition P. Coste, Londres, J. Tonson & J. W. Watts, 1724.
Édition P. Coste, La Haye, P. Gosse et J. Nealme, 1727.
Édition P. Villey et V. L. Saulnier, Paris, PUF, 1965.
Édition A. Tournon, Paris, Imprimerie nationale, 3 vol., 1988.
Reproduction en quadrichromie de l'Exemplaire de Bordeaux des Essais *de Montaigne,* éd. Philippe Desan, Fasano-Chicago, Schena Editore, *Montaigne Studies,* 2002.
Édition J. Balsamo, M. Magnien et C. Magnien-Simonin, Paris, Gallimard, Bibliothèque de la Pléiade, 2007.
— *Essayes,* trad. J. Florio, Londres, V. Sims for E. Blount, 1603 ; Londres, Everyman, 1915-1921.
— *Essays,* trad. C. Cotton, Londres, T. Basset, M. Gilliflower, W. Hensman, 1685-1686.
— Édition W. Hazlitt et W. C. Hazlitt, Londres, Reeves & Turner, 1877.
— *Essays, Selected from Montaigne with a Sketch of the Life of the Author*, éd. Honoria, Londres, T. Cadell, W. Davies & E. Harding, 1800.
— *The Complete Essays*, trad. M. A. Screech, Londres, Penguin, 2004 (publication originale, Londres, Allen Lane, 1991).
— *Journal de voyage,* éd. M. de Querlon, Rome et Paris, Le Jay, 1774.

Édition F. Garavini, Paris, Gallimard, Folio, 1983.
Édition Fr. Rigolot, Paris, PUF, 1992.
Sebond, R. de, *Théologie naturelle,* trad. M. de Montaigne, Paris, G. Chaudière, 1569.

Autres ouvrages
Arnould, J.-C. (dir.), *Marie de Gournay et l'édition de 1595 des* Essais *de Montaigne. Actes du colloque (1995),* Paris, Champion, 1996.
Bailey, A., *Sextus Empiricus and Pyrrhonian Scepticism,* Oxford, Clarendon Press, 2002.
Bellenger, Y., *Montaigne : une fête pour l'esprit,* Paris, Balland, 1987.
Blum, C., et Moreau, F. (dir.), *Études montaignistes en hommage à Pierre Michel,* Paris, Champion, 1984.
Blum, C., et Tournon, A. (dir.), *Éditer les* Essais *de Montaigne. Actes du colloque tenu à l'Université Paris IV-Sorbonne, les 27-28 janvier 1995,* Paris, Champion, 1997.
Boase, A. M., « Montaigne annoté par Florimond de Ræmond », *Revue du XVI*e *siècle,* 15, 1928, p. 237-278.
— *The Fortunes of Montaigne : A History of the* Essays *in France,* 1580-1669, Londres, Methuen, 1935.
Bouillier, V., *La Renommée de Montaigne en Allemagne,* Paris, Champion, 1921.
Brunschvicg, L., *Descartes et Pascal, lecteurs de Montaigne,* Neuchâtel, La Baconnière, 1942.
Buffum, I., *Studies in the Baroque from Montaigne to Rotrou,* New Haven, Yale University Press, 1957.
Bulletin de la Société des Amis de Montaigne.
Burke, P., *Montaigne,* Oxford, Oxford Paperbacks, 1981.
Butor, M., *Essais sur les* Essais, Paris, Gallimard, 1968.
Cameron, K. (dir.), *Montaigne and his* Age, Exeter, University of Exeter Press, 1981.

Cameron, K. et Willett, L. (dir.), *Le Visage changeant de Montaigne/The Changing Face of Montaigne,* Paris, Champion, 2003.

Charron, Pierre, *De la sagesse, livres trois,* Bordeaux, Millanges, 1601.

— Édition de 1604, reprise *in* Corpus des Œuvres de philosophie de langue française, Paris, Fayard, 1986.

— *Of Wisdom : Three Books,* trad. S. Lennard, Londres, E. Blount et W. Aspley, sans date, avant 1612 (également en fac-similé, Amsterdam, Theatrum Orbis Terrarum ; New York, Da Capo, 1971).

Clark, S., *Thinking with Demons : The Idea of Witchcraft in Early Modern Europe,* nouvelle édition, Oxford, Oxford University Press, 1999.

Cocula, A.-M., *Étienne de La Boétie,* Bordeaux, Sud-Ouest, 1995.

Coleman, D. G., *Montaigne's* Essais, Londres, Allen & Unwin, 1987.

Compagnon, A., « Montaigne chez les postmodernes », *Critique,* 433-434, juin-juillet 1983, p. 522-534.

Conley, T., « A Suckling of Cities : Montaigne in Paris and Rome », *Montaigne Studies,* 9, 1997, p. 167-186.

Crouzet, Denis, *Les Guerriers de Dieu. La violence au temps des troubles de religion, vers 1525-vers 1610,* Seyssel, Champ Vallon, 1990, 2 vol.

Cunningham, A. et Grell, O. P., *The Four Horsemen of the Apocalypse,* Cambridge, Cambridge University Press, 2000.

Dédéyan, C., *Montaigne chez ses amis anglo-saxons,* Paris, Boivin, 1946.

Delumeau, Jean, *La Peur en Occident,* XIVe-XVIIIe *siècles,* Paris, Fayard, 1978.

Desan, Philippe, « Montaigne en lopins ou les *Essais* à pièces décousues », *Modern Philology,* 88, n° 4, 1991, p. 278-291.

— éd., *Dictionnaire de Michel de Montaigne*, 2004 ; nouvelle édition, Paris, Honoré Champion, 2007.

— *Montaigne dans tous ses états*, Fasano, Schena Editore, 2001.

— *Portraits à l'essai. Iconographie de Montaigne,* Paris, Champion, 2007.

Descartes, *Discours de la méthode, in* Descartes, *Œuvres et lettres,* éd. A. Bridoux, Paris, Gallimard, Bibliothèque de la Pléiade, 1953.

Diefendorf, B., *Beneath the Cross,* Oxford, Oxford University Press, 1991.

Dréano, M., *La Renommée de Montaigne en France au* XVIIIe *siècle,* Bordeaux, Éditions de l'Ouest, 1952.

Eliot, T. S., « The *Pensées* of Pascal », in *Selected Prose,* Londres, Faber, 1975.

Emerson, R. W., « Montaigne ; or, The Skeptic », dans *Representative Men* (1850), in *Collected Works,* éd. W. E. Williams et D. E. Wilson, vol. IV, Cambridge, Mass., et Londres, Belknap Press of Harvard University Press, 1987, p. 83-105 ; en français, « Montaigne ou le sceptique », *Hommes représentatifs,* trad. J. Izoulet et F. Roz, Paris, George Crès & Cie, 1919.

Faguet, É., *Autour de Montaigne,* Paris, Champion, 1999.

Fleuret, C., *Rousseau et Montaigne,* Paris, Nizet, 1980.

Fogel, M., *Marie de Gournay : itinéraires d'une femme savante*, Paris, Fayard, 2004.

Frame, Donald, *Montaigne in France, 1812-1852,* New York, Columbia University Press, 1940.

— *Montaigne's Discovery of Man,* New York, Columbia University Press, 1955.

— *Montaigne : A Biography,* Londres, H. Hamilton, 1965 ; *Montaigne. Une vie, une œuvre, 1533-1592,* trad. J.-Cl. Arnould, N. Dauvois et P. Eichel, préface de Fr. Rigolot, Paris, Honoré Champion, 1994.

Friedrich, Hugo, *Montaigne,* trad. R. Rovini, Paris, Gallimard, coll. TEL, 1969.

Gardeau, L., et Feytaud, J. de, *Le Château de Montaigne,* Paris, Société des Amis de Montaigne, 1984.

Gournay, Marie de, *Œuvres complètes,* sous la direction de J.-C. Arnould, E. Berriot, C. Blum *et al.,* Paris, Champion, 2002.

— *Le Proumenoir de Monsieur de Montaigne,* Paris, L'Angelier, 1594.

— « Préface », version de 1595, à sa première édition des *Essais* de Montaigne, Paris, L'Angelier, 1595.

— *Égalité des hommes et des femmes,* Paris, 1622.

— *Apologie pour celle qui escrit,* version de 1626, et *Peincture des mœurs,* in *L'Ombre de la demoiselle de Gournay,* Paris, J. Libert, 1626.

— *Apologie* (version 1641), in *Les advis ou Les présens de la demoiselle de Gournay,* 3e éd., Paris, T. du Bray, 1641.

Gray, F., *Le Style de Montaigne,* Paris, Nizet, 1958.

Greengrass, M., *Governing Passions : Peace and Reform in the French Kingdom, 1576-1585,* Oxford, Oxford University Press, 2007.

Guizot, G., *Montaigne; études et fragments,* éd. M. A. Salles, Paris, Hachette, 1899.

Hadot, Pierre, *Exercices spirituels et philosophie antique,* Paris, Albin Michel, 2002.

Hale, J., *The Civilization of Europe in the Renaissance,* Londres, HarperCollins, 1993 ; *La Civilisation de l'Europe à la Renaissance,* Paris, Perrin, 2003.

Hartle, A., *Michel de Montaigne : Accidental Philosopher,* Cambridge, Cambridge University Press, 2003.

Haydn, H., *The Counter-Renaissance,* New York, Scribner, 1950.

Hazlitt, W., « On the periodical essayists », Lecture V, in *Lectures on the Comic Writers,* Londres, Taylor & Hessey, 1819, p. 177-208.

Hoffmann, G., *Montaigne's Career,* Oxford, Clarendon Press, 1998.

Holt, Mack P., *The French Wars of Religion,* 2ᵉ éd., Cambridge, Cambridge University Press, 1995.

Horowitz, M. C., « Marie de Gournay, editor of the *Essais* of Michel de Montaigne : a case-study in mentor-protégée friendship », *Sixteenth Century Journal,* 17, 1986, p. 271-284.

Ilsley, M. H., *A Daughter of the Renaissance : Marie le Jars de Gournay, her Life and Works,* La Haye, Mouton, 1963.

Insdorf, C., *Montaigne and Feminism,* Chapell Hill, NC, University of North Carolina Press, 1977.

Jeanneret, M., *Perpetuum mobile. Métamorphoses des corps et des œuvres de Vinci à Montaigne,* Paris, Macula, 2000.

Kapitaniak, P., et Maguin, J.-M. (dir.), *Shakespeare et Montaigne : vers un nouvel humanisme*, Montpellier, Société Française Shakespeare, 2004.

Keffer, Ken, *A Publication History of the Rival Transcriptions of Montaigne's "Essays",* Lewiston, NY, E. Mellen, 2001 ; en français, *Montaigne for ever. L'édition de l'Exemplaire de Bordeaux au début du* XXᵉ *siècle*, trad. P. Gautier, Paris, Champion, 2005.

Knecht, R. J., *The French Civil Wars, 1562-1598,* Harlow, Longman, 2000.

— *The Rise and Fall of Renaissance France,* Londres, Fontana, 1996 ; nouvelle édition, Oxford, Blackwell, 2001.

La Boétie, Étienne de, *Le Discours de la servitude volontaire*, Paris, Payot, 1978.
— *Mémoires sur la pacification des troubles,* Genève, Droz, 1983.
— *De la servitude volontaire, ou Contr'Un,* éd. M. Smith, Genève, Droz, 1987.
— *Discours de la servitude volontaire*, éd. André Tournon et Luc Tournon, Paris, Vrin, 2002.
— *Œuvres complètes d'Estienne de La Boétie,* éd. L. Desgraves, Bordeaux, William Blake & Co. 1991, 2 vol.
Lacouture, J., *Montaigne à cheval,* Paris, Seuil, 1996.
La Croix du Maine, François Grudé, seigneur de, « Messire Michel de Montagne », in *Premier volume de la Bibliothèque du Sieur de la Croix-du-Maine,* Paris, L'Angelier, 1584, p. 328-330.
Lamartine, A., *Correspondance,* 2e série, 1807-1829, sous la direction de C. Croisille et M.-R. Morin, Paris, Champion, 2004.
Langer, U. (dir.), *The Cambridge Companion to Montaigne,* Cambridge, Cambridge University Press, 2005.
Lazard, M., *Michel de Montaigne,* Paris, Fayard, 1992.
Legros, A., *Essais sur poutres. Peintures et inscriptions chez Montaigne,* Paris, Klincksieck, 2001.
Léry, Jean de, *Histoire d'un voyage faict en la terre du Brésil* (1578), éd. P. Gaffarel, Paris, Alphonse Lemerre, 1880, 2 vol. (édition ici citée) ; voir aussi l'édition de Frank Lestringant : Jean de Léry, *Histoire d'un voyage faict en terre du Brésil,* préface de Claude Lévi-Strauss, Paris, Le Livre de Poche, 1994.
Lestringant, Fr., *Le Cannibale, grandeur et décadence,* Paris, Perrin, 1994.
Levin, H., *The Myth of the Golden Age in the Renaissance,* Londres, Faber, 1970.

Lüthy, Herbert, « Montaigne, or The Art of Being Truthful », *in* H. Bloom (dir.), *Michel de Montaigne*, New York, Chelsea House, 1987, p. 11-28 (première publication in *Encounter*, nov. 1953, p. 33-44).

Macé-Scarron, J., *Montaigne : notre nouveau philosophe*, Paris, Plon, 2002.

Magnien, M., *Estienne de La Boétie*, Paris, CNRS Éditions, 1997.

Magnien-Simonin, Catherine, éd., *Une vie de Montaigne, ou, Le sommaire discours sur la vie de Michel Seigneur de Montaigne (1608)*, Paris, Honoré Champion, 1992.

Malebranche, *De la recherche de la vérité* (1674), *in* Malebranche, *Œuvres, I*, éd. G. Rodis-Lewis, Paris, Gallimard, Bibliothèque de la Pléiade, 1979.

Marcetteau-Paul, A., *Montaigne propriétaire foncier : Inventaire raisonné du* Terrier de Montaigne *conservé à la Bibliothèque municipale de Bordeaux*, Paris, Honoré Champion, 1995.

Marchi, D., *Montaigne among the Moderns*, Providence, RI & Oxford, Berghahn Books, 1994.

Maskell, D., « Quel est le dernier état authentique des *Essais* de Montaigne ? », *Bibliothèque d'humanisme et Renaissance*, 40, 1978, p. 85-103.

Mathieu-Castellani, G., *Montaigne : l'écriture de l'essai*, Paris, PUF, 1988.

— *Montaigne ou la vérité du mensonge*, Genève, Droz, 2000.

McFarlane, I. D., et Maclean, Jan (dir.), *Montaigne : Essays in Memory of Richard Sayce*, Oxford, Clarendon Press, 1982.

McGovan, M., *Montaigne's Deceits : The Art of Persuasion in the « Essais »*, Londres, University of London Press, 1974.

Merleau-Ponty, Maurice, *Éloge de la philosophie et autres essais*, Paris, Gallimard, coll. Folio, 2011.

Michel, P., *et al.* (dir.), *Montaigne et les* Essais *1580-1980. Actes du Congrès de Bordeaux,* Paris et Genève, Champion-Slatkine, 1983.

Millet, O., *La Première Réception des* Essais *de Montaigne (1580-1640),* Paris, Honoré Champion, 1995.

Monluc, Blaise de, *Commentaires, 1521-1576,* éd. Paul Courteault, préface de J. Giono, Paris, Gallimard, Bibliothèque de la Pléiade, 1964.

Montaigne Studies.

Nakam, G., *Montaigne et son temps. Les événements et les* Essais, Paris, Nizet, 1982 ; rééd. Paris, Gallimard, coll. TEL, 1993.

— *Les* Essais *de Montaigne : miroir et procès de leur temps,* Paris, Nizet, 1984.

— *Le Dernier Montaigne,* Paris, Champion, 2002.

Nietzsche, *Considérations inactuelles, in* Nietzsche, *Œuvres philosophiques complètes,* vol. II, 2, Paris, Gallimard, 1988.

— *Humain, trop humain, in* Nietzsche, *Œuvres philosophiques complètes,* vol. III, 1, trad. R. Rovini, Paris, Gallimard, 1988.

— *Aurore, in* Nietzsche, *Œuvres philosophiques complètes,* vol. IV, trad. J. Hervier, Paris, Gallimard, 1980.

— *Le Gai Savoir, in* Nietzsche, *Œuvres philosophiques complètes,* vol. V, trad. Marc B. de Launay, Paris, Gallimard, 1982.

Nussbaum, M. C., *The Therapy of Desire,* Princeton, Princeton University Press, 1994.

O'Brien, J., « Are we reading what Montaigne wrote ? », *French Studies,* 58, 2004, p. 527-532.

Pascal, Blaise, *Œuvres complètes,* éd. L. Lafuma, Paris, Seuil, L'Intégrale, 1963.

Pasquier, E., *Choix de lettres,* éd. D. Thickett, Genève, Droz, 1956.

— *Lettres historiques pour les années 1556-1594,* éd. D. Thickett, Genève, Droz, 1966.

Platon, *Banquet, in* Platon, *Œuvres complètes*, sous la direction de Luc Brisson, Paris, Flammarion, 2008.

Plutarque, *Œuvres morales*, Paris, Les Belles Lettres.

Popkin, R., *The History of Scepticism from Erasmus to Spinoza,* Berkeley, University of California Press, 1979 ; *Histoire du scepticisme d'Érasme à Spinoza,* trad. Ch. Hivet, Paris, PUF, 1995.

Pouilloux, J.-Y., *Lire les « Essais » de Montaigne*, Paris, Maspero, 1969.

Quint, D., *Montaigne and the Quality of Mercy : Ethical and Political Themes in the* Essais, Princeton, Princeton University Press, 1998.

Rabelais, *Œuvres complètes,* Paris, Gallimard, Bibliothèque de la Pléiade, 1994.

Ræmond, Florimond de, *Erreur populaire de la papesse Jane,* Bordeaux, S. Millanges, 1594.

— *L'Antichrist,* Lyon, Jean Pillehotte, 1597.

Rigolot, Fr., *Les Métamorphoses de Montaigne,* Paris, PUF, 1988.

— Rousseau, Jean-Jacques, *Confessions. Autres textes autobiographiques,* Paris, Gallimard, Bibliothèque de la Pléiade, 1959.

— *Discours sur l'origine et les fondements de l'inégalité, in* Rousseau, *Œuvres complètes*, Paris, Gallimard, Bibliothèque de la Pléiade, 1964.

Sayce, R. A., *The* Essays *of Montaigne : A Critical Exploration,* Londres, Weidenfeld & Nicolson, 1972.

Sayce, R. A. et Maskell, D., *A Descriptive Bibliography of Montaigne's* Essais, *1580-1700,* Londres, Bibliographical Society & Modern Humanities Research Association, 1983.

Schaefer, D. L., *The Political Philosophy of Montaigne,* Ithaca et Londres, Cornell University Press, 1990.
— éd., *Freedom over Servitude : Montaigne, La Boétie, and* On Voluntary Servitude, Westport, Conn., Greenwood Press, 1998.
Screech, Michael, *Montaigne and Melancholy,* Harmondsworth, Penguin, 1991 ; *Montaigne et la mélancolie,* trad. Fl. Bourge et J.-L. Haquette, préface de M. Fumaroli, Paris, PUF, 1992.
Sénèque, *Entretiens. Lettres à Lucilius,* éd. P. Veyne, Paris, Robert Laffont, coll. Bouquins, 1993.
Sextus Empiricus, *Esquisses pyrrhoniennes*, éd. P. Pellegrin, Paris, Seuil, 1997.
Smith, M. C., *Montaigne and Religious Freedom : The Dawn of Pluralism,* Genève, Droz, 1991.
Starobinski, J., *Montaigne en mouvement,* Paris, Gallimard, 1982.
Sterling, J., « Montaigne and his *Essays* », *London and Westminster Review,* 29, 1838, p. 321-352.
Supple, J. J., *Arms versus Letters : The Military and Literary Ideals in the « Essais » of Montaigne,* Oxford, Clarendon Press, 1984.
Tetel, A. (dir.), *Montaigne et Marie de Gournay : actes du colloque international de Duke,* Paris, Champion, 1997.
Thevet, A., *Les Singularitez de la France antarctique*, Paris, les héritiers de Maurice de la Porte, 1557.
Tilley, A., « Montaigne's interpreters », *in* Tilley, *Studies in the French Renaissance,* Cambridge, Cambridge University Press, 1922, p. 259-293.
Trinquet, R., *La Jeunesse de Montaigne*, Paris, Nizet, 1972.
Villey, Pierre, *Les Sources et l'évolution des* Essais *de Montaigne*, Paris, Hachette, 1933.
— *Montaigne devant la postérité,* Paris, Boivin et Cie, 1935.

Willett, L., «Romantic Renaissance in Montaigne's chapel», *in* Yannick Portebois et Nicholas Terpstra (dir.), *The Renaissance in the Nineteenth Century – le XIXe siècle renaissant,* Toronto, Centre for Reformation and Renaissance Studies, 2003, p. 217-240.

Woolf, L., *The Journey Not the Arrival Matters,* Londres, Hogarth, 1969.

Woolf, V., *The Diary of Virginia Woolf,* éd. A. Olivier Bell, Londres, Penguin, 1980-1985 ; en français, *Journal I, III et V,* trad. C.-M. Huet, Paris, Stock, 1981, 1983, 1986.

— «Montaigne», in *Essays,* éd. A. McNeillie, Londres, Hoghart, 1986 –, vol. IV, p. 71-81 ; en français, «Montaigne», *in* V. Woolf, *Le Commun des lecteurs,* trad. C. Candiard, Paris, L'Arche, 2004, p. 77-88.

Yates, F. A., *John Florio : The Life of an Italian in Shakespeare's England,* Cambridge, Cambridge University Press, 1934 ; rééd., 2011.

— Zemon Davis, Natalie, *Society and Culture in Early Modern France,* Londres, Duckworth, 1975 ; *Les Cultures du peuple. Rituels, savoirs et résistances au 16e siècle,* trad. M.-N. Bourguet, Paris, Aubier, 1979.

— «A Renaissance text to the historian's eye : the gifts of Montaigne», *Journal of Medieval and Renaissance Studies,* 15, 1985, p. 47-56.

Zweig, St., *Le Monde d'hier. Souvenirs d'un Européen,* trad. J.-P. Zimmermann, Paris, 1982.

— «Montaigne», in *Europaïsches Erbe,* éd. R. Friedenthal, Francfort, S. Fischer, 1960, p. 7-821 ; *Montaigne,* trad. J.-J. Lafaye, Fr. Bruguier et J.-L. Bandet, préface de Roland Jaccard, Paris, PUF, 1982.

Table

Q. Comment vivre ? 9
Michel de Montaigne en une question
et vingt tentatives de réponse 9

1. Q. Comment vivre ?
R. Ne pas s'inquiéter de la mort 23
« Au bout des lèvres » 23

2. Q. Comment vivre ?
R. Faire attention. 39
Se mettre à écrire 39
Flux de conscience 54

3. Q. Comment vivre ?
R. Être né. 64
Micheau 64
L'expérience 85

4. Q. Comment vivre ?
R. Lire beaucoup, oublier l'essentiel
de ce qu'on a lu et avoir l'esprit lent. 106
Lire. 106
Montaigne le lent et oublieux 114
Le jeune Montaigne en des temps de troubles . . 123

5. Q. Comment vivre ?
R. Survivre à l'amour et à la perte 149
La Boétie : amour et tyrannie 149
La Boétie : mort et deuil 171

6. Q. Comment vivre ? 183
R. Utiliser de petites ruses 183
Petites ruses et art de vivre 183
Montaigne en esclavage 198

7. Q. Comment vivre ?
R. Tout remettre en question 207
Tout ce que je sais, c'est que je ne sais rien, et je n'en suis même pas sûr 207
Animaux et démons 226
Une «prodigieuse machine à séduire» 238

8. Q. Comment vivre ?
R. Se ménager une arrière-boutique 258
N'y aller que d'une fesse 258
Responsabilités pratiques 279

9. Q. Comment vivre ?
R. Être convivial : vivre avec les autres 286
Une «sagesse gaie et civile» 286
Ouverture, miséricorde et cruauté 293

10. Q. Comment vivre ?
R. S'arracher au sommeil de l'habitude 307
Tout dépend de votre point de vue 307
Nobles sauvages 319

11. Q. Comment vivre ?
R. Vivre avec tempérance 329
Faire monter et baisser la température 329

12. Q. Comment vivre ?
R. Garder son humanité 340
Terreur 340
Héros 359

13. Q. Comment vivre ?
R. Faire une chose que nul n'a encore faite .. 368
Best-seller baroque 368

14. Q. Comment vivre ?
R. Voir le monde 377
Voyages 377

15. Q. Comment vivre ?
R. Faire du bon boulot sans trop 403
Maire 403
Objections morales 416
Missions et assassinats 426

16. Q. Comment vivre ?
R. Ne philosopher que par accident 452
Quinze Anglais et un Irlandais 452

17. Q. Comment vivre ?
R. Réfléchir à tout et ne rien regretter 474
Je ne regrette rien 474

18. Q. Comment vivre ?
R. Lâcher prise 481
Fille et disciple 481
Guerres éditoriales 502
Montaigne remixé et embabouiné 511

19. Q. Comment vivre ?
R. Être ordinaire et imparfait 523
Être ordinaire 523
Être imparfait 526

20. Q. Comment vivre ?
R. Laisser la vie répondre d'elle-même. 531
Pas la fin 531

Remerciements 543

Chronologie 545

Bibliographie 551

PAPIER À BASE DE FIBRES CERTIFIÉES

Le Livre de Poche s'engage pour l'environnement en réduisant l'empreinte carbone de ses livres. Celle de cet exemplaire est de :
950 g éq. CO_2
Rendez-vous sur www.livredepoche-durable.fr

Composition réalisée par Datamatics

Imprimé en France par CPI
en mars 2018
N° d'impression : 2034578
Dépôt légal 1re publication : octobre 2014
Dépôt légal de la nouvelle édition : mars 2018
Édition 05 - mars 2018
LIBRAIRIE GÉNÉRALE FRANÇAISE
21, rue du Montparnasse - 75298 Paris Cedex 06

58/2222/9